中央专项彩票公益金支持青少年校外研学实践
教育项目的实践与思考研究成果系列丛书

教学计划与策略：自然教育

中国教育会计学会　组织编写
田书源　杨　昕　主　　审
郭景梅　郭永昌　鲍　瑛　杨中华　编　　著

中国财经出版传媒集团
中国财政经济出版社
·北京·

图书在版编目（CIP）数据

教学计划与策略. 自然教育 / 中国教育会计学会组织编写；郭景梅等编著. -- 北京：中国财政经济出版社，2024.7

（中央专项彩票公益金支持青少年校外研学实践教育项目的实践与思考研究成果系列丛书）

ISBN 978-7-5223-3195-9

Ⅰ. ①教… Ⅱ. ①中… ②郭… Ⅲ. ①中小学生—自然教育—教学研究 Ⅳ. ①G631

中国国家版本馆CIP数据核字（2024）第110480号

责任编辑：樊 闽 谷 文　　　　责任印制：张 健
封面设计：卜建辰　　　　责任校对：胡永立

教学计划与策略：自然教育
JIAOXUE JIHUA YU CELÜE：ZIRAN JIAOYU

中国财政经济出版社 出版

URL：http：//www. cfeph. cn
E-mail：cfeph@ cfeph. cn

社址：北京市海淀区阜成路甲28号 邮政编码：100142
营销中心电话：010-88191522
天猫网店：中国财政经济出版社旗舰店
网址：https：//zgczjjcbs. tmall. com
北京鑫海金澳胶印有限公司印刷 各地新华书店经销
成品尺寸：185mm × 260mm 16开 21.5印张 436 000字
2024年7月第1版 2024年7月北京第1次印刷
定价：63.00元
ISBN 978-7-5223-3195-9
（图书出现印装问题，本社负责调换，电话：010-88190548）
本社图书质量投诉电话：010-88190744
打击盗版举报热线：010-88191661 QQ：2242791300

序

随着我国现代化进程的加速，越来越多的孩子出生于城市、成长于城市，婴幼儿时期接触自然、认识自然的机会远远少于出生于乡村、成长于乡村的孩子。基础教育阶段，则需要根据学生的学校课程安排，在更多地引导、组织学生在走进自然、亲近自然的基础上，运用在学校学科课程所学的知识与方法，观察、体验、研究、改造自然，培养热爱自然的理性，并进而培育人与自然和谐共生的理念。《教学计划与策略：自然教育》一书，生动地反映了营地教育工作者们对自然教育的深刻思考与主动衔接学校教育的艰辛探索。

对于营地教育工作者而言，如何筹划好营地的课程，使得学生们能最大程度地综合运用学校所学的知识与方法，更多地在营地学到在学校、在家里学不到的自然知识，更多地体验观察自然、研究自然、适应自然、改造自然的乐趣，更好地激发学生求知好学的积极性，是巨大的难题，也是充满挑战的考验。本书的案例，很好地展示了各营地利用营地及周边资源，根据不同学段学生身心发展的特点与学段学业的基础，结合本地区经济社会发展的特色与需求所设计与研发的丰富生动的活动方案。让青少年走进森林、湿地、草原、沙漠等自然生态系统，培养地球命运共同体观念。以自然教育为目的指向的研学实践活动可以打破地域限制，将校内科学、生物、物理、化学等学科知识与大自然的点滴融合，让青少年感悟生命共同体的内在含义。

在与编著专家的交流中，我们多次谈到这本书写作的初心。习近平总书记多次强调，要加强生态文明宣传教育，增强全民节约意识、环保意识、生态意识，营造爱护生态环境的良好风气。近年来，国家级研学实践示范营地充分挖掘周边自然资源的教育属性，以自然为资源，以课程为媒介，通过实践探究等多种方式，为广大青少年创设出更多的场景体验活动，丰富了研学实践教育活动的课程形式与内容。

我们也有理由相信，本书的基本理念、基本思路、基本方法及所选择活动案例，会为全国的各研学旅行从业机构、从业人员提供宝贵的参考并由此而催生出更多、更有品质的自然教育服务新方案、新产品。

田书源　杨　昕

2024年3月30日

编写说明

自然教育是中小学校外研学实践教育中资源最广泛、内容最丰富的实践教学活动，是校内教育科学、生物、物理、化学等课程知识最有效的实践延伸。《预算管理视角下的中小学生校外研学实践研究》课题组就如何开展自然方向的校外研学实践教育进行了深入研究。研究认为，在文化传承与创新、责任与担当、科学技术、自然教育和启蒙教育五大教育目的指向中，自然教育目的指向的研学实践教育应是以研究性学习与实践体验为载体，依托自然资源开展的实践教育，应着重突出自然教育内涵，让学生在本真的自然环境中通过沉浸式体验、研学探究、合作探讨等形式学习成长，全面提高学生综合素质。

本书是《预算管理视角下的中小学生校外研学实践研究》课题的部分研究成果。全书共分四部分：第一部分从促进青少年身心健康成长、帮助青少年拥有健全的人格、实现立德树人的教育目标等不同维度，论述了在校外研学实践教育中开展自然教育教学指向的意义；第二部分针对小学高年级、初中、高中三个学段，从价值体认、责任担当、问题解决、创意物化四个视角研究了不同学段的校外研学教育实践教学目的设计；第三部分在对不同学段学情分析基础上，提出了针对不同学情开展校外研学实践教育的重点方向和实施路径；第四部分重点阐述了中小学校外研学实践教育关于自然教育目的指向的教学计划与策略研究，选编了全国营地在自然教育目的指向下的部分优秀教学计划与策略列表案例。教学计划与策略研究部分，课题组研究设计了教学计划与策略列表，主要内容包含研学资源利用、与校内教育衔接、研学课程、研学线路、教学重难点、教学策略、实施方案等，内容均以列表形式呈现，方便阅读和比较。23个优秀案例是从全国营地提交的大量案例中择优遴选的，生动地反映了校外研学实践教育工作者们对自然教育的深邃思考与主动衔接学校教育的艰辛探索，更倾注了我们为推进研学实践教学在自然教育指向方面的巨大心血。所选案例紧紧围绕新课标，充分考虑不同学段学生在自然教育方面的知识储备与认知规律特点，给出不同的课程、教学策略及研学实施方案，视角独特、亮点纷呈，具有鲜明的地域代表性和资源特色。

期冀此书能为青少年逐步认识自然、认识社会、认识世界、认识宇宙以及全面发展贡献一份力量，能为校外研学实践教育中自然教育的开展提供帮助和指导。

编者

2024年3月

目录
CONTENTS

1 自然教育教学指向的意义

自然孕育、成就世界万物，也是人类生存发展的物质和精神家园。人与自然相互依存、相互促进、相互成就，同根共源，多样而统一。自然教育则是人类认识自然的有效方式，也是养成尊重自然、顺应自然、保护自然的价值观和实践方式的有效途径。

在遵循学生自然生长规律的前提下，自然教育旨在挖掘学生潜能，培养自立、自强、自信、自理等综合素养，树立正确的人生观、价值观，是一种综合性的教育方式，让学生在与自然的互动中，实现学生的全面发展。

一是促进青少年身心健康成长发展的重要基础。持续不断的以自然环境为基础的研学实践教育活动，能为青少年健康成长创造良好的环境与条件，引导青少年树立正确的自然观念，有效发挥自然对青少年产生的正面教育效果，促进生态文明思想的养成。

二是能够帮助青少年拥有健全的人格。自然界中多种多样的生物，蕴藏着无数具有启迪作用的生动现象，融入自然的研学实践教育活动可以使学生密切联系生活，在自然环境中认识自我、认识社会，学会生存生活，发展学生主体性和塑造健全人格，最终实现学生身心全面发展。

三是实现立德树人的教育目标。在活动中让学生们亲近自然、感知自然，欣赏大自然的魅力，对大自然有敬畏之心，从而激发学生热爱生命、爱护自然、敬畏自然的意识，促进学生形成可持续发展理念，是对德育教育最有效的补充。

中小学校开展自然教育，能够使学生走进自然、学习自然、感悟自然，学会尊重自然、顺应自然、保护自然，进而树立正确的自然观。中小学自然教育着重于习惯、品格、品行的培养与形成，提倡天性与本能的释放，强调培养学生真实、尊重、感恩的品质，注重学生生活自理习惯和非正式环境下抓取性学习习惯的培养。

自然教育关注人与自然的关系，是学校教育助力可持续发展目标的重要方式，旨在创造和谐、共生、可持续发展的“合”关系。中小学自然教育是在自然环境与生态系统中，基于专业学科知识与认知方式、方法，引导学生通过体验性、参与性的主动学习方式来开展的一种教育，建立人与自然和谐互动。

在2014年8月9日印发的《国务院关于促进旅游业改革发展的若干意见》中首次明确了“研学旅行”要纳入中小学生日常教育范畴，要积极开展研学旅行。明确研学旅行的意义是“作为青少年爱国主义和革命传统教育、国情教育的重要载体，纳入中小学生日常德育、美育、体育教育范畴，增进学生对自然和社会的认识，培养其社会责任感和实践能力”。确定了研学旅行的原则及根据学段特点开展的主要范围即“按照教育为本、安全第一的原则，建立小学阶段以乡土乡情研学为主、初中阶段以县情市情研学为主、高中阶段以省情国情研学为主的研学旅行体系”。

在2017年8月22日教育部印发的《中小学德育工作指南》中明确指出：“组织研学旅行。把研学旅行纳入学校教育教学计划，促进研学旅行与学校课程、德育体验、实践锻炼有机融合，利用好研学实践基地，有针对性地开展自然类、历史类、地理类、科技类、人文类、体验类等多种类型的研学旅行活动。要考虑小学、初中、高中不同学段学生的身心发展特点和能力，安排适合学生年龄特征的研学旅行。要规范研学旅行组织管理，制定研学旅行工作规程，做到‘活动有方案，行前有备案，应急有预案’。”

基于上述，自然教育研学实践教育活动作为育人的一种重要形式，是当下学校教育的有益补充。新时代倡导“绿水青山就是金山银山”“建设生态文明是中华民族永续发展的千年大计”，自然教育在我们生活中的作用日益凸显，将研学实践教育活动与自然地理、生态等内容相融合是学校教育适应社会发展要求、促进学生身心全面发展的有益之措，在充分考虑学生学情基础上，明确教学目的，制定教学计划与策略。

2 不同学段的教学目的设计

2.1 小学高年级段

（1）价值体认：通过亲历参与动植物观察、生态考察、测量水质等自然教育主题活动，了解更多有关大自然的知识，提高学生对自然的认知水平，培养关注自然、亲近自然、保护自然生态的价值观，进一步增强对祖国大好河山的认同感。

（2）责任担当：围绕自然主题开展种植与养护植物、环保手工制作等活动，能够认识自然界的生物，了解自然界中的现象，初步形成探索自然、热爱自然的态度，懂得珍惜自然资源、保护生态环境，形成实事求是的品格。

（3）问题解决：能在教师的教学设计、PPT等引导下，以游戏、观察等方式，获得初步的自然体验，发现并提出自己感兴趣的自然问题。能将问题转化为研究小课题，体验课题研究的过程与方法，提出自己的想法，形成对问题的初步了解。

（4）创意物化：通过实践体验，初步掌握自然观察与小实验的基本技能，能够围绕主题深入体验自然并完成相应的任务，学会运用信息技术手段来做行前课程知识储备。

2.2 初中段

（1）价值体认：通过亲历参与无土栽培、气象播报等自然教育主题活动，更加了解自然，主动探索自然，树立人与自然和谐相处的生态文明观。在课程活动中，能主动分享体验和感受，与老师、同学交流思想认识，形成对祖国大好河山的正面认知，促进生态文明思想的养成。

（2）责任担当：围绕自然主题开展野外考察和生态体验、自然科学实验、环保志愿活动等活动，能主动适应集体生活，并积极参与集体活动，具有良好的生活习惯。初步形成探究自然问题的意识，形成敢于怀疑和争论、又能够团结合作、勇于探究和集思广益的品格，在实践中逐渐觉醒社会责任意识。

（3）问题解决：能关注自然中的现象，深入思考并提出有价值的问题，将问题转化为有价值的研究课题，学会运用科学方法开展研究。能主动运用所学知识理解与解决问题并作出基于证据的解释,形成基本符合规范的研究报告或其他形式的研究成果。

（4）创意物化：通过实践体验，能够解释自然现象的发生，提升科学素养、自然保护意识与艺术感知力，加强探索精神、社会责任感与协作能力的培养。

2.3 高中段

（1）价值体认：通过亲历参与植物景观的设计与搭配、实验和观察了解生物的生长、繁殖和适应环境、气象研究等自然教育主题活动，深化对祖国大好河山的认同，体悟人与自然的关系，树立生态文明观念，践行“绿水青山就是金山银山”的理念。

（2）责任担当：围绕自然主题开展自然观察与记录、环保与可持续发展项目等活动，能主动关心自然环境，能持续地参与到社会实践活动中，通过与自然互动，学会将书本知识与实际相结合，培养实事求是的品格、创新思维、科学精神和创造性看待问题的可贵精神品质。

（3）问题解决：能对个人感兴趣的自然领域开展广泛的实践探索，提出具有一定新意和深度的问题，综合运用所学知识分析问题，用科学方法开展研究，增强解决实际问题的能力。能及时对研究过程及结果进行审视、反思并优化调整，建构基于证据且具有说服力的解释，形成比较规范的研究报告或其他形式的研究成果。

（4）创意物化：通过实践体验，熟练掌握多种解决问题的技能并能综合运用，解决自然界中的复杂问题。增强创意设计动手操作、技术应用和物化能力。形成在实践操作中学习的意识，提高综合解决问题的能力。

3 不同学段的学情分析

3.1 小学高年级段

3.1.1 年龄段与学习需求

（1）年龄段特点。

①认知能力的提升：学生的认知能力和思维能力逐渐提高，能够理解更为复杂的概念和抽象的思维模式；

②学习兴趣的多样化：学生的兴趣逐渐多样化，对不同领域的知识和活动有一定的好奇心，渴望通过探索和体验获得新的经验和知识；

③自我意识的增强：学生逐渐形成自我认知，对自己的兴趣、能力和价值观有一定的了解，同时开始探索自己的身份和角色；

④团队合作意识的培养：学生逐渐建立起团队合作意识，能够在小组中合作完成任务，并且能够理解团队合作的重要性。

（2）学习需求。学生通常具有较强的好奇心和求知欲，对自然界的各种现象和规律充满了兴趣，渴望通过实践活动来探索自然的奥秘；学生的观察力和感知能力逐渐发展，能够更加准确地观察和感知周围环境的变化，并通过观察来积累自然界的知识；学生倾向于通过动手实践来学习自然知识，喜欢参与各种实验和探索活动，通过亲身实践来加深对自然现象和规律的理解；学生开始意识到生态环境保护的重要性，希望通过自然教育课程了解生态环境的变化和影响，探讨保护和改善生态环境的举措；学生希望在自然教育中接触到各种不同的自然现象和生物种类，适应自然环境的变化和挑战。

3.1.2 现有知识与能力

（1）基础科学知识。学生在科学课程中已经接触了一些基础的科学知识，例如植物、动物、天气、地理等方面的基本概念和现象。

（2）生态环境意识。学生已经对生态环境保护有一定的认识，了解一些基本的生态环境概念，例如生态平衡、生物多样性等。

（3）地理空间感知能力。学生具备一定的地理空间感知能力，能够通过地图、图表等工具来理解地理空间关系和地理现象。

3.1.3 学习兴趣与动机

（1）探索自然奥秘的兴趣。学生对自然界中的各种现象和规律充满好奇心，渴望通过实践活动探索自然的奥秘，了解自然界中的生物、地理、天文等方面的知识。

（2）实践动手的热情。学生希望通过动手实践学习自然科学知识，愿意参与各种实验和探索活动，通过亲身实践来加深对自然现象和规律的理解。

（3）保护生态环境的意识。学生已经初步意识到生态环境保护的重要性，对与实际生活相关的自然景观、动植物、生态环保等充满了好奇心，希望通过自然教育课程来了解生态环境的变化和影响，并探讨保护和改善生态环境的方法。

3.1.4 学习障碍与策略

（1）学生对自然现象的认识还不完整，对人与自然和谐发展的理解不深刻。因此教师应强化实践体验，并将环保和生态保护的概念融入教学中。

（2）生态环境概念与日常生活实际脱节，学生难以将所学知识应用到实际生活中。因此教师应通过故事、实验演示等方式，帮助学生建立对科学概念的直观认识。通过体验式教学，引导学生在亲身体验的过程中探索知识，丰富阅历。

3.2 初中段

3.2.1 年龄段特点与学习需求

（1）年龄段特点。

①认知能力的进一步提升。初中阶段的学生已经进入青春期，他们的认知能力和思维能力有了进一步的提升，能够对更复杂的问题进行深入的思考和分析。

②自我意识的增强。随着年龄的增长，学生的自我意识越来越强，他们开始更加关注自我发展和自我实现。

③社交需求的变化。初中阶段的学生开始更加注重与同龄人的交流和互动，他们希望通过团队合作和分享来获得更多的认同感和归属感。

（2）学习需求。

①对自然现象和规律的深入探索。初中阶段的学生对自然现象和规律有了更深入的兴趣和探索欲望，他们希望通过实践活动来深入了解自然界的奥秘。

②对生态环境保护意识的强化。随着对环境问题的日益关注，初中阶段的学生开始意识到生态环境保护的重要性，他们希望通过自然教育课程来增强自己的环保意识和责任感。

③对科学方法和科学精神的培养。初中阶段的学生开始接触更为严谨的科学方法和科学精神，他们希望通过自然教育课程来培养自己的科学思维和创新能力。

④对跨学科知识的整合与应用。初中阶段的学生开始接触不同学科的知识，他们希望通过自然教育课程来整合和应用跨学科知识，解决实际问题。

3.2.2 现有知识与能力

（1）科学基础知识的积累。初中阶段的学生已经积累了一定的科学基础知识，包括物理、化学、生物等方面的基本概念和原理。

（2）生态环境保护意识的萌芽。初中阶段的学生已经开始关注生态环境问题，对环保和生态保护有了一定的认识和思考。

（3）跨学科知识的初步整合。初中阶段的学生开始接触不同学科的知识，他们初步具备了跨学科知识整合的能力。

3.2.3 学习兴趣与动机

（1）对自然现象和规律的深入探索兴趣。初中阶段的学生对自然现象和规律有着浓厚的兴趣和好奇心，他们希望通过实践活动来深入了解自然界的奥秘。

（2）对生态环境保护的热情和责任感。随着对环境问题的日益关注，初中阶段的学生开始对生态环境保护充满热情，他们希望通过自己的努力为环境保护作出贡献。

（3）对科学方法和科学精神的追求。初中阶段的学生开始接触更为严谨的科学方法和科学精神，他们希望通过自然教育课程来培养自己的科学思维和创新能力。

3.2.4 学习障碍与策略

（1）学科知识的整合与应用能力不足。由于初中阶段的学生刚刚开始接触不同学科的知识，他们在整合和应用跨学科知识方面可能存在一定的困难。因此，教师应注重培养学生的跨学科思维和实践能力，通过项目式学习等方式来帮助学生整合和应用跨学科知识。

（2）生态环境问题与日常生活实际脱节。有时生态环境问题与学生的日常生活实际存在一定的脱节，导致他们难以将所学知识应用到实际生活中。因此，教师应通过实例分析、案例研究等方式来帮助学生建立生态环境问题与日常生活的联系，引导他们将所学知识应用到实际生活中去。

3.3 高中段

3.3.1 现有知识与能力

（1）在知识储备方面，高中生在自然教育方面的现有知识与能力相较于初中阶段有了显著的提升。他们通过初中阶段的学习和积累，已经掌握了较为扎实的自然科学基础知识，如生物学、地理学、物理学、化学等。同时，随着高中阶段的学习深入，他们的知识储备更加丰富，思维能力也更加成熟。

（2）在实践能力方面，高中生已经具备了一定的实验操作和探究能力。他们能够通过实验设计、数据收集和分析等方式，探究自然现象背后的原理和规律。此外，高中生还具有较强的自主学习和合作学习能力，能够积极参与自然教育研学实践活动，并在实践中不断提升自己的综合能力。

3.3.2 学习兴趣与动机

高中生在自然教育中的学习兴趣与动机相较于初中生有了更深的层次和更广的范围。对自然教育持有浓厚兴趣，他们喜欢探索自然的奥秘，关注生态环境问题。同时，学生对动植物、天文地理等方面的知识表现出较高的兴趣。而且开始思考人类与自然的关系，以及如何在保护自然的同时实现可持续发展。

（1）探索欲望强烈。高中生处于求知欲旺盛的阶段，他们对自然现象和生态环境背后的原理、规律充满好奇，希望通过科学的方法去揭示这些秘密。

（2）环保意识觉醒。随着年龄的增长和知识的积累，高中生开始意识到环境问题的严重性，对环保产生了强烈的责任感和使命感。他们希望通过自己的力量，为保护环境、改善生态作出贡献。

（3）实践欲望强烈。高中生渴望通过亲身实践来验证所学知识，提高自己的实践能力和创新能力。他们希望通过参与自然教育研学实践活动，将所学知识应用于实际，为解决环境问题提供切实可行的方案。

3.3.3 学习障碍与策略

虽然高中生在自然教育方面已经具备了较为扎实的知识基础和实践能力，但在学习过程中仍然可能会遇到一些障碍。例如，某些复杂的自然现象和原理可能超出他们的理解范围，导致他们在学习过程中感到困惑和迷茫。此外，高中生在学习压力和时间安排方面也可能面临一定的挑战，导致他们无法充分投入自然教育研学实践活动中。针对这些障碍，可以采取以下策略：

（1）强化实践教学：通过实验、观察、探究等方式，让学生亲身感受自然现象的魅力和规律，提高他们的实践能力和综合素质。

（2）引导自主学习：鼓励学生通过自主学习和合作学习相结合的方式，深入了解自然现象的内在规律和原理，培养他们的自主学习能力和合作精神。

（3）提供个性化支持：针对学生的学习特点和需求，提供个性化的教学支持和辅导，帮助他们克服学习障碍，提高学习效果。

4 不同研学主题的教学计划与策略列表

4.1 教学计划与策略列表：感受自然生态之美　讲好新时代北京故事

<table>
<tr><td colspan="3">营地名称</td><td>北京市自动化工程学校</td><td>命名机构</td><td>教育部</td><td>识别码</td><td>Y145110001</td></tr>
<tr><td colspan="3">从业资质（摘要）</td><td>全国中小学生研学实践教育营地、北京市初中学生学工教育基地、北京市中小学生社会大课堂市级资源单位</td><td>单位属性</td><td>公益二类</td><td>法定代表人</td><td>胡定军</td></tr>
<tr><td colspan="3">研学主题</td><td>感受自然生态之美　讲好新时代北京故事</td><td colspan="2">主要目的指向</td><td colspan="2">自然教育</td></tr>
<tr><td rowspan="7">营地（枢纽）及周边主要优质研学资源</td><td colspan="2">基地层级</td><td colspan="5">研学站点（基地）名称</td></tr>
<tr><td rowspan="2">教育部命名基地</td><td>已列入教学计划</td><td colspan="5">一、与本主题相关列入教学计划的基地19个
1. 北京市自动化工程学校（简称“北京营地”）；2. 黄花城水长城；3. 北京陶瓷艺术馆；4. 国家图书馆；5. 北京花乡世界花卉大观园有限公司（简称“北京花乡世界花卉大观园”）；6. 中国园林博物馆；7. 文化和旅游部恭王府博物馆（简称“恭王府”）；8. 北京汽车博物馆（北京市丰台区规划展览馆）；9. 北京市园林绿化科学研究院；10. 中国科学院植物研究所；11. 北京市天文馆；12. 中国医学科学院药用植物研究所（北京药用植物园）；13. 中国科学院动物研究所；14. 中国地质博物馆；15. 全国农业展览馆；16. 北京国家地球观象台；17. 南水北调中线干线北京市房山区大石窝镇惠南庄泵站；18. 北京市气象探测中心；19. 水利部节水灌溉示范基地
二、与本主题关联不大但列入本营地教学计划的基地4个
1. 中国人民革命军事博物馆；2. 北京鲁迅博物馆；3. 国家京剧院；4. 北京生存岛文化传播有限公司</td></tr>
<tr><td>待列入教学计划</td><td colspan="5">中国消防博物馆、中华航天博物馆、中国海洋石油工业展览馆、中国核工业科技馆、中国检验检疫科学研究院、中关村智造大街、中国工程院、国家地震紧急救援训练基地、北京昌平砺志国防教育培训学校、中国宋庆龄青少年科技文化交流中心、中国人民抗日战争纪念馆、宋庆龄故居、环境保护部宣传教育中心、中国农业科学院农业环境与可持续发展研究所、中央芭蕾舞团、中国儿童艺术剧院、北京理工大学光电创新教育实验基地、中国警察博物馆、中国地图出版社、中国地质科学院地质研究所、中国化工博物馆、铁道兵纪念馆、中国气象局气象宣传与科普中心、中国科学院近代物理研究所、中国科学院微电子研究所、北京西山国家森林公园、中国儿童中心、北京乐园星光文化传播有限公司、河北西柏坡中央社会部旧址暨国家安全教育馆、西柏坡纪念馆、晋察冀军区司令部旧址、马本斋烈士纪念馆、中国农业科学院（万庄）国际农业高新技术产业园</td></tr>
<tr><td colspan="2">其他部委命名基地</td><td colspan="5">北京市天坛公园管理处、北京故宫文化发展有限公司、中国国家博物馆、圆明园遗址文源研学基地、中国科学院国家天文台、北京海洋馆、颐和园、北京大运河博物馆</td></tr>
<tr><td colspan="2">地方命名基地</td><td colspan="5">无</td></tr>
<tr><td colspan="2">本营地资源</td><td colspan="5">学校有以下供中小学学生研学学工的资源：智能制造中心、信息技术中心、人工智能技术中心、虚拟现实技术中心、轨道交通运营中心、数字影像技术中心、无人机技术中心等</td></tr>
<tr><td colspan="2">其他资源</td><td colspan="5">无</td></tr>
</table>

维度或要素	小学高年级段	初中段	高中段
校内教育基础（与校内教育的衔接）	本阶段学生已经具备了一定的知识储备和自主探究能力，对自然环境有更深层次的兴趣。同时，社会交往能力也在逐渐提高，善于与同学合作，乐于参与集体活动。然而，自我管理能力和情绪调控能力还有待提高，需要老师和家长的引导和帮助 本研学主题必修课程与校内教育衔接内容如下：人教版科学六年级上册第四单元第3课“多种多样的植物”；人教版美术六年级上册第10课“爱护古建筑”；人教版科学四年级上学期第一单元“多样的动物”；教育科学出版社科学五年级上册“观察绿豆芽生长”、科学五年级上册“食物链和食物网”、科学五年级上册“维护生态平衡”、科学五年级上册“做一个生态瓶”、科学六年级上册“生物多样性的意义”、科学五年级上册“种子发芽实验（一、二）”、科学六年级下册“探索宇宙”	本阶段学生正处于知识积累和价值观形成的关键期，对自然环境有更深入的探究需求。思维逐渐成熟，对世界充满好奇。在学习上，开始注重理解和思考，不再满足于简单的记忆和复述。在兴趣爱好上，开始有了自己的主张，喜欢追求个性化和差异化。重视同伴关系，希望得到他人的认同和尊重 本研学主题必修课程与校内教育衔接内容如下：人教版地理七年级上册第三单元第4课“世界文化遗产的保护”；人教版生物八年级上册第六单元第三章“保护生物的多样性”；人教版历史七年级上册第2课“原始的农耕生活”；人教版生物七年级上册“植株的生长”；人教版生物七年级上册“绿色植物通过光合作用制造有机物”；人教版生物八年级下册“李时珍与本草纲目”；人教版生物八年级上册“生物技术与“蓝色革命”；人教版生物七年级下册“保护生态环境的计划”	本阶段学生思维逐渐成熟，已具备较完备的知识体系和独立思考能力，对自然环境有更深入的探究需求。他们能主动思考，积极参与，善于发现问题并寻求解决方案。然而也存在一些问题，如对未来方向的迷茫，对学习的焦虑等 本研学主题必修课程与校内教育衔接内容如下：人教版高中政治第四册第7课“继承发展中华优秀传统文化”；人教版高中思想政治必修三第二单元“文化传承与创新”；人教版高中历史必修一第一单元“古代中国的政治制度”；人教版高中思想政治必修三第三单元“中华文化与民族精神”；地理必修三“区域农业发展”；人教版高中生物必修三第2章“动物和人体生命活动的调节”、第3章“植物的激素调节”、第5章“生态系统及其稳定性”；人教版高中选修一专题3“植物的组织培养技术”、专题6“植物有效成分的提取”

维度或要素			小学高年级段	初中段	高中段
研学课程	必修课程一	名称	园林小讲师	匠心营造之梁枋绘丹青	识园林群芳谱，创掌中热缩花
		活动目的	通过学习园林基本要素，认识并了解中国园林发展历史，学习形体礼仪与吐字发音，协调肢体及语言表达能力，体验园林之美	以中国园林彩画为依托，通过参观馆内仿古建筑景观等，通过对比、研究等方式等比例复原，学习并完成彩画工艺	通过调查并总结出不同花朵的花序类型、花冠形状等知识。并能制作出热缩片花朵作品，激发学生对中国园林研究的兴趣
		活动形式	教师讲授、实地探访、实践体验相结合	教师讲授、实地探访、实践体验相结合	教师讲授、实地探访、实践体验相结合
	必修课程二	名称	花文化，探寻美的渊源	一天走遍中国	盆花花境组合
		活动目的	通过参观园区，激发对节气物候的理解，通过手作体验中华之美	认识全国五大气候区域的典型植物和城市市花，了解中国地理气候类型，理解气候与植物的生态关系	掌握花卉在不同景观中的不同配置，及花卉生长物候对景观的影响。掌握基础花境的设计并完成初级花境的设计和制作
		活动形式	教师讲授、实地探访、实践体验相结合	教师讲授、实地探访、实践体验相结合	教师讲授、实地探访、实践体验相结合
	必修课程三	名称	长城的一砖一瓦与戍边的绿色将士	长城的传承与古为今用的板栗花	万里长城的建造与板栗园的前世今生
		活动目的	了解水长城历史，认识长城建筑结构，了解材料选取的独特性，了解板栗园历史，找出“栗树王”，培养学生的环保意识	深入了解长城历史文化，增强团队合作意识，厚植环保意识和创新思维	深入了解长城历史文化，掌握相关知识点，提升研究能力和创新思维，培养领导才能、集体责任感和担当
		活动形式	教师讲授、实地探访、实践体验相结合	教师讲授、实地探访、实践体验相结合	教师讲授、实地探访、实践体验相结合
	必修课程四	名称	百草绘画	小小药学家	永不凋零的花与爱
		活动目的	通过参观，认识并了解药用植物形态特征、结构特征、入药部位等，进行药用植物绘画	通过研学活动，掌握中药性味、归经等传统医药文化知识，培养学生热爱植物，增强自信心和成就感	学习并掌握永生花制作的基本原理和操作过程，植物脱色等基本原理和知识，激发学生分享劳动成果的意识
		活动形式	教师讲授、实地探访、实践体验相结合	教师讲授、实地探访、实践体验相结合	教师讲授、实地探访、实践体验相结合

维度或要素			小学高年级段	初中段	高中段
研学课程	必修课程五	名称	海洋奇遇记	深海奥秘探索之旅	海洋科学前沿探索
		活动目的	激发并培养孩子们爱护海洋环境、保护海洋生物的意识，引导孩子们意识到生物与自然环境的关系	深入地认识并了解海洋及其生物的生态环境，培养孩子们爱护海洋环境、保护海洋生物的意识，培养创新精神及实践能力	提高对自然、社会和自我之间联系的认知；通过科普了解海洋及其生物生态，培养爱护环境和动物的意识
		活动形式	教师讲授、实地探访、实践体验相结合	教师讲授、实地探访、实践体验相结合	教师讲授、实地探访、实践体验相结合
	必修课程六	名称	万生苑植物寻根	探寻植物园中的人文景观	找寻植物园中的历史人物
		活动目的	通过对比观察温室内的热带雨林，思考对待雨林的两种观点，认识雨林对环境的重要性	从文化与艺术的角度观察植物，探寻人与园林的交互，完成相关作品	通过寻访园中研究人物的历史，掌握相关历史作用并完成史评
		活动形式	教师讲授、实地探访、实践体验相结合	教师讲授、实地探访、实践体验相结合	教师讲授、实地探访、实践体验相结合
	必修课程七	名称	绿意童行——园林探趣之旅	园林艺术之旅——解码自然之美	园林文化深度游——历史与现代的交融
		活动目的	认识并了解北京特色，增强对家乡文化的自豪感和认同感，感受皇家园林的美丽和神奇	认识古代园艺在建筑环境文化方面的体现，基于环境，利用先备课程知识，选择合适的桥型，并进行桥梁的搭建	掌握如何将古典园林桥的设计艺术结合到现代桥梁设计之中，培养学生的逻辑思维能力和综合素质
		活动形式	教师讲授、实地探访、实践体验相结合	教师讲授、实地探访、实践体验相结合	教师讲授、实地探访、实践体验相结合
	必修课程八	名称	北京大运河艺术之美	大运河文化漫游——水脉传承与发展	大运河文明探索——历史地理与人文交融
		活动目的	通过体验大运河沿岸的风景、文化遗产和艺术特色，引导学生观察、思考和探索，激发其对大运河之美的感悟和表达	通过了解大运河的历史；了解陶瓷艺术，制作并完成陶瓷彩绘；认识并学习泥文化、艺术伞等非遗手工制作，培养其动手能力和艺术鉴赏能力	深入了解北京大运河的历史文化，通过实地考察和艺术创作，培养学生的审美能力、创新思维和跨学科素养，掌握相关知识点
		活动形式	教师讲授、实地探访、实践体验相结合	教师讲授、实地探访、实践体验相结合	教师讲授、实地探访、实践体验相结合

维度或要素			小学高年级段	初中段	高中段
研学课程	必修课程九	名称	天文馆中仰望星空	宇宙大探索	恭王府“曲水流觞”
		活动目的	通过研学活动，直观、系统地认识并了解宇宙的历史、太阳系的演化过程，天体的相关知识	通过学习天文学进阶知识，体验并完成模拟宇宙视觉效果，培养学生的探究能力	熟悉沁秋亭的形制与周边环境，设计实验方案，通过实验探究古人“曲水流觞”的游戏规则，掌握相关知识点
		活动形式	教师讲授、实地探访、实践体验相结合	教师讲授、实地探访、实践体验相结合	教师讲授、实地探访、实践体验相结合
	必修课程十	名称	美好天行绿色环保	飞翔的智慧——航空科技探索之旅	航空文化之旅——历史与未来的交响
		活动目的	通过了解航空领域的知识，感受工作人员的责任与担当精神，激发学生的社会责任感和环保意识	完成环保与科技结合的作品，感受工作人员的责任与担当精神，激发学生的社会责任感和环保意识	了解科技与环保如何结合，感受工作人员的责任与担当精神，激发学生的社会责任感和团队协作能力
		活动形式	教师讲授、实地探访、实践体验相结合	教师讲授、实地探访、实践体验相结合	教师讲授、实地探访、实践体验相结合
	选修课程		1. 入营教育选修课（一） 2. 扎染艺术 3. 编竹简写篆书 4. 效法自然咫尺山林 5. 版画漏印中的“一叶知秋”	1. 入营教育选修课（二） 2. 古都瓷韵 3. 石碑传拓 4. 穿墙透壁——解析官式古建筑营造技艺 5. 三味书屋读鲁迅	1. 入营教育选修课（三） 2. 陶瓷成型大揭秘 3. 设计古籍版式 4. 感受中国插花文化 5. 鲁迅书籍封面设计中的“封”情

维度或要素		小学高年级段	初中段	高中段
研学线路	代表性线路（时长五日）	第一天：北京营地—中国园林博物馆—北京花乡世界花卉大观园—北京营地；第二天：北京营地—黄花城水长城—北京营地；第三天：北京营地—北京药用植物园—北京海洋馆—北京营地；第四天：北京营地—中国科学院植物研究所—颐和园—北京营地；第五天：北京营地—北京大运河博物馆—北京市天文馆—北京营地	第一天：北京营地—中国园林博物馆—北京花乡世界花卉大观园—北京营地；第二天：北京营地—黄花城水长城—北京营地；第三天：北京营地—北京药用植物园—北京海洋馆—北京营地；第四天：北京营地—中国科学院植物研究所—颐和园—北京营地；第五天：北京营地—北京大运河博物馆—北京市天文馆—北京营地	第一天：北京营地—中国园林博物馆—北京花乡世界花卉大观园—北京营地；第二天：北京营地—黄花城水长城—北京营地；第三天：北京营地—北京药用植物园—北京海洋馆—北京营地；第四天：北京营地—中国科学院植物研究所—颐和园—北京营地；第五天：北京营地—恭王府—北京市天文馆—北京营地
	可选择线路（按天设计，菜单式选择）	1.北京营地—中国地质博物馆—北京营地；2.北京营地—水利部节水灌溉示范基地—北京营地；3.北京营地—全国农业展览馆—北京营地；4.北京营地—北京国家地球观象台—北京营地；5.北京营地—南水北调中线干线北京市房山区大石窝镇惠南庄泵站—北京营地；6.北京营地—中国科学院植物研究所—北京营地；7.北京营地—北京市气象探测中心—北京营地；8.北京营地—北京花乡世界花卉大观园—北京营地	1.北京营地—中国地质博物馆—北京营地；2.北京营地—水利部节水灌溉示范基地—北京营地；3.北京营地—全国农业展览馆—北京营地；4.北京营地—北京国家地球观象台—北京营地；5.北京营地—南水北调中线干线北京市房山区大石窝镇惠南庄泵站—北京营地；6.北京营地—中国科学院植物研究所—北京营地；7.北京营地—北京市气象探测中心—北京营地；8.北京营地—北京花乡世界花卉大观园—北京营地	1.北京营地—中国地质博物馆—北京营地；2.北京营地—水利部节水灌溉示范基地—北京营地；3.北京营地—全国农业展览馆—北京营地；4.北京营地—北京国家地球观象台—北京营地；5.北京营地—南水北调中线干线北京市房山区大石窝镇惠南庄泵站—北京营地；6.北京营地—中国科学院植物研究所—北京营地；7.北京营地—北京市气象探测中心—北京营地；8.北京营地—北京花乡世界花卉大观园—北京营地
	规划线路（按天设计）	1.北京营地—中国海洋石油工业展览馆—北京营地；2.北京营地—北京西山国家森林公园—北京营地；3.北京营地—中国农业科学院农业环境与可持续发展研究所—北京营地	1.北京营地—中国海洋石油工业展览馆—北京营地；2.北京营地—北京西山国家森林公园—北京营地；3.北京营地—中国农业科学院农业环境与可持续发展研究所—北京营地	1.北京营地—中国海洋石油工业展览馆—北京营地；2.北京营地—北京西山国家森林公园—北京营地；3.北京营地—中国农业科学院农业环境与可持续发展研究所—北京营地

维度或要素		小学高年级段	初中段	高中段
教学重点难点（以代表性线路教学设计为例，以下同）	教学重点	1.深入探究园林背后的文化内涵，理解其历史背景和现实意义，以及它如何反映人与自然的关系；2.让学生了解不同药用植物的形态特征、生长习性以及其在中医中的应用；3.让学生了解海洋生物的多样性及其在生态系统中的作用，了解植物与动物之间的共生关系，以及植物在维持生态平衡中的关键作用；4.深入体验颐和园的独特魅力，培养对中华传统文化的兴趣和认同；5.了解天文学基础知识、观测方法以及宇宙中的各种天文现象	1.重点介绍古典与现代园林艺术，理解其文化内涵与审美价值；2.深入了解花卉生态，掌握常见花卉的养护技巧；3.探究水利工程的历史与技术，理解其对环境的影响；4.学习药用植物的识别与利用，理解其在中医药中的价值；5.探索海洋生物的奥秘，了解海洋生态系统的平衡与保护	1.深入了解中国古典园林的艺术特点与文化内涵，探究其与现代园林的关系；2.探究水利工程的历史与技术，理解其对自然景观的影响；3.理解药用植物的活性成分与药理作用，以及其在中医药领域的应用；4.掌握植物分子生物学的知识与实验技能，以及植物生长与环境相互关系；5.深入探索古典园林的建筑艺术与历史文化，理解其现代意义与价值
	教学难点	1.掌握北京花乡世界花卉大观园中不同花卉的生长特性与养护技巧；2.黄花城水长城的水利工程原理，理解与掌握这些内容可能存在一定难度；3.药用植物的分类与特性辨识、海洋生物的生态平衡理解、植物生长与环境相互关系的实验操作；4.颐和园的建筑风格和历史背景的交织；5.大运河艺术馆的艺术深度，天文馆的天文知识	1.如何将传统园林艺术与现代审美结合，让学生产生共鸣；2.掌握不同花卉的生长特性与养护技巧的复杂性；3.黄花城水长城水利工程原理与现代生态保护的平衡；4.药用植物成分的复杂性与药理作用的理解，海洋生物多样性与生态平衡；5.植物生长与环境相互关系的实验设计与分析；6.掌握颐和园的建筑结构与历史背景，大运河艺术馆的艺术深度，天文馆的天文知识	1.引导学生深入理解古典园林的文化内涵与艺术价值，并与现代审美观念进行比较；让学生掌握不同花卉的生长特性与养护技巧，培养他们对花卉生态的关注；2.引导学生探究水利工程的历史与技术，理解其在环境中的影响，培养他们的工程思维与环保意识；理解药用植物活性成分的提取与分离技术；3.探究海洋生物的生态平衡与人类活动的关系；掌握植物分子生物学的前沿知识与实验技能；4.引导学生深入理解皇家园林的建筑艺术、历史文化及其在北京乃至中国历史中的地位；探究王府建筑的特点、历史变迁及其与北京传统文化的联系，掌握天文知识，培养学生的科学探索精神和批判性思维

维度或要素	小学高年级段	初中段	高中段
教学策略	针对小学高年级段学生的认知特点和对自然世界的好奇心，基于建构主义学习理论，选取“自然教育”为主题，通过五日研学活动，让学生亲近自然、探索自然，依托北京丰富的自然生态资源，如公园、植物园等，采取观察、实验、探究的教法以及采取多学科情景式教学的学法，引导学生通过实地考察、记录、分析，深入了解自然生态系统。学生将采用小组合作的学习方式，共同观察、讨论、解决问题。开展活动包括生态探险、动植物观察、环保实践等，旨在培养学生的观察能力、实验能力和团队协作精神。活动将注重学生的亲身体验和实际操作，让他们在探究自然奥秘的同时，培养对自然的敬畏和保护意识。通过此次研学活动，达到引导学生能够更加深入地了解自然，培养对自然的兴趣和热爱，并形成积极的环保行动习惯的目的	针对初中段学生的好奇心和探索欲望，以及他们对自然世界的初步认知，基于生态体验教育理论，选取“自然教育”作为五日研学活动的主题，依托北京丰富的自然资源和生态环境，如山区、森林、湖泊等，采取户外实地考察和室内研讨相结合的教法以及采取多学科情景式教学的学法，学生将通过观察、记录、分析自然现象，学习生态知识，培养生态意识，开展活动包括徒步探险、环境监测、生态实验等，旨在让学生在亲身体验中感受自然之美，了解生态平衡的重要性，并培养他们的团队合作和问题解决能力，达到引导学生能够更加深入地理解自然生态，形成对自然的敬畏和保护意识，为培养未来的环保行动者和自然科学家奠定基础的目的。同时，活动也将促进学生的综合素质发展，提升他们的实践能力和创新精神	针对高中段学生的独立思考能力和对自然环境的深刻理解需求，基于环境教育理论，选取“自然教育”作为五日研学活动的主题，依托北京独特的地理环境和自然资源，采取实地考察与专题研讨相结合的教法以及多学科情景式教学的学法，学生将通过深入研究、数据分析，理解自然生态系统的运作机制和人类与自然的相互关系，开展活动涵盖野外考察、环境监测、生态保护方案设计等，达到培养学生批判性思维、实践能力和创新精神的目的。同时，通过此次研学活动，我们期望学生能够形成可持续发展的观念，增强对环境保护的责任感，为未来的环境保护工作提供坚实的理论基础和实践经验

维度或要素				小学高年级段	初中段	高中段
实施方案	入营教育	安全	引导	讲解安全规定、演示应急处理方法	组织专家开展安全讲座，向学生介绍安全风险和应对措施	通过图表展示和视频演示等形式，向学生传达安全知识和技能
			实训	通过模拟演练、实际操作等方式，让中小学生掌握基本的安全技能，提高自我保护能力	组织学员进行模拟演练活动，让他们亲身参与并实践预防措施和应急处理方法	通过安全活动角色扮演和团队合作，学生将学习如何识别风险并采取相应的预防措施
		应急	引导	讲解应急知识、演示应急操作，引导中小学生了解应对突发情况的正确方法	通过实地考察和观摩，学生可以更好地理解和学习应急处理的实际操作	组织专门的技能培训工作坊，针对不同的应急事件或风险进行专题培训
			实训	通过模拟演练、实际操作等方式，让中小学生掌握应对突发情况的正确方法和技能，提高自我保护和应对能力	组织学生进行实地考察和观摩，让他们参观实际的应急处理中心、紧急救援机构或专业培训机构	学生通过参与培训工作坊，提升应急处理的技能水平和冷静思考的能力
		救助	引导	讲解基本救助知识、演示急救操作，引导中小学生了解基本的救助方法	通过演练和项目可以锻炼学生的团队合作能力和资源利用能力	通过竞赛活动，学生可以锻炼独立思考、团队合作和创造性解决问题的能力
			实训	角色扮演、案例分析、团队合作等活动，帮助学生熟悉和掌握求助教育的方法和技巧	组织学生参与救援演练和合作项目，让他们在团队合作的环境中面对“困难”	组织学生参与案例分析设计的竞赛活动，要求他们进行分析和设计解决方案
		自我管理	引导	引导中小学生制订个人计划，明确目标，培养自主意识和自我控制能力，确保研学活动的安全和顺利进行	通过训练，让学生学会如何识别和理解自己的情绪，有效地管理和调节情绪	通过学生分享自己的成长案例，让学生更好地了解如何应对困难和挑战，同时也培养了自我管理和自我成长的能力
			实训	制订个人计划、时间管理、情绪控制等，让学生掌握自我管理的技能和方法	组织学生进行情绪管理训练。包括学习认识和理解不同情绪的起因和表现	组织学生分享自己在面对困难和挑战时的经验和成功故事
		团队协作	引导	讲解团队协作的重要性、演示合作技巧，引导中小学生学会与他人合作	通过这种跨学科项目合作研讨，学生可以深刻体验到团队合作的重要性和优势	通过解谜游戏、户外拓展课程挑战活动，学生将锻炼团队合作、沟通和决策能力
			实训	分组合作、角色扮演等	将学生分组，组成跨学科研讨团队，共同参与一个综合性项目	组织团队建设、解谜游戏、户外拓展课程挑战活动

维度或要素		小学高年级段	初中段	高中段
实施方案	导入教学环节	1.运用趣味互动游戏和生动故事，激发学生对园林艺术的兴趣，为后续深入探索做好铺垫；2.结合长城传说和动画短片，营造神秘氛围，引导学生探寻古长城的历史秘密与壮丽景观；3.任务导入。发布研学任务单，揭开药用植物的神秘面纱；4.引导学生亲手触摸生命的绿意，感受大自然的神奇魅力；5.视频导入。引导学生一同探寻星辰的秘密，感受宇宙的浩瀚与美丽	1.通过图片展示、互动问答和导览讲解等方式，引导学生初步了解园林艺术，激发他们的学习兴趣和好奇心；2.通过视频短片与现场导览，带领同学们领略古长城与水系的完美融合，感受大自然的鬼斧神工与历史的厚重；3.通过图片展示、实物观察与专家讲解，让学生直观感受药用植物的魅力，激发对中医药文化的兴趣与好奇；4.通过展示植物标本、播放纪录片和互动问答等方式导入；5.采用视频展示大运河的壮丽景色，结合地图讲解运河历史，引发学生兴趣，为后续深入研学奠定基础	1.采用花卉摄影作品展示，结合专业讲解，引发学生对花卉生态与文化的兴趣，为深入研学铺垫；2.结合历史地图与现场讲解，展现长城与水系的独特融合，引导学生深入探索其历史价值与自然之美；3.展示珍贵药材样本，结合现代科技解读药用价值，激发学生探索中医药文化的热情；4.问题导入，激发学生探索精神。任务导入，发布研学任务单；5.通过展示王府建筑特色与历史背景图片，结合生动的讲解，激发学生对王府文化及清代历史的兴趣与探索欲望
	授课教学环节	1.选修课程1“入营教育选修课（一）”、必修课程一“园林小讲师”、必修课程二“花文化，探寻美的渊源”；2.必修课程三“长城的一砖一瓦与戍边的绿色将士”、必修课程十“美好天行绿色环保”、选修课程2“扎染艺术”；3.必修课程四“百草绘画”、必修课程五“海洋奇遇记”、选修课程3“编竹简写篆书”；4.必修课程六“万生苑植物寻根”、必修课程七“绿意童行-园林探趣之旅”、选修课程4“效法自然咫尺山林”；5.必修课程八“北京大运河艺术之美”、必修课程九“天文馆中仰望星空”，选修课程5“版画漏印中的‘一叶知秋’”	1.选修课程1“入营教育选修课（二）”、必修课程一“匠心营造之梁枋绘丹青”、必修课程二“一天走遍中国”；2.必修课程三“长城的传承与古为今用的板栗花”、必修课程十“飞翔的智慧——航空科技探索之旅”、选修课程2“古都瓷韵”；3.必修课程四“小小药学家”、必修课程五“深海奥秘探索之旅”、选修课程3“石碑传拓”；4.必修课程六“探寻植物园中的人文景观”、必修课程七“园林艺术之旅——解码自然之美”、选修课程4“穿墙透壁——解析官式古建筑营造技艺”；5.必修课程八“大运河文化漫游——水脉传承与发展”、必修课程九“宇宙大探索”，选修课程5“三味书屋读鲁迅”	1.选修课程1“入营教育选修课（三）”、必修课程一“识园林群芳谱，创掌中热缩花”、必修课程二“盆花花境组合”；2.必修课程三“万里长城的建造与板栗园的前世今生”、必修课程十“航空文化之旅——历史与未来的交响”、选修课程2“陶瓷成型大揭秘”；3.必修课程四“永不凋零的花与爱”、必修课程五“海洋科学前沿探索”、选修课程3“设计古籍版式”；4.必修课程六“找寻植物园中的历史人物”、必修课程七“园林文化深度游——历史与现代的交融”、选修课程4“感受中国插花文化”；5.必修课程八“大运河文明探索——历史地理与人文交融”、必修课程九“恭王府‘曲水流觞’”，选修课程5“鲁迅书籍封面设计中的‘封’情”

维度或要素		小学高年级段	初中段	高中段
实施方案	进级教学环节	1.深入讲解园林的布局、构景手法及文化寓意；2.组织花卉种植实践活动，让学生亲身体验花卉生长过程；3.分组进行长城历史文化研究；4.组织学生进行药用植物的实地考察，了解植物的药用价值和应用；5.深入了解海洋生物的生存环境和生态系统；6.进行植物分类和识别的实践操作；7.引导学生深入了解园林建筑的特点和历史背景；8.组织学生欣赏运河相关的艺术作品；9.学习天文学的基本知识，掌握天文观测的方法，探索宇宙的奥秘	1.深入解析园林设计理念与文化内涵；2.组织花卉培育实践活动，让学生亲身体验花卉生长过程；3.开展长城历史文化研究，撰写研究报告；4.组织学生参与药用植物的种植与采摘活动；5.深入了解海洋生态系统，探究海洋资源的可持续利用和保护措施；5.学习植物分类的方法和技巧，进行实地考察；6.组织学生深入探讨皇家园林的历史文化内涵；7.引导学生欣赏大运河相关的艺术作品；8.实地观测星空，学习天文知识，培养科学探究精神和创新能力	1.深入剖析古典园林的艺术特色与历史背景，引导学生进行创新性设计思考；2.探究花卉种植技术与生态价值；3.实地考察长城的历史变迁与保护现状，鼓励学生提出保护建议；4.深入研究药用植物成分与药效；5.探索海洋生物多样性与生态保护；6.学习植物进化与系统分类；7.深入探讨皇家园林的规划与艺术价值，培养历史与美学相结合的分析能力；8.引导学生从多角度解读大运河文化，提升艺术鉴赏与批判性思维能力；9.通过实地研究，让学生深入理解王府建筑特色与历史背景
	巩固教学环节	1.游戏和练习：趣味性练习和游戏体验；2.引入真实案例与故事讲解，现场教学、自主学习与任务驱动相结合；3.花卉摄影比赛：巩固对花卉品种和应用的认知；4.药用植物的种植活动：加深对药用植物知识的理解；5.总结分享：通过展示交流的方式对研学知识进行巩固	1.花卉义卖活动：巩固对花卉品种和应用的认知；2.药用植物辨识竞赛：巩固药用植物知识；3.形成研学报告：经实地考察，要求学生完成一份研学报告；4.大运河主题绘画比赛：巩固对运河文化的认识；5.其他实践任务：巩固基础知识	1.深化：实践操作/实验，巩固与利用所学知识；2.艺术作品创作：参与大运河艺术作品的创作，巩固对大运河文化的理解与认识；3.应用：完成一份研学报告，巩固所学知识并提升研究能力；4.花卉种植活动：巩固对花卉生长与应用的认知，深化环保意识

维度或要素			小学高年级段	初中段	高中段
实施方案	总结教学环节	教学创新	通过实地考察、跨文化交流、科技手段运用等方式，使学生更深入地理解“人与自然和谐发展”的内涵，培养他们热爱自然的情怀和环保意识，为学生提供丰富的学习体验和实践机会	通过实地考察、跨文化交流、科技手段运用等方式，使学生更深入地理解“人与自然和谐发展”的内涵，培养他们热爱自然的情怀和环保意识，为学生提供丰富的学习体验和实践机会	通过实地考察、跨文化交流、科技手段运用等方式，使学生更深入地理解“人与自然和谐发展”的内涵，培养他们热爱自然的情怀和环保意识，为学生提供丰富的学习体验和实践机会
		教学总结	采用实地考察、小组讨论、实践活动等多种教学方法，确保学生全方位、多角度地理解“人与自然和谐发展”的主题。通过反馈，大多数学生表示对自然生态有了更深入的了解，自己的实践能力得到了显著提高	采用实地考察、小组讨论、实践活动等多种教学方法，确保学生全方位、多角度地理解“人与自然和谐发展”的主题。通过反馈，大多数学生表示对自然生态有了更深入的了解，自己的实践能力得到了显著提高	采用实地考察、小组讨论、实践活动等多种教学方法，确保学生全方位、多角度地理解“人与自然和谐发展”的主题。通过反馈，大多数学生表示对自然生态有了更深入的了解，自己的实践能力得到了显著提高
		教学反思	能够从学生实际出发，指定研学要求，根据学生心智特点，将研学内容利用多种有趣的形式进行呈现，把研学过程视为师生合作、共同发展的互动过程，实现了教师的角色转换、课程与教学的整合，有效的提高了教学能力 后期可持续改进和完善课程设计，增强课程的趣味性和互动性	能够从学生实际出发，指定研学要求，根据学生心智特点，将研学内容利用多种有趣的形式进行呈现，把研学过程视为师生合作、共同发展的互动过程，实现了教师的角色转换、课程与教学的整合，有效的提高了教学能力 后期可持续改进和完善课程设计，增强课程的趣味性和互动性	能够从学生实际出发，指定研学要求，根据学生心智特点，将研学内容利用多种有趣的形式进行呈现，把研学过程视为师生合作、共同发展的互动过程，实现了教师的角色转换、课程与教学的整合，有效的提高了教学能力 后期可持续改进和完善课程设计，增强课程的趣味性和互动性

维度或要素				小学高年级段	初中段	高中段
实施方案	评价教学环节	教学水平评价	自我评价	教师定期回顾教学过程	教师收集学生的教学意见和反馈	通过学生活动过程及结果的反馈，反思线路设计及课程设计的适配性，是否完成了线路及课程预设的目标
			学生评价	对于研学实践教育活动课程中教师的授课环节，及研学课程的内容开展评价	询问学生对教师的教学方法、课堂组织、知识传授和辅导等方面的看法，评估教师在学生心目中的形象和影响力	学生对教师是否擅长调动学生的主动性、内容安排是否科学合理、引导启发学生深度思考、鼓励学生表达交流、指导学生动手实践、正确价值观融入等方面进行评价
			同行评价	由营地教师和教学管理人员对教师的教学进行评价	由营地教师和教学管理人员对教师的教学进行详细评价	由研学基地导师、营地教师、学校学科教师、其他营地教师等对于线路及课程进行多维度评价，用于及时反馈初设目标
			培训和考核	定期对营地教师进行教学培训和考核	定期对营地教师进行教学培训和考核，通过考核结果来评价教师的教学水平	组织专业培训和考核，确保教师具备相应的教学能力和水平，为学生提供优质的教学体验
			教学成果展示	通过学生的学业成绩、创新作品等，来评价教师的教学水平	通过研学过程教学展示教师的教学成果，通过学生的学业成绩、学生的创新作品等，来评价教师的教学水平	通过多种形式展示“自然教育”研学线路的教学成果，如展览、汇报演出等，让学生和家长直观感受教学成果，促进教学质量的持续提升

维度或要素				小学高年级段	初中段	高中段
实施方案	评价教学环节	学业评价	形成性评价	及时给予反馈和指导，促进学生的自我反思和提升	观察学生在研学过程中的理解和表现，及时给予反馈和指导，促进学生的自我反思和提升	观察学生在研学过程中的参与度、合作态度及对“自然教育”的理解和表现，及时给予反馈和指导，促进学生的自我反思和提升
			总结性评价	综合学生在研学全程中的表现，对“自然教育”的认知深度和实践能力进行全面评估	综合学生在研学全程中的表现，对“自然教育”的认知深度和实践能力进行全面评估	综合学生在研学全程中的表现，对“自然教育”的认知深度和实践能力进行全面评估，提供具体、有针对性的建议，助力学生成长
			教师评价	结合“自然教育”主题，给出具体客观的评价，同时为学生提供建设性反馈和指导	结合“自然教育”主题，给出具体客观的评价，同时为学生提供建设性反馈和指导，加强课后跟进	教师根据学生在研学过程中的实际表现，结合“自然教育”主题，给出具体客观的评价，同时为学生提供建设性反馈和指导
		项目评价		评价主体：教育行政主管部门、参与学校、学生家长、参与基地、社会各界；评价内容：教学内容、教学方法、教学资源、研学项目设计及组织实施；评价方式：采取调查问卷或一对一、一对多访谈等方式；评价结果运用：及时发现问题并加以改进，确保项目的实施效果，并及时反馈用于项目优化	评价主体：教育行政主管部门、参与学校、学生家长、参与基地、社会各界；评价内容：教学内容、教学方法、教学资源、研学项目设计及组织实施；评价方式：采取调查问卷或一对一、一对多访谈等方式；评价结果运用：及时发现问题并加以改进，确保项目的实施效果，并及时反馈用于项目优化	评价主体：教育行政主管部门、参与学校、学生家长、参与基地、社会各界；评价内容：教学内容、教学方法、教学资源、研学项目设计及组织实施；评价方式：采取调查问卷或一对一、一对多访谈等方式；评价结果运用：及时发现问题并加以改进，确保项目的实施效果，并及时反馈用于项目优化

4.2 教学计划与策略列表：探索自然奥秘　建设生态文明

<table>
<tr><td colspan="3">营地名称</td><td>石家庄市青少年社会综合实践学校</td><td>命名机构</td><td>教育部</td><td>识别码</td><td>Y145130001</td></tr>
<tr><td colspan="3">从业资质（摘要）</td><td>综合实践教育；研学实践教育；劳动教育</td><td>单位属性</td><td>公益一类</td><td>法定代表人</td><td>吕宗海</td></tr>
<tr><td colspan="3">研学主题</td><td>探索自然奥秘　建设生态文明</td><td colspan="2">主要目的指向</td><td colspan="2">自然教育</td></tr>
<tr><td rowspan="7">营地（枢纽）及周边主要优质研学资源</td><td colspan="2">基地层级</td><td colspan="5">研学站点（基地）名称</td></tr>
<tr><td rowspan="2">教育部命名基地</td><td>已列入教学计划</td><td colspan="5">一、与本主题相关列入教学计划的基地10个
1. 石家庄市青少年社会综合实践学校（简称“石家庄营地”）；2. 河北柳江盆地地质遗迹国家级自然保护区；3. 中国地质调查局国土资源实物地质资料中心；4. 中国农业科学院（万庄）国际农业高新技术产业园（简称“高新技术产业园”）；5. 河北涿州市气象局；6. 河北塔元庄同福农业科技有限责任公司（简称“塔元庄同福基地”）；7. 全国青少年北戴河活动营地；8. 开滦国家矿山公园；9. 唐山地震遗址纪念公园；10. 漕河渡槽工程
二、与本主题关联不大但列入本营地教学计划的基地2个
1. 吴桥杂技大世界；2. 涉县青少年活动中心</td></tr>
<tr><td>待列入教学计划</td><td colspan="5">1. 蔚县青少年校外活动中心；2. 迁西县喜峰口旅游开发有限公司；3. 丰宁满族自治县青少年活动中心</td></tr>
<tr><td colspan="2">其他部委命名基地</td><td colspan="5">1. 北京自然博物馆；2. 北京动物园</td></tr>
<tr><td colspan="2">地方命名基地</td><td colspan="5">1. 衡水湖国家自然保护区；2. 石家庄海洋公园科普研学基地；3. 漫山花溪谷研学实践教育基地（简称“漫山花溪谷”）；4. 河北熟泥地研学实践教育基地（简称“熟泥地基地”）；5. 石家庄市植物园；6. 嶂石岩地质地貌研学基地（简称“嶂石岩”）；7. 河北农耕时代都市农业研学基地（简称“农耕时代”）；8. 石家庄市动物园；9. 庄稼主生态农业科技示范园（简称“庄稼主基地”）；10. 萱草文化研学实践教育基地（简称“萱草基地”）；11. 静港湿地豌豆农庄研学基地（简称“豌豆农庄”）；12. 小羊时代研学实践教育基地（简称“小羊时代”）</td></tr>
<tr><td colspan="2">本营地资源</td><td colspan="5">生命教育体验馆</td></tr>
<tr><td colspan="2">其他资源</td><td colspan="5">滹沱河生态区</td></tr>
</table>

维度或要素	小学高年级段	初中段	高中段
校内教育基础（与校内教育的衔接）	对照课标，小学高年级段重点选择与实际生活相关的自然景观、动植物、生态环保等项目，旨在让学生亲近自然，开阔视野，增长见识，增强人与自然和谐发展的意识，利用营地内及周边资源，将自然科学、生态环境、美学与传统文化有机结合，重在将学生的个体生活与自然相结合，综合运用学科知识解释大自然中的现象，创意物化相关成果 本研学主题必修课程与校内教育的衔接内容主要如下：1.人教版四年级道德与法治上册第1课“我们所了解的环境污染”；2.人教版四年级美术下册第11课“走进春天”；3.人教版五年级美术上册第8课“鸟语花香”；4.人教版五年级美术下册第10课“写意动物”；5.人教版六年级美术上册第5课“风景写生”、第8课“山山水水”、第11课“废旧物的‘新生命’”；6.人教版四年级科学上册第一单元“多样的动物”、第二单元“动植物的繁殖”；7.人教版六年级科学上册第三单元第5课“水在自然界的循环”；8.人教版六年级科学上册第二单元“田野里的生物”第4课“植物的简单分类”	对照课标，初中段学生需要从生活实际出发，走进自然、深入社会、开展实地考察、解决实际问题，让生态意识理念潜移默化地渗入到学生思想中，同时能够正确地认识自然、改造自然、尊重自然、保护自然，与自然和谐相处 本研学主题必修课程与校内教育的衔接内容主要如下：1.人教版生物七年级上册第一章第一节“生物的特征”、第二节“调查周边环境的生物”，第二章第一节“生物与环境的关系”、第二节“生物与环境组成生态系统”、第三节“生物圈是最大的生态系统”，第二单元“生物的结构层次”第一章“细胞是生命活动的基本单位”第一节“练习使用显微镜”、第二节“植物细胞”，第二章“细胞怎样构成生物体”第三节“植物的结构层次”，第三单元“生物圈中的绿色植物”第一章“生物圈中有哪些绿色植物”，第四章“绿色植物是生物圈中有机物的制造者”；2.人教版生物七年级下册第七章第二节“探究环境污染对生物的影响”；3.人教版生物八年级上册第六单元第二章“认识生物的多样性”；4.人教版生物八年级下册第一章第一节“植物的生殖”、第二章第一节“基因控制生物的性状”、第三章第一节“地球上生命的起源”	对照课标，高中段学生通过实地考察探究，亲身体验深化所学知识，运用科学研究方法，了解自然、解释自然奥秘、探索自然规律，利用好自然为人类创造价值。秉承“人类命运共同体”的价值观，坚定“人与自然和谐共生”理念，培养学生的生态文明价值观 本研学主题必修课程与校内教育的衔接内容如下：1.人教版生物学必修1第四章第一节“被动运输——探究植物细胞的吸水和失水”；2.人教版化学选择性必修；3.研究与实践“自制肥皂”；4.人教版高中地理必修1第五章第二节“土壤”；5.人教版高中生物必修2第六章第四节“协同进化与生物多样性的形成”；6.人教版高中生物选择性必修2第四章第二节“生物多样性及其保护”；7.人教版高中生物必修1第五章第四节“光合作用与能量转化”

维度或要素			小学高年级段	初中段	高中段
研学课程	必修课程一	名称	蓝天卫士	盆景制作	押花之艺
		活动目的	通过了解大气污染对人体健康的危害，认识环境保护的重要性	通过科学观察、探究学习、创意制作过程，逐步解开楝花的神秘，感受自然的神奇美丽	通过认知太行山中可以制作美食的植物，掌握其特性及制作美食的工艺流程
		活动形式	探究、观察、记录、设计制作	讲授指导、小组合作、实践制作	教师讲授、实地探访、实践体验
	必修课程二	名称	水质检测	紫金楝花的秘密	太行馈赠的养生美食
		活动目的	通过了解母亲河——滹沱河水质保护现状，帮助学生形成保护水环境的意识和习惯	通过学生对湿地生态圈的认识和了解，培养学生的观察能力和实践能力，促进科学研究和保护工作	通过了解生物的多样性，认识到恢复生态环境，改善水质的重要性
		活动形式	探究、实验	查找资料、实地探究、完成报告	教师讲授、实地探访、实践体验
	必修课程三	名称	草木印染师	蝴蝶生境花园	自然工匠——一块皂的演变
		活动目的	通过设计制作一幅植物拓印作品，感受大自然的魅力，体会自然艺术之美	通过探究蝴蝶等传粉者与植物之间的关系，观察传粉过程，营造合适传粉环境，理解传粉者的生态意义，摆正人与自然的关系，追求人与自然的和谐相处	通过找寻、辨识，认识具有清洁作用的植物，掌握制作古代洗涤剂方法
		活动形式	探究、体验、实践、感受	实地观察、探究、实践、分享交流	教师讲授、实地探访、实践体验
	必修课程四	名称	仿生漂浮毯	城市树木危机	环保先锋官——海绵型校园
		活动目的	通过观察王莲和探究其漂浮原理，模仿制作漂浮毯，提高创新思维和动手实践能力	通过对城市树木的深入探究，增强对资源的合理利用以及城市可持续发展理念的认同感，正确认识人类发展和自然生态的关系	通过调查湿地和绿地系统功能，考察雨水花园及生态设施，掌握绿色生态相关知识
		活动形式	探究、观察、制作、体验	实地观察、探究、实践、分享交流	考察探究、研究性学习、小组合作

维度或要素			小学高年级段	初中段	高中段
研学课程	必修课程五	名称	创意生态小鱼缸	驱蚊“博”士	蚯蚓对土壤的改良作用
		活动目的	通过设计并动手制作鱼缸，提高学生的创新创造及动手实践能力	通过制作中草药驱蚊产品，感受中草药世界的神奇和博大，增强民族自豪感，培养学生利用自然解决实际问题的能力	通过了解土壤在农业生产中的作用，触摸、观察、认识不同类别土壤感官上的区别
		活动形式	探究、观察、制作、体验	讲授指导、小组合作、实践操作	考察探究、研究性学习、小组合作
	必修课程六	名称	动物百变脸谱	花茶饮的制作	西瓜品质检测
		活动目的	通过了解动物特征及生长习性和动物脸谱创意制作，体会人与动物的和谐共生	通过制作花茶饮，使学生感受大自然的神奇美丽，以及人类善于认识自然、利用自然的智慧，培养学生利用自然，解决实际问题的能力	通过了解西瓜农药残留超标造成的不良后果，完成检测西瓜农药残留的实施方案
		活动形式	参观、体验、互动	讲授指导、小组合作、完成设计主题	教师讲授、实地探访、实践体验
	必修课程七	名称	菊花创意手工	发现太行之美	插花艺术
		活动目的	通过菊花创意手工，提升创新意识和动手动脑创造力	通过了解嶂石岩的地貌特征，野外观察用图像记录嶂石岩特殊地貌，发现自然之美	通过采花和插花等一系列实践活动，掌握插花的基本知识和技能
		活动形式	观察、探究、实践、体验	查找资料、实地拍摄、评比交流	教师讲授、实地探访、实践体验
	必修课程八	名称	花溪美拍	小小地质科考员	我为紫金楝代言
		活动目的	通过初步学习摄影技巧，学会用镜头拍摄并展示各种美景，体会人与自然的和谐共生	通过了解嶂石岩地貌的分布、特征、形成以及对人类生活的影响，懂得人与自然和谐共生的道理	通过实地考察了解紫金楝的“美、香、强、广”，掌握拍摄宣传片和视频制作的相关技能
		活动形式	游览、交流、实践、体验	查找资料、实地探究、完成报告	教师讲授、实地探访、实践体验

维度或要素			小学高年级段	初中段	高中段
研学课程	必修课程九	名称	探秘“百里赤壁”嶂石岩	制作观鸟摄影集	遇见生物多样性之美
		活动目的	通过探究嶂石岩地形地貌，了解其特点和形成过程，感受嶂石岩的独特之美	通过了解鸟类栖息习性及观鸟的技巧，观察记录不同鸟类，体会湿地生态系统的重要性，增强生态文明理念	通过参观北京动物园，观察、认识多种生物，认识地理位置对物种多样性的影响
		活动形式	游览、探究、观察、体悟	讲解、实地拍摄、整理记录、制作影集、分享交流	参观、研究性学习、教师讲授
	必修课程十	名称	嶂石岩写生	湿地我保护	小小研究生
		活动目的	通过完成一幅写生作品，学会用艺术作品表达对大自然的热爱，感受自然艺术之美	通过考察衡水湖湿地的自然景观，了解湿地的形成、变迁与保护，探索湿地与生物多样性的关系，学会人类与自然和谐相处	通过标本、化石认识不同生物，了解各种自然现象，认识自然规律，完成研究报告
		活动形式	游览、写生、交流	实地观察、查找资料、制作手册、分享交流	教师讲授、观察、实验、探究体验
	选修课程		1. 沙漠植物探秘 2. 雨林生境探秘 3. 制作蛋白桑生态饲料 4. 蒲公英的约定	1. 插花艺术 2. 神秘野菜 3. 蚯蚓对土壤改良作用的探究	1.DIY 环保酵素 2. 蚯蚓粪的制作 3. “人与自然”科普讲座

维度或要素		小学高年级段	初中段	高中段
研学线路	代表性线路（时长五日）	第一天：石家庄营地—生命教育体验馆—石家庄营地；第二天：石家庄营地—石家庄市植物园—石家庄营地；第三天：石家庄营地—石家庄海洋公园科普研学基地—石家庄市动物园—石家庄营地；第四天：石家庄营地—农耕时代—漫山花溪谷—石家庄营地；第五天：石家庄营地—嶂石岩—石家庄营地	第一天：石家庄营地—熟泥地基地—石家庄营地；第二天：石家庄营地—石家庄市植物园—石家庄营地；第三天：石家庄营地—农耕时代—石家庄营地；第四天：石家庄营地—嶂石岩—石家庄营地；第五天：石家庄营地—衡水湖国家自然保护区—石家庄营地	第一天：石家庄营地—石家庄营地生命教育馆—漫山花溪谷—石家庄营地；第二天：石家庄营地—石家庄市植物园—石家庄营地；第三天：石家庄营地—农耕时代—庄稼主基地—石家庄营地；第四天：石家庄营地—萱草基地—熟泥地基地—石家庄营地；第五天：石家庄营地—北京自然博物馆—北京动物园—石家庄营地
	可选择线路（按天设计，菜单式选择）	1.石家庄营地—熟泥地基地—石家庄营地；2.石家庄营地—萱草基地—石家庄营地；3.石家庄营地—衡水湖国家自然保护区—石家庄营地；4.石家庄营地—庄稼主基地—石家庄营地；5.石家庄营地—滹沱河生态区—石家庄营地；6.石家庄营地—塔元庄同福研学基地—石家庄营地；7.石家庄营地—北京自然博物馆—石家庄营地；8.石家庄营地—北京动物园—石家庄营地	1.石家庄营地—唐山地震遗址纪念公园—开滦国家矿山公园—石家庄营地；2.石家庄营地—滹沱河生态区—石家庄营地；3.石家庄营地—塔元庄同福基地—石家庄营地；4.石家庄营地—漫山花溪谷—石家庄营地；5.石家庄营地—庄稼主基地—石家庄营地；6.石家庄营地—北京动物园—石家庄营地；7.石家庄营地—北京自然博物馆—石家庄营地；8.石家庄营地—石家庄海洋公园科普研学基地—石家庄营地	1.石家庄营地—河北柳江盆地地质遗迹国家级自然保护区—石家庄营地；2.石家庄营地—中国地质调查局国土资源实物地质资料中心—石家庄营地；3.石家庄营地—全国青少年北戴河活动营地—石家庄营地；4.石家庄营地—吴桥杂技大世界—石家庄营地；5.石家庄营地—河北涿州市气象局—石家庄营地；6.石家庄营地—高新技术产业园—石家庄营地；7.石家庄营地—涉县青少年活动中心—石家庄营地；8.石家庄营地—塔元庄同福研学基地—石家庄营地
	规划线路（按天设计）	1.石家庄营地—河北柳江盆地地质遗迹国家级自然保护区—张家口营地；2.石家庄营地—豌豆农庄—石家庄营地；3.石家庄营地—小羊时代—石家庄营地	1.石家庄营地—河北柳江盆地地质遗迹国家级自然保护区—张家口营地；2.石家庄营地—漕河渡槽工程—石家庄营地；3.石家庄营地—全国青少年北戴河活动营地—石家庄营地	1.石家庄营地—丰宁满族自治县青少年活动中心—石家庄营地；2.石家庄营地—迁西县喜峰口旅游开发有限公司—石家庄营地；3.石家庄营地—蔚县青少年校外活动中心—石家庄营地

维度或要素		小学高年级段	初中段	高中段
教学重点难点（以代表性线路教学设计为例，以下同）	教学重点	1.认识空气中的污染物组成，学会使用空气综合测试仪检测空气质量以及检测水样的pH值、悬浮物、酸碱溶解物 2.选择适合做拓染的自然物制作拓染作品，观察热带植物王莲的结构和特点了解其漂浮原理 3.了解鱼的种类和属性，制作与设计生态鱼缸，学习火烈鸟、两栖动物、熊猫的习性等相关科普知识 4.了解菊花的栽培管理技术，菊花的不同品种和菊花的功效作用，掌握摄影的知识和技能 5.参观嶂石岩，探究嶂石岩地貌，通过对嶂石岩写生，掌握绘画技巧	1.通过学习了解盆景的分类以及发展历程 2.调研城市中树木的生存环境，了解蝴蝶等传粉者的生态作用 3.了解薄荷的功效及人类对它的利用历程 4.了解嶂石岩地貌的特征及形成原因，及对人类生活的影响 5.了解鸟类行为与习性，掌握观鸟的技巧	1.了解植物特性及形态，掌握押花制作工艺，了解可以制作美食的植物，掌握制作方法 2.了解可以制作洗涤剂的植物，学习制作方法，了解植物的多样性；考察植物园雨水花园及生态设施 3.了解土壤种类和性质，探寻蚯蚓活动对土壤的影响和土壤的种植性差异，学习农药残留快速检测仪使用方法，掌握农药残留超标对土壤的影响 4.了解插花艺术的历史，掌握插花关键步骤，学会运用科学方法探究紫金楝，学会新媒体制作技能 5.了解动物种类及生活习性及与生存环境的关系，认知化石标本，掌握化石形成过程，了解生命发展史
	教学难点	1.分析造成大气污染的原因，探究如何减少空气污染，分析影响水质的原因，探究水资源的保护方法 2.分析敲拓染能保留植物色彩的原因，设计仿生漂浮毯 3.生态鱼缸的使用与完善；设计动物脸谱 4.体会菊花的精神品质，掌握自然风景拍摄技巧，提高拍摄和鉴赏能力 5.分析嶂石岩地貌形成原因，并用艺术的方式表达对嶂石岩的情感	1.制作盆景的步骤和方法 2.通过对传粉者习性的了解，布置对传粉者友好空间，提高学生解决问题，实践操作的能力 3.制作薄荷驱蚊用品来解决生活中的问题 4.能够发现嶂石岩不同的地貌特征，并找到最佳角度记录不同地貌的壮美，感受祖国大好河山的魅力 5.能够通过照相机捕捉鸟类精彩瞬间，记录并辨认不同鸟类，分析不同鸟类的栖息特点	1.掌握植物的形态结构，动手制作押花作品，学会制作美食，感悟自然对人类的意义 2.探究古法制作洗涤剂与现代的工艺差异，制作植物洗涤剂，结合学校实际，提出水资源保护的解决方案 3.科学验证蚯蚓对土壤的改良作用，理解土壤与自然环境各要素的联系，能够使用检测仪快速检测西瓜农药残留 4.创意设计制作插花作品，发现美、创造美，能够拍摄制作紫金楝的宣传片，加深对大自然的认知和探索兴趣 5.探究地理位置对生物多样性的影响，研究动物保护和生态环境保护的重要性及可持续性发展的途径

维度或要素	小学高年级段	初中段	高中段
教学策略	针对小学高年级段学生的自然知识基础，对身边的自然现象表现出的浓厚兴趣，对周围自然环境、自然现象和动植物习性有一定的了解，并能初步解释一些现象的原因，期待与大自然亲密接触、探索自然，增强对自然生态了解的学情，基于建构主义和实用主义教育理论，以学生为主体，链接学生的真实生活，重在启发式教学和实践育人，以兴趣为导向，在观察中思考、制作中学习、创作中升华。选取自然教育为主的研学站点，依托场地及教学设备资源（研学营地、基地、博物馆、纪念馆等）人力资源（学校教师、营地或基地教师、讲解员、校医、安全员等）物料资源（研学活动相关物料、工具、研学手册、研学条幅、应急医药箱等），采取讲授法、启发式教学法、体验式教学法、任务驱动教学法等教法和观察法、合作学习法、探究学习法等学法，开展游览、观察、探究、体验、创意制作等活动，帮助学生从小树立“保护自然、从我做起”的意识，感受大自然的神奇，感受祖国大好河山的壮美，进而由衷地热爱自然、敬畏自然	针对初中段学生逐渐发展出独立思考和决策能力，逐渐形成自我意识，独立性强的实际情况，基于生活教育理论以及建构主义理论，注重学生主体性和开放性，结合学生的实际生活，引导学生通过实地考察，体验式学习、合作学习、探究式学习来解决实际问题。选取国家、省、市级研学营地、基地、博物馆、纪念馆等研学站点，依托场地场馆优势资源及教育设备，如：人力资源（学校教师、营地教师、讲解员、校医、安全员等）、物料资源（研学活动相关物料、工具、研学手册、研学条幅、应急医药箱等），采取参观教学、讲授教学、任务驱动法、体验教学、情境教学等教学方法，开展制作、体验、探究、观察、创意创新等活动，将生态文明理念融入研学全过程，增强学生环保意识，正确认识人与自然的关系，学会与自然和谐相处	针对高中段学生逻辑思维能力占主导地位，认知能力、探究能力获得了很大程度的提升，具有独立分析问题和解决问题的能力的实际情况，基于“五育融合”和项目式学习理念，选取紧贴学生生活的素材内容，依托研学基地和自然景观中丰富动植物资源、独特的地质地貌，采取任务驱动、实践探究、合作探究、情境教学等方法，通过体验式学习、合作学习、探究式学习，引导学生实地考察，直观感受，开展实践探究活动。活动过程中，以问题为导向，运用跨学科知识解决、解释自然环境中的真实问题，引导学生建立与大自然的连接，调动学生感官认知自然，收获科学知识，实现直接经验与抽象知识的平衡，培养科学素养和创新能力，秉承“人类命运共同体”的价值观，坚定“人与自然和谐共生”理念，培养学生的生态文明价值观，增强环保意识和责任感

维度或要素				小学高年级段	初中段	高中段
实施方案	入营教育	安全	引导	组织召开安全教育会，通过播放安全管理视频进行安全教育，强调各方安全管理责任	通过学习安全管理手册进行入营安全教育，签订研学安全责任协议	组织召开研学安全主题班会，学习安全知识，签订研学安全责任协议
			实训	通过互动式教学设备，在安全教育场馆开展实景式、体验式安全专题教育	播放安全教育视频，在安全教育场馆开展实景式、体验式安全演练	根据研学实际，学生以团队为单位制定研学安全手册，增强安全意识
		应急	引导	讲解应急知识，演示逃生技巧以及应急处理方法	讲解应急知识，观看逃生视频，学习应急处理方法	通过视频播放、讲解示范等形式，掌握应急知识和处理技巧，提升应对能力
			实训	实操应急救护，进行疏散演练	模拟逃生现场，进行疏散演练	开展消防、地震、疏散逃生等应急演练活动，提升应急处置能力
		救助	引导	进行主题如触电、晕倒、溺水等救助培训，提高危机应对能力	观看救助视频，学习相关救助知识，如触电、晕倒、溺水等	通过创设情境、案例分享等形式引导学生了解救助知识，学习救助技能
			实训	模拟真实情境，在教师指导下，学习实操心肺复苏、包扎等技能	模拟真实情境，练习心肺复苏、包扎、人工呼吸等技能	模拟演练，掌握心肺复苏、包扎、人工呼吸等技能以及AED工具的使用
		自我管理	引导	加强生活教育，提高学生自理能力	开展专题培训，讲解自我管理相关知识，如：内务整理、餐具清洗、组织纪律等	从生活、时间、情绪、学习等方面引导学生做好自我管理
			实训	结合自我管理评价标准，在教师指导下，开展整理内务等训练	结合自我管理评价标准，开展相应实操活动	学生自主设计自我管理计划并参与一系列心理团建活动，提升自我管理能力
		团队协作	引导	通过团队拓展活动，增强学生互相帮助、团结协作的意识	通过团队拓展活动，培养学生交流表达、团结协作能力，提升团队凝聚力	在有趣的团建游戏、素质拓展活动中，引导学生树立团队合作意识
			实训	采取小组合作的方式，开展团建活动，在活动中学会合作、公平竞争	采取小组合作的方式开展团建活动，激发学生参与热情，在活动中学会合作、公平竞争	学生发挥团队协作能力，自主制订计划、分工合作完成具体任务

维度或要素		小学高年级段	初中段	高中段
实施方案	导入教学环节	1.视频导入：观看动画视频“我与雾霾”，关注农村与城市环境差异问题；2.任务导入：通过在园区内寻找、选择、收集各种自然植物，设计制作一幅植物拓印作品，感受大自然的魅力，体会自然艺术之美；3.问题导入：提问学生“鱼类生活在哪里？水里有氧气吗？它们需要什么样的环境？”等，激发学生的探究兴趣；4.诗句导入：通过陶渊明《饮酒（其五）》“采菊东篱下，悠然见南山”诗句引导学生谈论对菊花的认识；5.视频导入：观看视频《课前三分钟，地理不用愁—嶂石岩地貌》，激发学生对嶂石岩地貌的好奇心	1.问题导入：盆景被誉为“立体的画”，同学们，你们家有盆景吗、今天我们化身小花农，制作漂亮盆景；2.问题导入：年龄长达45亿年的地球见证了许多生物的进化和灭绝，让我们一起走进自然博物馆，开启探究之旅吧！3.问题导入：你喝过茶花饮吗，怎么制作出来的？4.视频导入：教师播放记录片《嶂石岩地貌》，激发学生对嶂石岩地貌探究的兴趣，引导学生进入主题；5.任务导入：以制作《衡水湖湿地保护手册》为研学任务，走进衡水湖湿地公园进行实地考察探究，感受湿地生态系统的自然魅力	1.任务导入：实物展示多种押花作品，带着学生欣赏激发兴趣引出如何自制押花作品；2.问题导入：如何借助自然物制造出肥皂？引出学生对制作肥皂过程的探究；3.问题导入：蚯蚓对土壤及农业有何作用？引导学生有方向的参观庄稼主生态农业科技示范园进行问题探究；4.任务导入：实物展示多种插花作品，引导学生分享自己对各种插花作品独特之美的理解，为自制插花作品做好准备；5.问题导入：地球上演绎着许多生物的进化和灭绝，那大自然的万物是如何诞生的呢？带领学生走进自然博物馆，开启探究之旅
	授课教学环节	第一天：入营教育、必修课程一“蓝天卫士”、必修课程二“水质检测”；第二天：必修课程三“草木印染师”、必修课程四“仿生漂浮毯”、选修课程1“沙漠植物探秘”；第三天：必修课程五“创意生态小鱼缸”、必修课程六“动物百变脸谱”；第四天：必修课程七“菊花创意手工”、必修课程八“花溪美拍”、选修课程4“蒲公英的约定”；第五天：必修课程九“探密‘百里赤壁’嶂石岩”、必修课程十“嶂石岩写生”	第一天：入营教育、必修课程一“盆景制作”、必修课程二“紫金棟花的秘密”；第二天：必修课程三“蝴蝶生境花园”、必修课程四“城市树木危机”、选修课程1“插花艺术”；第三天：必修课程五“驱蚊‘博’士”、必修课程六“花茶饮的制作”；第四天：必修课程七“发现太行之美”、必修课程八“小小地质科考员”；第五天：必修课程九“制作观鸟摄影集”、必修课程十“湿地我保护”	第一天：入营教育、必修课程一“押花之艺”、必修课程二“太行馈赠的养身美食”、选修课程1“DIY环保酵素”；第二天：必修课程三“自然工匠——块皂的演变”、必修课程四“环保先锋官—海绵型校园”；第三天：必修课程五“蚯蚓对土壤的改良作用”、必修课程六“西瓜品质检测”、选修课程2“蚯蚓粪的制作”；第四天：必修课程七“插花艺术”、必修课程八“我为紫金棟代言”；第五天：必修课程九“遇见生物多样性之美”、必修课程十“小小研究生”、选修课程3“‘人与自然’科普讲座”

维度或要素		小学高年级段	初中段	高中段
实施方案	进级教学环节	1.自主探究：认识PM2.5对环境和人类的危害，学会使用空气综合测试仪检测教室的PM2.5值；2.实践体验：体验使用pH试纸、漏斗、滤纸等检测水的pH值、悬浮物、酸碱溶解物，认识水质对人体和环境影响的重要作用；3.观察体验：体验制作敲拓染作品；观察热带植物王莲的结构和特点，设计制作仿生漂浮毯；4.实践体验：观察馆内的鱼类和鱼缸，认识鱼缸构成，让学生体验造景、设计容水量、泵的功率等，制作完整的鱼缸；5.实践体验：了解摄影类型、照相机的主要结构和使用方法，学习选景构图、设定数码相机的参数等摄影技巧，动手拍摄作品，记录漫山花溪谷美景	1.实地考察：对衡水湖湿地生态系统进行考察，通过观鸟过程记录鸟类栖息过程，了解湿地的生态价值；2.搜集资料：搜集衡水湖湿地形成、变迁及保护相关资料，分析整理；3.体悟实践：分组合作，完成《衡水湖湿地保护手册》；4.实地考察：对熟泥地农业研学实践教育基地、石家庄市植物园进行实地考察；5.体悟实践：进行盆景制作、提取花青素，对花园中的蝴蝶、城市中的树进行观察	1.探究：如何让押花长时间保持鲜亮的颜色？实践：选择材料制作养生美食；2.探究：古法制作洗涤剂与现代制作进行多角度对比，研究优缺点。实践：尝试设计制作不同地点及形式的雨水收集系统的制作；3.探究：蚯蚓对土壤的改良作用？体悟：正确使用农药残留快速检测仪检测西瓜品质，体会绿色农业发展的重要性；4.讨论：插花设计方案，培养勇于创新的工匠精神。表达：推介小组拍摄的紫金棟宣传片；5.探究：选择感兴趣的主题展厅，开展问题研究，撰写研究报告。思考：探究地理位置及气候等因素对生物多样性的影响
	巩固教学环节	1.总结交流：总结鱼类的基本需求和适宜的生活环境，交流家庭鱼缸养鱼需要考虑的因素；2.成果展示：展示鱼缸和脸谱创意作品，并讲解作品的创意特点等；3.总结交流：小组讨论总结菊花的特点、菊花与实际生活的密切联系、摄影的技巧等；4.成果展示：展示菊花创意作品及花溪谷拍摄作品，讲解作品的得意之处；5.总结交流：针对考察内容进行讨论，总结嶂石岩地貌的循特点，交流本次研学的心得感悟	1.巩固：对所学到的知识进行梳理，撰写考察报告；2.分享交流：对制作的观鸟集进行分享，交流制作心得；3.展示交流：各小组制作的《衡水湖湿地保护手册》进行评比；4.分享交流：选择研学中感兴趣的相关内容，以报告、演讲或展示的形式分享，更好地体悟现代农业的重要意义；5.分享交流：选择考察过程中拍摄最美角度的嶂石岩进行分享交流，对嶂石岩地质报告进行评比	1.拓展：发散思维，应用合适自然物进行设计制作来创造美；2.交流：针对雨水花园、雨水收集以及日常节水查找更多的案例，进行相关学习；3.应用：将自己收获的经验和知识指导生活综合运用，使用蚯蚓粪种植蔬菜观察其长势和产量；4.提升：研学后利用闲暇时间与父母家人一起研究，设计制作插花，积极展示并提高插花技术；5.分享：开展“自然博物馆研学”主题班会，分享收获成果和感动

维度或要素			小学高年级段	初中段	高中段
实施方案	总结教学环节	教学创新	课程设计注重跨学科知识的运用，根据小学高年级段学生特点，将研学旅行与劳动教育、自然教育、生活教育相结合，对照相关学科的课标、衔接课本相关知识，创新了学习的新方式，开辟了学习的新途径。在真实情境中，引导学生知行合一、增强了学生知识运用能力，树立正确的价值观、职业观、养成良好的劳动习惯和劳动品质	根据初中段学生特点，将研学旅行与劳动教育、自然教育、生活教育相结合，对照相关学科的课标，衔接课本相关知识，将教学内容进行深入挖掘和重新组织，以适应学生的学习需求和教育目标，并采用新的教学方法，如研究式或探究式的方法，以提高教学效果和学生的学习兴趣	根据高中段学生特点，借助科学的研究方法，获取研究结果，采用项目式的教学方式，运用跨学科的理念，联系生活经验和已有学科知识，通过归纳、探究、分析、解释等方法引导学生发现自然界的性质和规律
		教学总结	根据教学目标、学生学情，通过学生分享、成果展示等方式，对课程设计、线路设计、教学策略、教学理念、实施方式等进行总结，通过召开总结班会等方式交流讨论，全面了解学生的收获和心得感悟，对优秀学生研学成果及作品进行展示，巩固学生研学所得，增强学生的研学实践兴趣	根据教学思路，结合研学课程实际情况，收集学生、家长及其他相关人员的反馈，复盘研学中的优点和不足，通过调查问卷的形式收集各方反馈意见，整理研学活动的教学资料，建立研学档案	运用线上线下方式搜集、整理研学过程中的所有资料，并收集学生、家长及其他相关人员的反馈，组织开展研学成果展主题班会，复盘研学中的收获和问题，最终建立研学档案
		教学反思	收集学生、家长及其他相关人员的反馈，复盘研学组织实施过程中的优点和不足，结合组织教学目标、实施过程和评价结果，进行教学反思，对过程中的不足进一步优化，调整研学环节，不断提高课程质量及效果	根据教学总结得出的反馈，结合教学目标、实施过程和评价结果，进行教学反思，对过程中的不足进一步优化、调整研学环节，不断提高课程质量及效果	依据本阶段学情，以教学总结得出的反馈为基础，深入分析整体研学过程，梳理资源与课程的匹配度、教学环节的设计、实施和效果，学生的主体性、参与度等，整合优化本研学环节，总结经验，为下次研学活动做好准备

维度或要素				小学高年级段	初中段	高中段
实施方案	评价教学环节	教学水平评价	自我评价	教师对研学内容设计、教学方法及策略、课程实施流畅度、目标达成情况、学生参与度、研学效果等进行评价，总结反思研学过程中存在的问题，明确改进方向	教师对研学内容设计、课程实施流畅度、目标达成情况、学生参与度、研学效果等进行评价与反思	教师针对线路设计、课程设计、课程实施、研学效果等方面进行交流讨论、迭代反思，优化研学线路和课程
			学生评价	对教师是否擅长调动学生的主动性、内容安排是否科学合理、是否能引导启发学生深度思考、鼓励学生表达交流、指导学生动手实践、树立正确价值观等方面进行评价	学生对教师线路的科学性、教学环节的严谨性、内容安排的合理性、学生的参与主动性等方面进行评价	学生针对线路设计、课程实施、教师授课、自我参与、自我收获等方面进行交流讨论、迭代反思，从而为优化研学线路和课程提供借鉴
			同行评价	营地教师、学校带队教师对基地研学指导教师的教学设计、内容安排、教学理念、实施策略、实施效果等方面进行评价	营地教师、学校带队教师对基地研学指导教师的教学设计、内容安排、教学理念、实施策略、实施效果等方面进行评价	营地教师、带队教师、专家教师针对基地研学指导教师的教学理念、线路设计、教学设计、实施策略、研学效果等方面进行交流讨论，为优化研学线路和课程提供改进建议
			培训和考核	定期对营地（基地）教师进行专业理论、线路开发、课程研发设计与组织实施等方面进行专业培训，并采取多种形式进行相应的考核	定期对营地（基地）教师进行专业理论、线路开发、课程研发设计与组织实施等方面进行专业培训和系统考核	定期针对营地教师从理论研究、应急救护、线路设计开发、课程研发设计、组织实施等方面进行专业培训和系统考核
			教学成果展示	用图文、影像等资料记录学生的研学表现及成果；用创意作品推介会、主题班会、主题展览等方式展示研学成果；总结撰写研学实践课程案例	用图文、影像等资料记录学生的研学表现及成果；用创意作品推介会、主题班会、主题展览等方式展示研学成果	用研学报告、图文影像等形式记录学生的研学表现及成果；通过开展演讲比赛、创意作品推介会、主题班会、主题展览等方式呈现研学成果

维度或要素				小学高年级段	初中段	高中段
实施方案	评价教学环节	学业评价	形成性评价	在活动过程中，教师应及时关注学生的参与度、活动表现和完成任务效果，并进行实时记录，适时小结，运用引导、指导、点评激励等方式进行评价。评价过程遵循科学性、导向性、可行性等原则，实现学生探究、创新及实践能力的提升	研学实践中，教师对学生的参与程度、知识探究、交流表达、动手实践、互助合作等具体表现进行记录并及时评价	针对学生在研学过程中形成的方案设计、过程记录、阶段成果及学生的参与程度、交流表达、动手实践、具体表现等进行详实记录并评价，以图文影像、文字报告等形式建立学生研学档案
			总结性评价	研学实践后，依据预设的活动目标，结合学生在活动中的表现以及形成的考察报告、心得感悟、物化成果等，通过交流展示的形式，对学生达成目标的程度以及研学效果作出综合性评价	研学实践后，依据预设的活动目标，结合学生形成的考察报告、心得感悟、物化成果等，通过交流展示的形式，对学生达成目标的程度以及研学效果作出评价	依据建立的学生研学档案以及学生形成的研学报告、物化成果等进行整体性评价，并对学生达成目标的程度以及研学效果作出评价
			教师评价	教师对学生的知识探究、方案设计、动手实践、问题解决、知识生成、能力提升、情感认同、创新创造等方面进行综合评价，引导学生发现不足、改进提升	教师对学生的问题解决、知识生成、能力提升、情感认同、创新创造等方面进行综合评价	教师从价值体认、问题解决、责任担当、创意物化四个维度对学生研学过程进行综合评价
		项目评价		教育行政主管部门、参与学校、学生家长、社会各界采取问卷调查、访谈等方式，对研学项目设计及组织实施进行整体评价，并给出项目实施建议，助力项目的目标更好完成	教育行政主管部门、参与学校、学生家长、社会各界对研学项目设计及组织实施进行整体评价	教育行政主管部门、参与学校、学生、家长、社会各界采用线上线下相结合的方式对线路设计、课程设计、课程实施、研学效果等方面进行调研，作出整体评价

4.3 教学计划与策略列表：探寻自然奥秘　解锁生态密码

<table>
<tr><td colspan="3">营地名称</td><td>晋中市中小学生综合实践学校</td><td>命名机构</td><td>教育部</td><td>识别码</td><td>Y145140001</td></tr>
<tr><td colspan="3">从业资质（摘要）</td><td>综合实践教育（劳动技术教育、国防教育、安全教育、信息技术教育）；研学实践教育；研究性学习；社区服务；职业培训</td><td>单位属性</td><td>公益一类</td><td>法定代表人</td><td>武浩</td></tr>
<tr><td colspan="3">研学主题</td><td>探寻自然奥秘　解锁生态密码</td><td colspan="2">主要目的指向</td><td colspan="2">自然教育</td></tr>
<tr><td rowspan="7">营地（枢纽）及周边主要优质研学资源</td><td colspan="2">基地层级</td><td colspan="5">研学站点（基地）名称</td></tr>
<tr><td rowspan="2">教育部命名基地</td><td>已列入教学计划</td><td colspan="5">一、与本主题相关列入教学计划的基地12个
1. 晋中市中小学生综合实践学校（简称“晋中营地”）；2. 平遥古城；3. 中国煤炭博物馆（简称“煤博”）；4. 八路军太行纪念馆；5. 山西祁县乔家大院民俗博物馆（简称“乔家大院”）；6. 昔阳大寨；7. 山西博物院；8. 山西晋韵砖雕艺术博物馆；9. 八路军文化园（山西红星杨旅游发展有限公司）；10. 山西凤凰山生态植物园有限公司（简称“山西凤凰山生态植物园”）；11. 平遥唐都推光漆艺博物馆；12. 临汾市黄河壶口瀑布风景名胜区（简称“壶口瀑布”）
二、与本主题关联不大但列入本营地教学计划的基地9个
1. 淮海工业集团有限公司（简称“淮海工业”）；2. 山西皇城相府文化旅游有限公司相府景区（管理处）（简称“皇城相府”）；3. 黎城太行山黄崖洞旅游发展有限公司（简称“黄崖洞”）；4. 汾阳市贾家腾飞文化传播有限公司（简称“贾家庄”）；5. 洪洞大槐树寻根祭祖园有限公司（简称“大槐树”）；6. 云冈研究院（简称“云冈石窟”）；7. 吕梁市晋绥边区革命纪念馆（简称“晋绥边区纪念馆”）；8. 平型关大捷纪念馆；9. 山西省长治市气象局（简称“长治气象”）</td></tr>
<tr><td>待列入教学计划</td><td colspan="5">无</td></tr>
<tr><td colspan="2">其他部委命名基地</td><td colspan="5">山西杏花村汾酒集团有限责任公司（简称“汾酒集团”）</td></tr>
<tr><td colspan="2">地方命名基地</td><td colspan="5">1. 中国左权·北方国际太行写生基地（简称“太行写生基地”）；2. 太原植物园；3. 王家大院民居艺术馆（简称“王家大院”）；4. 谷志诚171自然教育营地（简称“谷子营地”）；5. 潇河文艺小镇（晋中）；6. 张壁古堡；7. 祁县腾达农耕文化园；8. 灵石王家庄园；9. 山西中医药博物馆</td></tr>
<tr><td colspan="2">本营地资源</td><td colspan="5">晋中市中小学生综合实践学校综合馆（简称“综合馆”）、晋中市中小学生综合实践学校野战运动馆（简称“野战运动馆”）</td></tr>
<tr><td colspan="2">其他资源</td><td colspan="5">1. 乌金山国家森林公园；2. 灵石之光煤炭主题馆；3. 石膏山景区太行溶洞风景区；4. 太行山大峡谷八泉峡风景区；5. 山西红崖峡谷景区；6. 山西海立方海洋公园；7. 后沟古村；8. 山西东辉现代农业发展集团有限公司</td></tr>
</table>

维度或要素	小学高年级段	初中段	高中段
校内教育基础（与校内教育的衔接）	对照课标，小学高年级段在自然教育方面提出要让学生掌握基本的科学知识和科学方法，培养学生的科学素养，激发学生对科学的兴趣和好奇心，培养学生的创新精神和实践能力。本研学主题必修课程与校内教育的衔接内容如下：人教版科学四年级上册第二单元“认识更多的生物”；人教版科学五年级下册第二单元第一节“植物的生长变化”；人教版科学六年级上册第一单元“植物的器官和营养”“植物怎样吸收和运输水”“植物的光合作用”“植物是怎样繁殖的”“植物体各部分的关系”；人教版科学六年级上册第三单元第一节“水的三态变化”；人教版科学六年级下册第二单元“生物与环境”、第三单元“资源保护与环境危机”；人教版数学三年级下册第1课“位置和方向”、第3课“认识东北、东南、西北、西南”；人教三年级语文上册第三单元第1课“美丽的小兴安岭”、人教四年级语文上册第四单元“朱鹮飞回来了”；人教版语文四年级下册第六单元“黄河魂”、第八单元“地球万岁”	对照课标，初中段在自然教育方面提出“珍爱生命，亲近自然，爱护自然”的培养目标，通过各种形式的实践探究活动，培养学生的实验技能、观察能力和解决问题的能力，鼓励学生积极参与社会实践和志愿服务，让学生掌握自然科学的基本原理和规律，理解自然现象和变化过程，培养学生良好的科学素养，培养学生热爱自然、珍爱生命的情感，增强环保意识和社会责任感，让学生形成正确的世界观、人生观和价值观，本研学主题必修课程与校内教育的衔接内容如下：人教版地理七年级上册第二章“陆地和海洋”、第三章第三节“降水和降水的分布”；人教版地理七年级下册第六章第一节“自然环境”；人教版地理八年级上册第二章“地势和地形”“气候多样季风显著”“河流和湖泊”、第三章“中国的自然资源”；人教版地理八年级下册第八章“认识跨省区域”；人教版语文八年级上册第一单元“大自然的语言（竺可桢）”；人教版生物七年级上册第一单元“生物和生物圈”、第三单元“生物圈中的绿色植物”；人教版生物八年级上册第五单元“生物圈中的其他生物”；人教版生物八年级下册第七单元“生物圈中生命的延续和发展”	对照课标，高中段在自然教育方面提出“认识自然、尊重自然、保护自然”的培养目标，加强实验探究教学，提高学生的实验技能和实践能力，让学生掌握较为系统的自然科学知识，包括地理、生物、物理等方面的基本概念和原理，培养学生对自然的敬畏和热爱，增强学生的社会责任感和使命感，为学生进一步学习相关专业打下基础。强化学生的环保意识，本研学主题必修课程与校内教育的衔接内容如下：人教版生物必修第1册第五章第4节“能量之源——光与光合作用”；人教版生物必修第3册第五章“生态系统的结构”“生态系统的能量流动”“生态系统的物质循环”“生态环境的爱护”；人教版化学选修1第四章“呵护生计情况”；人教版化学选修2第二单元“化学与资本开辟运用”、第四单元“化学与技巧的成长”

维度或要素			小学高年级段	初中段	高中段
研学课程	必修课程一	名称	海洋生物	我的超能量	古城风貌，自然共生
		活动目的	通过学习各种海洋生物，了解它们的分类、海洋和人类的关系，激发学生探索兴趣	通过掌握煤的相关知识，激发学生保护环境、珍惜资源的家国情怀	通过探索古城自然生态，增强自然认知，培养生态保护意识
		活动形式	实地参观体验，导师讲解及活动，完成任务	以小组为单位，结合任务卡完成相关章节探究活动	根据实地考察探究，导师讲解，学生分组合作完成任务
	必修课程二	名称	耕读田间	千年古村落，地质科考行	漆艺传承，生态文化
		活动目的	通过了解常见的谷物种植，掌握其外观特征、食用功能等，体会劳动的艰辛和快乐	通过后沟古村的独特地貌，体验乡土风情，培养环境保护意识与地理认知	通过体验传统漆艺，了解漆器材料的自然属性，了解传统工艺与环境的和谐共生
		活动形式	根据实地观察、研学导师的教授，学生完成任务	在研学导师的指导下进行实地考察、搜集采样和土壤实验	学生实践操作，实践体验漆器制作，探究漆器与自然环境的融合，完成任务
	必修课程三	名称	探秘植物王国	农业学大寨	中药资源，自然疗愈
		活动目的	通过识别各种植物，了解它们的分类和特征	通过体验传统农耕，培养勤劳品质，增进对农业与生态平衡的认识	通过了解中医药文化，探寻中药材的自然来源，培养生态环保和可持续发展的意识
		活动形式	根据实地观察以及研学导师的教授，学生完成任务	田间实践、农事体验、农技培训，亲身感悟农耕文化	组织学生参观中医药博物馆，分组体验制作药丸并进行分享
	必修课程四	名称	植物多样性	森林乡村，生态治理	砖雕艺术，自然美学
		活动目的	通过学习植物的多样性，了解植物多样性对生态平衡的重要性	通过对森林乡村生态的保护，提升环境保护意识与实践能力	通过探索砖雕材料来源，体验传统砖雕技艺，培养审美能力和环保意识
		活动形式	学生分组完成宣传海报	田野考察、生态讲座、实地体验，全方位感知生态美	导师实地讲解，学生实践体验，尝试进行砖雕创作

维度或要素			小学高年级段	初中段	高中段
研学课程	必修课程五	名称	煤海探秘	绿色世界，寻踪生态	生态守护，红色传承
		活动目的	通过关注能源、材料、环境等问题，引发对开发新能源的思考	通过学习森林的生态特征及生态平衡理论，激发学生对环境保护的责任感	通过体验抗战时期艰苦生活，学习野菜识别与利用，增强生存技能和自然亲近感
		活动形式	小组分工制作宫灯，并将宫灯组装成顺时针旋转的模式	科学实验土壤分析、野外导向和定向比赛	野菜采集，野外烹饪，历史讲解，体验分享
	必修课程六	名称	探秘文物，爱护生态	保生物多样，护家乡之美	重温红军路，行在山水间
		活动目的	通过观察文物探究历史文化，培养自然探索兴趣，培养审美与创新思维	通过掌握生物多样性相关理论与实践，培养观察与实践能力，促进综合素质发展	通过体验红军艰辛，理解人与自然和谐共生，增强历史责任感与环保意识
		活动形式	导师讲授，参观讲解，学生体验	理论科普、实践探究、观察员小组合作搭建小鸟之家	徒步考察，实地体验，历史讲解，环保实践
	必修课程七	名称	古城与自然	生态植物，自然保护	好山出好水
		活动目的	通过了解平遥古城与自然环境的和谐关系，促进学生对人与自然和谐共生的理解	通过探索凤凰山植物多样性，深化生态保护意识，促进学生生物科学知识学习	通过研究八泉峡的水文特征，培养学生实地观察、数据采集和问题解决能力
		活动形式	实地考察，体验学习，互动交流	在凤凰山实地参观，邀请专家进行讲解，学生观摩学习，讨论交流	以小组为单位进行实地考察和研究、调研水体的起源、流动路径、水质等
	必修课程八	名称	古城生态，历史共生	播种希望，不负暖阳	大自然的奇迹
		活动目的	通过体验古城生态美，理解人与自然和谐共存的重要性，培养环保意识历史责任感	通过辨别农作物，掌握其外观特征、产地等，体会中华农耕文化的博大精深	通过了解“天下之脊”太行山的悠久历史，认识八泉峡地理环境特点
		活动形式	实地考察，互动讲解，环境体验，历史探究，生态保护实践	教师讲授、实地探访、实践体验相结合	分类观察和分析，科考实践

维度或要素			小学高年级段	初中段	高中段
研学课程	必修课程九	名称	民居生态，历史共融	探秘植物园	太行秘境，溶洞奇观
		活动目的	通过感悟传统民居智慧，探索人与自然和谐共生，培养生态保护意识和文化认同	通过观察和了解植物的生长特点、生态环境，培养学生对大自然的热爱和保护意识	通过掌握喀斯特地貌景观特征，增强学生对地理的认知以及对自然科学的兴趣
		活动形式	参观学习，实地考察	定向越野、植物辨识竞赛等团队活动，植物绘画、摄影等个人创作	以小组为单位进行溶洞探险、地下摄影并进行成果展示和感悟分享
	必修课程十	名称	古韵之排水智慧	盆栽艺术，创意我行	印象太行，约“绘”自然
		活动目的	通过研究乔家大院所在地区的水资源状况，探讨水资源的保护和合理利用方法	通过学习盆栽技艺，培养学生的审美能力，增强生态保护意识和实践能力	通过写生等方式记录太行山的自然景观，培养审美情趣，提升绘画技能
		活动形式	各班自主选拔讲解员，精心准备、声情并茂引领讲解	导师专业讲解，学生实践操作，活动交流，创意展示	我眼中的太行山（绘画、摄影等），我心中的太行山
	选修课程		1.潜水海洋知识 2.植物标本制作 3.生态系统稳定性 4.植物创意贴画 5.红色岩石形成原因	1.我和煤炭的一次亲密接触 2.植此青绿，生生不息 3.一幅画里的振兴密码 4.节气密码 5.瓶子里的大世界	1.播种希望，不负暖阳（农耕实践） 2.约定石膏山，打卡醉美红叶景区 3.太行山上小江南 4.一座山有多动听 5.煤海探秘砥砺青春

维度或要素		小学高年级段	初中段	高中段
研学线路	代表性线路（时长五日）	第一天：晋中营地—山西海立方海洋公园—后沟古村—晋中营地；第二天：晋中营地—太原植物园—晋中营地；第三天：晋中营地—煤博—山西博物院—晋中营地；第四天：晋中营地—平遥古城—晋中营地；第五天：晋中营地—乔家大院—晋中营地	第一天：晋中营地—煤博—后沟古村—晋中营地；第二天：晋中营地—昔阳大寨—晋中营地；第三天：晋中营地—乌金山国家森林公园—潇河文艺小镇（晋中）—晋中营地；第四天：晋中营地—山西凤凰山生态植物园—晋中营地；第五天：晋中营地—太原植物园—晋中营地	第一天：晋中营地—平遥古城—平遥唐都推光漆艺博物馆—晋中营地；第二天：晋中营地—山西中医药博物馆—山西晋韵砖雕艺术博物馆—晋中营地；第三天：晋中营地—八路军太行纪念馆—八路军文化园—晋中营地；第四天：晋中营地—太行山大峡谷八泉峡风景区—晋中营地；第五天：晋中营地—石膏山景区太行溶洞风景区—太行写生基地—晋中营地
	可选择线路（按天设计，菜单式选择）	1. 晋中营地—灵石之光煤炭主题馆—晋中营地；2. 晋中营地—石膏山景区太行溶洞风景区—晋中营地；3. 晋中营地—山西红崖峡谷景区—晋中营地；4. 晋中营地—乌金山国家森林公园—晋中营地；5. 晋中营地—潇河文艺小镇（晋中）—晋中营地；6. 晋中营地—祁县腾达农耕文化园—晋中营地；7. 晋中营地—八路军太行纪念馆—晋中营地；8. 晋中营地—昔阳大寨—晋中营地	1. 晋中营地—山西中医药博物馆—山西晋韵砖雕艺术博物馆—晋中营地；2. 晋中营地—灵石之光煤炭主题馆—祁县腾达农耕文化园—晋中营地；3. 晋中营地—平遥古城—晋中营地；4. 晋中营地—乔家大院—晋中营地；5. 晋中营地—太行山大峡谷八泉峡风景—晋中营地；6. 晋中营地—石膏山景区太行溶洞风景区—晋中营地；7. 晋中营地—张壁古堡—晋中营地；8. 晋中营地—汾酒集团—晋中营地	1. 晋中营地—王家大院—灵石王家庄园—晋中营地；2. 晋中营地—山西东辉现代农业发展集团有限公司—晋中营地；3. 晋中营地—潇河文艺小镇（晋中）—乌金山国家森林公园—晋中营地；4. 晋中营地—张壁古堡—汾酒集团—晋中营地；5. 晋中营地—谷子营地—晋中营地；6. 晋中营地—煤博—山西博物院—晋中营地；7. 晋中营地—山西凤凰山生态植物园—晋中营地；8. 晋中营地—壶口瀑布—晋中营地
	规划线路（按天设计）	1. 晋中营地—平型关大捷纪念馆—大同营地；2. 大同营地—云冈石窟—晋中营地；3. 晋中营地—贾家庄—晋中营地	1. 晋中营地—长治气象—晋中营地；2. 晋中营地—黄崖洞—晋中营地；3. 晋中营地—皇城相府—晋中营地	1. 晋中营地—淮海工业—晋中营地；2. 晋中营地—晋绥边区纪念馆—晋中营地；3. 晋中营地—大槐树—晋中营地

维度或要素		小学高年级段	初中段	高中段
教学重点难点（以代表性线路教学设计为例，以下同）	教学重点	1.解锁海洋密码，掌握海洋形成的原因；学会辨别两种农作物种子和农作物种苗外观；2.了解几种农作物的生长习性和功能用途；认识不同环境可以生长不同植物，掌握几种不同环境下的特有植物；3.掌握煤炭的生成过程以及山西省煤炭分布情况，培养孩子们的观察力和思考力；4.了解古城的地貌、气候和植被等自然环境，人与自然和谐相处的理念；培养学生的环保意识和探索精神，在古城中感受自然的魅力；5.引导学生观察、体验民居建筑的特点，了解其与自然环境、历史的联系；了解乔家大院的水系分布，培养学生节约用水和保护水资源的意识	1.煤炭的生成及分类分布；亲自实践进行传统农耕；2.了解大寨精神的内涵和价值，将大寨精神应用于现代农业发展；了解森林生态系统的平衡与保护，以及生态治理的实践和意义；3.实地观察植物，掌握植物的生长和发育、生态、分类以及不同植物对环境条件的适应性；生物多样性的内涵及威胁生物多样性的原因；4.学习植物园生态系统，研究植物园中不同植物的种类、结构和适应性，探究森林中的乔木、灌木、草本植物等，了解它们在生态系统中的作用；5.学习植物的分类和命名方式；了解生物多样性的内涵及威胁生物多样性的原因	1.深入了解平遥古城与自然环境的共生关系，培养学生对古城保护的意识，理解唐都推光漆器的历史生态文化内涵；2.了解自然疗愈的理念和方法，了解砖雕艺术的美学价值以及其与自然环境的和谐共生的理念；3.了解八路军太行纪念馆的历史背景、红色文化和生态保护的重要性，学习红军的革命精神；4.学习太行山的地质构造，体悟大自然和人文的融合之美；探究八泉峡地貌特征、地质构造；5.学习溶洞内的地貌特征；学习写生技巧，掌握绘画语言，以及通过绘画表现对自然美的感悟
	教学难点	1.正确认识海洋生态多样性和自然农业发展过程；了解当地的自然环境、农耕文化和传统村落；2.了解一种植物的相关知识，形成环境保护意识；掌握植物调查的学术研究方法；3.形成对山西煤炭系统的初步认识；了解古代自然历史以及相关知识背景；4.深入了解古城与自然的关系；5.理解并体验民居建筑与自然环境、历史的融合，体会其中蕴含的文化内涵；了解水系的重要性，以及如何利用与保护水资源	1.煤炭的分布及用途；实地参观后沟古村的古戏台、驿站文化馆、古排水系统等；2.理解大寨精神的深刻内涵，引导学生思考如何在现代社会中发扬大寨精神；深入理解生态治理的复杂性和长期性，引导学生在日常生活中实践生态保护；3.掌握植物在生态系统中的服务功能，提出可持续的植物保护方法和保护生物多样性的措施；4.掌握在野外环境中的基本生存技能，引导学生提高户外安全意识；分析堆肥对生态保护的重要意义；5.掌握生态系统的组成部分和生态平衡的重要性，树立科学探究和生态环保意识	1.了解古城风貌与自然环境之间的复杂关系，保护和传承古城文化；了解漆艺的工艺和技术，传承和发展漆艺文化；2.了解中药资源的复杂性和多样性；了解砖雕艺术的独特魅力和美学价值，传承和发展砖雕艺术；3.了解红色文化和生态保护的内在联系，传承和发扬红色精神；真实地感受到红军的艰辛和困难；4.了解黄河流域的重要性和保护水资源的紧迫性，探究八泉峡地区的地形地貌、气候特征，了解其地理环境的独特性和价值；5.结合自然环境各要素综合分析“天门洞开”的形成与演变过程；掌握自然写生和摄影的专业知识与技能，能够独立完成高质量作品

维度或要素	小学高年级段	初中段	高中段
教学策略	针对小学高年级学生具有的好奇心和积极探索周围世界的特点，以及对自然现象的兴趣和初步的科学思维能力学情，基于多元智能理论，我们选取了生物多样性、生态系统的基本概念以及环境保护的重要性等作为教学内容，依托当地自然保护区、植物园和博物馆等丰富的自然资源，采取项目式学习方法和启发式教学方法，开展“煤海探秘”“古城与自然”等研学实践活动。在活动中，学生们分组进行实地考察，通过观察、记录和收集样本，亲身体验自然环境，了解不同生物的生存状态和相互关系。同时，引导学生们通过讨论交流、实验探究等方式，积极思考如何保护环境、维护生态平衡。还鼓励学生们利用图书馆资源和网络信息，拓宽知识面，深化对研学内容的理解。通过这一系列的研学活动，达到了构建以学生为中心的互动合作学习模式，实现学生主动探索和自我驱动的学习过程的目的。学生们不仅增长了知识，提高了科学素养，还增强了团队合作能力和解决实际问题的实践技能。为保证研学活动的质量，我们实施了多维度评价体系，包括学生的参与态度、团队协作过程、研学报告质量及展示效果，并对每个环节进行了及时反馈和指导，确保了研学活动的深度和实效	针对初中学生的逻辑思维能力和抽象思维能力的提升，以及对自然科学知识的进一步探索需求，基于发展性教育理论和合作教学理论，我们选取了能源利用与可持续发展等环境保护的核心内容，依托乌金山森林公园、凤凰山生态植物园等自然资源，采取问题导向学习和合作交流的方法，开展了一系列研学实践活动。在实践活动中，学生们以小组形式进行野外探索，收集数据，进行实验观察，通过实践操作来深化对自然环境保护的理解。同时，学生们需要将所学知识与实际问题相结合，进行案例分析和解决策略的研讨，提出自己的环保建议，利用信息技术收集数据、制作报告，将理论知识与实际操作相结合。教师通过观察学生在活动中的表现和成果展示来评价学生的学习效果，同时鼓励学生进行自我反思和同伴评价，以促进深度理解和知识的综合应用。通过这一系列精心设计的研学活动，不仅达到了加深学生对环境知识理解的目的，而且培养了他们的批判性思维和团队合作精神，确保了教学活动的有效性和学生能力的全面发展，构建了以学生为主体的环境教育模式，实现了对学生自主学习能力、批判性思维和解决复杂问题能力的培养	针对高中生已经具备较为成熟的独立思考和批判性分析能力，同时对自然学科知识有更深入探索的需求和兴趣，基于建构主义教学理论，我们选取了生态环境保护、可持续发展、环境伦理等与自然科学和人文社科交叉的内容，依托平遥古城、山西中医药博物馆、“晋韵砖雕”、八泉峡等多种教育资源，采取案例研究、项目驱动学习和社会实践活动等方法，开展了符合高中段的研学实践活动。学生通过小组合作方式，进行野外考察，采集数据，将理论知识应用到实际问题的分析和解决中。此外，学生们主动与社区、企业和非政府组织合作，参与真实的环境保护项目，体验环境科学在实践中的应用。通过这些活动，构建了以学生为主导的学习模式，实现了对学生科研素养、问题解决能力和社会责任感的培养目的。学生们不仅学习了如何科学地探究和评估环境问题，还提升了他们的沟通协作能力和公民意识。这种深度的研学经历确保了学生能够在理解和应对复杂环境挑战的同时，增强其综合素质和适应能力

维度或要素				小学高年级段	初中段	高中段
实施方案	入营教育	安全	引导	借助身边常见安全知识案例以及生动的故事，引导小学生理解安全的重要性	专业人员进行安全知识讲座，分析真实安全事件，引导学生思考如何应对	提供安全教育材料，学生自主学习，剖析安全案例
			实训	学习如何安全过马路，认识交通标志	进行“安全知识知多少”主题演讲活动	开展紧急疏散和自救演练
		应急	引导	借助营地VR体验馆，模拟突发情况，引导学生冷静应对	通过课堂讲解、案例分析引导学生了解常见的紧急情况	邀请专业人员讲解应急知识，了解应急处理的步骤和注意事项
			实训	模拟火灾应急情境，学习基础的逃生方法	实操学习止血包扎、心肺应急救护技能以及简单包扎处置方法	开展消防演练、急救技能等实战训练
		救助	引导	通过图解和互动讲解，引导学生知道如何正确拨打救助电话	通过分析真实救助案例，普及基本救助常识，理解救助工作的重要性	以专业讲座形式，让学生了解专业救助流程
			实训	开展简易的急救技能操作练习，例如创可贴的使用、简单包扎等	通过角色扮演和情景模拟，练习心肺复苏、止血包扎等急救技能	模拟实际救援场景，进行急救CPR、创伤包扎、疏散逃生救助演练
		自我管理	引导	通过讲述有关自我管理的故事，引导学生认识到自我管理的重要性	邀请专业人士讲解管理技巧，引导学生进行时间规划、情绪调节等自我管理	通过心理导师讲座指导学生设定目标、优化时间分配
			实训	设立模拟场景，让学生学习如何整理物品、规划日程、解决人际冲突等	设定学习目标、安排日常计划，以及团队协作中的情绪管理	模拟实际情境，让学生练习制定学习计划、处理压力、解决冲突
		团队协作	引导	通过团队建设游戏，引导学生认识到团队协作的重要性	通过角色扮演，引导学生体验不同角色在团队协作中的重要性	分享团队建设理论及案例，引导学生更好地进行团队协助
			实训	开展接力赛等分组合作任务	完成建筑模型、户外接力等分组任务和挑战活动，体会合作的重要性	设置团队合作任务比赛，并对表现优异小组进行表彰

维度或要素		小学高年级段	初中段	高中段
实施方案	导入教学环节	第一天：谈话导入，提问学生对海洋知识的简单了解，让学生带着问题观看视频；实物导入，对传统农耕农具的认识，初步形成积极的劳动观念；第二天：视频导入，观看植物园的宣传视频，让学生对植物园有初步的了解；第三天：故事、图片导入，让学生在实践过程中充分感受到煤炭资源对日常生活的重要性；展示山西文物和历史照片，激发他们的兴趣和好奇心；第四天：问题导入，探讨古建筑与自然的联系，激发他们的探究欲望；第五天：图片导入，了解乔家大院的历史背景和建筑风格，通过展示大院的布局和特色，激发他们的学习兴趣	第一天：谈话法导入，引导学生介绍能够代表山西的亮丽名片，继而引出家乡重要能源煤炭；通过讲解员的引导，介绍后沟古村的历史背景、激发学生对此次研学活动的好奇心和兴趣；第二天：视频导入，通过播放大寨历史纪录片，介绍大寨的农业奇迹和奋斗精神；第三天：图片导入，利用多媒体展示乌金山的地形地貌、植被分布等信息，让同学们对乌金山有初步的了解；利用图片、视频等多媒体资料，向同学们展示潇河文艺小镇的历史文化；第四天：谈话导入，介绍植物的生长习性、生态关系等知识；第五天：图片导入，介绍太原植物园的历史沿革、植物种类和园艺景观等知识	第一天：图片、实物导入，展示古城的历史背景、推光漆器实物，引导学生探讨古城的保护与开发及漆艺的历史、技艺和艺术价值；第二天：讲授导入，让学生了解中医药的历史、理论和自然治疗方法以及砖雕艺术的风格、技艺和传承；第三天：图片导入，展示八路军在太行山区的自然生存战略和自然资源利用，引发学生对抗战时期人与自然和谐共存历史场景的认识兴趣；第四天：视频导入，利用多媒体展示八泉峡自然景观，激发探索兴趣；第五天：图片导入，展示写生基地自然风光画作或照片，介绍基地的生态与美学价值，引发高中生对自然美和艺术创作的研学兴趣
	授课教学环节	第一天：入营教育、必修课程一“海洋生物”、必修课程二“耕读田间” 第二天：必修课程三“探秘植物王国”、必修课程四“植物多样性”、选修课程1“潜水海洋知识” 第三天；必修课程五“煤海探秘”、必修课程六“探秘文物，爱护生态”、选修课程2“植物标本制作” 第四天：必修课程七“古城与自然”、必修课程八“古城生态，历史共生”、选修课程3“生态系统稳定性” 第五天：必修课程九“民居生态，历史共融”、必修课程十“古韵之排水智慧”、选修课程4“植物创意贴画”	第一天：入营教育、必修课程一“我的超能量”、必修课程二“千年古村落，地质科考行” 第二天：必修课程三“农业学大寨”、必修课程四“森林乡村，生态治理”、选修课程1“我和煤炭的一次亲密接触” 第三天；必修课程五“绿色迷界，寻踪生态”、必修课程六“保护生物多样，护家乡之美”、选修课程2“植此青绿，生生不息” 第四天：必修课程七“生态植物，自然保护”、必修课程八“播种希望，不负暖阳”、选修课程3“一幅画里的振兴密码” 第五天：必修课程九“探秘植物园”、必修课程十“盆栽艺术，创意我行”、选修课程4“节气密码”	第一天：入营教育、必修课程一“古城风貌，自然共生”、必修课程二“漆艺传承，生态文化” 第二天：必修课程三“中药资源，自然疗愈”、必修课程四“砖雕艺术，自然美学”、选修课程1“播种希望，不负暖阳（农耕实践）” 第三天：必修课程五“生态守护，红色传承”、必修课程六“重温红军路，行在山水间”、选修课程2“约定石膏山，打卡醉美红叶景区” 第四天：必修课程七“好山出好水”、必修课程八“大自然的奇迹”、选修课程3“太行山上小江南” 第五天：必修课程九“太行秘境，溶洞奇观”、必修课程十“印象太行，约‘绘’自然”

维度或要素		小学高年级段	初中段	高中段
实施方案	进级教学环节	第一天：通过研学导师讲解和多媒体播放，学习潜水和水下安全知识以及潜水员水下手势；第二天：采集健康、无虫害、正常生长的植物进行加工处理，包括清洗、剪切、晾干等，将其按照相应的位置和角度粘贴固定，在标本纸上标注相应的信息，制作植物标本；第三天：观察身边的生物，研究它们之间的相互联系，分享小组研究成果；第四天：实地探究记录不同植被生长习性和环境，小组讨论植物多样性和人类的关系以及环保意识；第五天：采集身边的红色岩石，观察红色岩石的特征，合作研究红色岩石形成的原因，分享小组研究成果	第一天：探讨煤炭在山西省发展中的角色与定位，制作蜂窝煤，掌握传统煤加工技术，亲身体验模拟矿井，让学生近距离观察煤矿的运作过程，感受煤炭产业的真实情况；第二天：通过显微镜观察植物细胞、组织器官的结构，学生亲自动手进行水培实验，从准备培养基、植物栽培、水质管理等方面体验水培技术；第三天：在中国左权·北方国际写生基地进行实地调查，体验创意植物扎染，体悟融合“自然绿、传统技、现代美”的人与自然和谐共生理念；第四天：开展煤炭知识竞赛，编写“故事节气歌”并演出；第五天：对生态瓶进行观察，记录植物的生长情况、土壤湿度等因素，制作生态瓶。学生根据观察记录，进行全班讨论，分析生态瓶中植物和土壤的相互作用，掌握生态系统的基本原理	第一天：搭帐篷、除秸秆、挖红薯、包馄饨、品尝自己的劳动成果，从除草翻土到修沟种植，充分发扬吃苦耐劳的农耕精神，在身体力行中体会农民艰辛，感受华夏农耕文化智慧；第二天：了解石膏山植被种类或药用价值，采摘任务卡上需要的植被叶片，进行整理收集，塑封保存；第三天：学习太行八泉峡地势地貌形成的原因以及沉积岩的构造，分析“高峡平湖”形成与演变过程；第四天：进行“植物探秘的基本需求”知识竞赛，完成舞台剧《一座山能有多动听》编排；第五天：探讨山西煤炭对我国发展重要的影响，亲身体验模拟矿井；探究山西煤炭产业的发展之路，作研究报告
	巩固教学环节	第一天：在研学的过程中，通过填写研学手册，使学生掌握资料整理、信息收集、自主调研等探究课题的流程和方法；第二天：在实践过程中，学生运用合作学习法，以小组为单位，分享研学过程中的收获和感悟，进行研学效果巩固，培养科学精神；第三天：教师运用复述式巩固法、列举式巩固法等进行研学效果巩固；第四天：学生运用任务驱动法，通过小组合作方式完成任务卡，加深对自然生态的理解程度，掌握自然和人类之间的相互影响；第五天：贯穿实习法、演示法，从小组中选取代表进行知识分享、加强人与自然的深入感悟，培养艰苦奋斗的优秀品质	第一天：利用迁移学习法、归纳法和发散联想法，引导学生进行反思和展望，总结研学收获与成长；第二天：利用任务驱动法，发起一个小型的环境保护项目，引导学生亲身参与生态保护活动，培养他们的环保意识和环保行为；第三天：邀请专业生态学者或环保人士到研学课堂进行分享，开展职业生涯规划教育；第四天：利用复述式巩固法、列举式巩固法，对研学内容进行研学效果巩固；第五天：利用情境体验法、探究学习法和归纳法，学生撰写考察报告，总结探究结果	第一天：利用迁移学习法、归纳法和发散联想法，引导学生总结研学收获与成长，思考自己在生态保护方面的责任；第二天：利用任务驱动法，发起学生的深思；第三天：学生和院士专家面对面，和大自然亲密接触，对学生进行职业启蒙；第四天：依托网络资源和人才智力资源开展科普讲座；第五天：利用情境体验法、探究学习法和归纳法，学生撰写考察报告，总结探究结果

维度或要素			小学高年级段	初中段	高中段
实施方案	总结教学环节	教学创新	课程设置从学生实际出发，结合动植物、地质地貌等自然资源，通过实地考察、观察实验等方式，引导学生发现自然奥秘，培养他们的好奇心和探究精神；以自然为教材，采用情境教学、主题探究等模式，让学生沉浸在自然环境当中，通过观察、体验、实践等方式学习知识，提高综合素质	研学课程设置深入科学实验、环境监测等领域，让学生通过动手操作、数据分析等方式，探究自然规律和科学原理；采用项目式学习、跨学科整合等模式，让学生以问题为导向，综合运用所学知识解决实际问题，培养他们的创新思维和实践能力	研学课程涉及科学研究、技术创新等领域，整合地方文化与自然景观，实现跨学科的综合学习，让学生通过课题研究、创新实验等方式，探究前沿科技和未来发展方向。在活动中，学生是学习的主体，通过自主探究、合作学习等方式，培养他们的创新能力和终身学习习惯
		教学总结	根据教学目标的达成度：包括学生对自然知识的掌握程度、科学探究能力的提升等，学生活动的参与度，通过任务卡测试、学生分享等形式，采用拓展延伸、游戏等方式，对教学效果进行总结	根据教学目标的达成度、学生知识掌握与应用的程度、教学方法的适应性，活动氛围与互动等，通过学生作品展示、研究报告等形式，采用活动总结、比较提升等方式，对教学效果进行总结	根据教学目标的达成度、关注学生的实践操作能力、科学思维方法、问题解决技巧以及对环境的保护意识，采用归纳梳理、悬念总结等形式，评估学生是否形成良好的科学态度和价值观，对教学效果进行总结
		教学反思	针对小学高年级段学生的教学反馈和评估结果，对教学环节进行调整和优化，梳理教学环节的设计、实施和效果，提炼经验教训，为下一次研学活动提供参考	针对初中段学生学情，对教学流程进行精细调整和全面优化。仔细梳理教学设计、执行过程以及实际成效，深入分析各环节优势与不足，提炼出宝贵的教学经验并总结教训，以此为基础筹划更高效的教学策略，确保学生在探索和实践中获得更深层次的学习体验和知识理解	针对高中段学情，深度调整教学策略并强化课程实施环节，全面审视课程规划、教学执行及成效反馈，确保教学内容与学生需求紧密相连。总结实践经验，形成系统的教学优化方案，在不断探索中提升高中生的综合素养和实践能力

维度或要素				小学高年级段	初中段	高中段
实施方案	评价教学环节	教学水平评价	自我评价	从活动的策划、实施到反馈各个环节，考量目标达成度、学生参与性、教学方法创新性及对学生认知与情感影响的深度等进行反思和评价	教师对研学过程中课程设置、教学管理、活动策划的创造性，实施过程中的引导效果，以及活动对学生认知发展和综合素质提升的实际影响等进行反思和评价	评估活动设计的科学性和目标达成情况，反思教学方法的有效性及学生批判性思维和独立探究能力的促进作用等
			学生评价	聚焦于活动的趣味性、互动性及其在提升知识理解、增强实践技能和培养团队合作精神方面的效果等方面进行评价	学生针对教师和学生之间的互动是否充分，研学课程中师生对话参与度，学生能否积极参与到课堂教学中，课堂气氛活跃度等方面进行全面的评价	聚焦于活动的参与体验、跨学科学习机会，以及活动对于增进专业知识、培养实践技能和激发创新思维的效果等方面进行评价
			同行评价	关注活动设计的专业性、创新性和实用性，以及对学生学习成效的促进作用和对同行教学实践的启发价值	重视活动内容的适宜性、教学目标的明确性、学生主动参与度以及活动对增强学生实践能力和创新思维的贡献	关注活动是否切合高中学生特点，内容与教学大纲的契合度，创新性及其在促进学生深度学习和综合能力发展上的成效
			培训和考核	基于教师师德师风、专业能力、教学能力、组织管理能力等开展线上线下结合的专项培训，通过定制化培训满足个体教师的成长需求，并定期开展教师综合素质评估	基于教师师德师风、专业能力、教学能力、组织管理能力等开展线上线下结合的专项培训，通过综合知识技能测试评估教师教学效能	基于教师师德师风、专业能力、教学能力、组织管理能力等开展线上线下结合的专项培训，定期进行培训和考核活动，以考核成果作为衡量教师教学水平的指标
			教学成果展示	研学手册、宣传海报、设计作品展示	研学分享、研究报告、作品展示	研究报告、调查报告、推介会

维度或要素				小学高年级段	初中段	高中段
实施方案	评价教学环节	学业评价	形成性评价	在研学过程中，学生通过参与度、任务卡的完成、活动的完成等，及时地进行有效评价	关注学生探究过程与成果，主动探索以及持续参与的态度，重视学生自主探究能力、团队合作精神、实践操作技能、创新思维习惯及反思总结能力的培养	关注学生的探究过程、知识应用、实践技能、创新思维和团队协作，对学生在研学活动中的积极参与度、问题解决能力及课题研究成果等方面进行评价
			总结性评价	在研学活动结束后通过学生的研学手册、宣传海报、活动展示等形式，对学生在研学活动中的学习成果和进步进行评价	根据教学目标、教学重难点对学生的作品、心得分享、研究报告等作出全方位的评价	关注成果和效果，从学生的项目完成质量、研究成果创新性、知识与技能掌握程度、问题解决能力及团队协作精神等方面进行评估
			教师评价	由教师根据学生在研学活动中的表现和成果，根据学生的参与度、提出问题合理情况、任务完成情况等，对学生的学业进行评价	根据学生的学习态度，知识运用情况、创新能力、团队协作、自我管理、任务完成度等方面进行评价	从学生的参与度、探究能力、创新思维、实践操作技能、团队协作与领导力等方面进行评价。注重学生在研学过程中的表现和成长，以及提高他们分析问题、解决问题的能力
		项目评价		教育行政主管部门、参与学校、学生、家长及社会各界可围绕方案设计的适宜性，教学策略与学生认知水平相符性，实践与游戏化学习的结合等方面运用灵活多样的评价方式，注重过程与结果相结合，进行客观公正的评价	教育行政主管部门、参与学校、学生、家长及社会各界的评价应聚焦于方案设计是否符合初中生的学习特点，教学策略是否能够激发学生的主动学习兴趣，教学环节是否有效地整合理论与实践等方面运用灵活多样的评价方式，注重过程与结果相结合，进行客观公正的评价	教育行政主管部门、参与学校、学生、家长及社会各界从方案设计是否合理、教学环节是否充分，活动目标是否合理，项目实施是否有效、规范和完整等方面运用灵活多样的评价方式，注重过程与结果相结合，进行客观公正的评价

4.4 教学计划与策略列表：践行“两山”理论　亲近自然生态

<table>
<tr><td colspan="3">营地名称</td><td>大同市示范性综合实践基地</td><td>命名机构</td><td>教育部</td><td>识别码</td><td>Y145140002</td></tr>
<tr><td colspan="3">从业资质（摘要）</td><td>特殊基础教育；大中专、中小学综合素质教育</td><td>单位属性</td><td>公益一类</td><td>法定代表人</td><td>于海军</td></tr>
<tr><td colspan="3">研学主题</td><td>践行“两山”理论　亲近自然生态</td><td colspan="2">主要目的指向</td><td colspan="2">自然教育</td></tr>
<tr><td rowspan="7">营地（枢纽）及周边主要优质研学资源</td><td colspan="2">基地层级</td><td colspan="5">研学站点（基地）名称</td></tr>
<tr><td rowspan="2">教育部命名基地</td><td>已列入教学计划</td><td colspan="5">一、与本主题相关列入教学计划的基地10个
1.大同市示范性综合实践基地（简称“大同营地”）；2.中国煤炭博物馆；3.山西凤凰山生态植物园有限公司（简称“凤凰山”）；4.黎城太行山黄崖洞旅游发展有限公司（简称“黄崖洞”）；5.河北张家口市青少年冰雪运动综合实践基地；6.北京黄花城长城旅游开发有限责任公司；7.太原市中小学生综合实践学校（简称“太原营地”）；8.北京市自动化工程学校（简称“北京营地”）；9.晋中市中小学生综合实践学校（简称“晋中营地”）；10.云冈石窟
二、与本主题关联不大但列入本营地教学计划的基地15个
1.平遥古城；2.临汾市黄河壶口瀑布风景名胜区（简称“壶口瀑布”）；3.山西祁县乔家大院民俗博物馆（简称“乔家大院”）；4.山西博物院；5.山西皇城相府文化旅游有限公司相府景区（简称“皇城相府”）；6.汾阳市贾家庄腾飞文化传播有限公司（简称“贾家庄”）；7.洪洞大槐树寻根祭祖园有限公司（简称“洪洞大槐树”）；8.山西晋韵砖雕艺术博物馆；9.云冈研究院；10.平遥唐都推光漆艺博物馆（简称“唐都漆器”）；11.八路军太行纪念馆；12.八路军文化园（山西红星杨旅游发展有限公司）；13.吕梁市晋绥边区革命纪念馆；14.昔阳大寨；15.平型关大捷纪念馆</td></tr>
<tr><td>待列入教学计划</td><td colspan="5">1.中国科学院植物研究所；2.中国科学院动物研究所；3.河北张家口市青少年冰雪运动综合实践基地；4.黄河乾坤湾；5.禹王洞</td></tr>
<tr><td colspan="2">其他部委命名基地</td><td colspan="5">1.晋华宫国家矿山公园；2.山西地质博物馆；3.山西省博物院</td></tr>
<tr><td colspan="2">地方命名基地</td><td colspan="5">1.大同市火山群景区；2.大同市云州区土林生态旅游开发有限公司（简称“大同土林”）；4.大同市浑源黄芪博物馆；5.大同市云州区唐家堡黄花基地（简称“大同黄花基地”）6.山西省大同市云冈区杨家窑村；7.晋城基地；8.神溪湿地公园；9.坊城新村</td></tr>
<tr><td colspan="2">本营地资源</td><td colspan="5">1.劳动种植区；2.劳动养殖区；3.地震体验馆；4.水培馆；5.大同营地农科园</td></tr>
<tr><td colspan="2">其他资源</td><td colspan="5">1.大同桑干河国家级湿地公园；2.北岳恒山；3.五台山；4.氢都文化园；5.大同气象局；6.文瀛湖湿地公园；7.库布齐沙漠；8.黄花沟草原；9.悬空寺；10.乌兰察布火山；11.饮马河湿地公园；12.太行山八泉峡；13.中国煤炭博物馆；14.大同李二口长城；15.大同长城博物馆；16.太原植物园；17.壶口瀑布；18.册田水库</td></tr>
</table>

维度或要素	小学高年级段	初中段	高中段
校内教育基础（与校内教育的衔接）	对照《义务教育道德与法治课程标准（2022版）》课标，小学高年级段自然主题研学要求培养学生的道德品质、社会公德与责任感、法治意识等核心素养。对照《义务教育科学课程标准（2022版）》课标，小学高年级段自然主题研学倡导以科学探究为核心，这一阶段的学生处于身体和智力发展的关键期，对自然现象和科学知识有强烈的好奇心和探究欲望，生动的研学活动可以吸引他们，通过走进自然，亲近自然，让学生体验自然科学的乐趣，增长自然科学知识，逐步形成尊重自然，热爱自然科学的态度。本课程衔接相关课程具体如下：1.部编版六年级下册道德与法治第二单元“地球——我们的家园”；2.苏教版五年级上册科学第三单元“火山与地震”；3.苏教版五年级下册科学STEM学习“立体小菜园”；4.苏教版六年级上册科学第二单元“火山与地震”“地球的表面”；5.苏教版六年级下册科学第五单元“节约能源与开发新能源”	对照《义务教育地理课程标准（2022版）》《义务教育生物课程标准（2022版）》课标，初中段自然主题教育研学注重培养学生的观察力与思维能力，以及学生的动手实践能力，此阶段学生处于身体和智力发展的关键期，对自然现象和科学知识有强烈的好奇心和探究欲望。在校内教育中学生已经接触了基础的自然科学知识，如生物、地理、物理等。在研学活动中，他们需要将这些知识运用到实际情境中，通过观察、实验、探究等方式提升实践能力。本课程衔接相关课程具体如下：1.湘教版七年级上册地理第四章“天气与气候”“气温与降水”；2.人教版七年级下册生物学第七章第一节“分析人类活动对生态环境的影响”、第二节“探究环境污染对生物的影响”、第三节“拟定保护生态环境的计划”；3.人教版七年级上册生物学第一单元第一章第二节“调查周边环境中的生物”、第二章第二节“生物与环境组成生态系统”；4.人教版七年级上册生物学第三单元第二章第一节“种子的萌发”、第二节“植株的生长”、第三节“开花与结果”，第三章“节水农业”、第四章“现代化温室”、第五章第二节“绿色植物的呼吸作用”	对照湘教版《普通高中地理（2022版）》课标，高中段自然主题教育研学注重培养学生能够发现问题，提出科学的、具有创新意识的问题，能够提出必要的论据、论证和解决问题，强化探究关系与逻辑关系，培养学生树立可持续发展理念，形成文明的生活与生产方式，增强学生的环保意识，人与自然和谐相处。在校内教育中，学生已系统学习地理等知识，需要把理论知识与实际相结合。本课程衔接相关课程具体如下：1.湘教版地理必修一第一章第二节“太阳对地球的影响”第四节“地球的演化”，第二章“地球表面形态”第二节“风成地貌”，第五章“地球上的植被与土壤”第一节“主要植被与自然环境”、第二节“土壤的形成”2.湘教版地理必修二第五章第一节“人类面临的主要问题”、第二节“协调人地关系，实现可持续发展”

维度或要素			小学高年级段	初中段	高中段
研学课程	必修课程一	名称	保护环境从我做起	你会垃圾分类吗	绿色星球环保从你我做起
		活动目的	通过授课，引导学生具有环保意识，培养“保护环境从我做起”的意识	通过将垃圾分类投放，减少垃圾处理压力，提高资源利用效率	通过课程引导学生具有环保意识，增强环保责任感
		活动形式	教师讲授、环保（户外清洁）行动、实践探究相结合	教师讲授、实践探究相结合	教师讲授、环保主题讲座、环保创意比赛、实践探究相结合
	必修课程二	名称	小小农夫体验记	传统农业与现代农业	农业生产与可持续发展
		活动目的	通过了解农作物的生长过程、农业工具和机械设备，初步了解农业技术发展趋势，培养对农业的兴趣和热爱	通过掌握农业基础知识，了解现代农业技术发展趋势，培养农业实践能力和创新能力，体会粮食的来之不易	通过学习农业现代化与智能化，了解现代科技在农业生产中的重要性，培养绿色、可持续发展的农业意识
		活动形式	教师讲授、实地探访、实践体验相结合	教师讲授、实地探访、实践体验相结合	教师讲授、实地探访、实践体验相结合
	必修课程三	名称	地震知识我知道	认识地震——科学自救	探究建筑防震
		活动目的	通过观看视频图片及场馆参观，让学生初步了解地震时自我保护，并初步形成与自然和谐相处的意识	通过任务卡驱动及小组合作，使学生能够了解地震科普知识和科学自救方式	通过参观地震科普场馆及小组合作，探究地震知识，提高学生对环境问题的认识，倡导可持续生活方式
		活动形式	教师讲解、实践体验相结合	教师讲解、学生提问、实践体验相结合	教师授课、实践体验相结合
	必修课程四	名称	火山大冒险	神奇的火山石	金山科考
		活动目的	通过亲近自然，促进团队协作，传播环保理念，体验当地文化	通过实地探访，提高学生科学素养，激发学生自然环境的保护意识	通过教师授课、实践体验相结合生态环境的保护，有助于实现可持续发展的目标
		活动形式	教师讲授、实践体验相结合	实地考察、科学实验、实践体验相结合	教师讲授、实践体验相结合

维度或要素			小学高年级段	初中段	高中段
研学课程	必修课程五	名称	探索秘密：土林的形成	研学土林：土壤采集与检测	土林的未来：保护与开发
		活动目的	通过穿越土林，认识土林形成原因，大同自然地理环境和人文环境的特征，进而初步了解人与环境相互关系的基础	通过土壤采集，认识盐碱地的形成、对土林的危害，探究盐碱地的治理	通过保护土林自然景观，促进地方经济发展，增强公众环保意识，推动可持续发展，实现人与自然和谐共生
		活动形式	教师讲授、实践体验相结合	实验操作、实地调查、实践体验相结合	教师授课、实践体验相结合
	必修课程六	名称	煤炭博物馆	井下探秘	非遗研学：煤雕制作
		活动目的	通过参观煤炭博物馆，使学生们深入领悟煤炭的劳动价值	通过学生对井下作业的理解，增强学生的安全意识，促进矿业文化的传承和发展增强责任感	通过学习煤雕制作，增强学生文化遗产的传承保护意识与家乡文化传承保护责任感
		活动形式	教师授课、实践体验相结合	教师授课、实践体验相结合	教师授课、实践体验相结合
	必修课程七	名称	黄芪博物馆	制作黄芪药茶	制作黄芪药茶
		活动目的	通过普及知识，传承中药文化	通过中药文化的传播和推广，帮助学生更好地了解和利用中药资源	通过传播和推广中药养生知识，让人们更多了解黄芪的药用价值和保健功能
		活动形式	教师授课、实践体验相结合	教师授课、实践体验相结合	教师授课、实践体验相结合
	必修课程八	名称	萱草解忧	领略黄花之都	致富花
		活动目的	通过实地采摘体验，认识劳动的辛苦，激发学生对家乡文化的热爱	通过观察黄花产品制作，传承和弘扬黄花文化	通过观察黄花产品制作，深入了解传承弘扬黄花文化，激发学生对家乡文化的热爱和对家乡的责任感
		活动形式	教师授课、实践体验相结合	黄花茶制作体验、教师授课、实践体验相结合	黄花茶制作体验、教师授课、实践体验相结合

维度或要素			小学高年级段	初中段	高中段
研学课程	必修课程九	名称	攀登恒山（植被）	恒山地质科考	恒山“论剑”
		活动目的	通过恒山的生态系统，深入了解保护这些生态资源对于维护地方生态平衡、维护物种多样性和生态系统稳定起到的重要作用	通过研究地质遗产保护、科普教育，促进地方经济和文化交流	通过实地考察和探究，深入了解恒山的地质形成原因，使知识与实践相结合
		活动形式	徒步登山、教师授课、实践体验相结合	实地考察、讲座、科学研究、教师授课	实地考察、探究性学习、教师授课、实践体验相结合
	必修课程十	名称	地质科考——太行山黄崖洞	地质科考——太行山黄崖洞	地质科考——五台山
		活动目的	通过观察太行山黄崖洞植被活动，加强学生对生态环境保护意识，促进植被恢复	通过太行山黄崖洞地质活动，主要了解该地区的地质特征和地质历史，以及地质资源的保护和利用	通过了解学习五台山地区的地质构造地貌形态，了解该地区的岩石构造，断层分布，同时提高学生对地质科学的认识和兴趣
		活动形式	参观学习、合作性学习、教师授课、实践体验相结合	教师授课、实践体验相结合	合作性学习、探究性学习、教师授课、实践体验相结合
	选修课程		1. 走进桑干河 2. 邂逅“蝴蝶兰” 3. “小黄花”到“大产业”	1. 探寻水源的奥秘（桑干河） 2. “木兰留香” 3. “氢”城之恋 4. 实地考察与探险——山西地质博物馆	1. 水质实验（桑干河） 2. “蝴蝶兰”——以兰为媒，乡村振兴 3. “煤都”到“氢都”的转变 4. 神溪湿地公园

维度或要素		小学高年级段	初中段	高中段
研学线路	代表性线路（时长五日）	第一天：大同营地—大同营地农科园—大同营地；第二天：大同营地—大同土林—大同市火山群景区—大同营地；第三天：大同营地—地震体验馆—大同营地；第四天：大同营地—大同黄花基地—坊城新村—大同营地；第五天：大同营地—山西省大同市云冈区杨家窑村—晋华宫国家矿山公园—大同营地	第一天：大同营地—大同营地农科园—大同营地；第二天：大同营地—黄崖洞—太原营地；第三天：太原营地—山西地质博物馆—大同营地；第四天：大同营地—大同土林—大同市火山群景区—大同营地；第五天：大同营地—大同黄花基地—氢都文化园—大同营地	第一天：大同营地—大同营地农科园—大同营地；第二天：大同营地—五台山—大同营地；第三天：大同营地—神溪湿地公园—北岳恒山—大同营地；第四天：大同营地—大同土林—大同市火山群景区—大同营地；第五天：大同营地—大同黄花基地—氢都文化园—大同营地
	可选择线路（按天设计，菜单式选择）	1.大同营地—文瀛湖湿地公园—大同营地；2.大同营地—大同市浑源黄芪博物馆—大同营地；3.大同营地—云冈石窟—大同营地；4.大同营地—平型关大捷纪念馆—大同营地；5.大同营地—悬空寺—大同营地；6.大同营地—北岳恒山—大同营地；7.大同营地—凤凰山—大同营地；8.大同营地—库布齐沙漠—大同营地；9.大同营地—乌兰察布火山—大同营地；10.大同营地—黄花沟草原—大同营地	1.大同营地—饮马河湿地公园—大同营地；2.大同营地—水培馆—地震体验馆—大同营地；3.大同营地—大同桑干河国家级湿地公园—大同营地；4.大同营地—洪洞大槐树—晋中营地；5.晋中营地—昔阳大寨—晋中营地；6.晋中营地—八路军太行纪念馆—晋中营地；7.晋中营地—太行山八泉峡—晋中营地；8.太原营地—中国煤炭博物馆—大同营地；9.大同营地—河北张家口市青少年冰雪运动综合实践基地—北京营地；10.北京营地—北京黄花城长城旅游开发有限责任公司—大同营地	1.大同营地—劳动种植区—大同营地；2.大同营地—劳动养殖区—大同营地；3.大同营地—大同李二口长城—大同营地；4.大同营地—大同长城博物馆—大同营地；5.大同营地—皇城相府—晋城基地；6.晋城基地—贾家庄—太原营地；7.太原营地—太原植物园—太原营地；8.太原营地—壶口瀑布—太原营地；9.太原营地—吕梁市晋绥边区革命纪念馆—大同营地；10.大同营地—册田水库—大同营地
	规划线路（按天设计）	1.大同营地—平遥古城—太原营地；2.太原营地—乔家大院—太原营地；3.太原营地—山西省博物院—大同营地	1.大同营地—五台山—大同营地；2.大同营地—黄河乾坤湾—太原营地；3.太原营地—禹王洞—大同营地	1.大同营地—中国科学院植物研究所—北京营地；2.北京营地—中国科学院动物研究所—北京营地；3.北京营地—河北张家口市青少年冰雪运动综合实践基地—大同营地

维度或要素		小学高年级段	初中段	高中段
教学重点难点（以代表性线路教学设计为例，以下同）	教学重点	1.进一步了解传统农业和现代农业的发展过程。通过实践操作的方式，了解农业生产过程；2.了解大同火山的成因形成过程及大同地貌的特征，提高学生对火山科学的认识和理解。进一步了解大同土林的沧桑变化及土林的形成原因，培养学生对自然环境的保护意识；3.消防安全教育，火灾的应急措施和逃生技能；4.让学生全面了解大同黄花的功效及作用以及加工利用的知识。了解坊城新村的文化特色和历史背景；5.掌握杨家窑的历史背景和当地传承文化知识，培养学生对晋华宫的文物保护意识和开发意识	1.深入了解水培、温室大棚对传统农业的影响，培养学生生态保护的意识；2.太行山黄崖洞学习历史文化教育和户外安全知识，培养学生的团队协作能力和自我挑战精神；3.了解地质科学基础、地球构造、地壳活动、岩石和矿物的形成；4.火山地貌的形成和演化过程复杂多样，让学生利用现代技术科学手段，全面了解火山地貌的特征和动态变化。了解土林的形成生态地质价值原因及土林的特点，培养学生对土林地貌的兴趣和热爱；5.如何利用黄花进行乡村振兴。培养学生的安全意识，普及安全知识，维护心理健康以及法律知识。了解氢能源知识和氢能源产业与技术创新	1.探究水培农业及温室大棚对农业发展的实际作用，培养学生的生态环保意识；2.了解五台山的佛教文化与历史，学习自然地理与生态，培养学生环保意识；3.了解湿地生态系统，通过参观悬空寺建筑奇迹，了解北岳文化，树立文化自信；4.火山地貌的形成和演化过程复杂多样，让学生利用现代技术科学手段，全面了解火山地貌的特征和动态变化。土林的物质组成及结构构造特征。培养学生对土林地貌的兴趣，增强学生的环境保护意识和文化传承意识；5.掌握黄花的经济价值和应用，学习氢能源的产业与技术创新
	教学难点	1.传统农业和现代农业的优缺点对比。学生掌握水质控制光照控制以及病虫害防治；2.火山喷发的诱因及如何预测火山喷发，火山灾害防护。知道土林的形成条件有哪些，了解土林形成和特征；3.火灾的应急措施和逃生技能；4.了解黄花的生态习性和生长环境以及繁殖栽培的过程；5.杨家窑的传承文化知识。煤炭的形成，以及对大气的影响	1.传统农业如何通过对水质和光照的控制向现代农业转型；2.增强团队协作能力；3.地质岩石和矿物的形成；4.火山地质知识，火山灾害与防护。土林的地质结构，土林的形成机制以及如何保护；5.黄花的繁殖和栽培。氢能源的产业发展	1.传统农业育种与现代农业育种的区别；2.五台山自然地理与生态知识；3.湿地生态系统，悬空寺的建筑文化；4.探究火山潜在的价值，火山资源的利用，火山的地质知识。探索土林的发育阶段，土林的实地考察与观测，土林的保护与可持续发展；5.黄花的生长环境和形态特征。氢能源的化学反应和物理现象的理解

维度或要素	小学高年级段	初中段	高中段
教学策略	针对小学高年级段学生，学生记忆力和注意力相对低年级有显著提高，开始具备逻辑思维和推理能力，他们好奇心强，对于探索事物的能力较强。基于生活教育理论，以培养学生敬畏自然的情感、珍惜和爱护自然环境为目标，学生通过实践探索、亲身体验，采取讲授法、情境教学，问题导向教学，演示法教学等教法和体验式学习、合作学习、探究学习等学法，深入了解动植物和地质的形成过程，组织开展现场模拟实验、讲故事等多种形式的活动，在游戏中初步学习有关动植物和地质知识	针对初中段学生学习动机逐渐增强，思维能力、情感表达和社交技能在快速发展，生存素养作为学生学习和发展的关键。基于生活教育理论，让学生系统地学习动植物和地质知识，培养生存素养，采取讲授法，演示法，互动式教学、案例分析法等教法、体验式学习、合作式学习等学法，依托多媒体资源、自然景观研学点等资源。开展亲身实践、合作交流分享等活动，引导学生树立正确的科学态度和价值观，培养他们的社会责任感和环保意识，让他们关注人类活动对自然环境的影响	针对高中段学生空间想象力丰富，动手能力强，愿意通过实践活动来学习和验证知识，分析和解决能力较强。基于生活教育理论，以认识地质和生态环境、培养空间思维、科学探究能力和可持续发展观念为目标，采取讲授法、演示法、讨论法，实验探究法、项目式学习法等教学和交流合作学习、小组分享等学法，依托景观研学点、实践体验教学资源和多媒体数字化设备，开展情境教学、自主探究、小组合作，体验式等活动，将动植物和地质知识与相关学科进行整合，拓宽学生的知识视野，培养他们的跨学科思维和综合能力；引导学生关注人类活动对动植物和地质的影响，培养他们的社会责任感和可持续发展的观念，鼓励他们为实现绿色发展作出贡献

维度或要素				小学高年级段	初中段	高中段
实施方案	入营教育	安全	引导	通过营地安全通道、安全标识学习进行入营安全教育，树立安全意识	培养责任意识，学会急救知识，了解实践活动中的安全防范措施	进一步掌握应急救护知识与技能，强化社会安全意识
			实训	组织学生观看安全教育视频，讲解宿舍和食堂安全注意事项	组织学生参加安全讲座，预防校园安全事故	组织学生观看安全教育视频、参加安全讲座
		应急	引导	培养学生应对火灾、地震、踩踏等各类灾害的安全意识	培养学生应对各类灾害的应变能力，培养冷静思考和随机应变的能力	进行主题安全教育，加强学习应急自救与互救方法与技能
			实训	在营地的消防馆、地震馆进行应急安全教育	在营地的消防馆、地震馆进行实操演练	在营地开展应急安全实操演练
		救助	引导	掌握自我保护，求助、避险与逃生的基本技能，初步掌握急救知识	培养安全责任意识，学会急救知识，提高预防和应对突发事故的能力	强调学生的生命责任感，强调发现问题和解决问题的能力
			实训	学生在生命安全馆进行生命安全课程	组织学生开展各类急救模拟演练	组织学生开展各类实操演练
		自我管理	引导	引导学生加强自我管理	学会自我管理和互相监督	引导学生加强自我管理，情绪疏导，帮助学生掌握应对压力和困难的方法
			实训	营地组织开展学生军训，加强学生的自我管理能力	制定详细的计划表，合理安排时间规范学生的管理	通过心理疏导课程，学会自我情绪疏导
		团队协作	引导	通过讲解、角色扮演说明团队协作的重要性	通过模拟场景及实际案例分析，学会处理团队中的各种问题	通过案例分析、小组讨论等方式，学习妥善处理团队中的矛盾与冲突
			实训	设置安全员、组长、舍长等，配合班长，学习小组分工合作的基本技能	拓展课程加强团队协作能力，体会团队合作的重要性	提供相关的培训指导，帮助他们成为既有领导才能又能协同合作的优秀团队

维度或要素		小学高年级段	初中段	高中段
实施方案	导入教学环节	1.通过视频讲解农业历史进行导入，让学生初步了解农业的起源与发展，激发学生的学习兴趣；2.运用视频进行情景再现导入，让学生初步了解土林与火山的自然风貌是如何形成的；3.运用视频图片进行导入，了解地震为人类带来的危害以及地震时自我保护的重要性；通过观看视频导入，了解环境保护的重要性，需做到尊重自然，才能和自然长久共存；4.通过视频进行导入，了解黄花的种植历史与经济价值；5.通过实地探访观看实景演示导入，让学生对蝴蝶兰的种植以及南山井有一个初步的感知	1.通过结合视频讲解农业起源历史进行导入，让学生了解农业的起源与发展，围绕课程的主题与学生互动，拉近与学生的距离；2.运用历史典故进行导入，引发学生对太行山黄崖洞研学的兴趣；3.通过实地探访以及观看实景的博物馆陈列，了解其历史背景，以提高学生研学兴趣；4.运用视频进行情景再现导入，让学生进一步了解土林与火山的自然风貌。通过实地探访观看实景演示导入，让学生对蝴蝶兰的种植以及南山井有进一步的了解，引发学生的共同探讨与思考；5.运用视频导入，了解黄花基地的发展历史，引发学生共同探讨与思考。通过实地探访讲解氢都背景文化，引发学生兴趣	1.通过结合视频讲解农业起源历史进行导入，与学生互动，让学生深层次的了解农业的起源与发展，拉近与学生的距离；2.运用历史典故进行导入，引发学生研学五台山地质地貌；3.通过图片视频以及实地观察，让学生感受实地的美景，引发学生兴趣；4.运用视频进行情景再现导入，给学生提出任务，引发学生对土林与火山自然景观的讨论与思考；5.运用视频导入，了解黄花基地的发展历史，引发学生共同探讨与思考。通过展示一些关于氢能源的创新或有趣小实验，引起学生对氢都文化园的好奇心
	授课教学环节	第一天：入营教育、必修课程二“小小农夫体验记”；第二天：必修课程四“火山大冒险”、必修课程五“探索奥秘：土林的形成”；第三天：必修课程一“保护环境从我做起”、必修课程三“地震知识我知道”；第四天：必修课程八“萱草解忧”、选修课程4“‘小黄花’到‘大产业’”；第五天：选修课程3“邂逅蝴蝶兰”、必修课程六“煤炭博物馆”	第一天：入营教育、必修课程二“传统农业与现代农业”；第二天：必修课程十“地质科考：太行山黄崖洞”；第三天：选修课程4“实地考察与探险——山西地质博物馆”；第四天：必修课程四“神奇的火山石”、必修课程五“研学土林：土壤采集与检测”；第五天：必修课程八“领略黄花之都”、选修课程3“‘氢’城之恋”	第一天：入营教育、必修课程二“农业生产与可持续发展”；第二天：必修课程十“地质科考：五台山”；第三天：选修课程4“神溪湿地公园”、必修课程九“恒山论剑”；第四天：必修课程四“金山科考”、必修课程五“土林的未来：保护与开发”；第五天：必修课程八“致富花”、选修课程3“‘煤都’到‘氢都’的转变”

维度或要素		小学高年级段	初中段	高中段
实施方案	进级教学环节	1.营地各种种植方式对比，体现现代农业的先进性；2.土林的形成和特点价值，火山的形成与喷发过程；3.地震的危害和影响以及当前环境的严重性；4.黄花的形态特征及生长环境，药用价值及种植技术；5.煤炭的形成、开采，煤炭博物馆的介绍	1.因地制宜发展农业，了解科学技术在农业发展中的重要作用；2.地质博物馆中山西本土特色的岩石、矿产、古生物化石等形成的原因，树立探索自然界的知与未知，树立珍爱家园的意识；3.地质灾害对人类造成的重大危害，认识防御地质灾害的主要措施；4.土林与火山的形成，了解火山土林的形成与地质构造的关系；5.黄花的种植与深加工带来的经济发展情况	1.气候对农作物生长的影响，针对某种作物的生长周期中各阶段对光、热、水的需求，病虫害的活跃程度等，分析该作物品质优良的原因；2.对比五台山和恒山地貌，根据其成因和形态，分析断块山地和黄土地貌，以及化石形成的原因；3.湿地保护的方法，如限制开发、恢复湿地、加强管理。4.了解黄花种植、采摘、加工、销售、产品研发等方面的情况，感受特色产业对农村经济高质量发展的重要作用
	巩固教学环节	1.组织学生进行环保和农业知识问答游戏，通过问答的方式巩固知识点 2.制作手抄报 3.实践体验，分享收获 4.组织关于生态、自然和地质的演讲比赛，激发学生的表达能力和自信心 5.通过动植物、地质地貌的变化，了解自然地理历史变化，培养学生低碳环保意识	1.在土林开展土壤检测实验探究活动，让学生通过实验巩固知识，提高他们的实验技能和科学探究能力 2.实践体验，学生动手实践制作药茶、黄花产品等农产品的深加工 3.组织辩论活动，提高学生的思辨能力和批判性思维能力 4.运用任务驱动法，研学导师提出问题来引导学生的学习兴趣，让学生带着真实的任务去巩固知识 5.引导学生自主探索低碳节能环保的生活方式，并小组讨论进行知识分享	1.开展相关的研究性学习活动，让学生通过自主探究和合作学习，深入了解相关领域的前沿知识和技术 2.展示：让学生扮演环保志愿者、农民或地质学家，通过模拟实际情境，加深对知识的理解和记忆 3.引导学生主动参与，增强学生生态低碳环保意识，加强对生态环境的保护 4.通过拍摄照片、小组分享等展示方式，通过各个角度的照片，增加学生的家乡自豪感，推动家乡生态文明建设，促进可持续发展 5.拓展：组织讨论和辩论活动，让学生发表自己的观点和看法，提高他们的思辨能力

维度或要素			小学高年级段	初中段	高中段
实施方案	总结教学环节	教学创新	小学高年级段学生以启发式教学为主，注重激发学生的学习兴趣，让学生们掌握课堂主动权，大胆发言，找到自己的兴趣爱好，培养探究意识，学会与人交往，逐渐学会合作、学会观察、学会思考、学会分享	初中段学生需要采用探究式教学方式，强调学生的体验和参与，注重培养学生的自主学习能力和创新意识，以提高学生的实践操作能力	高中段学生需要采用探究式、讨论式教学，应注重学生的创新思维和实践能力，通过跨学科的主题，引导学生的主动探究、实践和创新，让学生在解决问题过程中，提升社会责任感和综合素质
		教学总结	通过研学实践活动，学生们亲身观察、体验大自然的奇妙，探索植物的多样性，了解自然生态系统的运作，在田野里观察农作物的生长，感受农耕的辛勤；学生们参与种植、垃圾分类、制作自然艺术品等活动，研学活动中融入科学知识的讲解和科普，了解自然科学的奥秘。研学活动为学生们提供一个亲近自然、学习自然的机会，让他们在实践中体会自然的魅力和重要性	学生们通过亲身体验和深入探究，对自然世界有了更深刻地认识和理解。在研学过程中，学生们积极参与户外探索，观察自然界的各种生物和生态系统。他们学会了使用科学工具和方法进行观察和记录，培养了科学研究的基本技能，还培养了学生的团队合作和沟通能力，在小组活动中，学生们相互协作、交流、合作、分享，提高了问题解决和创新思维的能力	在研学活动中，学生们深入探索了自然领域，了解了自然现象和生态系统。他们不仅掌握了科学研究的方法和技能，还培养了批判性思维和解决问题的能力。通过讲座以及与专家学者的交流，学生们拓宽了知识视野，了解了自然科学领域的最新研究成果和发展趋势。这激发了他们对科学的兴趣和追求，为未来的学术发展打下了基础，也促进了学生的自我发现和个人成长
		教学反思	根据教学总结得出的反馈，在引导学生思考和激发他们的学习兴趣方面还有很大的提升空间，多注重培养学生的思维能力，并努力提升课堂的互动性，让每个学生都能在课堂上发挥自己的潜能。更多地与学生进行互动，鼓励他们提问、发表观点和进行讨论，提高学生的参与度，激发他们的学习热情	在总结中发现了一些需要改进的地方，比如进一步加强学生对自然知识的系统性学习，提供更多的实践操作机会，以及引导学生将研学所得与日常生活相结合，个别学生在实践操作中存在困难，需要更多的指导和支持。需要进一步优化教学方法，提供更个性化的学习指导，以满足不同学生的需求	根据教学总结的反馈，思考在实践活动中实地考察组织是否合理，学生观察体验感如何，知识讲解是否清晰易懂，实验探究设计是否科学，小组合作是否有效，安全教育是否到位，对教学环节进行调整与优化，做好每一次的总结与反思为下一次更好地研学活动做准备

维度或要素				小学高年级段	初中段	高中段
实施方案	评价教学环节	教学水平评价	自我评价	通过反思教学方法是否得当，教学内容是否符合学生的需求和兴趣进行总结评价。教师也需要关注学生的表现和反馈来进行自我评价	通过反思教学方法是否多样化，教学内容是否能够激发学生的思维和创造力，是否符合学生的年龄和认知水平，是否有趣味性和实用性进行总结评价	通过教学反思和总结进行总体评价，教学内容是否能培养学生的综合素质，教学目的、教学过程和方法是否符合高中段学生的素质要求等多方面进行评价
			学生评价	学生根据上课情况进行评价，从上课纪律、上课能否专心、上课能否按照老师要求完成任务等方面进行自我评价	学生根据课程体验，评价自己是否通过自身观察、亲身体验及讨论交流的方式达到自己的学习目的	学生根据自己在研学过程中是否通过动手制作、实验探究完成自主性学习，最后有一个清楚的自我认知
			同行评价	教师可以向同事请教，寻求他们对自己课堂教学的意见和建议。同行评议可以通过互相上课观摩、互相评价、交流心得等方式进行	学校管理员、教育行政部门的工作人员等人员，通过观察教师的上课方式、课堂管理、授课内容等方面的表现，可以为教师提供专业性的评估意见和建议	通过学生的反馈、教师的自我评价以及专家的评审等多个角度进行评价，从课程设计的合理性、课程选择的科学性、教学资源的充实性等方面进行评价
			培训和考核	通过自评、互评、问卷调查等形式对教师思想认识、教学水平、师德师风进行考核，运用“走出去+请进来”双结合的培训方式对教师团队进行专业培训，提高教师教学水平	通过自评、互评、问卷调查等形式对教师思想认识、教学水平、师德师风进行考核，运用“走出去+请进来”双结合的培训方式对教师团队进行专业培训，主动审视自身问题，逐步完善自己的行动，拓宽自己的视野，达到自我反思，自我改进，自我完善的目的	通过自评、互评、问卷调查等形式对教师思想认识、教学水平、师德师风进行考核，运用“走出去+请进来”双结合的培训方式对教师团队进行专业培训，听专家讲优质课，请教研室领导来校进行教学指导，教师们相互学习指导，使得教师们得到了锻炼和成长，教学观念也在转变，反思交流
			教学成果展示	通过课堂教学图片及学生分享上课体验进行展示	通过文字资料、影像图片、学生学习心得、作品成果进行展示	通过学术报告、学生作品成果、完成书面作业等进行展示

维度或要素				小学高年级段	初中段	高中段
实施方案	评价教学环节	学业评价	形成性评价	通过观察课堂纪律，学生参与度，学生完成教学任务和教学成果情况以及学校反馈情况进行评价	通过观察课堂氛围、学生配合情况及学生的个体差异，评价课程内容及教学方法是否多元化进行评价	通过教师讲授、学生自主学习是否达到学习目的，教师是否为启发式学习，学生是否合作探究式学习进行评价
			总结性评价	通过教师反思、总结问题、学生上课情况是否达到预期，以及学校、家长的认可度进行评价	通过教学回顾、课程完成情况、教学环节是否顺利，学生动手能力、成果展示等方式进行总体评价	根据学生在研学过程中课题的参与程度及自主探究问题的能力，通过查阅资料、动手操作最终形成的课题报告进行总结评价
			教师评价	通过活动记录以及与活动相关的文字、图片、影像资料等多方面反馈情况对学生作出判断	通过教师观察，图片资料、作品完成情况，个人自评、小组评议等方法进行评价	通过教师记录、学生掌握课题研究的常用方法情况、探究学习能力及研究性课题完成情况进行评价
		项目评价		通过专家、教育部门、教师、学生、家长等各个层面，以及教师对小学高年级段的研学课程要求的把握，学校对研学线路的了解、研学课程的安排、项目评价与阶段综合评价、成果展示等情况进行评价与反思，对于研学过程出现的问题加以改进	通过专家、教育部门、教师、学生、家长等各个层面，以及教师对初中段的研学课程要求的把握，对研学线路的了解、研学课程的安排、项目评价与阶段综合评价、成果展示等情况进行评价与反思，对于研学过程出现的问题加以改进	通过专家、教育部门、教师、学生、家长等各个层面，以及教师对高中段的研学课程要求的把握，对研学线路的了解、研学课程的安排、项目评价与阶段综合评价、成果展示等情况进行评价与反思，对于研学过程出现的问题加以改进

4.5　教学计划与策略列表：探索自然奥秘　寻访三晋资源

<table>
<tr><td colspan="3">营地名称</td><td>太原市中小学生综合实践学校</td><td>命名机构</td><td>教育部</td><td>识别码</td><td>Y145142003</td></tr>
<tr><td colspan="3">从业资质（摘要）</td><td>义务教育综合实践、高中通用技术、研究性学习、国防教育</td><td>单位属性</td><td>公益一类</td><td>法定代表人</td><td>毕俊卿</td></tr>
<tr><td colspan="3">研学主题</td><td>探索自然奥秘　寻访三晋资源</td><td colspan="2">主要目的指向</td><td colspan="2">自然教育</td></tr>
<tr><td rowspan="7">营地（枢纽）及周边主要优质研学资源</td><td colspan="2">基地层级</td><td colspan="5">研学站点（基地）名称</td></tr>
<tr><td rowspan="2">教育部命名基地</td><td>已列入教学计划</td><td colspan="5">一、与本主题相关列入教学计划的基地13个
1. 太原市中小学生综合实践学校（简称“太原营地”）；2. 中国煤炭博物馆；3. 山西凤凰山生态植物园有限公司（简称“凤凰山”）；4. 平遥古城；5. 临汾市黄河壶口瀑布风景名胜区（简称“壶口瀑布”）；6. 洪洞大槐树寻根祭祖园有限公司（简称“洪洞大槐树”）；7. 山西祁县乔家大院民俗博物馆（简称“乔家大院”）；8. 山西晋韵砖雕艺术博物馆；9. 山西博物院；10. 昔阳大寨；11. 山西皇城相府文化旅游有限公司相府景区（管理处）（简称“皇城相府”）；12. 黎城太行山黄崖洞旅游发展有限公司（简称“黄崖洞”）；13. 汾阳市贾家庄腾飞文化传播有限公司（简称“贾家庄”）
二、与本主题关联不大但列入本营地教学计划的基地6个
1. 八路军太行纪念馆；2. 淮海工业集团有限公司；3. 八路军文化园（山西红星杨旅游发展有限公司）；4. 平遥唐都推光漆艺博物馆（平遥县唐都推光漆器有限公司）；5. 吕梁市晋绥边区革命纪念馆；6. 云冈研究院</td></tr>
<tr><td>待列入教学计划</td><td colspan="5">1. 平型关大捷纪念馆；2. 山西省长治市气象局</td></tr>
<tr><td colspan="2">其他部委命名基地</td><td colspan="5">无</td></tr>
<tr><td colspan="2">地方命名基地</td><td colspan="5">太原植物园</td></tr>
<tr><td colspan="2">本营地资源</td><td colspan="5">1. 太原市中小学生综合实践学校环保馆（简称“环保馆”）；2. 山西自然博物馆；3. 西楚王村劳动教育基地</td></tr>
<tr><td colspan="2">其他资源</td><td colspan="5">无</td></tr>
</table>

维度或要素	小学高年级段	初中段	高中段
校内教育基础（与校内教育的衔接）	生物课标要求学生能够观察和描述植物的生长变化，理解植物与环境的关系。方案中的“植物绘画大赛”和“制作植物标本”活动，可以帮助学生通过观察和记录植物的特点，加深对植物生长变化的理解，并与生物课标中的要求相衔接。人教版科学五年级上册第一单元“生物与环境”中的第3课“植物与环境”；人教版语文四年级下册第一单元“自然奇观”中的相关课文，如《桂林山水》；人教版道德与法治三年级上册第四单元“我们的社区”中涉及环境保护的内容	生物课标要求学生能够理解生物体的结构和功能，以及生物与环境之间的相互作用。方案中的“植物园实地考察”活动，可以帮助学生亲身感受植物的生长环境，了解植物与环境的相互关系，与生物课标中的要求相契合。人教版生物学七年级上册第三单元“生物圈中的绿色植物”中的相关章节，如“绿色植物的主要类群”“绿色植物的生活需要水”等；人教版地理八年级上册第二章“中国的自然环境”中涉及植被分布的内容；人教版化学九年级上册第七单元“燃料及其利用”中涉及清洁能源的内容	生物课标要求学生能够掌握生物学的基本概念、原理和规律，培养科学探究和创新能力。可以引导学生进行深入的科学研究和技术探索，培养他们的创新能力和独立思考能力，与生物课标中的要求相一致。科学课标强调培养学生的科学素养和跨学科整合能力。要求学生综合运用多个学科的知识进行创新性的规划设计，提升他们的跨学科整合能力和创新思维，与科学课标中的要求相契合。人教版生物学必修一《分子与细胞》，第五章“细胞的能量供应和利用”中涉及光合作用和细胞呼吸的内容；人教版地理选择性必修一《自然地理基础》，第二章“地表形态的塑造”中涉及植被与地表形态关系的内容；人教版化学选择性必修二《物质结构与性质》，第四章“分子间作用力与物质的性质”中涉及能源利用与环境保护的内容

维度或要素			小学高年级段	初中段	高中段
研学课程	必修课程一	名称	植物寻宝游戏	植物分类竞赛	植物生态研究
		活动目的	通过游戏形式激发学生对植物的兴趣，培养观察力和团队协作能力。小组合作，根据线索找到指定的植物并记录下其特征	通过竞赛形式巩固植物分类知识，培养团队合作精神。分组进行植物分类知识问答和实物辨识竞赛，记录得分评选出优胜组	实地调研了解植物生态系统的构成和运行机制。学生分组选择植物园的特定区域进行生态调研，记录植物种类、分布和生态关系等信息
		活动形式	教师讲解、学生互动问答、图片展示	小组讨论、角色扮演、案例分析	实地探索、现场分析、小组讨论记录
	必修课程二	名称	小小植物学家	植物光合实验	植物病虫害防治
		活动目的	深入了解植物生长环境，培养对自然的敬畏之心。观察并记录植物的生长条件、形态特征，在导师指导下完成植物日记	通过实验了解光合作用原理，培养科学探究能力。使用简易设备测量不同植物的光合作用效率，记录数据并分析影响因素	学习植物病虫害防治知识，培养解决实际问题的能力。了解常见植物病虫害及其防治方法，随后在导师指导下进行实地观察和防治操作
		活动形式	教师演示、学生实践操作、观察任务布置	教师讲解、实地探索、观察任务布置	教师讲解、分组讨论设计、实践操作
	必修课程三	名称	植物拓印	植物园导览员	植物园规划设计
		活动目的	动手实践让学生感受自然的纹理美，培养艺术创造力。选择植物叶片，使用纸张和颜料进行拓印，创作个人自然笔记	提升学生的沟通能力和社会实践能力。学生扮演导览员角色，为游客介绍植物园的特色植物和生态保护意义	培养学生的规划设计能力和创新思维。学生为植物园设计新的植物展区或景观节点，并制作规划方案进行汇报
		活动形式	发布线索卡、分组寻找、记录植物特点	教师讲解、实地探索、观察任务布置	教师讲解、学生分组规划设计、实践操作
	必修课程四	名称	化石猎人	地质年代探险	地质勘探实践
		活动目的	模拟挖掘活动，了解化石的形成和古生物知识。在模拟挖掘场地中，使用工具挖掘化石模型，并记录挖掘过程	穿越地质年代的游戏了解地球演变历程。设置不同地质年代的展区，学生按照时间顺序“穿越”并完成任务卡上的挑战	通过模拟地质勘探活动了解矿产资源的勘探和开发过程。学生使用模拟勘探工具进行地质勘探实践，记录数据并分析矿产资源分布情况
		活动形式	发布线索卡、分组寻找、记录特点	提供任务卡、学生分组拼图、教师讲解	分组调查、记录观察结果、撰写报告

维度或要素			小学高年级段	初中段	高中段
研学课程	必修课程五	名称	生态拼图	生物多样性探索	野生动物保护
		活动目的	通过拼图游戏让学生理解生态系统的构成和平衡的重要性。分小组合作获得一套生态系统拼图，完成拼图并讲解生态系统	调查博物馆内生物多样性，培养观察力和分析能力。分组调查博物馆内不同生物展区，记录生物多样性信息并进行分析总结	深入学习野生动物保护法律法规，培养保护野生动物的意识。学生了解野生动物保护相关法律法规和政策措施，随后进行案例分析和讨论
		活动形式	提供拼图、学生分组操作、教师讲解	发布线索卡、分组寻找、记录特点	教师讲解、观察分析、小组讨论
	必修课程六	名称	自然之声	环保工作坊	自然保护区管理
		活动目的	培养学生对自然声音的敏感度，激发对自然的热爱。用录音设备收集自然声音，随后在教室中分享并创作自然音乐	通过动手制作环保宣传品，培养学生的环保意识和创造力。学生使用可回收材料制作环保宣传品，如环保袋、宣传海报等	通过模拟自然保护区管理工作培养学生的管理能力和责任感。分组扮演自然保护区管理团队成员角色，模拟进行保护区规划等工作
		活动形式	发布线索卡、分组寻找、记录特点	提供材料、创意设计、实践制作	教师讲解、观察分析、小组实践
	必修课程七	名称	煤炭的形成	煤炭开采模拟	煤炭化学分析
		活动目的	让学生了解煤炭的形成过程和地质变迁。通过模型演示和讲解，让学生了解煤炭的成因和地质变化过程	体验煤炭开采过程，了解采矿技术的艰辛和复杂性。在模拟矿井中，使用模拟工具进行开采操作，感受采矿工作的真实场景	通过实验了解煤炭的化学成分和性质。在实验室中，学生使用专业设备进行煤炭样品的化学分析，记录数据并撰写实验报告
		活动形式	教师讲解、观察分析、小组讨论	现场参观、分析讨论、小组实践	教师讲解、观察分析、小组报告撰写
	必修课程八	名称	煤矿安全小卫士	煤炭能源转型	煤炭清洁利用技术
		活动目的	普及煤矿安全知识，培养学生的安全意识。带领学生学习煤矿安全标识和操作规程，随后在模拟场景中进行安全演练	探讨新能源替代煤炭的可行性和未来能源发展趋势。组织讨论会，学生分组探讨新能源的发展前景和煤炭能源的转型路径	学习煤炭清洁利用技术及其对环境的影响。组织专题讲座和实地参观相结合的方式，让学生了解煤炭清洁利用技术的原理和应用情况
		活动形式	教师讲解、观察分析、小组实践	教师讲解、观察分析、小组实践	现场参观、观察分析、小组实践

维度或要素			小学高年级段	初中段	高中段
研学课程	必修课程九	名称	环保小能手	矿工生活体验	能源经济论坛
		活动目的	引导学生关注煤炭的环保利用，培养环保意识。讨论煤炭的环保利用方式，如洁净煤技术等，并制作环保宣传画进行展示	通过角色扮演了解矿工生活，加深学生对劳动的尊重和理解。学生扮演矿工角色，体验矿工的工作和生活环境，感受劳动的艰辛与伟大	通过研讨会，让学生了解植物在人类文化中的意义和价值
		活动形式	提供材料、创意设计、实践制作	现场体验、角色扮演、小组讨论	专家讲解、小组讨论
	必修课程十	名称	太阳能电力小车	制作风力发电机	农业可持续发展
		活动目的	认识清洁能源，了解太阳能与电能的转化，并通过简单的试验，设计一个以太阳能为动力的可运行的太阳能电力小车	研究现代清洁发电方式，了解风力发电的优势和原理，通过学习风力发电机的相关知识，利用老师准备的材料包，学生自行设计和制作小型风力发电机	培养学生的研究能力和规划能力。学生在田间地头考察本土农业资源和发展现状，研究并设计农业可持续发展课题，撰写研究报告并接受导师和同学的提问和点评
		活动形式	实践探索、手工制作、分享展示	资料包、实验探究、小组合作	实地考察、课题研究、演讲报告
	选修课程		1. 植物绘画大赛 2. 制作植物标本 3. 植物知识小讲堂 4. 生活中的煤炭 5. 观察大气污染	1. 村落田间实地考察 2. 光合作用实验设计 3. 煤炭资源与社会发展研讨会 4. 校园植被探索 5. 炭灰的科学处理	1. 植物生态研究项目 2. 煤炭清洁利用技术研究 3. 跨学科植物园规划设计大赛 4. 植被种类分布研究 5. 人与自然讲堂

维度或要素		小学高年级段	初中段	高中段
研学线路	代表性线路（时长五日）	1.太原营地—太原植物园—太原营地；2.太原营地—山西自然博物馆—太原营地；3.太原营地—中国煤炭博物馆—太原营地；4.太原营地—凤凰山—太原营地；5.太原营地—西楚王村劳动教育基地—太原基地	1.太原营地—太原植物园—太原营地；2.太原营地—山西自然博物馆—太原营地；3.太原营地—中国煤炭博物馆—太原营地；4.太原营地—凤凰山—太原营地；5.太原营地—西楚王村劳动教育基地—太原基地	1.太原营地—太原植物园—太原营地；2.太原营地—山西自然博物馆—太原营地；3.太原营地—中国煤炭博物馆—太原营地；4.太原营地—凤凰山—太原营地；5.太原营地—西楚王村劳动教育基地—太原基地
	可选择线路（按天设计，菜单式选择）	1.太原营地—中国煤炭博物馆—太原营地；2.太原营地—壶口瀑布—太原营地；3.太原营地—平遥古城—太原营地；4.太原营地—乔家大院—太原营地；5.太原营地—昔阳大寨—太原营地；6.太原营地—山西博物院—太原营地；7.太原营地—山西晋韵砖雕艺术博物馆—太原营地	1.太原营地—中国煤炭博物馆—太原营地；2.太原营地—壶口瀑布—太原营地；3.太原营地—平遥古城—太原营地；4.太原营地—乔家大院—太原营地；5.太原营地—昔阳大寨—太原营地；6.太原营地—山西博物院—太原营地；7.太原营地—山西晋韵砖雕艺术博物馆—太原营地	1.太原营地—中国煤炭博物馆—太原营地；2.太原营地—壶口瀑布—太原营地；3.太原营地—平遥古城—太原营地；4.太原营地—乔家大院—太原营地；5.太原营地—昔阳大寨—太原营地；6.太原营地—山西博物院—太原营地；7.太原营地—山西晋韵砖雕艺术博物馆—太原营地
	规划线路（按天设计）	1.太原营地—壶口瀑布—太原营地；2.太原营地—昔阳大寨—太原营地；3.太原营地—山西省长治市气象局—太原营地	1.太原营地—壶口瀑布—太原营地；2.太原营地—昔阳大寨—太原营地；3.太原营地—山西省长治市气象局—太原营地	1.太原营地—壶口瀑布—太原营地；2.太原营地—昔阳大寨—太原营地；3.太原营地—山西省长治市气象局—太原营地

维度或要素		小学高年级段	初中段	高中段
教学重点难点（以代表性线路教学设计为例，以下同）	教学重点	1.确保学生掌握与自然教育相关的基本概念，如植物分类、生态系统基础等；2.通过探索活动加深对自然现象的理解，培养学生的观察力；3.环保意识培养：引导学生认识环境保护的重要性，培养可持续发展的意识；4.将自然教育与其他学科相结合，培养学生的综合素养和解决问题的能力；5.通过小组活动，通过信息整合与实践培养学生的团队协作和沟通能力	1.在初中阶段，学生需要更深入地学习自然科学知识，如生态学原理、物种多样性等；2.培养学生的科学探究能力，包括提出问题、设计实验、分析数据和得出结论等；3.环保意识与行动：引导学生将环保意识转化为实际行动，参与环保项目和活动；4.批判性思维：鼓励学生运用批判性思维审视科学问题和现象，形成独立的见解和判断；5.跨学科应用：加强自然教育与其他学科的联系，培养学生的跨学科应用能力	1.在高中阶段，学生需要学习更加深入和专业的自然科学知识，如生态学高级理论、环境保护技术等；2.培养学生掌握科学研究的基本方法和技术，包括文献综述、实验设计、数据分析和论文撰写等；3.引导学生深刻理解环保的重要性，培养他们的环保责任感和使命感；4.鼓励学生运用创新思维解决科学问题和挑战，培养他们的创新能力和实践能力；5.加强自然教育与其他学科的深度融合，培养学生的跨学科综合应用能力
	教学难点	1.抽象概念理解：对于小学生而言，一些自然科学的抽象概念可能较难理解，需要采用直观、形象的教学方法；2.长时间集中注意力：小学生注意力容易分散，特别是在户外活动中，需要设计有趣、互动性强的教学环节来吸引他们的注意力；3.实地考察的组织与管理：组织小学生进行实地考察需要充分考虑安全、纪律和教学效果等因素；4.环保意识的内化：如何将环保理念真正内化为学生的自觉行为是一个长期而艰巨的任务；5.个体差异处理：面对不同学习能力和兴趣爱好的学生，教师需要灵活调整教学策略以满足他们的需求	1.初中阶段的知识更加抽象和复杂，需要学生具备一定的抽象思维和逻辑推理能力；2.培养学生的实验设计和操作能力需要系统的训练和实践机会；3.如何将环保意识与实际行动有效结合，需要教师在教学中给予具体的指导和支持；4.批判性思维的培养需要长期的引导和训练，以及宽松、开放的教学环境；5.面对不同学习能力和兴趣爱好的学生，教师需要提供个性化的教学方案以满足他们的需求	1.高中阶段的知识更加抽象和深奥，需要学生具备高级抽象思维和逻辑推理能力；2.高中阶段的实验更加复杂和精细，需要学生具备扎实的实验设计和操作能力进行复杂实验设计与操作；3.环保意识与责任感的内化，如何将环保意识和责任感真正内化为学生的自觉行为和价值观是一个长期而艰巨的任务；4.创新思维的激发和培养需要宽松、开放的教学环境以及教师的引导和激励；5.面对不同学习能力和兴趣爱好的学生，教师需要提供个性化的教学方案以满足他们的高层次发展需求

维度或要素	小学高年级段	初中段	高中段
教学策略	针对小学高年级段学生的特殊学习需求，在此阶段，学生正处于知识积累与学习习惯形成的关键期，因此，教学应聚焦于基础知识的巩固与拓展，同时注重学习兴趣的培养。教师运用生动有趣的教学方法，激发学生对各学科的热爱与好奇。通过加强课外阅读与实践活动，帮助学生拓宽视野，深化对世界的理解。同时，基于小学高年级段学生强烈的好奇心和直观学习的偏好，我们可以从建构主义学习理论出发，设计与植物生长变化紧密相关的课程内容。利用研学路线丰富的自然资源，引导学生通过观察、记录和绘画等多种方式，亲身感受自然的奥妙。合作学习的形式，将进一步激发学生的兴趣，锻炼他们的观察力和实践能力。在这样的教学过程中，我们不仅能满足学生的学习需求，更能促进他们的全面发展，确保他们在轻松愉快的氛围中享受学习的乐趣	针对初中段学生求知欲旺盛、逻辑思维能力增强的特点，教学策略需要有针对性地调整。培养学生的自主学习能力，鼓励他们独立思考，勇于面对并解决问题，通过设计光合作用实验、探讨煤炭资源与社会发展的关系等活动，鼓励学生自主探究和小组合作，旨在深化他们对知识的理解，并提升分析问题和解决问题的能力。对学科知识的系统学习也不容忽视，帮助学生建立知识网络，理解知识点之间的内在联系和逻辑结构，加深对知识的理解，提高学生的实践能力。通过实验、调查等实践活动让学生亲身体验知识的应用。我们可以结合认知主义学习理论，选取与植物生态、光合作用及能源利用等相关的课程内容，采用实验探究、案例分析等教学方法，激发学生的探究欲望。培养学生的合作精神和团队意识也是初中学习的重要一环，通过集体活动促进学生间的相互学习和共同进步。研学教师需要根据学生在活动中的行为表现进行课程内容的调整	高中段作为学生学习生涯的核心阶段，学习策略应兼具深度和广度。考虑到高中段学生自主学习能力增强，且对深层次问题产生浓厚兴趣的特点，我们可以结合研究性学习理论，选取与植物生态研究项目、能源清洁利用技术等相关的课程内容。借助校外实践基地和专家指导资源，通过项目研究、专题讲座等多样化的教学方法，引导学生独立思考、创新实践，培养学生的创新思维与批判性思考，激励他们勇于质疑、深入探索。同时，对学科知识的深入学习和实际应用也至关重要，需注重理论与实践的结合，开展植物生态研究、探索煤炭清洁利用技术等活动，旨在培养学生的创新思维，提升他们在科学研究和实践操作中的能力。为了拓宽学生的视野，跨学科素养的培养与不同学科间的融合学习亦不可忽视。最终，教育应关注学生的全面发展，致力于培养他们的综合素质与创新能力，为未来的学术追求和生活挑战奠定坚实基础。这样的教学安排不仅满足了学生的学习需求，更为他们的长远发展奠定了坚实基础。研学教师需要充分观察学生在课程中的学习能力，对活动的内容和深度及时调整

维度或要素				小学高年级段	初中段	高中段
实施方案	入营教育	安全	引导	通过营地课堂，给学生讲解安全注意事项以及课堂安全	通过营地安全标识学习进行入营安全教育，了解安全应急知识，掌握应急救护技能	通过营地内安全宣传栏、安全通道、安全标识学习进行入营安全教育
			实训	开展安全注意事项宣传学习，制定安全手册，利用晚间活动学习安全技能	开展安全应急演练，掌握突发事件处置技能	利用举行开闭营仪式时间进行安全注意事项学习，利用晚间活动学习安全技能
		应急	引导	发布紧急情况疏散线路图，紧急情况应急处理办法和《应急救护手册》	通过案例介绍掌握应急事件处理方法和技巧，培养学生处理突发事件的意识和能力	通过案例学习应急事件处理办法和技巧，培养学生面对突发事件随机应变能力
			实训	组织参训学生进行应急逃生演练，提升学生自救与互救能力	开展安全救护技能实践操作，提升学生自救与互救能力	组织参训学生进行地震、应急逃生演练、消防演练，强化安全意识
		救助	引导	教育学生认识救助标识、场所及救助用品，培养学生寻找救助场所及办法	通过公共安全课教师示范引领，让学生学会基本的应急救助方法	公共安全课教师进行专业示范、讲解，教会学生心肺复苏的正确操作方法
			实训	利用安全教育实践课程及开营仪式组织学生观看学习救助相关知识及技能	小组合作学习包扎、搬运	模拟体验、技能考试
		自我管理	引导	在研学教师的带领下，植入学生自我管理方法，养成自我管理习惯	通过自我情绪管理的培训和指导，帮助学生掌握应对压力和困难的方法	通过自主管理问题的引导，让学生掌握科学的自我管理方法
			实训	开展自我管理，相互交流分享自我管理经验，掌握相应的自我管理知识	采用沉浸式体验方式，对学生自我管理进行培训，提升自我管理能力	通过自主就餐，以班为单位进行课间活动，自主管理本班学生取得好成绩
		团队协作	引导	选择适宜的活动项目，由易到难，学生参与度高，合力完成活动任务	分小组协作，每个小组负责一个不同的具体的任务或项目。小组内分工合作，制定计划、分配任务、协调进度等	创设情境，小组合作负责不同的具体任务或项目。小组内分工有序、协调配合、共同完成挑战
			实训	分组完成趣味毛毛虫等活动项目，学生释放天性，通力合作积极完成挑战	组织同心鼓、同心笔等凝心聚力的活动项目，培养学生的团队协作和责任意识	通过组织呼吸的力量、毕业墙等素质拓展项目，培养学生之间相互信任、充分认识自己在团队中的重要性

维度或要素		小学高年级段	初中段	高中段
实施方案	导入教学环节	1.情境导入：通过创设与主题相关的情境，吸引学生的注意力，激发他们的好奇心。引导学生进入植物学习的主题；2.故事导入：通过故事情节吸引学生的注意力，引出本节课的学习内容。引导学生思考植物的重要性；3.实物展示：展示各种植物的种子或果实，引导学生观察和描述它们的特征，为接下来的植物绘画活动做铺垫；4.视频导入：播放一段植物生长的视频，让学生直观感受植物的生长变化，为制作植物标本活动做准备；5.复习导入：回顾之前学习的内容，通过提问或讨论的方式巩固学生的知识，并自然过渡到本节课的汇报主题	1.问题导入：提出一个与本节课内容相关的问题，激发学生的思考兴趣，引导他们主动探究。引导学生通过本节课的学习来解答这个问题；2.实验导入：进行一个简单而有趣的实验，通过实验引起学生的好奇心，进而引出本节课的学习内容；3.新闻事件导入：引用一则与植物生态或煤炭资源相关的新闻事件，引发学生对环境问题的关注和思考；4.视频导入：播放一段与本节课内容相关的视频资料，通过视觉和听觉的刺激激发学生的学习兴趣；5.角色扮演：邀请学生扮演不同利益相关者（如政府、企业、环保组织等），就煤炭资源利用问题进行辩论，培养学生的批判性思维。同时对之前活动进行整合梳理，为展示分享做准备	1.案例导入：引入一个真实的案例或问题，让学生感受到本节课内容与现实生活的联系，激发他们的学习兴趣和探究欲望；2.讨论导入：提出一个具有争议性或开放性的问题，引导学生进行讨论和交流，激发他们的思维活力；3.研究问题提出：直接提出一个具有挑战性的植物生态或能源利用研究问题，激发学生的探究欲望；4.学术前沿导入：介绍与本节课内容相关的学术前沿或最新研究成果，拓宽学生的视野并激发他们的求知欲。例如，介绍一种新型的煤炭清洁利用技术并探讨其应用前景和挑战；5.学生项目展示：展示往届学生的优秀研究项目成果，鼓励学生向学长学姐学习并超越。回顾之前学习的内容，并进入到汇报主题活动
	授课教学环节	第一天：必修课程一“植物寻宝游戏”、必修课程二“小小植物学家”，选修课程1“植物绘画大赛”；第二天：必修课程三“植物拓印”、必修课程四“化石猎人”，选修课程2“制作植物标本”；第三天：必修课程五“生态拼图”、必修课程六“自然之声”，选修课程3“植物知识小讲堂”；第四天：必修课程七“煤炭的形成”、必修课程八“煤矿安全小卫士”，选修课程4“生活中的煤炭”；第五天：必修课程九“环保小能手”、必修课程十“太阳能电力小车”、选修课程5“观察大气污染”	第一天：必修课程一“植物分类竞赛”、必修课程二“植物光合实验”，选修课程2“光合作用实验设计”；第二天：必修课程三“植物园导览员”、必修课程四“地质年代探险”，选修课程1“村落田间实地考察”；第三天：必修课程五“生物多样性探索”、必修课程六“环保工作坊”选修课程4“校园植被探索”；第四天：必修课程七“煤炭开采模拟”、必修课程八“煤炭能源转型”，选修课程四“煤炭资源与社会发展研讨会”；第五天：必修课程3“矿工生活体验”、必修课程十“制作风力发电机”，选修课程5“炭灰的科学处理”	第一天：必修课程一“植物生态研究”、必修课程二“植物病虫害防治”，选修课程1“植物生态研究项目”；第二天：必修课程三“植物园规划设计”、必修课程四“地质勘探实践”，选修课程3“跨学科植物园规划设计大赛”；第三天：必修课程五“野生动物保护”、必修课程六“自然保护区管理”，选修课程4“植被种类分布研究”；第四天：必修课程七“煤炭化学分析”、必修课程八“煤炭清洁利用技术”，选修课程2“煤炭清洁利用技术研究”；第五天：必修课程九“能源经济论坛”、必修课程十“农业可持续发展”，选修课程5“人与自然讲堂”

维度或要素		小学高年级段	初中段	高中段
实施方案	进级教学环节	1.植物寻宝游戏：分组进行，每组配备任务清单，学生须根据线索找到指定的植物并记录下其特征。小小植物学家：学生观察并记录不同植物的生长条件、形态特征，随后在导师指导下完成植物日记；2.植物拓印：学生选择喜欢的植物叶片，使用纸张和颜料进行拓印，创作属于自己的自然笔记；3.化石猎人：在模拟挖掘场地中，学生使用工具挖掘化石模型，并记录挖掘过程和发现。生态拼图：分组进行，每组获得一套生态系统拼图，学生需合作完成拼图并讲解生态系统的组成部分。自然之声：学生使用录音设备收集自然声音，如鸟鸣、水流等，随后在教室中分享并创作自然音乐；4.煤炭的形成：通过模型演示和讲解，学生了解煤炭的成因和地质变化过程。煤矿安全小卫士：学生学习煤矿安全标识和操作规程，随后在模拟场景中进行安全演练。环保小能手：讨论煤炭的环保利用方式，如洁净煤技术等，并制作环保宣传画进行展示；5.自然资源报告会：学生分组整理研学资料，制作自然资源小报并进行汇报演讲	1.植物分类竞赛：分组进行植物分类知识问答和实物辨识竞赛，记录得分并评选出优胜组。植物光合实验：学生使用简易设备测量不同植物的光合作用效率，记录数据并分析影响因素；2.植物园导览员：学生扮演导览员角色，介绍植物园的特色植物和生态保护意义；3.地质年代探险：设置不同地质年代的展区，学生按照时间顺序“穿越”并完成任务卡上的挑战。生物多样性探索：学生分组调查博物馆内不同生物展区，记录生物多样性信息并进行分析总结。环保工作坊：学生使用可回收材料制作环保宣传品，如环保袋、宣传海报等；4.煤炭开采模拟：在模拟矿井中，学生使用模拟工具进行煤炭开采操作，感受采矿工作的真实场景。煤炭能源转型：组织讨论会，学生分组探讨新能源的发展前景和煤炭能源的转型路径。矿工生活体验：学生扮演矿工角色，体验矿工的工作和生活，感受劳动的艰辛与伟大；5.研学成果展示：学生整理研学过程中的照片、视频和资料，制作PPT或视频进行成果展示和分享	1.植物生态研究：学生分组选择植物园的特定区域进行生态调研，记录植物种类等信息。植物病虫害防治：学生了解常见植物病虫害及其防治方法，进行实地观察和防治操作。植物园规划设计：学生为植物园设计新的植物展区或景观节点，并制作规划方案；2.地质勘探实践：学生使用模拟勘探工具进行地质勘探，记录分析矿产资源分布情况；3.野生动物保护：学生了解野生动物保护相关法律法规和政策措施，随后进行案例分析和讨论。自然保护区管理：学生分组扮演自然保护区管理团队成员角色，模拟进行保护区规划、监测和管理等工作；4.煤炭化学分析：在实验室中，学生使用专业设备进行煤炭样品的化学分析，记录数据并撰写实验报告。煤炭清洁利用技术：组织专题讲座和实地参观相结合的方式，让学生了解煤炭清洁利用技术的原理和应用情况；5.能源经济论坛：组织能源经济论坛活动，邀请专家学者举办讲座并与学生进行互动交流。研学课题汇报：学生根据自己的研学课题撰写研究报告并进行汇报演讲，接受导师和同学的提问和点评

维度或要素		小学高年级段	初中段	高中段
实施方案	巩固教学环节	1.分类与归纳：在学生对植物有了初步认识后，引导他们对植物进行分类与归纳。例如，按照植物的形态、颜色、生长环境等特征进行分类，帮助他们深化对植物多样性的理解 2.简单实验：引导学生进行简单的植物实验，如探究光照对植物生长的影响。通过实验，让学生亲身体验科学探究的过程，培养他们的实验操作能力和科学探究精神 3.知识点回顾：在课堂的结束部分，通过提问、互动小游戏或思维导图等方式，快速回顾本节课所学的关键知识点，确保学生能够记住并理解 4.简单练习：布置一些与课堂内容紧密相关的简单练习题，如填空题、选择题或简答题，让学生在课堂上完成，以检验他们的掌握情况 5.实践活动：设计与课堂内容相关的实践活动，如制作植物标签、绘制植物图谱等，让学生在动手制作的过程中巩固所学知识	1.深入实验：引导学生进行更深入的实验探究，如光合作用实验、煤炭燃烧实验等。通过实验，帮助学生理解植物生长过程和煤炭的化学性质，培养他们的实验技能和科学探究能力 2.解决问题：鼓励学生运用所学知识解决实际问题。例如，探讨如何提高植物的光合作用效率、如何减少煤炭燃烧对环境的污染等问题。通过解决问题，培养学生的应用能力和创新思维 3.跨学科整合：引导学生将植物学、地质学、环境科学等多个学科的知识进行整合。通过跨学科的学习，帮助学生建立全面的知识体系，提高他们的综合分析能力 4.小组讨论：组织学生进行小组讨论，让他们围绕本节课的重点和难点进行深入探讨，通过互相交流和辩论来加深对知识的理解 5.案例分析：引入与课堂内容相关的实际案例，让学生运用所学知识进行分析和解答，以检验他们的知识运用能力和问题解决能力	1.高级探究：鼓励学生进行高级的科学探究，如植物生态研究、煤炭清洁利用技术研究等。通过高级探究，培养学生的高级思维能力和创新精神，为他们的学术研究和职业发展打下基础 2.项目式学习：引导学生进行项目式学习，如植物园规划设计项目、煤炭资源利用与环境保护项目等。通过项目式学习，培养他们的实践能力和团队协作能力。同时，强调项目的社会价值和现实意义，培养学生的社会责任感和使命感 3.学术论文撰写：鼓励学生就本节课的某个主题进行深入研究，并撰写学术论文。通过论文的撰写过程，帮助学生系统地整理和巩固所学知识，同时提升他们的学术素养和写作能力 4.项目成果展示：对于进行项目式学习的学生，组织他们进行项目成果展示。通过展示和讲解自己的项目成果，让学生进一步巩固所学知识，并提升他们的表达能力和自信心 5.综合测试与反馈：定期进行综合测试，包括笔试、实验操作和口头答辩等，以全面评估学生的学习成果。同时，根据学生的测试结果提供及时的反馈和指导，帮助他们查漏补缺并进一步提升学习效果

维度或要素			小学高年级段	初中段	高中段
实施方案	总结教学环节	教学创新	利用互动游戏的方式进行总结，让学生在游戏中回顾和巩固所学内容。游戏设计结合多媒体技术和动画效果，增加趣味性和互动性，激发学生的学习兴趣。引导学生制作个人或小组的创意自然资源日记，记录他们在研学活动中的所见所闻和感受。在总结阶段，组织学生进行自然资源主题的手工制作活动，让学生将所学知识转化为实际作品，培养他们的创造力和动手能力	鼓励学生将自然资源知识与其他学科进行结合，完成一个跨学科的项目，并在总结阶段进行汇报展示。项目可以涉及历史、地理、艺术等多个领域，通过整合不同学科知识，培养学生的综合思维能力和创新能力。组织学生制作植物科普小报，让他们以简洁明了的方式向他人介绍自然资源知识，培养学生的信息整理和表达能力	组织学生进行学术研究成果的展示会，让他们向其他同学和教师展示自己的研究成果和心得。展示会可以包括论文演讲、海报展示、实物模型等多种形式，提高学生的学术素养和表达能力，激发学生的创新思维和实践能力，培养未来的科研人才。鼓励学生与其他学科的同学合作，共同开展一个跨学科的研究项目，并在总结阶段进行成果展示。培养学生的团队合作能力和跨学科整合能力，推动自然资源科学研究的深入发展
		教学总结	知识掌握情况总结：对学生在研学活动中所学到的自然资源基础知识进行总结，通过测试、问答等方式，评估学生对自然资源分类等知识点的掌握情况，并给予反馈和指导。实践能力提升总结：回顾学生在实践活动中的表现，如观察、分析等，强调实践在知识理解和应用中的重要性，鼓励学生在日常生活中继续观察、探索和学习自然资源相关知识。学习态度与兴趣培养总结：对学生在学习过程中展现出的学习态度、兴趣和积极性进行总结，强调持续学习的重要性和兴趣的培养，鼓励学生保持对自然资源科学的好奇心和热情	跨学科知识整合总结：对学生在研学活动中跨学科整合知识的能力进行总结，强调跨学科学习的重要性，鼓励学生继续拓展知识视野，培养综合素质。研究能力提升总结：对学生在研学活动中展现出的研究能力进行总结，指出学生在研究过程中存在的不足之处，并提供改进建议，以促进他们研究能力的进一步提升。团队协作与交流能力总结：对学生在研学活动中展现出的团队协作和交流能力进行总结，分析他们在小组讨论、合作学习中的表现。强调团队协作和交流在学术研究和日常生活中的重要性，鼓励学生继续培养这些能力	学术研究成果总结：对学生在研学活动中完成的学术研究成果进行总结和评价，包括论文质量、研究方法、数据分析等方面。创新思维与解决问题能力总结：分析学生在研学活动中展现出的创新思维和解决问题能力，创新思维和解决问题能力在未来的学术研究和职业发展中的重要性，鼓励学生继续培养这些能力。学术素养与综合能力提升总结：对学生在研学活动中展现出的学术素养和综合能力进行总结，指出学生在学术素养和综合能力方面存在的不足之处，并提供改进建议，以促进他们的全面发展

维度或要素			小学高年级段	初中段	高中段
实施方案	总结教学环节	教学反思	1.反思在教学过程中使用的教学方法和手段是否适合小学生的年龄特点和认知水平，是否能够引起他们的兴趣和好奇心。思考如何进一步改进教学方法，如增加互动性、游戏性，以提高学生的学习效果 2.审视在教学过程中知识呈现的方式是否清晰、直观，是否符合小学生的认知规律。考虑如何优化知识呈现方式，如使用更生动的图片、视频等多媒体资源，帮助学生更好地理解和掌握植物知识 3.反思学生在教学过程中的参与程度，是否积极参与互动、提问和讨论。分析影响学生参与度的因素，如教学氛围、教学内容难度等，并思考如何提高学生参与度，促进他们的主动学习	1.反思在跨学科整合方面的教学效果，是否有效地将植物学知识与其他学科进行融合。思考如何进一步提升跨学科整合的效果，如加强与其他学科教师的合作，共同设计更具综合性的教学活动 2.审视在教学过程中对学生研究能力的培养是否充分，是否提供了足够的实践机会和指导。分析学生在研究过程中遇到的问题和困难，并提供相应的解决方案和支持 3.反思在教学过程中是否注重培养学生的自主学习能力，是否激发了他们的学习动力和兴趣。探索如何更有效地促进学生的自主学习，如提供更具挑战性的学习任务、引导学生进行自主探究等	1.反思在教学过程中对学生学术研究深度和广度的把握是否恰当，是否能够满足高中生的学术需求。分析学生在学术研究过程中遇到的问题和困难，并提供相应的指导和支持 2.审视在教学过程中是否注重培养学生的创新能力，是否提供了足够的创新实践机会和资源。探索如何更有效地培养学生的创新能力，如鼓励学生参与科研项目、提供创新实践平台等 3.反思在教学过程中是否注重提升学生的综合素质，包括文献查阅、实验设计、数据分析等方面。分析学生在综合素质方面存在的不足之处，并提供相应的改进建议和支持

维度或要素				小学高年级段	初中段	高中段
实施方案	评价教学环节	教学水平评价	自我评价	从参与度、作品自评、知识理解等方面进行自我评价。反思在活动中是否感到有趣并乐在其中、记录是否详细且准确、有所收获	从知识掌握、实验技能、研讨贡献等方面进行自我评价。是否能清晰解释关键概念、是否能将这些知识与日常生活联系起来	从研究深度、创新能力、团队合作等方面进行自我评价。在研究项目中是否提出了明确的研究问题，是否展现出了创新思维和解决问题的能力
			学生评价	学生在植物观察、绘画和记录活动中能否顺利流畅的完成活动，是否得到必要的帮助并能用自己的方式表达出希望的内容。作品展示活动能否体现学生的观察力、动手能力和表达能力	在知识小测验中能否体现出学生对知识点的掌握情况。评价是否能够准确理解和运用所学知识。实验过程的设计是否适合学生操作。评价学生的实验操作能力、数据分析能力和科学思维能力	高中段的研究报告、成果展示等方面内容是否合理，能否通过研究报告的撰写，评价学生的研究能力、创新能力和解决问题的能力，评价学生的创新思维、实践能力和表达能力
			同行评价	评价教师的教学目标，并是否有效地传达给学生。评价教师设计的教学设计是否充分激发学生的学习兴趣和积极性	评价教师的教授内容是否与跨学科内容有效整合。评价教师设计的实践活动是否及时、有效，评价教师是否注重培养学生的思维能力和解决问题的能力	评价教师是否有效引导学生进行有效学习。评价教师是否能够与跨学科内容相结合，设计出具有创新性和实用性的教学方案
			培训和考核	强调研学活动的设计与实施、学生参与度的提升策略、多元化教学方法的运用等。教学目标的达成度、学生参与度与反馈、教学方法的多样性与有效性等	加强跨学科知识的整合、实验教学的设计与指导、学生科学探究能力的培养等。知识点的掌握与运用、实验教学的组织与实施、学生思维能力与科学素养的提升等	提升研究性学习的指导能力、跨学科课程的设计与实施、学生创新思维与批判性思维的培养等。研究性学习的成果质量、跨学科融合的实施效果、学生自主学习与批判性思维的发展等
			教学成果展示	教学成果展示侧重于教师组织学生进行学习成果展示，将学生的学习成果等以展板、多媒体或口头报告的形式进行展示	组织学生将实验报告、研究论文以展览的形式进行展示。同时，还可以结合煤炭资源与社会发展的研讨活动，展示学生在社会调查报告、主题演讲或辩论赛中的表现	注重学生的创新能力和综合素质的展示。教师组织学生将植物生态研究项目的研究过程、方法和成果以研究报告、学术论文或科技竞赛的形式进行展示。同时，还可以结合跨学科植物园规划设计大赛等活动，展示学生的设计方案、模型或视频等创意作品

维度或要素				小学高年级段	初中段	高中段
实施方案	评价教学环节	学业评价	形成性评价	通过观察、记录、问答等方式进行。教师可以观察学生活动中的表现，记录参与度、观察力和创造性，了解学生对知识点的掌握情况	注重学科知识的理解和应用能力的考察。了解知识点的掌握情况并提供相应的指导和建议。形成性评价的目的在于帮助学生及时纠正错误、巩固知识，并提升他们的学习能力和科学素养	通过研究报告的撰写、实验数据的分析、讨论交流的参与等方式了解学生跨学科融合能力和解决问题的能力，及时发现问题并提供解决方案
			总结性评价	要求学生提交他们在活动中创作的作品以及总结报告。评价时，教师可以综合考虑学生的作品质量、观察记录的准确性、创意性和表达能力等方面	在初中段，总结性评价更加注重学科知识的综合运用和实践能力的评估。教师可以通过综合性任务、实验报告、研究论文等方式进行评价	在高中段，总结性评价更加注重学生的研究能力、创新思维和综合素质的评估。教师可以通过研究报告、学术论文、项目作品等方式进行评价
			教师评价	教师观察学生的参与度、检查学生的作品、收集学生的反馈等方式，评价学生在活动中的投入程度、对植物特征的把握和观察能力的提升、了解他们对植物研学活动的感受和建议。观察学生表现出的兴趣度及作品完成度，以便后续改进	对初中段的学生需要从评估学生的理解能力、考察学生的实验能力、分析学生的研讨表现等方面，通过小测验或讨论，观察学生在光合作用实验设计中的操作规范性和实验结果的准确性，以评价他们的实验技能和科学探究能力、检查学生知识点的掌握情况，帮助学生理解并运用所学知识	高中段的活动更有深度，从学生的研究能力、关注学生的创新能力、收集学生的反馈意见等方式展开评价。通过审阅学生的植物生态研究项目报告，评价他们的研究思路、方法选择和数据分析能力。关注学生的创意表现、设计实用性和团队协作能力。定期与学生进行沟通，鼓励学生进行自我评价和同伴评价，以促进他们的自我反思和相互学习
		项目评价		教育主管部门、学生家长、社会各界对研学实践教育研学主题、教学目标设定、教学设计、研学线路规划、安全保障等方面进行评价	教育主管部门、学生家长、社会各界对研学实践教育研学主题、教学目标设定、教学设计、研学线路规划、安全保障等方面进行评价	教育主管部门、学生家长、社会各界对研学实践教育研学主题、教学目标设定、教学设计、研学线路规划、安全保障等方面进行评价

4.6 教学计划与策略列表：探索自然奥秘　共迎绿水生态

<table>
<tr><td colspan="3">营地名称</td><td>包头市中小学综合实践教育中心</td><td>命名机构</td><td>教育部</td><td>识别码</td><td>Y145150002</td></tr>
<tr><td colspan="3">从业资质（摘要）</td><td>承担综合实践、通用技术教学、研学实践、劳动教育等工作</td><td>单位属性</td><td>公益二类</td><td>法定代表人</td><td>辛志刚</td></tr>
<tr><td colspan="3">研学主题</td><td>探索自然奥秘　共迎绿水生态</td><td colspan="2">主要目的指向</td><td colspan="2">自然教育</td></tr>
<tr><td rowspan="7">营地（枢纽）及周边主要优质研学资源</td><td colspan="2">基地层级</td><td colspan="5">研学站点（基地）名称</td></tr>
<tr><td rowspan="2">教育部命名基地</td><td>已列入教学计划</td><td colspan="5">一、与本主题相关列入教学的基地18个
1.包头市中小学综合实践教育中心（简称“包头营地”）；2.达茂旗中小学综合实践教育中心（简称“达茂基地”）；3.黄河水利文化博物馆；4.兰州地质博物馆；5.兰州地震博物馆；6.兰州营地；7.民勤县防沙治沙纪念馆；8.湖北省博物馆；9.长江博物馆；10.宜昌营地；11.长江三峡旅游管理区；12.屈原故里文化旅游区；13.神农架生态旅游；14.荆门市示范性综合实践基地（荆门营地）；15.荆楚农博园；16.黄石矿博馆区；17.西安市中小学校外综合实践活动基地（简称“西安营地”）；18.大明宫遗址
二、与本主题关联不大但列入本营地教学计划的基地2个
1.呼和浩特市赛罕区青少年素质教育活动基地（简称“赛罕基地”）；2.巴彦淖尔市示范性综合实践基地（简称“巴彦淖尔基地”）</td></tr>
<tr><td>待列入教学计划</td><td colspan="5">1.张掖湿地博物馆；2.张掖市示范性综合实践基地（张掖营地）；3.青海省自然博物馆；4.中国科学院青海湖研究所；5.西宁营地；6.海东市互助县中小学生社会实践教育中心（简称“青海互助营地”）；7.秦岭国家植物园；8.渭南营地；9.牛背梁国家级自然保护区；10.渭南气象区；11.西安汉城湖景区</td></tr>
<tr><td colspan="2">其他部委命名基地</td><td colspan="5">1.包头市南海湿地自然生态区（简称“南海湿地”）；2.鄂尔多斯市恩格贝生态示范区（简称“恩格贝”）；3.内蒙古自然博物馆；4.伊利乳都科技示范园（简称“伊利”）；5.蒙牛集团；6.三盛公水利枢纽；7.河套农耕文化博览园；8.昭君故里；9.三峡人家；10.三岔口农业基地</td></tr>
<tr><td colspan="2">地方命名基地</td><td colspan="5">1.包头市正翔海洋公园（简称“包头海洋公园”）；2.天禾农业研学实践基地（简称“天禾基地”）；3.包头市科技馆；4.套马沟农耕文化研学基地（简称“套马沟”）；5.诗画草原研学实践基地（简称“诗画草原”）；6.田禾农业研学实践基地（简称“田禾”）；7.包头气象局；8.万家惠水世界；9.东胜区未成年人实践基地；10.鄂尔多斯动物园；11.鄂尔多斯海洋馆；12.内蒙古蒙草草博园（简称“蒙草”）；13.乌梁素海湿地与野生动物保护区</td></tr>
<tr><td colspan="2">本营地资源</td><td colspan="5">1.公共安全教育馆；2.生态小屋；3.变废为宝实验室；4.智慧大棚；5.花卉种植园；6.思政影视教育馆</td></tr>
<tr><td colspan="2">其他资源</td><td colspan="5">1.包头黄河国家文化公园博物馆（简称“黄河博物馆”）；2.野生动物救助站；3.敕勒川草原文化景区（哈素海景区）；4.春坤山生态旅游景区；5.阴山岩画；6.红格尔敖包；7.开心牧场；8.七星湖沙漠区</td></tr>
</table>

维度或要素	小学高年级段	初中段	高中段
校内教育基础（与校内教育的衔接）	对照《科学课标》有关自然教育的要求，指出小学高年级学生应知道地球系统不同圈层的相互作用产生的各种自然现象；知道自然灾害对人类的影响和防灾减灾常识。本课程与校内学科衔接具体如下：1.人教鄂教版《科学》四年级上册：第1课“鸟和哺乳动物”、第10课“水的分布”；2.人教鄂教版《科学》四年级下册：第10课“不同环境中的植物”、第11课“不同环境中的动物”；3.人教鄂教版《科学》六年级上册：第6课“食物链”、第11课“水在自然界的循环”、第12课“各种各样的自然资源”、第15课“自然资源的开发与保护”；4.人教鄂教版《科学》六年级下册：第1课“生物的栖息地”、第3课“保护生物与环境”、第4课“地表流水的力量”、第6课“地震”；5.统编版《道德与法治》四年级上册：第10课“我们所了解的环境污染”、第11课“变废为宝有妙招”；6.统编版《道德与法治》六年级下册：第4课“地球——我们的家园”	对照《地理课标》有关自然教育的要求，初中学生要能够立足家乡、胸怀祖国、放眼世界，初步树立人与自然和谐共生的观念。对照《生物学课标》学生应初步形成生态文明观念，践行“绿水青山就是金山银山”的理念，积极参与环境保护实践，立志成为美丽中国的建设者。本课程与校内学科衔接具体课程如下：1.人教版《地理》七年级上册：第二章“海陆的变迁”；2.人教版《地理》八年级上册：第二章“河流——黄河的治理与开发”、第三章“中国的自然资源”；3.人教版《地理》八年级下册：第六章“北方地区”、第八章“自然特征与农业——草原和荒漠、牧区和灌溉区”；4.人教版《生物学》七年级上册：第三章“绿色植物与生物圈的水循环”、第四章“生物圈中有机物的制造者——现代化温室”、第六章“爱护植被，绿化祖国”；5.人教版《生物学》七年级下册：第二章“人体的营养”、第七章“人类活动对生物圈的影响”；6.人教版《生物学》八年级上册：第六单元“生物多样性及其保护”	对照《地理课标》指出强化人类与环境协调发展的观念，认识到人类社会要更好地发展，必须尊重自然规律，认同人地协调对可持续发展具有重要意义，形成尊重自然、和谐发展的态度。本课程与校内学科衔接具体课程如下：1.人教版《地理》必修第一册：第三章“地球上的水”、第六章“自然灾害”；2.人教版《地理》必修第二册：第五章“环境与发展”；3.人教版《地理》选择性必修1：第四章“水的运动”、第五章“自然环境的整体性与差异性”；4.人教版《地理》选择性必修2：第四章“区际联系与区域协调发展”；5.人教版《地理》选择性必修3：第一章“自然环境与人类社会”、第三章“环境安全与国家安全”

维度或要素			小学高年级段	初中段	高中段
研学课程	必修课程一	名称	垃圾分类	绿色“碳循环”	地球水循环
		活动目的	通过掌握垃圾分类的方法，了解垃圾分类对环境保护的意义	通过学习碳循环使用的过程，提高环保意识	通过学习洋流的形成过程，激发对自然环境的学习兴趣
		活动形式	师生互动、实践体验、任务驱动	教师讲授、小组活动	教师讲授、小组活动
	必修课程二	名称	水的三态变化	风的力量	草原生态环境
		活动目的	通过操作多媒体场景设备中水的三态变化过程，了解地球上的水资源分布情况	通过了解风能如何转变为电能，激发对自然资源利用的学习兴趣	通过展示草原动态场景，了解草原生态平衡的重要性
		活动形式	教师讲授、互动体验、小组活动	教师讲授、小组活动	教师讲授、互动体验、小组活动
	必修课程三	名称	海底总动员	走进湿地	湿地探秘
		活动目的	通过亲密接触海洋动物，了解海洋生物的基本分类，树立海洋保护意识	通过徒步观察南海湿地，学习地质、地貌、环境特色	通过实地探访南海湿地，归纳构成湿地的三大要素
		活动形式	教师讲授、实践体验	教师讲授、实地探访、实际体验	教师讲授、实地探访、实际体验
	必修课程四	名称	地震来了怎么办	黄河之水天上来	未来黄河
		活动目的	通过了解地震灾害的形成原因及其特点，学习如何在地震灾害中安全逃生	通过交互式学习，了解黄河地质变迁历史和黄河文化	通过参观黄河防凌防汛预警系统，探究如何用先进技术合理利用黄河水资源
		活动形式	教师讲授、实践体验	教师讲授、实地探访、实际体验	教师讲授、实地探访、实际体验

维度或要素			小学高年级段	初中段	高中段
研学课程	必修课程五	名称	一粒米的成长	我是生活小当家	夜空中最亮的星
		活动目的	通过了解水稻的生长过程，总结一粒米的来之不易，树立珍惜、节约粮食的观念	通过体验户外生活，掌握户外生活的基本技能	通过观星体验，掌握观星和辨别气象信息的方法
		活动形式	教师讲授、实地探访、实际体验	教师讲授、实地探访、实际体验	教师讲授、实地探访、实际体验
	必修课程六	名称	玉树的扦插繁殖	探秘沙漠世界	共享绿洲
		活动目的	通过学习掌握玉树的扦插繁殖技术，养成安全规范、有始有终的劳动习惯	通过实地探访，了解恩格贝由沙漠变绿洲的历史	通过实际探访，了解防沙、治沙的相关知识，感悟恩格贝艰苦卓绝的防沙治沙历程
		活动形式	实践体验	教师讲授、实地探访、实际体验	教师讲授、实地探访、实际体验
	必修课程七	名称	保护“母亲河”	农田灌溉	智慧大棚
		活动目的	通过学习黄河的自然环境知识，培养生态意识和环保意识	通过学习套马沟农庄灌溉特征及其由来，激发学习水利工程的兴趣	通过种植无土栽培，学习智慧新农业知识
		活动形式	教师讲授、实地探访、实际体验	教师讲授、实地探访、实际体验	教师讲授、实地探访、实际体验
	必修课程八	名称	花卉的艺术	田间管理	搭建茅草屋
		活动目的	通过了解花卉的种植环境，总结花卉的成长规律，完成简单的花束制作	通过学习移栽、浇水、埋土、除草等农事活动，掌握基本的田间劳动技能	通过搭建茅草屋，激发对工程建筑的学习兴趣
		活动形式	教师讲授、实地探访、实际体验	教师讲授、实际体验	教师讲授、实际体验

维度或要素			小学高年级段	初中段	高中段
研学课程	必修课程九	名称	探寻候鸟	我是草原小牧民	自然研究员
		活动目的	通过了解湿地自然环境，分析鸟类选择在湿地生存的原因	通过体验草原特色文化，认识草原人民生活的环境特征	通过参观自然博物馆，了解内蒙古土地、水、矿产、生物等资源的分布特点
		活动形式	教师讲授、实地探访、实际体验	教师讲授、实地探访、实际体验	教师讲授、实地探访、实际体验
	必修课程十	名称	动物救助站	草场修复	绿色生态家园
		活动目的	通过学习动物救助知识，提高保护动物的技能	通过了解草场环境对牧民生活的影响，探讨草场修复的办法	通过学习生态修复案例，探究人与自然和谐共生的生态空间
		活动形式	教师讲授、实地探访、实际体验	教师讲授、实地探访、实际体验	教师讲授、实地探访、实际体验
	选修课程		1. 布艺相框制作 2. 思政影视教育之《唐山大地震》 3. 思政影视教育之《跟着课本去旅行》——奇妙的海洋世界	1. 榫卯宫灯拼搭 2. 思政影视教育之《攀登者》 3. 思政影视教育之《行走天下——草原》	1. 思政影视教育之《峰爆》 2. 思政影视教育之《黄河之歌》 3. 挥沙成画

维度或要素		小学高年级段	初中段	高中段
研学线路	代表性线路（时长五日）	第一天：包头营地—生态小屋—包头营地；第二天：包头营地—包头海洋公园—公共安全教育馆—包头营地；第三天：包头营地—天禾—智慧大棚—包头营地；第四天：包头营地—黄河博物馆—花卉种植园—包头营地；第五天：包头营地—南海湿地—野生动物救助站—思政影视教育馆—包头营地	第一天：包头营地—生态小屋—包头市科技馆—包头营地；第二天：包头营地—南海湿地—黄河博物馆—思政影视教育馆—包头营地；第三天：包头营地—恩格贝—包头营地；第四天：包头营地—套马沟—达茂基地；第五天：达茂基地—诗画草原—包头营地	第一天：包头营地—变废为宝实验室—包头营地；第二天：包头营地—南海湿地—黄河博物馆—思政影视教育馆—包头营地；第三天：包头营地—恩格贝—包头营地；第四天：包头营地—套马沟—达茂基地；第五天：达茂基地—赛罕基地—内蒙古自然博物馆—蒙草—包头营地
	可选择线路（按天设计，菜单式选择）	1.包头营地—田禾—包头气象局—包头营地；2.包头营地—恩格贝—包头营地；3.包头营地—黄河水利文化博物馆—巴彦淖尔基地；4.巴彦淖尔基地—三盛公水利枢纽—河套农耕文化博览园—包头营地；5.包头营地—伊利—蒙牛集团—赛罕基地；6.赛罕基地—内蒙古自然博物馆—包头营地；7.包头营地—万家惠水世界—东胜区未成年人实践基地；8.东胜区未成年人实践基地—鄂尔多斯动物园—鄂尔多斯海洋馆—包头营地	1.包头营地—套马沟—包头营地；2.包头营地—三岔口农业基地—包头营地；3.包头营地—湖北省博物馆—长江博物馆—宜昌营地；4.宜昌营地—长江三峡旅游管理区—昭君故里—宜昌营地；5.宜昌营地—屈原故里文化旅游区—三峡人家—宜昌营地；6.宜昌营地—神农架生态旅游—荆门营地；7.荆门营地—黄石矿博馆区—荆门营地；8.荆门营地—荆楚农博园—包头营地	1.包头营地—诗画草原—达茂基地；2.达茂基地—阴山岩画—达茂基地；3.达茂基地—红格尔敖包—开心牧场—包头营地；4.包头营地—恩格贝—七星湖沙漠区—巴彦淖尔基地；5.巴彦淖尔基地—黄河水利文化博物馆—巴彦淖尔基地；6.巴彦淖尔基地—乌梁素海湿地与野生动物保护区—包头营地；7.包头营地—敕勒川草原文化景区（哈素海景区）—包头营地；8.包头营地—春坤山生态旅游景区—包头营地
	规划线路（按天设计）	1.包头营地—九峰山自然保护区—包头营地；2.包头营地—兰州地质博物馆—兰州地震博物馆—兰州营地；3.兰州营地—民勤县防沙治沙纪念馆—黄河母亲雕像—包头营地	1.包头营地—秦岭国家植物园—渭南营地；2.渭南营地—牛背梁国家级自然保护区—渭南营地；3.渭南营地—渭南气象区—西安汉城湖景区—西安营地；4.西安营地—大明宫遗址—包头营地	1.包头营地—张掖湿地博物馆—张掖营地；2.张掖营地—青海省自然博物馆—中国科学院青海湖研究所—西宁营地；3.西宁营地—青海互助营地—包头营地

维度或要素		小学高年级段	初中段	高中段
教学重点难点（以代表性线路教学设计为例，以下同）	教学重点	1. 学习垃圾分类的基本常识，掌握垃圾分类的方法；认识水的三态变化过程 2. 认识海洋生物多样性，树立以身作则保护生态环境的意识；了解地质灾害知识内容 3. 了解水稻、花卉的种植方法与技巧，学习不同农作物种植的基本要求 4. 了解黄河河道的历史变迁，树立对自然的敬畏之心 5. 学习“无痕湿地”的理念，了解黄河湿地对自然环境的影响，提高对湿地的认识和保护意识	1. 了解绿色碳循环的过程，学习如何通过低碳生活改善地球环境 2. 了解湿地和黄河生态环境的知识，树立人与自然和谐共生的意识 3. 了解沙漠动、植物相关知识，培养热爱自然、保护环境的意识 4. 探究不同时期的水利工程的对比，学习农田水利设施的操作 5. 认识荒漠草原植被，提高对草原生态系统保护的意识	1. 了解地球水循环的过程，认识洋流形成过程及洋流对环境的影响 2. 了解湿地和黄河生态环境的知识，了解“数字孪生黄河”预警系统，学习与生态保护相关的新一代信息技术 3. 了解沙漠动、植物相关知识，学习防沙、治沙的手段，提升热爱自然、保护环境的意识 4. 了解无土栽培知识，掌握一种无土栽培的方法 5. 学习如何创建良好的城市生态空间，构建人与自然和谐共生
	教学难点	1. 形成垃圾分类的行为习惯并能积极影响家人参与垃圾分类的行动 2. 了解地质灾害知识内容，学习防灾减灾知识并应用到实际生活中 3. 树立珍惜、节约粮食的意识；通过花卉制品的制作，提高审美能力，树立保护植物的意识 4. 了解河流改变环境的自然规律，树立保护河流自然生态的意识 5. 了解湿地对生态环境的巨大作用，认识鸟类的迁徙规律	1. 了解碳循环对自然环境的影响作用，培养节约资源，保护环境的意识 2. 分析湿地生态系统的作用 3. 结合生活中的生态与沙漠化问题，思考如何避免危害沙漠环境的行为 4. 列举其他通过科学技术等手段对自然环境进行合理利用和改造的智慧 5. 认识草原生态对牧民生活的影响，提高对草原生态系统保护的意识	1. 了解草原生态环境的修复过程，结合实际生活谈谈身边草原的变化 2. 分析南海湿地的历史变迁及探寻南海湿地水资源的源头 3. 结合生活中的生态问题与沙漠化问题，思考如何避免危害沙漠环境的行为 4. 体验引水入田、设计简易灌溉装置，培养绿色发展理念，树立可持续发展观念 5. 探讨经济、社会、环境三者之间如何平衡发展，培养绿色发展的责任与担当

维度或要素	小学高年级段	初中段	高中段
教学策略	针对小学高年级的学生能够理解自然环境对于生活的影响，但接触自然环境较为单一的情况，基于构建主义理论等现代化教学理念，本条线路选取海洋生态、河流生态、湿地生态、物种生态等内容，依托包头海洋馆、黄河文化馆、南海湿地、动物救助站等相关研学资源，采取教师讲授法、问答法，学生观察、实践、合作、探究等多种学习方式开展自然教育为主题的研学活动。通过与海洋动物的亲密接触、观察湿地候鸟生活习性，黄河文化馆多媒体交互式体验、保护野生动物等活动培养学生的观察能力和思考能力，达到让学生在研学课程中了解自然环境对人类生活的重要性，认识到调整人类不合理的生产和生活方式可以减少对自然环境的影响，树立节约资源、保护自然意识的教学目标	针对初中学生思想活跃，求新求变，开始关注现实，关注国家发展，并寻求独立，追求个性化的生活方式和表达方式的学习特征，基于学生发展理论，本条线路选取河流生态、湿地生态、农业生态、区域生态等内容，依托包头黄河国家文化公园博物馆、南海湿地、库布齐沙漠、套马沟农庄、草原草场等相关研学资源，采取教师讲授法、问答法，学生观察、实践、合作、探究等多种学习方式开展自然教育为主题的研学活动。开展探秘湿地、亲临黄河古道、沙漠徒步、田间管理、当一天草原牧民等活动深入了解沙漠和草原等生态环境的现状和问题，引导他们自发关注自然环境问题，认识到资源短缺、环境污染和生态破坏等问题及其原因，了解解决这些问题的措施，初步形成人地协调的观念，培养保护自然环境的生态责任感	针对高中生思维越发成熟，学习习惯开始成型，更擅长理解和应用，能广泛使用互联网解决问题的学情特征，基于学生发展理论，本条线路选取河流生态、湿地生态、农业生态、区域生态等内容，依托包头黄河国家文化公园博物馆、南海湿地、库布齐沙漠、套马沟农庄、自然博物馆、蒙草等相关研学资源，采取教师讲授法、问答法，学生观察、实践、合作、探究等多种学习方式开展自然教育为主题的研学活动。开展探秘湿地、亲临黄河古道、沙漠徒步、智慧大棚体验、为城市生态修复献计献策等活动深入了解多种生态环境的现状问题，积极思考解决这些生态问题的办法。培养独立思考问题、解决问题的能力。在理解人与自然和谐共生关系基础上，能够提出解决生态环境问题的创新性办法，培养保护自然环境的生态责任感和使命感

维度或要素				小学高年级段	初中段	高中段
实施方案	入营教育	安全	引导	自觉遵守社会生活中公共场所的安全规范	了解和积极预防在校园活动中可能发生的公共安全事故	自觉抵制影响和危害社会公共安全的活动，提高社会责任感和国家意识
			实训	以游戏和模拟为主，学会躲避安全事故引发危险的基本方法	以活动和体验为主，进行消防、地震的安全疏散演练	通过体验辨析的方式开展安全事件分析等安全课程，树立正确的安全道德观念
		应急	引导	通过视频、体验等，学习基础应急自救技能	学会冷静应对突发事件，提高自我保护、求助及逃生的基本技能	基本掌握和运用应对突发事件的相关技能
			实训	学习预防处理溺水、烫烧伤、咬伤、异物进气管等意外伤害的基本常识和方法	学习“公共场所安全”“火灾预防与逃生”板块内容，进行应急疏散演练	学习各种复杂环境中应急处置的知识，进行应急逃生演练
		救助	引导	形成在遇到危及自身安全时及时向教师、家长、警察求助的意识	提高自我保护、求助及逃生的基本技能	基本掌握在自然灾害中自救的各种技能，学习紧急救护他人的基本技能
			实训	观看视频，提高自救互救意识	利用心肺复苏救护场地进行实践，掌握救助知识基本内容	掌握救助技能，在模拟场景下，做出最佳救助选择
		自我管理	引导	做好时间管理与自我生活管理，提高自我保护意识	增强自律意识，逐步养成自觉遵守秩序，逐步学会调节和控制情绪	做好时间管理、事务规划、情绪控制、总体协调等管理
			实训	通过故事性学习，内务评比等实践体验活动，形成自我管理意识	通过情景化体验，形成自我管理意识	按照自身规划完成任务，分析规划的合理性，加强自我管理能力
		团队协作	引导	以游戏形式组织学生开展团队活动	组织学生体验团队建设课程，强化团队协作能力	组织学生体验破冰等团队建设课程，强化团队协作，树立团队责任意识
			实训	参与小组活动项目，培养团队意识	学会团结协作、共同完成任务	学会合理分工、团结协作、共同完成任务

维度或要素		小学高年级段	初中段	高中段
实施方案	导入教学环节	1.问题导入：我们生活中产生的垃圾都去哪里了 2.媒体导入：通过观看海洋生态保护的影片，激发学生了解、探索海洋的兴趣 3.故事导入：通过教师讲述水稻之父——袁隆平的一生，了解水稻种植发展的历程 4.媒体导入：欣赏《黄河大合唱》，了解黄河文化，解密历史、生态黄河 5.情境导入：实地探访南海湿地，寻找南海湿地中的鸟类有哪些	1.问题导入：生活中的水循环有哪些 2.情境导入：实地探访南海湿地，认识候鸟 3.任务导入：通过完成“遗失的沙海”任务，激发学习沙漠知识的兴趣，调动学生积极性 4.情境导入：实地探访套马沟农田水利工程，了解农田灌溉知识 5.情境导入：实地探访草原牧民人家，沉浸式体验草原生活，感悟草原文明	1.问题导入：大气层的水循环有哪些 2.情境导入：实地探访南海湿地，思考并讨论湿地环境对候鸟栖息的影响有哪些 3.故事导入：通过远山正瑛的先进事迹吸引学生注意力，激发学生解决沙漠生态问题的兴趣 4.情境导入：实地探访套马沟农田智慧大棚，了解无土栽培知识 5.任务导入：通过发布“共建城市生态空间”任务，激发学习的兴趣，调动学生积极性和主观能动性
	授课教学环节	第一天：入营教育，必修课程一“垃圾分类”，必修课程二“水的三态变化”，选修课程1“布艺相框制作”；第二天：必修课程三“海底总动员”，必修课程四“地震来了怎么办”，选修课程2“思政影视教育之《唐山大地震》”；第三天：必修课程五“一粒米的成长”，必修课程六“玉树的扦插繁殖”，选修课程3“思政影视教育之《跟着课本去旅行》”；第四天：必修课程七“保护‘母亲河’”，必修课程八“花卉的艺术”；第五天：必修课程九“探寻候鸟”，必修课程十“动物救助站”	第一天：入营教育，必修课程一“绿色碳循环”，必修课程二“风的力量”，选修课程1“榫卯宫灯拼搭”；第二天：必修课程三“走进湿地”，必修课程四“黄河之水天上来”，选修课程2“思政影视教育之《攀登者》”；第三天：必修课程五“我是生活小当家”，必修课程六“探秘沙漠世界”；第四天：必修课程七“农田灌溉”，必修课程八“田间管理”；第五天：必修课程九“我是草原小牧民”，必修课程十“草场修复”，选修课程3“思政影视教育之《攀登者》”	第一天：入营教育，必修课程一“地球水循环”，必修课程二“草原生态环境”，选修课程1“思政影视教育之《峰爆》”；第二天：必修课程三“湿地探秘”，必修课程四“未来黄河”，选修课程2“思政影视教育之《黄河之歌》”；第三天：必修课程五“夜空中最亮的星”，必修课程六“共享绿洲”，选修课程3“挥沙成画”；第四天：必修课程七“农田灌溉”，必修课程八“搭建茅草屋”；第五天：必修课程九“自然研究员”，必修课程十“绿色生态家园”

维度或要素		小学高年级段	初中段	高中段
实施方案	进级教学环节	1.教师讲授：尝试按照自己的行为习惯进行垃圾分类，教师讲解分类原则，明确正确分类方式 2.教师讲授：将印象深刻的海洋生物分类 3.小组合作：教师讲述一粒米的故事，学生观察大米的结构，简述大米成长的环境要求 4.动手制作：观看黄河文化影片，教师讲述黄河的流经区域，简述黄河的地理特征 5.实地观看：观看鸟类图片，并用望远镜观测鸟类	1.教师讲授：碳循环的过程，认识“碳中和”理念，培养“低碳少年” 2.观测南海湿地气温、湿度等气象要素，归纳湿地气候特征 3.动手制作：了解指南针的原理，完成指南针制作，提升强化野外求生技能 4.教师教授：学习农田水利设施原理及用法 5.草原徒步：观察归纳草原动植物生长、生活的气候特征	1.教师讲授：洋流知识，熟知地球水循环过程 2.实地探究：调查湿地在调节小气候、涵养水源等方面的作用；了解“数字孪生黄河”预警系统 3.实地探究：学习观星技巧和在户外生活的技能 4.动手制作：完成无土栽培种植，了解现代新农业；掌握茅草屋的搭建方法 5.小组合作：小组探讨如何合理利用自然资源
	巩固教学环节	1.比一比：了解垃圾分类领域的创新技术，增强垃圾分类意识 2.将海洋生物进行简单分类，说说如何保护海洋生态环境 3.观看我国现代农业高科技育苗视频，感受科技发展的力量，感叹大国成就，增强责任意识 4.学唱《黄河大合唱》，增强保护黄河的生态意识 5.制作南海生态思维导图，开展湿地知识问答活动，增强保护湿地的意识	1.制作生态瓶，思考如何实现生态瓶内的生态循环 2.寻找一种自己感兴趣的湿地动植物，通过同伴互助、查询资料等方法，综合运用地理与生物课本知识，分析其生物特性及其与环境之间的共生关系 3.小组分工探究沙漠植物，了解不同种类的植物及其适应沙漠生态环境的特性 4.结合课本，了解农事活动中的物候学知识 5.了解我国草原资源的分布图，认识草原类型，分析草原生态面临的问题和挑战	1.绘制世界洋流分布图 2.小组查找了解其他地质灾害的预警系统，结合所学知识说说预警系统使用到的信息技术有哪些 3.测量树木高度，估算树木碳含量，小组探讨种植树木防沙治沙方略的优缺点 4.小组探讨现代农业手段对自然环境的影响 5.绘制“奇妙的自然世界”研学地图，巩固加深对内蒙古自然资源的认识

维度或要素			小学高年级段	初中段	高中段
实施方案	总结教学环节	教学创新	创新教学方法：教师在研学活动中结合小学生活泼好动的学情特点，将大自然作为课堂，在真实情境中运用问答法、实地观察法等，激发学生了解自然的好奇心与保护自然环境的意识	创新课程设计：针对初中生思想活跃、求新求变的学情特点，自然教育应在尊重学生兴趣和选择基础上，引导他们自发关注自然环境问题，发展自主学习能力。研学教师在活动中运用新的教学方法与教学技术，创新课程设计，将保护生态环境的意识体现在课程实施的细节中	创新学习形式：依据高中学生的学情特点，研学教师创造情景，进行项目式学习，充分利用实景教学的优势，在合作学习和实践操作中，体会“绿水青山就是金山银山”的生态理念，升华情感教育，坚定高中学生的正确价值观
		教学总结	1.通过班会形式，以小组分享方式，让学生回顾在海洋馆、南海湿地等场所进行的活动，通过实践操作学习到的内容进行巩固与总结，物化实践作品 2.教师总结：通过学生的反馈，结合教学目标，分析学生的收获，建立学生实践档案，形成教学成果。总结主题活动对培养学生环保意识的效果	1.学生总结：让学生利用所学知识，举行小型汇报演出，加强对主题活动中实地参观到湿地、草原各种自然形态的认知，将实际动手制作的指南针等作品，以朗诵、诗歌等多种形式展现 2.教师总结：教师及时分析教学目标的达成情况，收集各方反馈意见，总结主题活动对初中生人地协调意识形成的影响程度，形成教学成果	1.学生总结：学生将已有知识与实地参观、动手制作等学习内容结合，撰写研学总结与汇报，以多种形式总结收获 2.教师总结：基于教学目的，教师及时分析研学活动中教学目标的达成情况，整理研学活动的教学资料，总结与学科知识衔接情况，建立教学档案，形成教学成果
		教学反思	教师梳理课程设计，通过学生以及家长、教师的反馈，复盘整体活动过程，从课程实施环节、研学点衔接情况、安全保障等多方面进行反思，及时纠正不足之处，为下一次研学活动提供参考	复盘研学活动全过程，与同行教师、学生探讨活动安排的合理性，同时总结教学目标达成情况、与校内课程衔接情况进行反思，查缺补漏，及时改进	与教师、服务人员共同组织反馈会议，从学生活动全过程观察与反思，共同查漏补缺，更好地实践育人目标

维度或要素				小学高年级段	初中段	高中段
实施方案	评价教学环节	教学水平评价	自我评价	研学教师对自己的教学过程进行回顾，反思在针对小学生高年级的课程设计和互动环节中，是否充分调动学生积极性，对教学环节进行修改与补充	研学教师对自己的教学过程进行回顾，反思在针对初中的教学环节中，是否符合学生学情，对教案进行补充和完善	研学教师对自己的教学过程进行反思和评价，是否达到坚定高中生人地协调观念的教学目的，修改教案，更新教学环节等
			学生评价	学生针对教师和学生之间的互动是否充分，学生能否积极参与到课堂教学中，课堂气氛活跃度方面进行评价	学生针对教学过程中，师生互动程度、学习内容难易程度、实践操作的可操作性等方面进行评价	学生针对教师和学生之间的互动是否充分、教学设计的合理性、重难点是否贴合实际等方面进行评价
			同行评价	营地其他研学教师及随队教师，从学生反馈、课程实施过程、教学水平等方面，采取交流方式进行评价	营地其他研学教师及随队教师，从学生反馈、教学水平、实现教学目标、与校内教育衔接等多方面，采取问卷、交流等方式进行评价	营地其他研学教师及随队教师，从学生反馈、教研水平、课程开发能力、教学水平等方面，采取问卷、交流、互评等方式进行评价
			培训和考核	随行带队领导，对教师的管理行为、教学过程进行抽查式考核，每学年对研学教师进行业务与能力的考核；定期对研学教师进行专业培训，与小学教师积极互动，更加准确的了解小学生学习特点	制定考核制度，抽查考核与年终考核相结合，对研学教师进行业务与能力进行评定；定期对研学教师进行专业培训，邀请专家对教师进行专业培训，加强“请进来”的培训效果	日常考核+年终考核，对研学教师的业务水平、管理能力进行考核评价。定期对研学教师进行专业培训，外派教师参加全国性专业培训，加强“走出去”的培训效果
			教学成果展示	通过研学作品，例如绘画、手工作品等形式展示研学成果，评价教学水平	通过学生的创新作品、实验等形式，来评价教师的教学水平	通过学生撰写的总结、汇报、研究成果等，来评价教师的教学水平

维度或要素				小学高年级段	初中段	高中段
实施方案	评价教学环节	学业评价	形成性评价	在活动过程中，对学生提问环节、小组讨论环节等表现进行观察、记录，分别以小组、个人为单位进行评价	对学生活动参与度、文明行为、互动等环节进行观察、记录和反馈，分别以小组、个人为单位进行评价	对学生研学手册填写、研学总结、研学分享等环节等进行观察、记录和反馈，分别以小组、个人为单位进行评价
			总结性评价	在研学活动结束后，通过学生作品展示、故事描述等多种方式，给予学生正面评价，提出合理化建议，促进学生综合素养的提高	在研学活动结束后，通过学生汇报展演、作品展示等内容，结合个人、小组评价，给予学生正确的评价，促进学生身心发展	在研学活动结束后，通过学生的考察报告、作品展示等形式，全面了解学生在研学活动中的学习成果和进步，并给出正向评价与建议
			教师评价	教师根据学生在研学活动中团队意识、小组分工情况、任务完成度等的表现和成果，对学生的研学活动进行评价	教师根据学生在研学活动，根据学生的参与度、小组分工明确、任务完成度等，对学生的研学活动进行评价	教师根据学生在研学活动中表现出的创新意识、报告完成度等，对学生的研学活动进行评价
		项目评价		积极邀请校内教育工作者、学生家长、社会各界参与评价过程，通过教研活动及针对评价结果的反思，及时发现问题并加以改进	积极邀请校内教育工作者、学生家长、社会各界采取问卷调查等方式参与评价过程，通过教研活动及针对评价结果的反思，及时发现问题并加以改进	积极邀请校内教育工作者、学生家长、社会各界参与评价过程，通过教研活动及针对评价结果的反思，及时发现问题并加以改进完善，形成教学成果

4.7 教学计划与策略列表：拥抱自然　悦享生命

<table>
<tr><td colspan="3">营地名称</td><td>盘锦市示范性综合实践基地</td><td>命名机构</td><td>教育部</td><td>识别码</td><td>Y145210001</td></tr>
<tr><td colspan="3">从业资质（摘要）</td><td>综合实践教育、国防教育、拓展训练、研学实践教育</td><td>单位属性</td><td>公益一类</td><td>法定代表人</td><td>朱立军</td></tr>
<tr><td colspan="3">研学主题</td><td>拥抱自然　悦享生命</td><td colspan="2">主要目的指向</td><td colspan="2">自然教育</td></tr>
<tr><td rowspan="7">营地（枢纽）及周边主要优质研学资源</td><td colspan="2">基地层级</td><td colspan="5">研学站点（基地）名称</td></tr>
<tr><td rowspan="2">教育部命名基地</td><td>已列入教学计划</td><td colspan="5">一、与本主题相关列入教学计划的基地12个
1. 盘锦市示范性综合实践基地（简称“盘锦营地”）；2. 红海滩国家风景廊道景区“两山”生态研学基地（盘锦红海滩旅游发展有限公司）（简称“红海滩基地”）；3. 大连金普新区素质教育活动中心（简称“大连营地”）；4. 朝阳市鸟化石国家地质公园（简称“朝阳鸟化石公园”）；5. 锦州东方华地城中小学生研学实践教育基地（简称“锦州东方华地城”）；6. 格物（大连）文化发展有限公司（简称“格物基地”）；7. 营口市鲅鱼圈区望儿山风景名胜区（简称“营口望儿山”）；8. 大连海事大学；9. 阜新市中小学生示范性综合实践学校（基地）（简称“阜新营地”）；10. 鞍山市地震局；11. 国家海洋环境监测中心（简称“海洋监测中心”）；12. 朝阳庙子沟滑雪有限公司（简称“朝阳庙子沟”）
二、与本主题关联不大但列入本营地教育计划的基地13个
1. 沈阳“九・一八”历史博物馆；2. 抚顺市雷锋纪念馆；3. 抗美援朝纪念馆；4. 辽沈战役纪念馆；5. 辽宁省博物馆；6. 辽阳市宏伟区中小学生社会实践基地；7. 沈飞航空博览园；8. 国家医学媒介生物监测检测重点实验室（辽宁）；9. 鞍山市职教城管理委员会；10. 中国铁路沈阳局集团有限公司沈阳铁路陈列馆；11. 沈阳铁路局大安北蒸汽机车陈列馆；12. 鞍钢集团博物馆；13. 铁岭市学生综合实践中心</td></tr>
<tr><td>待列入教学计划</td><td colspan="5">无</td></tr>
<tr><td colspan="2">其他部委命名基地</td><td colspan="5">1. 本溪水洞风景区（简称“本溪水洞”）；2. 关门山国家森林公园（简称“本溪关门山”）；3. 大连金石滩滨海国家地质公园（简称“大连金石滩”）</td></tr>
<tr><td colspan="2">地方命名基地</td><td colspan="5">1. 盘锦红海滩湿地科学馆（简称“盘锦湿地科学馆”）；2. 鼎翔自然生态旅游区（简称“盘锦鼎翔生态区”）；3. 盘锦鼎信百草园（简称“盘锦百草园”）</td></tr>
<tr><td colspan="2">本营地资源</td><td colspan="5">1. 农业实验室；2. 苇画艺术馆</td></tr>
<tr><td colspan="2">其他资源</td><td colspan="5">1. 大连金石滩地质博物馆（简称“金石滩地质博物馆”）；2. 绕阳湖水利风景区（简称“盘锦绕阳湖”）；3. 金球1948生态农场（简称“盘锦金球农场”）；4. 清风岭省级自然保护区（简称“朝阳清风岭”）；5. 北镇闾山茶园（简称“闾山茶园”）；6. 中国地质博物馆本溪馆（简称“本溪地质博物馆”）；7. 辽宁仙人洞自然保护区（简称“大连仙人洞”）；8. 大连老虎滩海洋公园（简称“老虎滩海洋公园”）</td></tr>
</table>

维度或要素	小学高年级段	初中段	高中段
校内教育基础（与校内教育的衔接）	对照课标，小学高年级段在自然教育方面提出学生应该能够初步认识常见物质的变化，了解自然现象，拓宽学生视野，通过探究人类活动与自然的关系，认识到地球资源是有限的、生态环境是脆弱的，形成保护地球家园的观念、热爱祖国和家乡的情感，以及关心世界的态度，不断增强人文底蕴、科学精神和责任担当，并提高健康生活、终身学习和实践创新能力等目标要求。本研学主题必修课程与校内教育的衔接内容如下：1.人教版科学六年级上册“植物的简单分类”；2.苏教版科学四年级上册“鸟类”“植物的简单分类”“植物的光合作用”“食物链”；3.浙江科学技术出版社五年级教材“中医药与健康”；4.教科版科学六年级上册“多种多样的植物”；5.人教版科学六年级上册第五单元“建造植物工厂”“设计与建造植物工厂”；6.苏教版语文五年级上册“慈母情深”；7.人教版科学六年级下册第一单元“生物与环境”“生物的栖息地”“动物对环境的适应”“保护生物与环境”；8.统编版语文六年级上册第19课“只有一个地球”	对照课标，初中段在自然教育方面提出学生应具有对自然现象的好奇心和探究热情；能大胆提出自己的见解，并基于证据和逻辑得出结论，实事求是；不迷信权威，敢于大胆质疑，追求创新；善于与他人合作和分享，包容不同的观点；热爱自然、珍爱生命，具有保护环境、节约资源、推动生态文明建设和可持续发展的责任感；初步形成物质与能量、运动与相互作用的观念，知道资源短缺、环境污染和生态破坏等问题及其原因，了解解决这些问题的措施，初步形成人地协调的观念；知道现代技术与工程具有系统性和复杂性。本研学主题必修课程与校内教育的衔接内容如下：1.人教版生物七年级上册“栽培植物”；2.人教版化学九年级“水的净化及水质检测”3.人教版生物八年级“用药与急救”；4.人教版劳动九年级“制作手工皂”5.人教版八年级生物“动物的行为”；6.人教版美术七年级“绘画的构成”；7.沪教版化学九年级“石灰石钟乳石”；8.人教版初中综合实践“制作植物标本”；9.科粤版化学九年级“古生物的遗产——化石燃料”；10.人教版生物八年级“生物进化的历程”“生物进化的原因”	对照课标，高中段在自然教育方面提出高中学生应获得未来发展、终身学习、美好生活和担当民族复兴大任所必需的学科核心素养，关注自然与社会、培育学生人地协调观、家国情怀、全球视野，以及批判性思维、创新精神和实践能力，成为有理念、会设计、能动手、善创造的社会主义建设者和接班人。本研学主题必修课程与校内教育的衔接内容如下：1.人教版生物必修三“我国的湿地资源及保护”；2.人教版生物必修三“湿地的生态功能”“生物多样性”；3.人教版生物必修二“协同进化与生物多样性的形成”；4.人教版生物必修二“生物多样性及其保护”；5.人教版地理必修一“喀斯特地貌”；6.教科版信息技术选修“微电影海报的设计与制作”；7.鲁教版地理“海洋生物资源及其开发方案”；8.高中心理健康课标要求学生能运用所学，根据自身职业兴趣来制定生涯规划，树立正确的人生理想和职业价值观；9.人教版地理必修一“地质的构造与地貌”；10.苏教版通用技术“方案的构思过程”

维度或要素			小学高年级段	初中段	高中段
研学课程	必修课程一	名称	认识碱蓬草	碱蓬草的种植	湿地微景观
		活动目的	通过近距离观察，认识碱蓬草的外观、了解碱蓬草的生长环境	通过跟着碱蓬草种植专家，学习碱蓬草的人工种植方法，从而学习红海滩的繁殖方式和红海滩的保护方法	通过学习制作湿地微景观，探究红海滩可持续生态发展的策略，深入探究湿地资源可持续发展的意义
		活动形式	教师讲授、实地参观、实践体验相结合	教师讲授、实践体验	教师讲授、实地探访、实践体验相结合
	必修课程二	名称	观察珍惜鸟类	水质检测	保护湿地动物
		活动目的	通过用望远镜寻找并观察湿地鸟类，选择2—3种鸟类进行深入了解	通过检测红海滩附近水质、检测土壤酸碱度，深入探究红海滩形成的原因	通过深入探究湿地动物的多样性、生活环境等，制订湿地动物保护计划
		活动形式	教师讲授、实地参观	教师讲授、实地探访、实践体验相结合	实地探访、实践体验相结合
	必修课程三	名称	认识中草药	中医初体验	探究稻蟹共生
		活动目的	通过参观百草园，了解我国中医药发展历史源远流长、认识中草药材	通过了解中医历史，跟随专业中医老师听诊学习、面对面交流	通过走进生态农业实验室，近距离观察螃蟹养殖方法，探究学习盘锦河蟹生长奥秘
		活动形式	教师讲授、实地参观	教师讲授、实地探访、实践体验相结合	教师讲授、实地探访
	必修课程四	名称	制作中药香囊	制作中草药香皂	“种养循环”生态农业种植
		活动目的	通过初识中草药的名称，了解中草药的药性和药用价值	通过在专业的中医指导老师的指导下，配比制作中医药功能性香皂	通过在生态农业园区，在农业专家指导下学习“种养循环”生态农业种植模式
		活动形式	教师讲授、实地探访、实践体验相结合	教师讲授、实地探访、实践体验相结合	教师讲授、实地探访、实践体验相结合

维度或要素			小学高年级段	初中段	高中段
研学课程	必修课程五	名称	认识果蔬花卉	趣味钓蟹	初识喀斯特
		活动目的	通过观看、触摸、闻嗅多感官，初步了解农业观光园中的果蔬、花卉的种类	通过制作简易的钓蟹工具，进行钓蟹活动，了解湿地生物多样性	通过观察乳石、石笋、石柱、溶洞，思考其形成过程，分析溶洞喀斯特地貌成因
		活动形式	教师讲授、实地参观	教师讲授、实地探访、实践体验相结合	教师讲授、实地探访、实践体验相结合
	必修课程六	名称	植物拓印	苇画制作	美景微电影
		活动目的	通过选取心仪的果蔬、花卉、叶子，进行拼接组合后制作独一无二的植物拓印	通过在非遗传承人的指导下，完成立体苇画作品，并使用烙印工具为苇画作品上色	通过走进本溪水洞、关门山风景区，感受地质魅力，用电子设备记录下眼中的美景
		活动形式	教师讲授、实践体验	教师讲授、实践体验	教师讲授、实地探访、实践体验相结合
	必修课程七	名称	走进望儿山	钟乳石的形成	探究海洋动物
		活动目的	通过欣赏望儿山的美丽景色、了解植被，聆听母爱故事，感恩父母	通过乘船进入水洞，观察溶洞、钟乳石形状特点，思考其形成过程，并绘制简笔画	通过选择1—2种海洋动物深入研究其生活习性等知识，形成报告分享交流
		活动形式	教师讲授、实地参观	教师讲授、实地参观、实践体验相结合	实地参观、实践体验
	必修课程八	名称	保护生态环境	制作枫叶标本	与学长学姐交流心得
		活动目的	通过了解保护环境的重要性，学习相关知识、呼吁大家保护环境	通过参观关门山枫叶景观，讲解枫叶的种类及特点，学生选取枫叶进行标本制作	通过参观大学校园，与学长学姐交流，树立未来目标，规划人生理想
		活动形式	教师讲授、实地参观、实践体验相结合	教师讲授、实地参观、实践体验相结合	实地参观、实践体验

维度或要素			小学高年级段	初中段	高中段
研学课程	必修课程九	名称	我为小鸟建一个家	古生物化石	探究龟背石形成原因
		活动目的	通过了解鸟类生活习性，尝试动手搭建一个鸟窝	通过学习，知晓化石的成因及形成年代，能够根据化石看出大部分生物物种	通过寻找“天下第一奇石”，探究龟背石的自然成因
		活动形式	教师讲授、实地参观、实践体验相结合	教师讲授、实地参观、实践体验相结合	教师讲授、实地探访
	必修课程十	名称	制作湿地保护宣传手册	化石挖掘体验	设计旅游计划
		活动目的	通过明确目标和内容，制定保护计划，绘制湿地保护手册	通过细致观看化石展品，体验亲手挖掘化石	通过对自然生态的思考，设计一份蕴含自然美学的旅游方案
		活动形式	教师讲授、实地参观、实践体验相结合	教师讲授、实地参观、实践体验相结合	教师讲授、自由研究、实践体验相结合
	选修课程		1. 家乡非遗我传承——剪纸 2. 创意植物贴画 3. 知茶礼、学茶艺 4. 精美陶艺制作	1. 微生物——制作有机肥料 2. 植物的繁殖方式——播种、扦插、嫁接、组培 3. 防鸟撞保护 4. 野外求生——辨别方向 5. 保护自然资源	1. 自然净化器 2. 绿色情报员 3. 地质科学课题研究 4. 制作叶脉化石 5. 设计职业规划

维度或要素		小学高年级段	初中段	高中段
研学线路	代表性线路（时长五日）	第一天：盘锦营地—红海滩基地—盘锦湿地科学馆—盘锦营地；第二天：盘锦营地—盘锦百草园—盘锦营地；第三天：盘锦营地—盘锦鼎翔生态区—盘锦营地；第四天：盘锦营地—营口望儿山—盘锦营地；第五天：盘锦营地—锦州东方华地城—盘锦营地	第一天：盘锦营地—红海滩基地—盘锦湿地科学馆—盘锦营地；第二天：盘锦营地—盘锦百草园—盘锦营地；第三天：盘锦营地—盘锦鼎翔生态区—盘锦营地；第四天：盘锦营地—本溪水洞—本溪关门山—盘锦营地；第五天：盘锦营地—朝阳鸟化石公园—盘锦营地	第一天：盘锦营地—红海滩基地—盘锦湿地科学馆—盘锦营地；第二天：盘锦营地—农业实验室—盘锦营地；第三天：盘锦营地—本溪水洞—本溪关门山—格物基地；第四天：格物基地—老虎滩海洋公园—大连海事大学—大连营地；第五天：大连营地—大连金石滩—盘锦营地
	可选择线路（按天设计，菜单式选择）	1. 盘锦营地—本溪水洞—本溪关门山—盘锦营地；2. 盘锦营地—朝阳鸟化石公园—盘锦营地；3. 盘锦营地—农业实验室—盘锦营地；4. 盘锦营地—本溪水洞—本溪关门山—格物基地；5. 格物营地—老虎滩海洋公园—大连海事大学—大连营地；6. 大连营地—金石滩地质博物馆—盘锦营地	1. 盘锦营地—营口望儿山—盘锦营地；2. 盘锦营地—锦州东方华地城—盘锦营地；3. 盘锦营地—农业实验室—盘锦营地；4. 格物基地—老虎滩海洋公园—大连海事大学—大连营地；5. 大连营地—海洋检测中心—盘锦营地；6. 盘锦营地—朝阳庙子沟—盘锦营地	1. 盘锦营地—盘锦百草园—盘锦营地；2. 盘锦营地—盘锦鼎翔生态区—盘锦营地；3. 盘锦营地—营口望儿山—盘锦营地；4. 盘锦营地—锦州东方华地城—盘锦营地；5. 盘锦营地—朝阳鸟化石—盘锦营地
	规划线路（按天设计）	1. 盘锦营地—盘锦金球农场—盘锦营地；2. 盘锦营地—盘锦绕阳湖—盘锦营地；3. 盘锦营地—朝阳清风岭—盘锦营地；4. 盘锦营地—朝阳庙子沟—盘锦营地	1. 盘锦营地—格物基地—大连营地；2. 盘锦营地—辽阳营地—盘锦营地；3. 盘锦营地—金石滩地质博物馆—大连营地；4. 盘锦营地—阜新营地—盘锦营地	1. 盘锦营地—朝阳庙子沟—盘锦营地；2. 盘锦营地—朝阳清风岭—朝阳庙子沟—盘锦营地；3. 盘锦营地—闾山茶园—盘锦营地；4. 盘锦营地—大连仙人洞—盘锦营地；5. 盘锦营地—鞍山地震局—盘锦营地

维度或要素		小学高年级段	初中段	高中段
教学重点难点（以代表性线路教学设计为例，以下同）	教学重点	1.认识碱蓬草外观和生长环境；2.观察鸟类的外观；3.认识简单的中草药；4.完成中药香囊的制作；5.通过多种感官认识植物园的植物；6.完成一幅自己满意的拓印作品；7.了解望儿山2—3种植被；8.明确保护环境的重要性；9.为小鸟搭建一个适合的鸟窝；10.制作湿地保护手册，明确保护湿地的重要性	1.成功种植一颗碱蓬草；2.探究红海滩的形成与水质的关系；3.了解中医历史，掌握简单中医知识；4.了解制作香皂的过程，完成中草药香皂的制作；5.制作钓蟹工具并参与钓蟹活动；6.掌握苇画相关知识，完成一幅满意的苇画作品；7.掌握钟乳石的形成原因；8.掌握枫叶相关知识，完成枫叶标本制作；9.掌握古生物化石知识；10.体验挖取化石	1.探究红海滩可持续生态发展的策略，制作湿地微景观；2.制定保护湿地动物的计划；3.探究盘锦稻蟹共生的生长模式；4.学习“种养循环”生态农业种植；5.探究喀斯特地貌形成原因；6.制作一部精美风景微电影；7.深入研究海洋动物形成研究报告；8.与学长学姐交流找到自己的目标方向；9.探究龟背石形成原因；10.掌握自然旅行相关知识
	教学难点	1.注意区别与其他植物的不同；2.记住2—3种鸟类；3.注意区分不同中药的形状特点；4.需要识别不同药材的味道及功效；5.记住2—3种植物的性状；6.挑选适合做拓印的植物；7.理解母爱的伟大；8.掌握正确保护环境的方法；9.掌握相关鸟类的生活习性和生存条件；10.掌握湿地相关知识，保护湿地的正确方法	1.掌握正确的种植方法以及碱蓬草的生长习性；2.掌握水质检测的正确方法；3.与中医面对面交流，学生自主与中医老师交流感兴趣的内容；4.正确掌握中草药香皂的制作过程；5.了解螃蟹的生活习性，制作相关工具；6.掌握苇画的正确制作步骤；7.通过实地观察、查阅资料思考钟乳石形成原因；8.掌握正确制作标本的方法；9.认识大部分化石的物种；10.掌握正确的化石挖取步骤	1.掌握正确制作微景观步骤；2.了解湿地动物相关习性掌握正确保护方法；3.观察思考稻蟹共生的优缺点；4.掌握正确的“种养循环”模式方法；5.通过观察与思考探究形成原因；6.掌握拍摄剪辑等短视频制作方法；7.掌握海洋动物相关知识以及形成研究报告的方法；8.明确自己的未来规划；9.通过观察、讨论、查阅资料探究奇石形成原因；10.综合考虑衣食住行真实需求，设计一个合理的旅游计划

维度或要素	小学高年级段	初中段	高中段
教学策略	针对小学高年段，学生初步形成了抽象思维，独立意识增强，独立思考能力开始发展，好奇心和创造意识日益浓厚，其积累的知识相对增多，对看到的自然现象有了初步的探究和思考意识；基于以上学情，在为其提供具象知识和直观教学情境的基础上，要多引导其对看到的自然现象进行探究和思考，鼓励大胆质疑，运用实用主义教育理论，让教育与学生的生活经验不断融合，在活动过程中注重学生的创造性发挥，打破以学科为中心的课程体系；在教学中，采取讲授法、图示法、参观法、讨论法等教法，观察法、归纳法、探究式学习、基于问题学习等学法，多元化的教法学法，让学生养成发现问题、解决问题的能力，提高学生的学习兴趣和实践能力，带领学生认识自然，了解自然，热爱自然；通过培养学生的实践能力以及对自然的热爱，以提高社会文明水平做出贡献为主要目的，不断完善课程，保证活动质量	针对初中段，学生思维能力快速发展，对新知识的接受能力强，具备一定的科学基础，可以更好地理解自然知识及其内在联系；初中生好奇心旺盛，喜欢主动探索、观察并通过实践获得更深入的理解，因此，在教学过程中应注重培养他们的实践能力、创新意识和环保意识，通过生动有趣的教学方式，激发他们的学习动力；基于以上学情，运用建构主义理论，采用探究式学习方法，把学生原有的知识经验作为新知识的生长点，引导学生从原有的知识经验中，主动建构新的知识经验，教师和学生、学生和学生之间共同针对研学活动中的问题进行探索，并在探索的过程中相互交流和质疑，鼓励学生自主学习、协作学习；活动中采用讲授法、图示法、参观法、讨论法，通过研学实践中的实地观察、实践探究等活动，使学生在感叹大自然鬼斧神工的同时培养学生保护自然生态环境的意识	针对高中阶段，学生逻辑思维能力强，能较好地抓住事物的本质和事物的内在联系，思维的独立性强，分析综合、探究思考能力较高。具备较强的创新意识和自主学习、合作探究能力。因此，应创设小组合作、实验、研究报告等多样化的学习方式，以多样化学习方式培养学生的创新思维和实践能力；基于以上学情，基于杜威提出的“学生中心、经验中心、活动中心”新三中心教育理论，教育即生活、教育即生长和教育即经验；教育要与生活经验紧密联系，从活动中实现教育，教育不能脱离生活经验，要从经验中学习，在做中学，要让学生从传统被动学习中解脱出来，充分发挥学习者的主体精神；采用讲授法、谈话法、演示法、讨论法、观察法、自主学习法、探究学习法，依托丰厚自然资源，走进各类自然资源研学地点，从学校小课堂走进社会大课堂，提升学生的实践能力、思维探索能力，体会自然的魅力，懂得保护自然生态环境对于人类的发展意义，树立敬畏自然、保护自然的正确价值观，最终实现研学实践活动育人的目的

维度或要素				小学高年级段	初中段	高中段
实施方案	入营教育	安全	引导	学生了解逃生安全知识，了解营地安全避难场所，增强自我保护意识	学生掌握风险预防、应急处理知识，掌握分散撤离方式	学生注重学习研学基地周边以及活动过程中的安全事项
			实训	开展用水、用电、出行等相关安全知识讲座，为学生安全护航	学生学习安全手册内容，掌握可能的风险、预防措施和应急处理方法	学生以团队为单位制定研学安全手册，倡导文明研学、安全研学
		应急	引导	掌握应急事件处理方法和技巧	培养学生对于突发事件的冷静思考和随机应变的能力	培养学生在应急事件中在自救的同时可以进行他救
			实训	通过营地消防、地震、环保等生命教育类课程，培养学生应急能力	在营地的安全教育中心，进行地震、火灾等突发事件应急安全演习	邀请专业人士为学生进行案例讲解，学生实操，掌握应急方法和技巧
		救助	引导	通过学习预防和救助措施，引导学生在遇到危险中减少伤害，保持冷静和安全	提升学生遇到问题，主动求助，主动寻找和利用资源获取信息的能力	通过模拟演练，引导学生在遇到危险时能保持冷静和安全
			实训	教师指导，学生学习烫伤处理、伤口简单处理与止血方法等救助知识	通过团队合作等方式，学生掌握应对骨折、挫伤等伤害的救助方法	实操学习心肺复苏等应急救急技能以及AED等急救工具使用
		自我管理	引导	学生自我要求、形成时间观念，树立纪律意识	学生掌握自我情绪调节、活动积极性调动的方法	学生做好时间管理、学习管理、人际关系管理
			实训	通过内务整理课程实操，使学生自觉做到遵时守纪	通过情景剧演绎活动，学生掌握自我情绪调节、调动自身活动积极性的方法	学生根据研学活动目标，通过目标和关键成果法对自己进行跟踪评估
		团队协作	引导	提升团队协作能力，激发团队荣誉感	发挥团队精神，互补互助	学生自主规划活动内容、时间安排、资源调配等
			实训	学生创建团队，起队名、画队旗、选队歌，培养学生集体认同感	通过定向寻宝拓展、翻越高墙队伍竞赛等活动，团队配合，发挥集体作用	分小组协作，鼓励学生在小组内分工合作，制定计划、分配任务、协调进度等

维度或要素		小学高年级段	初中段	高中段
实施方案	导入教学环节	第一天：视频导入，播放红海滩以及红海滩湿地科学馆宣传片视频，激发学生探究的兴趣；第二天：问题导入，通过预留中医药知识小问题，引发学生思考，导入当天研学内容，激发学生对中医药的兴趣；第三天：问答导入，开展果蔬花卉知识问答赛，调动学生的研学积极性，了解农产品知识；第四天：故事导入，给学生讲述望儿山的由来，讲母爱故事，引起学生的共鸣；第五天：任务导入，设置环境保护任务，让学生们感受有目的、有收获、有品质的自然探索活动方式	第一天：问题导入，碱蓬草的生长环境，引出碱蓬草对水质要求，调动学生积极性；第二天：视频导入，播放中医药视频，让学生感受我国传统中医的伟大魅力；第三天：情境导入，学生充满代入感、沉浸感，能够主动参与学习实践；第四天：任务导入，发布研学任务，讲明学习目标；第五天：问题导入，预留研究问题，调动学生的研学积极性和探究兴趣的同时让学生研学思维主线更加清晰	第一天：视频导入，播放红海滩以及红海滩湿地科学馆宣传片视频，激发学生探究的兴趣；第二天：任务导入，预留研学问题，学生通过查阅相关资料获取信息，调动学生探究兴趣；第三天：互动导入，互动小游戏引出研学内容，增加学生的学习兴趣；第四天：问题导入，布置海洋动物相关问题，引起学生的研究兴趣；第五天：视频导入，播放地质公园相关视频，调动学生积极性
	授课教学环节	第一天：入营教育、必修课程一“认识碱蓬草”、必修课程二“植物拓印”；第二天：必修课程三“认识中草药”、必修课程四“制作中药香囊”、选修课程1“家乡非遗我传承—剪纸”；第三天：必修课程五“认识果蔬花卉”、必修课程六“植物拓印”、选修课程2“创意植物贴画”；第四天：必修课程七“走进望儿山”、必修课程八“保护生态环境”、选修课程3“知茶礼学茶艺”；第五天：必修课程九“我为小鸟建一个家”、必修课程十“制作湿地保护宣传手册”、选修课程4“精美陶艺制作”	第一天：入营教育、必修课程一“碱蓬草的种植”、必修课程二“水质检测”、选修课程1“微生物—制作有机肥”；第二天：必修课程三“中医初体验”、必修课程四“制作中草药香皂”、选修课程2“植物的繁殖方式”；第三天：必修课程五“趣味钓蟹”、必修课程六“苇画制作”、选修课程3“防鸟撞保护”；第四天：必修课程七“钟乳石的形成”、必修课程八“制作枫叶标本”、选修课程4“野外求生—辨别方向”；第五天：必修课程九“古生物化石”、必修课程十“化石挖掘体验”、选修课程5“保护自然资源”	第一天：入营教育、必修课程一“湿地微景观”、必修课程二“保护湿地动物”、选修课程1“自然净化器”；第二天：必修课程三“探究稻蟹共生”、必修课程四“种养循环生态农业种植”、选修课程2“绿色情报员”；第三天：必修课程五“初识喀斯特”、必修课程六“美景微电影”、选修课程3“地质科学课题研究”；第四天：必修课程七“探究海洋生物”、必修课程八“与学长学姐交流心得”、选修课程4“制作叶脉化石”；第五天：必修课程九“探究龟背石形成原因”、必修课程十“设计旅游计划”、选修课程5“设计职业规划”

维度或要素		小学高年级段	初中段	高中段
实施方案	进级教学环节	1.学生通过非遗传承人的带领下，了解剪纸起源与历史，设计制作出一幅精美的剪纸作品；2.老师带领学生欣赏精美树叶贴画作品，再引导学生根据自己想法设计制作精美的贴画作品；3.老师带领学生体验我国传统文化茶艺的博大精深；4.老师带领学生体验把一块块陶泥，通过拉坯、烧制、上色等工艺变成一个个精美的陶艺作品的制作过程	1.老师为学生讲解原理与制作方法，学生以小组为单位合作探究完成任务；2.讲解植物繁殖有哪些方式，适用于哪些情况；以小组为单位合作完成一次嫁接或者组培；3.使学生了解飞行中的小鸟的危害以及如何防范；4.学习野外求生相关知识，练习如何辨别方向；5.使学生明白保护环境的重要性，掌握正确方法，呼吁身边人一起保护环境	1.通过实验加深学生对过滤、吸附和光催化技术的了解，探究自然能够自动过滤空气的秘密；2.探究神奇的植物情报员是如何预报天气的，掌握植物特性；3.老师引导学生发现问题带领学生实地研究到最后形成课题报告；4.展示成品引起学生学习兴趣，小组探究合作完成；5.在老师的引导下设计一份自己的未来职业规划
	巩固教学环节	第一天：通过开展红海滩知识问答赛，帮助学生对当天所学研学内容进行巩固；第二天：通过中药知识分享会，帮助学生对当天所学研学内容进行巩固；第三天：通过开展拓印作品展示会，帮助学生对当天所学研学内容进行巩固；第四天：通过开展“写给母亲一封信”活动，帮助学生对当天所学研学内容进行巩固；第五天：通过开展小动物情景剧表演，帮助学生对当天所学研学内容进行巩固	第一天：学生分享研学过程中的收获和感悟，回顾当天所学知识；第二天：趣味知识抢答，老师与学生共同梳理当天所学内容；第三天：苇画作品展示会，分享制作的心得体会，巩固当日所学知识；第四天：通过开展“写给未来的自己一封信”活动，帮助学生对当天所学研学内容进行巩固；第五天：小组分享交流，合作共享，以此进行知识巩固	第一天：通过填写研学手册，使学生掌握资料整理、信息收集、自主调研等探究课题的基本流程和方法；第二天：通过开展立体农业知识问答赛，帮助学生对当天所学研学内容进行巩固；第三天：通过开展微电影作品分享会，帮助学生对当天所学研学内容进行巩固；第四天：通过开展“写给未来的自己一封信”活动，帮助学生对当天所学研学内容进行巩固；第五天：通过开展海洋动物的情景剧表演，帮助学生对当天所学研学内容进行巩固

维度或要素			小学高年级段	初中段	高中段
实施方案	总结教学环节	教学创新	研学教师安排学生分组进行总结，在总结方法上不断创新，带领学生回顾整个活动过程、梳理知识点，总结活动感悟，研学教师要鼓励学生积极思考、合作探究、创新个性、勇于表达意见，在研学活动中主动尝试新的教学方法和策略，使学生明白保护环境的重要性	在研学活动开展中，研学教师有针对性的创新设计符合初中段学生特点的活动方案，采用新型教学策略，不断变换教学方式、方法，通过反转课堂等方式，提高学生的参与度，提升课堂的纵深度，不断培养学生的综合能力与热爱自然的情感	利用丰富的教育教学方法、通过多元实践方式，对课程开展场景、活动形式及内容进行创新，开展问题导向式学习方式，提升学生发现问题、分析问题、解决问题的能力，以思维导图、头脑风暴等手段为载体，训练学生的思辨思维、创意思维、批判性思维
		教学总结	回顾教学线路整体、教学设计环节、课程目标梯度实现，选修课的难度选择，教学策略的运用，教学重难点的突出与体现，入营教育的合理性，导入教学环节和授课教学环节的科学性进行总结，不断完善，优化活动内容与结构，不断交流改进	复盘研学活动实施过程、整理研学资料，建立研学档案，提炼经验教训，及时收集学生、学校教师和其他相关人员的反馈，了解教学环节的优点和不足，整理研学活动的教学资料，不断优化改进	通过调查问卷等方式，及时收集学生、家长和相关活动人员的反馈，掌握教学环节的优点和不足、教学课程和环节与学生年龄和学习能力的适配度等问题，整理归纳研学活动的教学资料，建立教学档案
		教学反思	从活动准备是否充足；聚焦学生核心素养提升，是否达到预期提升目标；是否充分发挥学生主体作用；活动创设是否有趣；是否运用多元化教育教学组织形式；使用教育教学方法是否得当；是否合理发挥评价的教育功能等方面进行反思，根据反思结果，对活动环节进行调整和优化，为下一次活动提供参考	从活动情境创设是否有新意；教学重难点是否在课程活动中得以解决；活动过程中是否做到分层设计，照顾到不同层次学生；是否合理运用项目式学习方式，充分发挥学生个人及学生团体的主动性、能动性等方面进行反思，根据反思结果，对活动环节进行调整和优化，为下一次活动提供参考	从活动开展是否做到以学生为中心、经验为中心、活动为中心的新三中心教育理论；课程开设与校内教育的衔接是否紧密得当；针对高中阶段活动开展、课程开设的难度、维度、深度是否符合高中段学生的深层发展需要等方面进行反思，根据反思结果，对活动环节进行调整和优化，为下一次活动提供参考

维度或要素				小学高年级段	初中段	高中段
实施方案	评价教学环节	教学水平评价	自我评价	教师在教学活动结束后，填写自我评价单，对自身的师德师风的表现、教学形式的展现、教学目标的完成度等方面进行自我反思和评价，充分发挥主观能动性，促进教师成长	教师在教学活动结束后，对当次活动课程进行即时评价，从课堂管理、教学方法的选择、教学工具的应用、研学资源的开发和应用程度等几大方面对自身和课程与活动的预设目标差异进行评价	教师在教学活动结束后，对整体活动开展、整体课程实施进行自我评价，旨在提升学生科学素养的同时，精进自身教育教学涵养，不断创新教育教学模式，提升对新教学技术的应用
			学生评价	利用“A、B、C、D”从高至低四个等级，学生对教师从教学态度、课程难度设计合理度、课堂有趣度等方面进行多维度评价，将学生直观感受回馈于教师，帮助教师专业成长	通过满意度调查表，学生针对教师和学生之间的互动是否充分，研学课程师生对话参与度，学生能否积极参与到教学中，气氛活跃度等方面进行评价，营地收集再反馈于教师，帮助教师专业成长	通过“问卷星”等电子问卷，让学生对教师是否发挥学生的主观能动性、是否引导自身进行思考、鼓励交流表达、研学整体效果等进行综合性评价，评价结果进行反馈，提升教师教育教学水平
			同行评价	营地教师通过听课、随队观摩等方式，从课前准备，活动课程开展流程、开展方式、开展方法，活动课程总结与进级等方面对活动实施教师进行评价，旨在更好提升教师业务水平	营地教师通过听课、问卷等形式对活动实施教师从研学课程和线路选择、教学策略、教学重难点把握等方面进行多维评价，促进教师间互相交流学习，借鉴提升	营地教师通过听课、教学文件的审阅等多种形式，对活动实施教师从教学实施方案、教学效果、教学的延伸性，对学生可持续发展的引导性等方面进行评价，提升教师团队整体素养
			培训和考核	通过线上教育平台、教研小组研讨等培训方式，建立以教育教学目标为培训基础的教师专业发展培训制度，着眼教师发展需要，形成特色培训，并定期对教师学习成果进行水平测试考核	通过外出调研、专家引领等方式，对专业教师的师德师风、专业能力、团队建设等方面开展专项培训，定期对营地教师通过集体汇报等方式进行考核	通过线上线下双循环、校内校外双驱动对教师进行专业引领，安排每位面对高中段学生的教师不少于每季度15小时的培训学时，通过季度成果展示进行考核
			教学成果展示	运用图文、影像资料记录学生的表现，用学生过程性资料展示研学实践成果，通过学生作品，制作展示板或海报等形式进行教学成果展示	通过研学过程教学展示教师的教学成果，通过学生专业技能竞赛，指导学生作品创新、开设互动工坊等方式进行教学成果展示	以图文影像资料记录学生的表现，用学生过程性资料展示研学实践成果。用创意作品推介会、主题活动、主题展览等方式进行教学成果展示

维度或要素				小学高年级段	初中段	高中段
实施方案	评价教学环节	学业评价	形成性评价	通过对学生提问环节、小组讨论环节、研学手册填写环节进行观察、记录和总结反馈，面向学生的阶段性成长、阶段知识获取程度和阶段目标完成情况进行评价，支撑教师开展后续教育教学工作	通过观察、记录和反馈学生研学过程中的学习情况，以及他们在活动中以小组、个人为单位的活动表现，教师对学生的参与度、知识探究、交流表达、动手实践、互助合作等具体表现进行记录和评价，为后续活动开展改进提供帮助	基于对学生学习全过程的持续观察、记录、反思，通过对学生日常活动的表现、所取得的成绩以及所反映出的情感、态度、策略等方面的发展做出综合评价，评价结果指导教师后续工作开展
			总结性评价	以完成教学目标为基准，通过学生的研学手册、汇报演出、作品展示等形式，全面了解学生在不同课程活动中的整体掌握程度，以及在研学活动中的品格、品行、习惯的培养	在研学活动结束后通过学生的研究报告、个人学习成果展示、小组合作成果展示等形式，以自然教育为主要指向，全面了解学生在研学活动中学科素养和综合能力的积累	教师对学生的问题解决、知识生成、能力提升、情感认同、创造创新、实践能力，思维探究能力、实操应用能力等方面进行综合评估，鼓励学生积极适应自然、参与生态保护
			教师评价	由教师根据学生在研学活动中的个人和集体表现，从基本知识掌握、技能掌握、认知能力、思维发展等方面进行多维度评价，鼓励学生做到全面发展	由教师根据学生在研学活动中的表现和成果，根据学生的参与度、作业质量、能力提升程度等方面，尊重学生个体差异，以发展性眼光对学生进行学业评价	根据预设的活动目标，结合学生研学日记、物化成果，通过交流展示，对学生达到目标的程度以及研学效果做出评价，增强学生的社会参与意识和社会责任感
		项目评价		学校带队教师、学生对研学项目的课程、线路选择的合理性和课程难度设计的阶梯性等方面进行综合性评价，营地及教师对评价的结果进行反思，及时发现问题并加以改进	学校带队教师和家长代表对研学项目的设计实施、方案设计、教学策略、教学环节、对学生科学素养的养成情况等方面进行综合性评价，对评价结果及时反思，发现问题并加以改进	教育行政主管部门、参与学校、学生、家长、社会各界对研学项目的活动目标实现程度、整体实施的有效性、规范性、整体性等进行综合性评价，对评价结果进行反思，及时发现问题并加以优化

4.8 教学计划与策略列表：聆听生态之语　遍布绿色足迹

<table>
<tr><td colspan="3">营地名称</td><td>阜新市中小学生示范性综合实践学校（基地）</td><td>命名机构</td><td>教育部</td><td>识别码</td><td>Y145212003</td></tr>
<tr><td colspan="3">从业资质（摘要）</td><td>研学实践活动、综合实践活动、劳动教育</td><td>单位属性</td><td>公益一类</td><td>法定代表人</td><td>张贵良</td></tr>
<tr><td colspan="3">研学主题</td><td>聆听生态之语　遍布绿色足迹</td><td colspan="2">主要目的指向</td><td colspan="2">自然教育</td></tr>
<tr><td rowspan="7">营地（枢纽）及周边主要优质研学资源</td><td colspan="2">基地层级</td><td colspan="5">研学站点（基地）名称</td></tr>
<tr><td rowspan="2">教育部命名基地</td><td>已列入教学计划</td><td colspan="5">一、与本主题相关列入教学计划的基地5个
1.阜新市中小学生示范性综合实践学校（基地）（简称“阜新营地”）；2.锦州东方华地城中小学生研学实践教育基地；3.辽宁朝阳鸟化石国家地质公园；4.吉林省红石国家森林公园（简称“红石国家森林公园”）；5.国家海洋环境监测中心
二、与本主题关联不大但列入本营地教学计划的基地18个
1.31699部队雷锋纪念馆；2.大连海事大学；3.鞍钢集团博物馆；4.国家医学媒介生物监测检测重点实验室（辽宁）；5.沈阳“九·一八”历史博物馆；6.抚顺市雷锋纪念馆；7.抗美援朝纪念馆；8.辽沈战役纪念馆；9.沈飞航空博览园；10.辽宁省博物馆；11.鞍山市地震局；12.中国铁路沈阳局集团有限公司沈阳铁路陈列馆；13.辽阳市宏伟区中小学生社会实践基地；14.朝阳庙子沟滑雪有限公司；15.格物（大连）文化发展有限公司；16.铁岭市学生综合实践中心；17.营口市鲅鱼圈区望儿山风景名胜区（管理委员会）；18.鞍山市职教城管理委员会</td></tr>
<tr><td>待入教学计划</td><td colspan="5">无</td></tr>
<tr><td colspan="2">其他部委命名基地</td><td colspan="5">无</td></tr>
<tr><td colspan="2">地方命名基地</td><td colspan="5">1.辽宁省固沙造林研究所；2.红海滩国家风景廊道景区“两山”生态研学基地（简称“盘锦红海滩”）</td></tr>
<tr><td colspan="2">本营地资源</td><td colspan="5">1.劳动种植区；2.消防馆；3.地震馆；4.急救馆；5.阜新市中小学生红色驿站</td></tr>
<tr><td colspan="2">其他资源</td><td colspan="5">1.海棠山国家级自然保护区（简称“海棠山”）；2.关山风景区；3.阜新市图书馆；4.彰武治沙研究所</td></tr>
</table>

维度或要素	小学高年级段	初中段	高中段
校内教育基础（与校内教育的衔接）	小学高年级段倡导培养学生对自然世界的兴趣和探索精神，使他们能够理解和欣赏自然现象，掌握基本的科学知识和方法，培养科学思维和解决问题的能力。教育学生珍惜和保护自然资源的重要性，促使他们成为环保意识强烈的公民，关心环境问题，积极参与环境保护活动。本研学主题必修课程与苏教版科学相关课程主要如下：1.苏教版科学五年级上册第一单元“动植物的繁殖”第5课“昼夜对动植物的影响”；2.苏教版科学六年级上册第二单元“我们的地球”第2课“地球的表面”、第5课“地球的变迁”；第四单元“探索宇宙”第4课“探索宇宙”；3.苏教版科学六年级下册第二单元“遗传与变异”第2课“生物的变异现象”、第3课“寻找遗传与变异的秘密”；第四单元“共同的家园”第1课“寻找生物的家园”第2课“有利于生存的本领”、第3课“有趣的生物链”、第4课“生态平衡”	初中段学生注重自然保护意识的培养，引导学生对自然环境和生物多样性的重要性有深刻地认识。通过引导学生进行实验观察、数据分析和科学推理，让学生亲自实践科学方法，培养其批判性思维和解决问题的能力。本课程衔接人教版生物相关课程，具体如下：1.人教版生物学七年级上册第一单元生物与环境第一章“认识生物”第2节“调查周边环境中的生物”、第二章“了解生物圈”第3节“生物圈是最大的生态系统”、第三单元“生物圈中的绿色植物”第四章“绿色植物是生物圈中有机物的制造者”、第六章“爱护植被，绿化祖国”；2.人教版生物学七年级下册第四单元“生物圈中的人”第七章“人类活动对生物圈的影响”第1节“分析人类活动对生态环境的影响”、第3节“拟定保护生态环境的计划”；3.人教版生物学八年级上册第五单元“生物圈的其他生物”第三章“动物在生物圈中的作用”、第六单元“生物的多样性及其保护”第二章“认识生物的多样性”、第三章“保护生物的多样性”；4.人教版生物学八年级下册第七单元“生物圈生命的延续和发展”第一章“生物的生殖和发育”第四节“鸟的生殖和发育”、第三章“生物的进化”第一节“地球上生命的起源”	高中段注重培养学生科学思维和解决问题的能力。教育学生珍惜和保护自然资源的重要性，促使他们成为环保意识强烈的公民，关心环境问题，积极参与环境保护活动。通过观察、实验和探究，培养学生的观察力、实验技能和科学方法，使他们能够独立思考和进行科学实验。教育学生掌握一些基本的实践技能，如种植、养殖、野外生存技能等，使他们能够更好地应对现实生活中的自然挑战。本课程衔接人教版生物相关课程，具体如下：1.人教版生物学必修一“分子与细胞”第五章“细胞的能量供应和利用”第4节“光合作用与能量转化”二“光合作用的原理和应用”；2.人教版生物学选择性必修1“稳态与调节”第五章“植物生命活动的调节”第4节“环境因素参与调节植物的生命活动”；3.人教版生物学选择性必修2“生物与环境”第三章“生态系统及其稳定性”第1节“生态系统的结构”、第2节“生态系统的能量流动”、第3节“生态系统的物质循环”、第4节“生态系统的信息传递”、第5节“生态系统的稳定性”；第四章“人与环境”第1节“人类活动对生态环境的影响”、第2节“生物多样性及其保护”

维度或要素			小学高年级段	初中段	高中段
研学课程	必修课程一	名称	勇攀高峰	挑战自我熔炼团队	挑战自我熔炼团队
		活动目的	通过攀爬海棠山，感受自然的奥秘，感知生物的种类与特征	感受自然的奥秘，感知生物与环境的互动关系及生物的多样性	感受到大自然的美丽和力量，体验到挑战自我的过程，增强自信心和勇气
		活动形式	教师讲授、实地探访、实践体验相结合	教师讲授、实地探访、实践体验相结合	教师讲授、实地探访、实践探究相结合
	必修课程二	名称	小小神枪手	小小神枪手	我是神枪手
		活动目的	通过亲临关山风景区，穿梭在自然之中，感受大自然的魅力	通过观察发现植物种类，具体了解不同植物在形状、颜色等方面的特点	开展自然探索活动，激发求知欲望和探索精神，培养环境保护意识
		活动形式	教师讲授、实地探访、实践体验相结合	教师讲授、实地探访、实践体验相结合	教师讲授、实地探访、实践探究相结合
	必修课程三	名称	认识海洋污染	监测海洋污染	海洋治理在我手
		活动目的	通过亲临国家海洋环境监测中心，了解不同海洋生态系统的特点	了解海洋生物的特征，加强海洋环境保护意识，明白减少海洋环境污染的重要意义	了解海洋生态环境保护领域最新科研资讯，激发学生探索海洋奥秘的兴趣
		活动形式	教师讲授、实地探访、实践体验相结合	教师讲授、实地探访、实践体验相结合	教师讲授、实地探访、实践探究相结合
	必修课程四	名称	挖寻宝藏	认识古生物	古生物的演变及形成
		活动目的	培养科学素养，感受生态系统的奇妙与美丽，树立对生态环境的保护意识	通过将植物样本再加工，让学生掌握人类利用、改造自然所获得的积极意义	感受大自然亿万年的沉淀，跨越时空对话远古生命，深入探索大自然的神秘
		活动形式	教师讲授、实地探访、实践体验相结合	教师讲授、实地探访、实践体验相结合	教师讲授、实地探访、实践探究相结合

维度或要素			小学高年级段	初中段	高中段
研学课程	必修课程五	名称	湿地大冒险	制作芦苇鸟窝	天然湿地
		活动目的	了解作为“地球之肾”的湿地对生态系统的重要影响，意识到人类在发展自身文明的同时，不能忘记保护湿地	走进大自然，走进植物，与植物来一场亲密对话，了解植物的多种用途	了解湿地动植物群落，感受湿地生态系统的重要性，探秘大自然的和谐共生
		活动形式	教师讲授、实地探访	教师讲授、实地探访、实践体验相结合	教师讲授、实地探访、实践体验相结合
	必修课程六	名称	婀娜红海滩	婀娜红海滩	婀娜红海滩
		活动目的	走进盘锦红海滩，探秘红色的奥秘，欣赏以“田”为纸，执“稻”为笔的艺术，领略自然之美	领悟环境保护的意义和重要性，感受人与自然和谐相处的魅力	探索湿地和海洋生物的奥秘，感知自然，爱护自然，激发求知欲
		活动形式	教师讲授、实地探访	教师讲授、实地探访、实践体验相结合	教师讲授、实地探访、实践体验相结合
	必修课程七	名称	植物多样天然氧吧	植物多样天然氧吧	植物多样天然氧吧
		活动目的	欣赏独特的自然景观、原始生态的森林，了解古老的风俗和深厚的红色文化	体会与众不同的森林景观，了解森林的形成过程	了解神秘的自然风光和动物资源，拓宽学生的视野，使学生领略北国风光的壮美
		活动形式	教师讲授、实地探访	教师讲授、实地探访、实践体验相结合	教师讲授、实地探访、实践体验相结合
	必修课程八	名称	认识“绿色长城”	沙海变林海	沙海变林海
		活动目的	通过亲临彰武治沙所，在学习中领悟有一种精神叫作“生命不止，治沙不止”	深刻感受彰武几代治沙人寸步不退、誓守治沙的坚定信念和愚公移山的精神	深切感悟治沙之艰，提高自然生态认知，增强生态环保意识
		活动形式	教师讲授、实地探访相结合	教师讲授、实地探访、实践体验相结合	教师讲授、实地探访、实践体验相结合

维度或要素			小学高年级段	初中段	高中段
研学课程	必修课程九	名称	野外生存	野外生存	野外生存
		活动目的	活动强调如何去接近大自然，去探索未知的精彩世界，感受大自然的呼唤	增强学生体魄，培养学生挑战自我、顽强拼搏的精神，磨练坚忍不拔的意志	了解野外生存的基本技能和知识，掌握实际操作技能，理解野外生存的意义
		活动形式	教师讲授、实地探访、实践体验相结合	教师讲授、实践体验相结合	教师讲授、实践体验相结合
	必修课程十	名称	五彩课程体验——绿色植物对对碰、探秘稻米的前世今生	不一样的旅行——沈阳之旅	不一样的旅行——西安之旅
		活动目的	感受大自然中无可替代的快乐，在水稻的清香中，乡间的凉风中享受丰收的喜悦	引导学生充分利用图书馆资源，养成良好的阅读习惯，沉浸式体验传统文化	学生通过活动，获取知识、提升信息素养、培养学术研究能力和文化传承意识
		活动形式	教师讲授、实地探访、实践体验相结合	教师讲授、实地探访、实践体验相结合	教师讲授、实地探访、实践体验相结合
	选修课程		1. 树胶模型小制作 2. 野外救助 3. 用生命捍卫家园 4. 捕鱼追蟹 5. 小小游戏乐无限	1. 手工扎染 2. 花卉种植 3. 开心农场 4. 生物我来认 5. 勇往直前	1. 植物蜡染 2. 蔬菜种植 3. 清除海洋垃圾 4. 生物笔记 5. 勇往直前

维度或要素		小学高年级段	初中段	高中段
研学线路	代表性线路（时长五日）	第一天：阜新营地—盘锦红海滩—阜新营地；第二天：阜新营地—海棠山—关山风景区—阜新营地；第三天：阜新营地—辽宁省固沙造林研究所—阜新营地；第四天：阜新营地—国家海洋环境监测中心；第五天：国家海洋环境监测中心—辽宁朝阳鸟化石国家地质公园—阜新营地	第一天：阜新营地—锦州东方华地城中小学生研学实践教育基地—阜新营地；第二天：阜新营地—海棠山—关山风景区—阜新营地；第三天：阜新营地—辽宁省固沙造林研究所—阜新营地；第四天：阜新营地—国家海洋环境监测中心；第五天：国家海洋环境监测中心—辽宁朝阳鸟化石国家地质公园—阜新营地	第一天：阜新营地—锦州东方华地城中小学生研学实践教育基地—阜新营地；第二天：阜新营地—海棠山—关山风景区—阜新营地；第三天：阜新营地—辽宁省固沙造林研究所—阜新营地；第四天：阜新营地—国家海洋环境监测中心；第五天：国家海洋环境监测中心—辽宁朝阳鸟化石国家地质公园—阜新营地
	可选择线路（按天设计，菜单式选择）	1. 阜新营地—海棠山—阜新营地；2. 阜新营地—阜新市图书馆—阜新营地；3. 阜新营地—海棠山—阜新市图书馆—阜新营地；4. 阜新营地—锦州东方华地城中小学生研学实践教育基地—阜新营地；5. 阜新营地—红石国家森林公园—阜新营地；6. 阜新营地—关山风景区—阜新营地；7. 阜新营地—海棠山—阜新市图书馆—阜新营地；8. 阜新营地—辽宁省固沙造林研究所—阜新市图书馆—阜新营地	1. 阜新营地—海棠山—阜新营地；2. 阜新营地—阜新市图书馆—阜新营地；3. 阜新营地—海棠山—阜新市图书馆—阜新营地；4. 阜新营地—盘锦红海滩—阜新营地；5. 阜新营地—红石国家森林公园—阜新营地；6. 阜新营地—关山风景区—阜新营地；7. 阜新营地—海棠山—阜新市图书馆—阜新营地；8. 阜新营地—辽宁省固沙造林研究所—阜新市图书馆—阜新营地	1. 阜新营地—海棠山—阜新营地；2. 阜新营地—阜新市图书馆—阜新营地；3. 阜新营地—海棠山—阜新市图书馆—阜新营地；4. 阜新营地—盘锦红海滩—阜新营地；5. 阜新营地—红石国家森林公园—阜新营地；6. 阜新营地—关山风景区—阜新营地；7. 阜新营地—海棠山—阜新市图书馆—阜新营地；8. 阜新营地—辽宁省固沙造林研究所—阜新市图书馆—阜新营地
	规划线路（按天设计）	1. 阜新营地—海棠山—盘锦红海滩—阜新营地；2. 阜新营地—关山风景区—辽宁朝阳鸟化石国家地质公园—阜新营地；3. 阜新营地—彰武治沙研究所—海棠山—阜新营地	1. 阜新营地—彰武治沙研究所—盘锦红海滩—阜新营地；2. 阜新营地—关山风景区—海棠山—阜新营地；3. 阜新营地—彰武治沙研究所—海棠山—阜新营地	1. 阜新营地—彰武治沙研究所—盘锦红海滩—阜新营地；2. 阜新营地—关山风景区—海棠山—阜新营地；3. 阜新营地—彰武治沙研究所—海棠山—阜新营地

维度或要素		小学高年级段	初中段	高中段
教学重点难点（以代表性线路教学设计为例，以下同）	教学重点	1. 知道作为“地球之肾”的湿地对生态系统的重要影响 2. 走进自然，感受人与自然的关系，树立敬畏自然、保护自然的意识 3. 学习防沙治沙知识，通过生态治理这件事，认识到保护环境的重要性和紧迫性 4. 了解海洋生态系统的特点、不同类型海洋生物的特征 5. 通过化石探求远古生命的信息和奥秘	1. 探索红海滩湿地的奥秘，感受丰富斑斓的湿地生态文化 2. 认识多种树木，了解构成森林生态系统的必要因素等 3. 认识沙漠的形成原因，从中深刻理解彰武治沙的有效手段 4. 了解海洋生态系统的构成，海洋的存在对地球有何重要意义 5. 体验挖掘化石的乐趣、领略木化石林的气势磅礴	1. 识别大量湿地生物，分析适合在淡水湖中生长的生物 2. 全面了解森林生态系统，认识多种植物及其特征，领悟植物在生态圈的积极作用 3. 深入学习樟子松的特性，比较其与湿地植物的不同，分析其与沙漠环境的生存关系 4. 认识海洋生物、了解海洋生态系统的构成，当前海洋生态面临的问题 5. 充分了解古生物化石、含化石地层、地质构造等科学知识，探索化石成因和不同时期地质变迁
	教学难点	1. 通过活动、教育等方式将湿地的重要性传递给学生，加强湿地生态环境保护意识 2. 通过亲身去接触自然，感受自然环境中蕴含的知识并通过具体的实践将其消化吸收 3. 通过观摩治沙成果，领悟有一种精神叫作“生命不止，治沙不止” 4. 加强学生对海洋环境的保护意识，使学生明白减少海洋环境污染的重要意义 5. 通过生物演变过程，正确看待人类发展对自然的影响	1. 领悟环境保护的意义和重要性，播撒生态文明的种子 2. 在对生态系统的了解中提高自然生态认知，增强生态环保意识 3. 感悟治沙英雄们用愚公移山精神创造生命奇迹的精神 4. 探究海洋科学的奥秘，增强互动性海洋人文体验，提升人文底蕴 5. 感悟大自然的神奇魅力，开阔自身视野	1. 争做生态文明建设的实践者、推动者共护一片蓝天，一方净土 2. 树立人与自然和谐共生的生态观，践行“绿水青山就是金山银山”的理念 3. 探究前人治沙防沙的历史，获得有积极意义的价值感悟 4. 基于海洋生态面临的问题思考能够解决的方法，增强对海洋生态保护的意识，深刻理解人与自然和谐共生的意义 5. 在古生物生存发展的历程中感悟人类发展，思考未来人类发展可能性

维度或要素	小学高年级段	初中段	高中段
教学策略	针对小学高年级段学生日益增强的求知欲望和能力，对新鲜事物的思考、追求、探索，学习的兴趣更为广泛，大部分学生会自主进行仔细地观察，具备了初步的探究能力。学生小组内的合作交流也有了基础，基于以上学情，教师运用多元智力、合作教学等理论思想，学生对于知识的获取应该是主动建构的，而不是被动接受的，因此在教学中，采用不同于传统的教学方式，如体验式学习、探究式学习，小组合作学习等，引导学生主动探索、思考和发现，培养学生的创新思维和实践能力。采取讲授法、图示法、参观法、讨论法、演示法等教法，观察法、归纳法、体验法等学法，以利用信息技术手段，为学生提供更加生动形象的学习体验，提高学生的学习兴趣和技术素养。同时以学生对自然环境的认知能力培养为目标，让学生通过亲身实践与体验，培养观察力、思考力和创造力	针对初中段学生逻辑思维趋于成熟、强烈的求知欲的学情，基于培养逻辑思维能力的理论，教师可以适当借助问题进行讲述，引导学生进行思考，还可以结合生活实际进行讲解，鼓励学生进行问题的提出，师生之间进行问题互动，调动学生的学习情绪，教师及时进行赞扬，培养学生的学习信心。教师要尊重学生发展的需要，根据研学实践教育活动具有研学实践教育性、自主性、创新性的特点，研学实践教育活动要做到内容开放、过程开放和方法开放。通过课内与课外结合，拓宽研学实践教育活动的空间，充实研学实践教育活动的内容，培养学生的综合素质。教师采用讲授法、演示法、讨论法、练习法、实践法的教法，自主学习、合作学习、探究学习等学法开展研学活动，结合各种有效的教学策略，在学习过程中充分发挥学生的主动性，有助于他们更好地理解和应用所学所感，还能够提高他们的综合素质，为未来的发展打下坚实的基础	针对高中段学生智力及身心发展趋于成熟，加上社会接触面扩大，社会交往更频繁，学习内容更复杂、更深刻的情况，学生可以在不同的环境和任务下，锻炼自己的能力和素质，增强自我认知和自我管理的能力。通过实践，可以将理论知识与实际操作相结合，提高实践能力和创新精神。教师是研学实践教育活动的帮助者，学生是活动的主体。要在引导学生主动研学实践教育的过程中，培养学生主动参与，自主探究的能力。在活动中，教师既要有一般的团体研学实践教育活动，又要重点开展以研究性学习专项课题的研学实践教育活动，让学生在一般与专题结合中的个性得到发展，从而培养创新性学习能力。教师采用讲授法、演示法、讨论法、练习法、实践法的教法，自主学习、合作学习、探究学习等学法开展研学活动，同时创造多种机会，让学生在不同情境下应用他们所学的知识，即将知识外化，使学习的动力由“外部约束”转为“内部动机”，达到学生靠成就感推进深入学习、持久学习的目的

维度或要素				小学高年级段	初中段	高中段
实施方案	入营教育	安全	引导	借助多媒体教育，让学生知晓安全的重要性，师生一起阅读《入营安全须知》	通过案例警示教育，学生总结安全问题，发放《入营安全须知》	通过视频等主题教育形式，引导学生提炼出研学中会遇到的问题，并进行总结
			实训	针对各环节易发生安全问题的节点开展相应的安全疏散演练	教师组织学生进行安全演练，由学生自主总结安全要点	通过自主研讨结论，以小组为单位的形式对得出的结论开展对应实操演练
		应急	引导	借助多媒体教育，让学生知晓火灾等灾害的危害，观看火灾逃离视频	通过案例警示教育，让学生知晓火灾等灾害的危害性，学会自救	通过主题教育，学生讨论得出研学中存在的应急情况，并总结对应的解决方案
			实训	与应急救援大队联合开展学生应急教育知识与技能培训	组织学生进行相应课程学习后，再进行火灾、地震等灾害的演练	在应急课程完成后，组织学生进行两至三次的无预告应急演练
		救助	引导	通过教师实操展示，让学生掌握救助原则及方法	借助多媒体教育，指导学生如何进行紧急救护	通过主题教育，学生了解各种危害下的救助行为，并进行分类汇总
			实训	由教师带领，组织学生在主题场馆利用教具进行演练	组织学生以小组为单位进行真人演练，教师需强调安全问题	学校与医院联合开展救护模拟演练
		自我管理	引导	组织学生上好自我管理教育课程，让学生掌握自我管理方法	发放自我管理制度表，通过规章制度约束学生的行为，从而达到自我管理	组织学生制作自我分析表，剖析自己的缺点和优点，从而进行自我管理
			实训	教师通过制度对学生进行约束，学生通过规章制度加强自我管理	发放互评表，小组成员之间进行相互的自我管理评价，进而发现问题所在	发放自我评价表，通过自我评价发现自我管理不足的一面
		团队协作	引导	通过案例讲解团队协作的意义，让学生感受其重要性	通过小游戏，让学生体会到团队协作的重要性	通过团队协作案例，引导学生发现团队协作在活动中的价值
			实训	开展破冰行动，体验团队协作带来的成就感	组织学生进行破冰等相应的活动或游戏，在体验中认识团队协作的精神	在破冰活动后，学生完成团队协作主题的心得笔记

维度或要素		小学高年级段	初中段	高中段
实施方案	导入教学环节	1.根据学习目标直接导入，整体介绍本次活动的流程安排，给出实践活动范围及任务；2.运用视频进行情景再现式导入，让学生直观了解湿地生态系统的重要性，引发对课程主题的学习兴趣；3.运用视频进行情景再现式导入，让学生体会治沙的意义；4.运用视频进行情景再现式导入，激发学生对海洋生物的好奇；5.运用视频进行情景再现式导入，让学生思考人类对保护生态环境该做些什么	1.根据学习目标直接导入，整体介绍本次活动的流程安排，围绕课程主题进行课前讨论与思考；2.运用视频进行情景再现式导入，让学生直观了解湿地生态系统的重要性，引发学生对湿地生态的思考；3.运用真人讲座进行导入，让学生了解彰武治沙的历史；4.运用视频进行情景再现式导入，引导学生初步感知海洋生态系统；5.运用视频进行情景再现式导入，激发学生对远古生物的兴趣	1.运用视频进行情景再现式导入，让学生对湿地生态环境有系统与客观的认知，并进行课前讨论交流；2.运用视频进行情景再现式导入，引导学生对森林生态环境进行思考，发现当前森林系统遇到的问题；3.运用视频进行情景再现式导入，提起学生对沙漠里长出的树的好奇，继而为深入学习做铺垫；4.运用视频进行情景再现式导入，让学生思考海洋生态系统所面临的挑战；5.运用视频进行情景再现式导入，引导学生思考由远古生物到现代生物的发展原因
	授课教学环节	第一天：入营教育、必修课程六“婀娜红海滩”、选修课程1“树胶模型小制作”；第二天：必修课程一“勇攀高峰”、必修课程九“野外生存”、选修课程2“野外救助”；第三天：必修课程八“认识绿色长城”、选修课程3“用生命捍卫家园”；第四天：必修课程三“认识海洋污染”、选修课程4“捕鱼追蟹”；第五天：必修课程四“挖寻宝藏”、选修课程5“小小游戏乐无限”	第一天：入营教育、必修课程五“制作芦苇鸟窝”、选修课程1“手工扎染”；第二天：必修课程一“挑战自我熔炼团队”、必修课程二“小小神枪手”、选修课程5“勇往直前”；第三天：必修课程八“沙海变林海”、选修课程2“花卉种植”；第四天：必修课程三“监测海洋污染”、选修课程3“开心农场”；第五天：必修课程四“认识古生物”、选修课程4“生物我来认”	第一天：入营教育、必修课程五“天然湿地”、选修课程1“植物蜡染”；第二天：必修课程一“挑战自我熔炼团队”、必修课程二“我是神枪手”、选修课程5“勇往直前”；第三天：必修课程八“沙海变林海”、选修课程2“蔬菜种植”；第四天：必修课程三“海洋治理在我手”、选修课程3“海洋垃圾”；第五天：必修课程四“古生物的演变及形成”、选修课程4“生物笔记”

维度或要素		小学高年级段	初中段	高中段
实施方案	进级教学环节	1. 湿地被称作什么 2. 森林是如何形成的 3. 思考防沙治沙的意义 4. 结合所学知识，充分发挥想象力，多年以后的海洋会是怎样的景象 5. 如果有机会对话远古生物，你想说什么	1. 分析不同地区的湿地所生长的动植物区别，以及形成原因 2. 结合所学知识，充分发挥想象力，多年以后的生态环境会是怎样的景象 3. 治沙“功勋树”樟子松的优点是什么？至少说出三条 4. 分析当前海洋环境面临最严重的问题 5. 思考古生物所处环境与当今人类生存环境的不同	1. 思考引起盘锦“红海滩”翅碱蓬群落退化死亡的主要原因 2. 研究红石森林公园旅游发展的未来趋势，提出可持续发展的策略 3. 基于湿地与沙漠植物类型的不同，分析原因，并对沙漠治理提出自己的看法 4. 分析当前海洋环境面临的种种问题，提出自己的解决方案 5. 了解生命演化的过去，思考人类为何能够有更多的智慧在现代自然里面去发挥自己的特长
	巩固教学环节	每日研学活动结束后，教师引导学生完成研学手册上的内容，并加以适当的扩充，完成后，由个别学生进行当日的研学体验分享，说出自己的问题以及收获，学生间可进行交流讨论	在研学结束后，教师根据学生研学活动中的表现及对知识的理解程度进行提问，对于学生理解不透彻的知识进行讨论探究，最后由学生代表进行研学总结分享	在每一天的研学活动结束后，先由学生做分享交流会，教师根据学生掌握情况进行补充总结，学生在研学手册的基础上，提出与当天研学内容相符的更深层次的研究课题，并写出研究方案

维度或要素			小学高年级段	初中段	高中段
实施方案	总结教学环节	教学创新	教师创造一个有趣的、与现实生活相关的问题情境，以吸引学生的注意力。如现在我们要穿越到远古时期，同学们想对恐龙说什么啊？问题应该是开放式的，具有多个可能的解答方案，以激发学生的创新思维	教师引导学生自己探索问题，鼓励他们提出假设、进行实验、收集数据、分析结果，并从中得出结论。如海洋生物会遇到哪些致命的人为破坏行为，这种自主探究的过程可以培养学生的科学素养和批判性思维	根据新课程标准，探索跨学科教学的设计与实施方法。为了拓宽学生学习视野，通过生物、地理、科学等多学科融合的研学活动，将多学科知识融合到生活实践，践行“读万卷书，行万里路”的求学真谛，培养学生的核心素养
		教学总结	教师需要及时对学生的探究结果进行反馈和评价，肯定他们的成果，指出存在的问题，并引导他们进行改进。这样的反馈和评价可以激发学生的学习兴趣和动力，促使他们更加积极地参与探究活动	在每个研学阶段结束时，教师进行一次全面的教学总结，回顾该阶段的教学目标、教学内容、教学方法以及学生的学习成果，对比实际教学效果与预期目标，找出差异和原因	建立一个完善的教学档案，系统地记录每个阶段的教学活动、总结和优化措施。基于阶段性总结，及时调整和优化教学环节，对于教学效果不佳的部分，思考可能的改进措施，如改变教学方法、调整教学内容或增加教学资源等
		教学反思	教研活动是提高教学质量的重要途径之一，通过教研活动，教师可以交流教学经验、分享教学策略，从而提高教学质量，同时，教研活动也可以为评价结果提供反思和改进的机会	回顾之前的教学环节实施过程，分析不足与优点，提炼出经验教训，形成文档或指南，考虑如何在未来教学中更好地应用成功的经验，并避免或改进不足之处，为下一次的研学活动提供参考	对学生的学习效果进行分析，比较实际效果与预期目标的差距，找出成功和失败的原因。对教学目标、教学内容、教学方法、教学资源、学生参与度等多个方面进行深入反思，分析存在的问题和不足之处。根据反思结果，制订具体的改进计划

维度或要素				小学高年级段	初中段	高中段
实施方案	评价教学环节	教学水平评价	自我评价	教师可以获取学生对活动的直接意见，从而对教学进行针对性地反思和改进	教师可以将学生的积极性与过去进行比较，通过比较，教师可以发现哪些方面有所改善或需要改进	教师通过学生研学活动中出现的问题以及获得的成果，对自己的教学水平进行评价
			学生评价	教师可以设计简单的问卷或口头询问学生，了解他们对课程的看法和感受，以及他们对教学方法、内容、活动等的反馈	学生对教师的教学态度、指导内容、教学方式方法、教学策略等进行评价，填写对应的评价表并上交	学生对教师在活动中提供的指导以及对活动效果的反馈是否及时、完整，能否提出不足及指明方向进行评价
			同行评价	学校可以总结出课程方案的优点和不足，为后续的研学课程提供改进方向	由相关专业教师进行合理化建议和整体评价，可以有效促进研学教师的专业化成长，提高研学课程的教学质量	由教师对应的领导干部进行综合评价，同组教师进行形成性评价，评价内容包括参与度、指导度、负责度等多个维度
			培训和考核	教师的培训学习成果是教师考核的重要依据，包括参加各类培训、学术交流等活动后的收获和成长，不断提高自身素质和能力	对教师进行相应的研学指导培训，培训后完成自我评价表，在研学活动结束后，由相关部门进行教师考核，考核内容包括教学实施效果、教学方法运用、学科知识融合、教学理念贯彻等	组织教师进行研学培训，会后开展分享交流会，在研学活动结束后，由相关部门进行教师考核，考核内容注重调动学生主观能动性、多学科知识融合等方面
			教学成果展示	通过分享自己的经验和心得，教师可以对自己的教学实践有更深地理解。这有助于发现自己的强项和需要改进的地方，从而提升教学效果	教师将研学活动成果进行多媒体展示，形式可以为视频、汇报等，内容包含学生活动、教学活动、反思等方面	教师通过撰写随记、论文等文字形式进行教学成果汇总，内容应覆盖整个研学活动的方方面面

维度或要素				小学高年级段	初中段	高中段
实施方案	评价教学环节	学业评价	形成性评价	通过问答、小组讨论等方式，了解学生对学习内容的理解和思考。对学生完成的成果进行评估，了解他们的实际掌握情况	定期让学生对自己在各个任务中的进度进行汇报。鼓励学生写反思日记，记录他们在任务完成过程中的体验和收获	教师在研学过程中，通过问答法、观察记录法，学生作品分析法等方法，对学生活动过程中表现出的兴趣、态度、参与活动程度作出判断
			结性评价	教师全程观察学生在实践体验中的表现，记录他们是否积极主动地参与，是否对任务保持高度的兴趣和专注	观察学生是否能够有效地利用各种资源，如图书馆、互联网、实地考察等，收集到相关的、准确的信息，在实践过程中，注意学生是否能够发现问题并提出有意义的问题	教师编制关于学生研学成果的评价表，用内容—行为这两个维度来表明学生已经掌握了哪些知识和技能，具备了哪些能力或进一步学习的先决条件
			教师评价	对学生的表现给予及时地反馈，对做得好的地方给予肯定，对不足的地方提出建议	定期与学生进行一对一的交流，了解他们在实践过程中的体验、困惑和建议	教师通过学生在研学活动中的表现进行总结，引导学生在教师评价的基础上作出自我评价，形成报告上交
		项目评价		通过社会各界以问卷调查、座谈、调研等多种形式参与评价，围绕对小学段课标实现度、教学环节衔接度、教学策略有效性等方面进行评价，根据评价结果要求教师撰写教学体会	通过社会各界以问卷调查、座谈、调研等多种形式参与评价，围绕对初中段课程标准完成度、教师教学水平等方面进行评价，根据评价结果召开教师大会，分享经验	通过社会各界以问卷调查、座谈、调研等多种形式参与评价，围绕对高中段课程目标实现度、学生研学成果、各学科融合等方面进行评价，根据评价结果召开研讨会，及时记录并整理存档

4.9 教学计划与策略列表：践行生态文明　共享城市之美

<table>
<tr><td colspan="3">营地名称</td><td>上海市青少年校外活动营地——东方绿舟</td><td>命名机构</td><td>教育部</td><td>识别码</td><td>Y145310001</td></tr>
<tr><td colspan="3">从业资质（摘要）</td><td>探索适合青少年个性特长发展的活动内容和方法</td><td>单位属性</td><td>公益二类</td><td>法定代表人</td><td>杨昕</td></tr>
<tr><td colspan="3">研学主题</td><td>践行生态文明　共享城市之美</td><td colspan="2">主要目的指向</td><td colspan="2">自然教育</td></tr>
<tr><td rowspan="7">营地（枢纽）及周边主要优质研学资源</td><td colspan="2">基地层级</td><td colspan="5">研学站点（基地）名称</td></tr>
<tr><td rowspan="2">教育部命名基地</td><td>已列入教学计划</td><td colspan="5">一、与本主题相关列入教学计划的基地4个
1.上海市青少年校外活动营地——东方绿舟（简称“东方绿舟”）；2.南京市未成年人社会实践行知基地（简称“行知营地”）；3.三明市综合实践学校（简称“三明营地”）；4.寨下大峡谷
二、与本主题关联不大但列入本营地教学计划的基地3个
1.上海铁路博物馆；2.常州博物馆；3.绍兴市鲁迅故里景区</td></tr>
<tr><td>待列入教学计划</td><td colspan="5">1.漳州东南花都；2.福州市三坊七巷·严复翰墨馆；3.沙家浜风景区</td></tr>
<tr><td colspan="2">其他部委命名基地</td><td colspan="5">1.上海辰山植物园；2.青山湖国家森林公园</td></tr>
<tr><td colspan="2">地方命名基地</td><td colspan="5">1.上海自然博物馆；2.上海植物园；3.盐城博物馆；4.江苏大丰麋鹿国家级自然保护区；5.老山国家森林公园；6.泰宁明清园；7.尚书第；8.地博苑；9.武夷山风景区；10.太湖湾；11.鼋头渚；12.戴云山生态博物馆</td></tr>
<tr><td colspan="2">本营地资源</td><td colspan="5">1.国防教育园；2.上海市公共安全教育实训基地；3.淀山湖湿地；4.竹林；5.野外生存区；6.龙舟码头；7.智慧大道；8.绿梦园</td></tr>
<tr><td colspan="2">其他资源</td><td colspan="5">1.青西郊野公园；2.泰州溱湖国家湿地公园；3.拙政园；4.九龙潭；5.生态教育园；6.南京现代农业园；7.三明茶园；8三明劳动体验园；9.三明现代农业园</td></tr>
</table>

维度或要素	小学高年级段	初中段	高中段
校内教育基础（与校内教育的衔接）	对照课标，自然教育在小学高年级段的校内教育中主要涉及的科目包括科学、自然、综合实践活动以及与之相关的语文、道德与法治等，旨在培养学生对自然环境的认知、尊重和保护意识，帮助学生更好地理解自然现象，有助于培养学生的实践能力和综合素质。本阶段研学课程设计与校内教育教材的衔接内容如下：1.三年级语文；2.四年级道德与法治；3.五年级自然等。以自然课程为例，本主题研学活动中，通过“走进辰山”课程，观察植物、地形地貌等，在感受自然风光的同时学会识别不同的植物，了解它们的生态特征和生存环境，引导学生在实践中学会垃圾分类、学会简单的数据分析；通过“走进青西湿地”、“树叶画”等课程引导学生尊重自然、爱护环境，培养他们的绘画、动手能力的同时，提升实践能力、创新能力，树立正确的环保意识、生态文明观念和社会责任感	对照课标，初中段在自然方面引导帮助学生发展初步的跨学科观察、思考、提问和综合运用所学知识解决问题的能力，进一步激发主观能动性，提升自主水平及实践能力。在初中阶段，课程设置涵盖了多个学科，其中包括生物、地理、物理和化学等，研学实践中的自然教育主要通过实地考察等方式，延伸和深入拓展初中课程相关知识，让学生能够在真实环境中观察、实验和探索，从而加深对自然规律的理解。本学段研学实践活动课程主要与校内教育教材的衔接内容如下：1.初中科学；2.初中生物；3.初中语文；4.初中社会等。以初中生物课程和科学课程为例，初中生物课程旨在多方面地培养学生的生物科学素养和综合能力。初中科学课程旨在培养学生的科学思维与创新、科学探究与交流、科学态度与责任。本研学主题活动中，通过“编草成绳”“竹韵桥艺”等课程引导学生思考城市文明、生态保护的深层含义，培养学生的科学态度和跨学科综合能力；通过“湿地印象”“麋鹿观察初体验”等课程引导学生进行数据分析、图标制作、考察城市公园、绿地的同时探究滩涂生态环境，了解保护生物多样性的重要性，培养学生环保意识，增强公民意识和责任感	对照课标，高中段在自然方面更注重多学科的融合，引导学生结合自然观察，研究地理环境的历史演变和人文特色，提升科学素养和社会责任感。在研学过程中通过自然观察 、实验探究、户外实践、更直观地理解科学原理，掌握科学研究方法，锻炼表达和写作能力，培养文明素养、环保意识、创新精神和实践能力等核心素养，提升综合素质、环保意识、生命意识、社会责任。在高中段的研学课程设计中与校内教育教材的衔接内容如下：1.高中语文；2.高中思想政治；3.高中生物；4.高中地理等。以高中语文、地理课程为例，结合语文教材中的文学作品，组织学生进行实地考察，访问名人故居、历史遗址等，如“解密尚书第”“探秘泰宁明清园”课程引导学生在真实环境中感受文学作品背后的历史文化底蕴，深入了解城市的历史沿革和文化底蕴；结合地理课程，组织学生进行地形、气候、植被等地理要素的实地考察，如“走访九龙潭”“走进寨下大峡谷”“地层揭秘”课程，引导学生在实践中体验了解不同地貌类型、体验城市之美，培养学生对地理环境的空间感知，提高学生观察、分析和解决问题的能力，增强对文明共享和生态保护的认识，坚持可持续发展观念

维度或要素			小学高年级段	初中段	高中段
研学课程	必修课程一	名称	绿竹清香	破冰拓展	品茶香 学茶礼
		活动目的	掌握竹筒的制作方法，知道竹筒饭的制作步骤	通过团队合作增强团队融合度，提高学生间熟悉感和协作力	传承与弘扬茶文化，培养礼仪素养，提高审美情趣
		活动形式	实践体验、教师演示、小组合作	小组合作、自主实践体验	教师演示、动手实践、小组合作
	必修课程二	名称	树叶画	编草成绳	探秘泰宁明清园
		活动目的	学习树叶贴画的基本方法，掌握树叶画的制作方法	掌握搓草绳的技巧，能够搓出均匀结实的草绳并编成草鞋	了解以明清时期古建筑、木雕艺术和家风文化为主的民间故宫，感受艺术之美
		活动形式	教师演示、小组合作	教师演示、动手实践、小组合作	实地探访、讲解员讲解、小组合作
	必修课程三	名称	草编绳艺	妙不可“盐”	走访九龙潭
		活动目的	了解搓草绳编草鞋的基本知识和技巧	感受海盐千年文化的魅力，体会城市与社会发展的联系	感受大自然的鬼斧神工，探寻自然与文化的完美融合，感悟不屈的生命力
		活动形式	教师演示、动手实践	实地探访、讲解员讲解、自主实践体验	实地探访、讲解员讲解、自主实践体验
	必修课程四	名称	走进辰山	竹香饭艺	草艺绳韵
		活动目的	了解及熟悉植物的多样性，树立保护珍稀濒危植物的观念	学习竹筒饭的制作方法和步骤，培养学生合作能力与合作意识	掌握搓草绳的技巧，能够搓出均匀结实的草绳并编成草篮，传承非遗文化
		活动形式	实地探访、讲解员讲解、小组合作	教师演示、小组合作、动手实践	小组合作、动手实践、自主探究

维度或要素			小学高年级段	初中段	高中段
研学课程	必修课程五	名称	竹桥搭建	麋鹿观察初体验	解密尚书第
		活动目的	了解竹桥的基本结构和搭建原理	探究滩涂生态环境；寻觅珍稀物种、濒危鸟类踪迹，明确保护生物多样性的重要性	了解李春烨的仕途之路，学习李春烨艰苦求学、坚持不懈、孝顺、谨言慎行等品质
		活动形式	教师演示、小组实践	实地探访、小组合作	实地探访、讲解员讲解、小组合作
	必修课程六	名称	果实大丰收	湿地与未来	走进寨下大峡谷
		活动目的	了解蔬果的生长周期、采摘时间和采摘方法，知道正确的采摘技巧	探究湿地生态，寻觅鸟的踪迹；探究湿地生态对人类的重要性	了解泰宁青年期丹霞地貌的主要特点，感受大自然鬼斧神工下的丹霞地貌
		活动形式	教师讲解、合作体验	实地探访、讲解员讲解、小组合作	讲解员讲解、小组合作、自主实践体验
	必修课程七	名称	现代农业科普	湿地印象	竹桥匠心
		活动目的	了解现代农业的意义、作用、应用范围	了解不同植物的特征，归纳出湿地常见植物的生长习性	学会绘制竹桥结构图，进行竹桥的搭建；培养学生的团队合作、创新思维
		活动形式	实地探访、教师讲解、视频观看	教师讲授、实地探访、实践体验	小组合作、动手实践、探索研究
	必修课程八	名称	走进青西湿地	竹韵桥艺	地层揭秘
		活动目的	利用识图用图的方法寻找植物，了解湿地内各类植物的分布和特点	学会选择适当的竹子和绳子，搭建竹桥	了解地质环境对生态的影响及生态平衡的重要性，激起对于地质研究的兴趣
		活动形式	教师讲解、实地探访、小组合作	教师演示、小组合作、动手实践	实地探访、讲解员讲解、自主实践体验

维度或要素			小学高年级段	初中段	高中段
研学课程	必修课程九	名称	舌尖踏青	美食风云	味蕾盛宴
		活动目的	体验挖野菜的乐趣，了解饺子的制作过程	掌握包饺子的方法和制作过程，培养科学的观察能力和探索精神	掌握沙县小吃制作技艺，了解当地的风土人情
		活动形式	教师讲解、动手实践、小组合作	教师讲解、实地探访、动手实践	教师讲解、实地探访、动手实践
	必修课程十	名称	炊灶搭建	探访现代农业	智慧农业
		活动目的	了解炊灶搭建的基本步骤和要点；感受劳动人民的伟大智慧	了解现代的应用范围与科学技术要点，以及滴灌技术的基本原理	了解滴灌技术的应用范围与科学技术要点，模拟滴灌技术的系统
		活动形式	教师示范、小组合作、实践体验	实地探访、教师讲解、小组合作	实地探访、教师引导、小组合作
	选修课程		1. 整理达人 2. 茶叶采摘 3. 磨豆腐 4. 打年糕	1. 石头画 2. 体验荷花种植 3. 水墨荷花 4. 制作植物图签	1. 篝火晚会 2. 探究莆田后黄村 3. 探访尤溪桂峰古村落 4. 安贞堡雕刻艺术

维度或要素		小学高年级段	初中段	高中段
研学线路	代表性线路（时长五日）	第一天：东方绿舟—竹林—东方绿舟；第二天：东方绿舟—上海辰山植物园—东方绿舟；第三天：东方绿舟—绿梦园—东方绿舟；第四天：东方绿舟—青西郊野公园—东方绿舟；第五天：东方绿舟—野外生存区—东方绿舟	第一天：东方绿舟—行知营地—生态教育园—行知营地；第二天：行知营地—盐城博物馆—生态教育园—行知营地；第三天：行知营地—江苏大丰麋鹿国家级自然保护区—行知营地；第四天：行知营地—泰州溱湖国家湿地公园—老山国家森林公园—行知营地；第五天：行知营地—南京现代农业园—东方绿舟	第一天：东方绿舟—三明营地—三明茶园—三明营地；第二天：三明营地—泰宁明清园—九龙潭—三明劳动体验园—三明营地；第三天：三明营地—尚书第—寨下大峡谷—三明劳动体验园—三明营地；第四天：三明营地—地博苑—三明劳动体验园—三明营地；第五天：三明营地—三明现代农业园—东方绿舟
	可选择线路（按天设计，菜单式选择）	1.东方绿舟—竹林—东方绿舟；2.东方绿舟—上海辰山植物园—东方绿舟；3.东方绿舟—智慧大道—东方绿舟；4.东方绿舟—青西郊野公园—东方绿舟；5.东方绿舟—上海铁路博物馆—东方绿舟；6.东方绿舟—上海自然博物馆—东方绿舟；7.东方绿舟—龙舟码头—东方绿舟；8.东方绿舟—上海植物园—东方绿舟	1.东方绿舟—生态教育园—行知营地；2.行知营地—盐城博物馆—行知营地；3.行知营地—江苏大丰麋鹿国家级自然保护区—行知营地；4.行知营地—泰州溱湖国家湿地公园—行知营地；5.行知营地—绍兴市鲁迅故里景区—行知营地；6.行知营地—常州博物馆—行知营地；7.行知营地—南京现代农业园—东方绿舟	1.东方绿舟—三明茶园—三明营地；2.三明营地—泰宁明清园—三明营地；3.三明营地—尚书第—三明营地；4.三明营地—地博苑—三明营地；5.三明营地—寨下大峡谷—三明营地；6.三明营地—三明劳动体验园—三明营地；7.三明营地—九龙潭—东方绿舟
	规划线路（按天设计）	1.东方绿舟—淀山湖湿地—东方绿舟；2.东方绿舟—国防教育园—东方绿舟；3.东方绿舟—上海市公共安全教育实训基地—东方绿舟；4.东方绿舟—智慧大道—东方绿舟	1.东方绿舟—行知营地—太湖湾—行知营地；2.行知营地—沙家浜风景区—行知营地；3.行知营地—拙政园—行知营地；4行知营地—鼋头渚—行知营地—东方绿舟	1.东方绿舟—三明营地—戴云山生态博物馆—三明营地；2.三明营地—青山湖国家森林公园—三明营地；3.三明营地—漳州东南花都—三明营地；4.三明营地—福州市三坊七巷·严复翰墨馆—三明营地；5.三明营地—武夷山风景区—东方绿舟

维度或要素		小学高年级段	初中段	高中段
教学重点难点（以代表性线路教学设计为例，以下同）	教学重点	1. 了解身边的植物与实际生活的关系，理解自然生态对于人类正常生活的重要意义；2. 了解植物多样性，探索地球上多种植物的生物形态；3. 了解树叶画贴纸的方法，熟悉树叶画制作过程；4. 了解蔬果的生长周期、采摘时间和采摘方法，知道正确的采摘技巧；5. 学习搓草绳编草鞋，了解搭建竹桥的基本知识和技巧；6. 了解竹筒饭食材分类和制作步骤	1. 以江苏的自然生态为主线，感受自然生态之美，领略千年海盐文化；2. 走进国家湿地和自然保护区，领略自然生态之美；3. 探究滩涂生态环境；寻觅珍惜物种、濒危鸟类踪迹，总结保护生物多样性的重要性；4. 了解国家保护环境的政策，树立保护环境的意识；5. 掌握草绳编织技巧；6. 学习清洗竹筒，确保卫生安全，学会选择合适的竹筒；7. 了解现代农业的应用范围与科学技术要点	1. 了解以明清时期古建筑、木雕艺术和家训文化为主的民间故宫，感受艺术之美；2. 学习状元静心苦读的精神，培养良好的学习习惯；3. 了解丹霞地貌的特征，感受大自然鬼斧神工，感悟不屈的生命力；4. 引导学生思考不断开拓视野，激发学生保护自然生态，培养关心社会发展及热爱祖国的思想情感，为成为德智体美劳全面发展的社会主义建设者奠定坚实基础；5. 引导学生了解沙县小吃制作技艺、民俗故事、当地风土人情，感受美丽中国；6. 理解草编技巧，传承非遗文化；7. 了解茶文化的历史渊源和茶礼的实践操作；8. 探索现代农业，模拟滴灌技术的系统构成
	教学难点	1. 运用科学的方法看待自然现象；2. 了解植物多样性和生态环境的重要性；3. 真切地感悟自然环境的美妙和保护环境的重要性；4. 通过实地探访和动手实践，提升劳动意识；5. 提升动手实践能力和创新能力；6. 顺利制作竹筒饭，学会珍惜粮食	1. 了解地方历史文化，树立文化自信；2. 运用所学知识分析湿地内的各种植物；3. 了解生物多样性的重要意义以及对人类的影响；4. 树立环境保护的可持续性意识；5. 搓出均匀结实的草绳并编成草鞋，制作过程中能合理分工、物尽其用；6. 烹饪竹筒饭时，有效控制火候；7. 理解科学技术与传统农业的跨学科衔接	1. 树立对传统文化的辩证认识，理解文化的深层内涵和中华文化在国际地位上的推动力；2. 真切地感受李春烨艰苦求学之路，培养静心苦读的精神；3. 熟悉丹霞地貌发展演变过程，全面理解和认识地质文化；4. 通过实地探访，切实激发学生保护自然生态的意识和热爱祖国的情感；5. 挖掘风土人情与美丽乡村的结合点；6. 提升非遗文化的理解与认知；7. 领悟茶文化的精神，形成自己的茶文化认知；8. 理解滴灌技术在现代农业中的应用与实践

维度或要素	小学高年级段	初中段	高中段
教学策略	针对小学高年级段学生好奇心强、学习效率高的学习特点，基于多元智力、发现学习理论思想，以学生对自然环境的认知能力培养为目标，让学生通过亲身实践与体验，培养观察力、思考力和创造力。本研学主题活动以自然生态为主线，以动手实践为重点，以讲授法、引导法、提问法、情境教学法、任务驱动法为主要教学方法，结合各类研学资源和校内学科知识，通过自主学习和合作学习，提供充分的动手机会和思维空间，在实际的教学过程中根据学生的情况进行动态调整，引导学生观察植物的生长、动物的习性，以及自然环境的变化，鼓励他们记录所见所闻，培养观察力和记录习惯，通过合作、讨论、分享、实践，将实地观察与体验落到实处，让学生感受大自然的魅力，体验自然之美，感受科学之趣，总之，让学生在自然环境中学习，培养他们的实践能力、观察能力和探究精神	针对初中段学生自我意识和独立性强的特点，基于多元智力、实用主义、发现学习理论，根据学生的需求和兴趣爱好，选择具有适合初中生特点的课程和挑战项目，让学生能够把自己所学习的知识和课程结合起来，给予学生思考和合作的空间，以培养学生科学态度和自然保护意识为目标，以自主探究、合作创新为活动理念，以情境教学法、任务驱动法、提问法、示范法、自主探究教学法、案例教学法为主要教学策略，注重学生思维的引导、行为的鼓励和评价的多元化，并在实际教学过程中根据学生的情况进行动态调整。在自然环境下，引导学生充分运用所学知识，反复训练科学方法，将环境感知与实地考察、问题导向的探究学习融入学生自然科学学习的各个环节，帮助学生深入理解自然科学知识，培养他们的实践能力和科学素养，落实五育并举，培养学生核心素养	针对高中段学生学习自主性高、善于探索和发现新事物的特点，他们善于将理论知识和实践相结合，已经掌握了丰富的学科知识和理论知识。基于多元智力、实用主义、建构主义、发现学习理论思想，以培育学生社会责任感和保护生态环境意识为目标，本课程借助自然生态优质资源，以学生为主体，以情境教学法、分组合作教学法、任务驱动型教学法、自主探究教学法、案例教学法为教学策略，引导学生自主学习、合作学习、探究学习，并在实际教学过程中根据学生的情况进行动态调整。通过组织学生进行野外考察、地质勘探、生态调查等实践活动，并引入科研元素，引导学生充分运用所学知识，反复训练科学方法，开展小课题研究，鼓励他们提出问题、设计实验、收集和分析数据，让他们亲身感受自然的魅力，理解自然科学的原理，激发他们对自然科学的兴趣和探索欲望，深化学生的自然科学理解，培养他们的实践能力和科学思维，培育学生德智体美劳全面发展

维度或要素				小学高年级段	初中段	高中段
实施方案	入营教育	安全	引导	引导学生学习研学实践安全教育行前课程，增强安全意识	借助多媒体教育，让学生明确安全的重要性	通过安全主题教育，引导学生对研学中 的安全知识自主梳理、并得出应对方法
			实训	使用研学安全手册，开展研学实践行车、饮食、住宿安全演练	开展“研学安全知多少”安全知识技能 展示活动，使理论有效指导实训	结合研学实际，以小组为单位制定安全预案，并以比赛形式开展模拟演练
		应急	引导	带领学生学习突发事件处理方法	培养学生面对应急事件的处理能力	指导学生合作提交科学可行的突发事件应急预案
			实训	模拟演练，了解避险、避灾技巧	模拟演练，指导学生掌握避险、避灾技巧，提升冷静应对能力	实施应急预案，提升冷静应对和自救互救能力
		救助	引导	引导学生在意外发生时保持冷静，处理伤情	引导学生在意外发生时保持冷静，运用现场资源开展自救	引导学生运用现场资源开展自救互救，认识救助的意义
			实训	学习止血、包扎、心肺复苏等急救技能	学习并掌握止血、包扎、心肺复苏等急救技能，能熟练运用	掌握止血、包扎、心肺复苏等急救技能，能在实际演练中做好自救互救
		自我管理	引导	明确学生研学期间做到规律作息、卫生文明	引导学生强化个人行为规范意识，管理个人情绪	引导学生遵守研学规范，自我约束和规范自我行为
			实训	自行制定作息表，有效管理时间	实行自我管理，并以小组为单位互相监督	组成学生自管会对研学过程中个人内务、纪律、出勤等方面进行评价
		团队协作	引导	通过任务卡，引导学生相互合作完成任务	通过拓展活动，引导学生团结协作、解决分歧	引导学生在集体食宿、出行的过程中做到团结协作，提升团队凝聚力
			实训	通过完成任务卡，合力解决难题	通过团队建设，凝聚团队力量，合力解决难题	通过团队建设，正确表达个人感受、真诚聆听他人需求，感受团队力量

维度或要素		小学高年级段	初中段	高中段
实施方案	导入教学环节	1.视频导入：观看竹筒饭制作过程，知道竹筒饭的制作步骤；2.任务导入：发放研学任务单，调动学生积极性和主观能动性；3.视频导入：播放有关现代农业科普的视频，引导学生了解传统农业和现代农业的区别；4.直接导入：介绍湿地的定义、特点、类型以及湿地的生态价值等；5.情境导入：假设今天是你的生日，邀请同学来吃饺子，但是你不会包怎么办	1.视频导入：学生观看有关编草绳的视频，讨论编草绳的技巧；2.问题导入：小组讨论“海盐是怎么形成的”，了解海盐的千年文化；3.直接导入：介绍麋鹿的生活习性，帮助学生树立保护动物的意识；4.故事导入：讲述老山国家森林公园内安葬的南宋著名词人张孝祥的故事，引起学生兴趣；5.问题导入：如果现代社会继续采用传统农耕模式，那现代社会的哪些方面会受到影响	1.故事导入：讲述一个与茶有关的故事，比如茶的历史、传说等，激发学生学习兴趣；2.问题导入：你了解泰宁明清园内哪位名人的故事或者哪个建筑背后的传说；3.图片导入：展示寨下大峡谷的高清图片，包括峡谷的壮观景色、丹霞地貌特写等，让学生对寨下大峡谷有更直观地认识；4.直接导入：地博苑的地质环境对生态保护起着至关重要的作用，小组探访其地质的环境结构；5.问题导入：现代农业发展会受到哪些方面影响
	授课教学环节	第一天：入营教育，必修课程一“绿竹清香”；必修课程二“树叶画”、必修课程三“草编绳艺”、选修课程1“整理达人”；第二天：必修课程四“走进辰山”；第三天：必修课程五“竹桥搭建”、必修课程六“果实大丰收”、必修课程七“现代农业科普”、选修课程2“茶叶采摘”；第四天：必修课程八“青西湿地”、选修课程3“磨豆腐”；第五天：必修课程九“舌尖踏青”、必修课程十“炊灶搭建”	第一天：入营教育，必修课程一“破冰拓展”、必修课程二“编草成绳”、选修课程1“石头画”；第二天：必修课程三“妙不可盐”、必修课程四“竹香饭艺”；第三天：必修课程五“麋鹿观察初体验”；第四天：必修课程六“湿地与未来”、必修课程七“湿地印象”、选修课程2“体验荷花种植”；第五天：必修课程八“竹韵桥艺”、必修课程九“美食风云”、必修课程十“探访现代农业”、选修课程4“制作植物图签”	第一天：入营教育，必修课程一“品茶香 学茶礼”、选修课程2“探究莆田后黄村”；第二天：必修课程二“探秘泰宁明清园”、必修课程三“走访九龙潭”、必修课程四“草艺绳韵”；第三天：必修课程五“解密尚书第”、必修课程六“走进寨下大峡谷”、必修课程七“竹桥匠心”、选修课程4“安贞堡雕刻艺术”；第四天：必修课程八“地层揭秘”；第五天：必修课程九“味蕾盛宴”、必修课程十“智慧农业”

维度或要素		小学高年级段	初中段	高中段
实施方案	进级教学环节	1.在“走进辰山”课程的基础上让学生深刻感受到大自然的魅力和与人文精神的结合，从而提升他们的审美能力和文化素养；2.在“走进青西湿地”课程的基础上深入了解湿地的植被、动物以及它们之间的相互关系，激发学生的学习兴趣和好奇心，培养他们的观察能力和实践能力，提升他们的综合素质；3.在“树叶画”课程的基础上让学生充分发挥自己的想象力和创造力，将自然元素与艺术创作相结合，创作出独一无二的作品；4.在“果实大丰收”课程的基础上培养学生的团队合作精神和分享意识，以及提升学生的劳动观念和感恩之心，让他们更加珍惜劳动成果和尊重劳动者	1.在“妙不可‘盐’”课程的基础上深入了解盐城的历史变迁、文化传承和社会发展，从而增强文化认同感和自豪感；2.在“麋鹿观察初体验”课程的基础上学会运用科学知识和方法，记录麋鹿的行为、习性等信息，培养学生的观察力和科学思维；3.在“湿地印象”课程的基础上深入了解湿地与人类文化的紧密联系，关注人与自然的和谐共生，推动人类社会的可持续发展；4.在“竹韵桥艺”课程的基础上鼓励学生发挥想象力和创新精神，尝试将竹文化与现代设计相结合，创作出具有独特风格的作品	1.在“品茶香 学茶礼”课程的基础上深入了解和体验泡茶技巧，感悟茶道精髓，加强茶礼学习，提升个人修养；2.在“解密尚书第”课程的基础上深入了解古代政治体制、社会制度、思想文化和价值观念，从而更好地理解古代历史和文化传统；3.在“探秘泰宁明清园”课程基础上深入了解明清时期的文化特色、建筑风格和艺术成就，从而加深对传统文化的理解和认识；4.在“智慧农业”课程基础上深入了解智慧农业，掌握现代信息技术与农业生产的深度融合，激发他们对农业科技的兴趣和热情，培养他们对未来农业发展的关注和期待
	巩固教学环节	1.教师组织学生进行小组总结，共同回顾研学实践的经历，确保每个学生都能深入参与并分享自己的体会；2.在总结过程中，教师采用问答的方式，引导学生积极思考和回答问题，加深对科学技术的理解和掌握；3.为了增强学生的实际应用能力，教师运用启发式教学，激发学生的创新思维，促进他们将所学知识运用到实际生活中；4.通过情境教学的方法，教师帮助学生充分理解课程内容与内涵，使他们在轻松愉快的氛围中巩固所学知识，提升学习效果	1.教师组织学生撰写研学报告，旨在引导学生全面总结研学过程中的收获与体会；2.学生在撰写研学报告时，通过查阅相关资料、开展实践活动等方式，加深对所选主题的理解与认识；3.报告完成后，教师对学生的研学报告进行点评，肯定学生的努力与成果；4.教师结合学生的研学报告，引导学生将所学内容与实际生活相结合，增强学生的学习兴趣与实践能力；5.教师鼓励学生将研学成果付诸实践，将理论知识转化为实际行动，为保护环境、守护绿水青山贡献自己的力量	1.学生对所学所看的知识进行自主分析、归纳和总结，形成自己的研学报告；2.各小组分别进行研学成果的总结汇报，展示研学活动的收获与体会，清晰地表达自己的想法和观点；3.通过研学交流分享会，学生之间可以相互学习、相互启发，进一步拓宽了他们的视野和知识面；4.在后续学习过程中更深入地思考自己的成长方向和社会责任，激发他们为未来的发展和进步做出更大的贡献

维度或要素			小学高年级段	初中段	高中段
实施方案	总结教学环节	教学创新	通过课堂小测验、观察记录、作品展示等方式，激发学生学习兴趣；通过参与问题的发现和解决过程，提高学生发现并解决问题的能力	通过小组讨论、主题演讲等形式，评估学生的探究能力、创新能力和表达能力；通过场景切换与实际体验，培养学生探索精神和科学研究能力	引入研究性学习模式，学生自主选择研究主题、设计研究方案、开展实践活动，培养他们的科学探究能力和创新能力；通过专家讲座、实地考察等形式，关注学生的个性发展和特长培养，提供多样化的学习资源和活动
		教学总结	利用研学评价调查表，及时收集学生反馈，了解学生研学手册填写情况；通过及时复盘的方式，了解研学教学环节的优点和不足，建立研学档案	借助研学评价调查表，汇集学生反馈，认识教学环节的不足；借助及时复盘的方法，深入剖析研学环节的优势与短板，优化研学实施方案	借助研学评价调查表，汇集学生反馈意见；深入掌握学生研学手册的填写情况，为优化研学活动提供有力支持；对教学过程、方法和效果进行评估，了解教学效果，改进教学方法，为后续研学活动的改进提供了宝贵的经验和参考
		教学反思	根据调查反馈情况，对各个教学环节及时进行调整和优化，关注引导探究性学习和合作学习的实施情况；总结经验，为下一次研学活动提供参考	根据学生学段调整并优化各教学环节，密切关注并引导探究性学习和合作学习的实施效果；精心总结本次活动的经验，为下一次研学活动提供有益的参考和借鉴	分析学生在哪些研学活动课程中存在困难，改进教学方式；反思在教学过程中采用的教学方法是否有效，分析教学效果是否达到预期目标，提高教学质量，实现教学目标

维度或要素				小学高年级段	初中段	高中段
实施方案	评价教学环节	教学水平评价	自我评价	教师根据学生参与度、学生兴趣等情况评价课程设置合理性	教师对研学目标达成度、研学流程、课程实施情况、突发事件处理情况等进行评价与反思	对是否达到教学目标、教学目标是否与学生的实际需求和能力水平相匹配进行考核和评价
			学生评价	学生对研学过程的总体体验、研学课程是否具有吸引力等方面进行评价	学生对研学过程的总体体验、研学课程是否符合自身需求、是否有收获等方面进行评价	学生对研学过程的教师的组织能力、协调能力、教学方法和手段是否具有多样性等方面进行评价
			同行评价	教师对研学内容设计、课堂氛围是否积极、和谐，确保教学秩序和效率等方面进行评价	教师对研学内容设计、教学策略、实施效果、教学机制，能否妥善处理学生问题和行为，维护良好的师生关系等方面进行评价	教师对研学课程的教学理念和方法进行评价；对教学内容的组织与呈现能否达到教学目标和预期的学习成果进行评价
			培训和考核	教师定期参加研学实践课程资源的开发、教学实施的培训，并在政治素养、教学水平、教学态度、教学成果等多维度对教师进行综合考核与评价	定期组织教学研讨和交流会；从教学理念、教学态度、教学技能、教学情感等多维度对教师进行综合考核与评价	在培训和考核过程中，鼓励教师反思自己的教学实践，发现自己的优点和不足，并制订改进计划。同时，为教师提供持续的支持和指导，帮助他们实现自我提升和发展
			教学成果展示	用图文、影像等资料记录学生的研学实践表现，通过交流分享会、微视频等方式展示研学实践成果	记录、总结学生的研学实践过程，撰写研学实践案例；用研究报告、分享会等方式展示研学实践成果	借助网络等多媒体社交平台将教学成果数字化展示；通过撰写研学报告、项目汇报等方式展示研学实践成果

维度或要素				小学高年级段	初中段	高中段
实施方案	评价教学环节	学业评价	形成性评价	实时观察、关注、记录学生的学习过程、合作能力和创造性表达，及时进行反馈鼓励	关注学生探究方法和能力的培养；关注学生团队合作的能力合作与沟通能力、问题解决与创新能力	评价学生在研学活动中的参与度和积极性，评价学生的团队合作能力和沟通技巧；评价学生对自然生态的理解和认识，帮助学生更好地了解自己的表现，找到不足，进一步提升自己的能力和素质
			总结性评价	参照研学目标，通过测验、小组汇报、研学日记等形式对学生在研学活动中的收获进行评价	参照研学目标，建立研学档案，通过小组汇报、研学微报告等方式评价学生学习成效、合作能力、创新能力、情感态度	对学生在研学活动中的整体表现进行概括性的评价，包括他们对自然生态主题的理解程度、参与活动的积极性以及学习态度的转变等。通过对比活动前后的变化，评价学生在活动中的成长和进步
			教师评价	教师根据学生在研学活动中的参与度、合作有效性、成果展示、能力提升、情感认同等方面进行综合评价，帮助学生树立积极向上的价值观和生活态度	教师根据学生在研学活动中的参与度、问卷调查、合作有效性、成果展示、能力提升、情感认同等方面进行综合评价，考察学生是否能够在活动中提出新的观点和建议	评价学生的实践能力和观察能力，关注学生的创新思维和解决问题的能力，考察学生是否能够在活动中提出新的观点和建议，是否能够独立思考并解决问题
		项目评价		教育主管部门、学生家长、学校、社会各界对研学目标设定、研学过程设计、研学实施效果等方面进行评价，对活动实施过程进一步优化	教育主管部门、学生家长、学校、社会各界对研学目标设定、研学过程设计、课程资源、实施效果等方面评估，评价教师采用的教学方法是否恰当，是否能够激发学生的学习兴趣，促进学生的主动学习和积极参与	教育主管部门、学生家长、学校、社会各界对研学目标设定可测量性、研学过程设计实施、协同管理等方面评估学生的学习效果，包括知识的掌握程度、情感态度的变化等，以及评价教师的教学效果、教学管理的规范性

4.10　教学计划与策略列表：行闽南大地　研绿水青山

<table>
<tr><td colspan="3">营地名称</td><td>晋江中小学生示范性综合实践基地</td><td>命名机构</td><td>教育部</td><td>识别码</td><td>Y145350001</td></tr>
<tr><td colspan="3">从业资质（摘要）</td><td>综合实践教育；研学实践教育；劳动教育</td><td>单位属性</td><td>公益一类</td><td>法定代表人</td><td>董佳毅</td></tr>
<tr><td colspan="3">研学主题</td><td>行闽南大地　研绿水青山</td><td colspan="2">主要目的指向</td><td colspan="2">自然教育</td></tr>
<tr><td rowspan="7">营地（枢纽）及周边主要优质研学资源</td><td colspan="2">基地层级</td><td colspan="5">研学站点（基地）名称</td></tr>
<tr><td rowspan="2">教育部命名基地</td><td>已列入教学计划</td><td colspan="5">一、与本主题相关列入教学计划的基地9个
1. 晋江中小学生示范性综合实践基地（简称“晋江营地”）；2. 厦门园林博览苑（简称“厦门园博苑”）；3. 福建省深沪湾海底古森林遗迹国家级自然保护区（简称“海底古森林”）；4. 泉州市田野风观光果园（简称“田野风”）；5. 厦门园林植物园；6. 福建福州国家森林公园（简称“福州森林公园”）；7. 漳州东南花都（简称“东南花都”）；8. 鹭凯研学实践基地（简称“鹭凯基地”）；9. 福建农业职业技术学院相思岭中小学研学实践教育基地（简称“相思岭”）
二、与本主题关联不大但列入本营地教学计划的基地14个
1. 福州市三坊七巷·严复翰墨馆（简称“严复翰墨馆”）；2. 厦门科技馆；3. 福州市中国船政文化景区（简称“福州船政”）；4. 福建闽越王城博物馆（简称“闽越王城”）；5. 福州市林则徐纪念馆（简称“林则徐纪念馆”）；6. 泉州市晋江市五店市传统文化旅游区（简称“五店市”）；7. 顺美陶瓷文化世界（简称“顺美陶瓷”）；8. 厦门市中小学生综合实践基地（简称“厦门基地”）；9. 福建土楼（南靖）青少年社会实践活动中心（简称“南靖土楼”）；10. 泉州市洛江区中小学生综合实践基地（简称“洛江基地”）；11. 三明市泰宁世界地质公园研学实践基地（简称“泰宁地质公园”）；12. 南平市建阳区卧龙湾生态旅游开发有限公司（简称“卧龙湾”）；13. 龙岩市古田旅游集团有限公司（简称“古田会址”）；14. 福鼎市中小学劳动实践基地（简称“福鼎基地”）</td></tr>
<tr><td>待列入教学计划</td><td colspan="5">1. 厦门大学附属科技中学；2. 国家海洋局厦门海洋环境监测中心站；3. 国家海洋局海岛研究中心</td></tr>
<tr><td colspan="2">其他部委命名基地</td><td colspan="5">无</td></tr>
<tr><td colspan="2">地方命名基地</td><td colspan="5">1. 晋江鸿江盆景植物园（简称“鸿江盆景”）；2. 晋江安平桥（简称“安平桥”）；3. 泉州清源山（简称“清源山”）；4. 南安九日山祈风石刻（简称“九日山”）；5. 洛江洛阳桥（简称“洛阳桥”）；6. 安溪溪禾山茶园（简称“溪禾山茶园”）；7. 安溪国心绿谷（简称“国心绿谷”）；8. 永春牛姆林；9. 台商区海上丝绸之路艺术园亚洲园（简称“海丝艺术公园”）；10. 泉州海丝野生动物园</td></tr>
<tr><td colspan="2">本营地资源</td><td colspan="5">1. 劳动种植区；2. 红十字生命安全体验馆；3. 晋江市防震减灾科普馆（简称“防震减灾科普馆”）；4. 晋江市中医药文化宣传教育基地（简称“晋江中医药文化基地”）</td></tr>
<tr><td colspan="2">其他资源</td><td colspan="5">塘东沙堤</td></tr>
</table>

维度或要素	小学高年级段	初中段	高中段
校内教育基础（与校内教育的衔接）	对照《义务教育必修课程方案和必修课程标准（2022年版）》，小学高年段学生大多是外向而开放的，学习效率高，并且十分好动，他们对大自然拥有别样的好奇心和兴趣，接受能力很强，会为自己的发现和尝试，体验到成就感，并有意识的去探索事物的内在联系。用带有运动机会的活动以及具有明确任务的活动来引导学生，如能够促进相互协作和团队合作能力的活动。这个年龄阶段的孩子乐于接受新的事物，对他们传授知识是可行的。本研学主题必修课程与校内教材教育的衔接内容如下：1.部编版四年级上册语文第五单元第17课“爬天都峰”；2.四年级下册科学第二单元“新的生命”第2课“各种各样的花”、第3课“花、果实和种子”，第四单元“岩石和矿物”；3.部编版四年级上册语文第二单元第8课“蝴蝶的家”；4.部编版五年级上册科学第一单元“生物与环境”第5课“食物链和食物网”，第三单元“地球表面及其变化”第2课“地球内部运动引起的地形变化”；5.部编版四年级下册语文第二单元第5课“琥珀”，第三单元第11课“白桦”；6.部编版六年级下册科学第一单元“植物的生活与繁衍”第2课“植物的种类与特点”，第二单元“动物的生活与繁衍”第1课“动物的分类与特点”	对照《义务教育必修课程方案和必修课程标准（2022年版）》，初中段学生独立性强，自我意识强，渴望得到重视。青春期到来，生理和心理上发生变化，导致他们的注意力比较难集中，首先要了解他们的需求，重视这些需求。为了能满足他们不同的兴趣，可以在安排耗费体力的活动之余，再安排一些锻炼规划能力和社会生存能力的活动。本研学主题必修课程与校内教材教育的衔接内容如下：1.北师大版七年级上册生物第一单元第一章“认识生物”第1课“形形色色的生物”、第三单元“生物圈中的绿色植物”、第七章“绿色植物与生物圈”；2.北师大版七年级下册生物第四单元第14章“人在生物圈中的义务”第1节“人类活动对生物圈的影响”、第2节“保护生物圈是全人类的共同义务”；3.北师大版八年级上册生物第五单元“生物圈中的动物和微生物”第17章“生物圈中的动物”第1节“动物在生物圈中的作用”、第2节“我国的动物资源及保护”；4.北师大版八年级下册生物第七单元第22章“物种的多样性”第3节“植物的主要类群”、第4节“动物的主要类群”；5.人教版八年级上册语文第三单元第10课“三峡”，第五单元第18课“中国石拱桥”；6.湘教版八年级上册地理第二单元“中国的自然环境”第1节“中国的地形”	对照《义务教育必修课程方案和必修课程标准（2022年版）》，高中段学生智力发展趋于成熟，有着强烈的求知欲和浓厚的学习兴趣，自主性和分析能力强，自我认同感强烈，社交能力逐渐拓展和提高，需要一个更广阔的世界让他们探索，可以选择一些既能和他们所学知识联系起来，又对他们具有挑战性的项目内容，让他们能独立又有目标地参与其中，给予他们对话、讨论、思考的自由空间，甚至可以改变既定的活动方案，本课程衔接人教版教材内容如下：1.高中地理必修一第四章“地貌”第1节“见地貌类型”；2.高中生物学必修一“稳态与调节”第5章“植物生命活动的调节”第1节“植物生长素”、第2节“其他植物激素”、第3节“植物生长调节剂的应用”、第4节“环境因素参与调节植物的生命活动”；3.高中生物必修二“生物与环境”第四章“人与环境”第1节“人类活动对生态环境的影响”、第2节“生物多样性及其保护”

维度或要素			小学高年级段	初中段	高中段
研学课程	必修课程一	名称	泉州世遗遗址密盒	有一种世遗叫泉州	玩转世遗泉州
		活动目的	了解泉州世遗点，感悟世界遗产魅力，增强文化自信和民族自豪感	深入了解古代海上丝绸之路的“活动石”——泉州，做一个爱拼敢赢的泉州人	做泉州形象代言人，为泉州设计一张名片，为泉州文化感到骄傲
		活动形式	教师讲授、实地探访、小组合作相结合	教师讲授、实地探访、实践体验相结合	教师讲授、实地探访、制作体验相结合
	必修课程二	名称	观奇石　赏盆景	寿山石DIY	森林植被调查
		活动目的	欣赏造型奇特的奇石，风格迥异的盆景；学习盆景的基本制作和管护知识，领略自然美与艺术的完美结合	通过亲自打磨，制作寿山石模型，学习寿山石“细、结、润、腻、温、凝”的特点	通过福州森林公园植物的生长特点、适应环境和生态功能设计一份调查报告加深对生态系统的认识
		活动形式	教师讲授、实地考察、小组合作交流相结合	教师讲授、小组交流、制作体验相结合	教师讲授、实地探访、设计体验相结合
	必修课程三	名称	走进海底古森林遗迹	动物寻踪	邂逅闽南建筑
		活动目的	见识各种奇特的地质现象，了解古森林、古牡蛎礁、旧石器等形成的原因及过程	了解不同动物的生态习性和生存状态，掌握动物与自然环境的相互关系	在自然环境中观赏建筑，会用自己的方式表现闽南红砖古厝文化及建筑的特色和美
		活动形式	教师讲授、实地探访、观察法相结合	收集资料、教师讲授、实地探访、观察记录相结合	社会调查研究、教师讲授、实地探访相结合
	必修课程四	名称	“桥”见泉州	多彩的桥梁文化	访触角沙滩
		活动目的	参观古桥梁，欣赏不同生态要素共存下的奇景，观察其建筑特征，总结建筑方法	参观古桥梁，感受世界遗产与自然景观相映成趣，设计一座桥	通过考察“亚洲唯一”的触角状沙堤，查找资料，写一份调查报告
		活动形式	查找文献、教师讲授、实地探访、实践体验相结合	教师讲授、实地探访、设计制作、总结交流相结合	教师讲授、实地探访、撰写调查报告相结合

维度或要素			小学高年级段	初中段	高中段
研学课程	必修课程五	名称	与众不同的屋顶文化	邂逅闽南建筑	制作蝶翅书签
		活动目的	在自然环境中观赏建筑的同时，体会将人文、建筑、风土人情，融为一体的妙趣	了解闽南古厝文化及建筑的特色和美，提高审美能力，激发学生对家乡的热爱	通过制作一张张精美的书签，感受蝶翅书签制作工艺的独特魅力，培养审美情趣
		活动形式	教师讲授、实地参观、撰写体会相结合	教师讲授、调查、观察、文献检索与搜集体验相结合	教师讲授、实地探访、制作体验相结合
	必修课程六	名称	植物搜索	访触角沙滩	小小采茶师
		活动目的	通过亲身实践，增强同学们的动手能力，了解植物生长的秘密	漫步“亚洲唯一”的触角状沙堤，领略塘东村庄风貌，增强爱乡之情	通过亲自实践感受嫩芽划过的痕迹，体验采茶的乐趣与种茶人的艰辛
		活动形式	教师讲授、实地探访、实践体验相结合	教师讲授、实地探访、实践体验相结合	教师讲授、亲身体验、撰写收获相结合
	必修课程七	名称	雨林探秘	走进植物园	走进果园
		活动目的	了解雨林植物的特殊生长现象，并认识几种代表性植物	通过亲身实践，增强同学们的动手能力，了解植物生长的秘密	了解水果的知识，学习采摘方式，品尝各种应季水果，体会采摘乐趣
		活动形式	教师讲授、查找资料、实地观察相结合	教师讲授、实地探访、实践体验相结合	教师讲授、实地考察、实践体验、总结交流相结合
	必修课程八	名称	熊猫研学之旅	亲近自然　探寻海丝	茶韵·体验茶文化
		活动目的	了解大熊猫的进化史以及生存所必备的各种条件及独特生态环境等自然科普知识	了解植物的生长及变化和古代海丝沿线亚洲各国的历史、文明、艺术、风俗习惯等	在风光如画的山水间，掌握传统茶文化艺术
		活动形式	查找文献、教师讲授、实地观察、小组交流相结合	教师讲授、实地参观、查找文献、小组交流相结合	教师讲授、谈话、实地探访、实践体验、总结汇报相结合

维度或要素			小学高年级段	初中段	高中段
研学课程	必修课程九	名称	动物寻踪	清源山之行	玩转农场
		活动目的	用眼用心去观察，锻炼观察能力和动手能力，感受自然中的乐趣	用心灵感受多元文化宝库，深入了解自然和人文环境，提升综合能力和科学素养	在风光如画的自然中体验农耕，体悟农耕的艰辛，为未来的生活和发展打下基础
		活动形式	教师讲解、实地观察、小组交流、总结提升相结合	教师讲授、实地考察、采访、观察、实验相结合	教师讲授、农业科技体验、饲养与观察、知识竞赛、探险游相结合
	必修课程十	名称	拓印古碑文	走进果园	植物拓染
		活动目的	在大自然中亲手拓印古碑文，了解拓片的发展过程和历史意义，掌握拓印技艺	了解水果的知识，学习采摘方式，品尝各种应季水果	通过学习植物拓印的方法，了解植物拓染绿色环保理念
		活动形式	教师讲授、实践操作、作品展示与交流相结合	果园导览、亲身体验、品尝会、探索体验相结合	教师讲授、实践操作、互动交流、作品交流相结合
	选修课程		1. 主题叶贴画、种子贴画 2. 桥梁结构 3. 摩崖石刻、碑刻 4. 闽南的红砖古厝 5. 小小桥梁设计师	1. 非遗棕编 2. 桥梁结构 3. 风筝 DIY 4. 闽南的红砖古厝	1. 茶园斗茶 2. 烹饪 3. 穹顶搭建 4. 藤编 DIY 5. 风筝 DIY

维度或要素		小学高年级段	初中段	高中段
研学线路	代表性线路（时长五日）	第一天：晋江营地—东南花都—晋江营地；第二天：晋江营地—泉州海丝野生动物园—洛阳桥—晋江营地；第三天：晋江营地—九日山—海丝艺术公园—晋江营地；第四天：晋江营地—五店市—海底古森林—晋江营地；第五天：晋江营地—安平桥—鸿江盆景—晋江营地	第一天：晋江营地—厦门园林植物园—晋江营地；第二天：晋江营地—洛阳桥—田野风—晋江营地；第三天：晋江营地—清源山—塘东沙堤—晋江营地；第四天：晋江营地—海丝艺术园—五店市—晋江营地；第五天：晋江营地—福州森林公园—晋江营地	第一天：晋江营地—溪禾山茶园—国心绿谷—晋江营地；第二天：晋江营地—相思岭—晋江营地；第三天：晋江营地—厦门园博苑—防震减灾科普馆—晋江营地；第四天：晋江营地—鹭凯基地—晋江营地；第五天：晋江营地—五店市—塘东沙堤—晋江营地
	可选择线路（按天设计，菜单式选择）	1. 晋江营地—厦门园林植物园—晋江营地；2. 晋江营地—泉州海丝野生动物园—洛阳桥—晋江营地；3. 晋江营地—九日山—海丝艺术公园—晋江营地；4. 晋江营地—五店市—海底古森林—晋江营地；5. 晋江营地—安平桥—鸿江盆景—防震减灾科普馆—晋江营地；6. 晋江营地—五店市—海底古森林—晋江营地；7. 晋江营地—清源山—洛阳桥—晋江营地；8. 晋江营地—海丝艺术园—田野风—晋江营地	1. 晋江营地—东南花都—晋江营地；2. 晋江营地—溪禾山茶园—国心绿谷—晋江营地；3. 晋江营地—厦门园博苑—防震减灾科普馆—晋江营地；4. 晋江营地—九日山—海丝艺术公园—晋江营地；5. 晋江营地—福州森林公园—晋江营地；6. 晋江营地—五店市—海底古森林—晋江营地；7. 晋江营地—清源山—塘东沙堤—晋江营地；8. 晋江营地—海丝艺术园—五店市—晋江营地；9. 晋江营地—洛阳桥—田野风—晋江营地	1. 晋江营地—东南花都—晋江营地；2. 晋江营地—溪禾山茶园—国心绿谷—晋江营地；3. 晋江营地—厦门园博苑—防震减灾科普馆—晋江营地；4. 晋江营地—九日山—海丝艺术公园—晋江营地；5. 晋江营地—安平桥—鸿江盆景—晋江营地；6. 晋江营地—五店市—塘东沙提—晋江营地；7. 晋江营地—相思岭—晋江营地；8. 晋江营地—鹭凯基地—晋江营地；9. 晋江营地—洛阳桥—田野风—晋江营地
	规划线路（按天设计）	1. 晋江营地—国家海洋局厦门海洋环境监测中心站—晋江营地；2. 晋江营地—厦门大学附属科技中学—晋江营地；3. 晋江营地—国家海洋局海岛研究中心—晋江营地	1. 晋江营地—国家海洋局厦门海洋环境监测中心站—晋江营地；2. 晋江营地—厦门大学附属科技中学—晋江营地；3. 晋江营地—国家海洋局海岛研究中心—晋江营地	1. 晋江营地—国家海洋局厦门海洋环境监测中心站—晋江营地；2. 晋江营地—厦门大学附属科技中学—晋江营地；3. 晋江营地—国家海洋局海岛研究中心—晋江营地

维度或要素		小学高年级段	初中段	高中段
教学重点难点（以代表性线路教学设计为例，以下同）	教学重点	1.通过观察、实验、测量、调查等科学方法，认识和学习植物的多样性以及各种植物的特点 2.认识我国野生动物种类，提倡保护野生动物，树立爱动物、保护动物的意识 3.领略九日山的秀丽风景和海丝艺术园内的海丝盛景，激发对海丝文化的关注和热爱 4.学习古建筑与自然和谐之美，亲近自然，感怀人文历史之深厚 5.通过学习盆景的基本制作和管护知识，引导欣赏古桥的艺术之美	1.通过观察、实验、测量、调查等科学方法，认识和学习植物的多样性以及各种植物的特点 2.在劳动实践中，品味农耕文化，亲历农耕体验，学习农业科技 3.在观山面水、亲近自然的同时，总结不同地域类型的植物特点 4.通过欣赏海丝盛景和古建筑与自然和谐之美，激发对海丝文化的关注和热爱 5.学习自然科学知识，深入掌握福州濒危动植物现状	1.掌握中国名茶的种类、常识，尤其是铁观音的相关知识 2.进行蕨类植物、食虫植物，农业益虫、害虫科普 3.在厦门园博苑四大主题系列线路研学中，引导学生热爱自然，增强环保意识，对生物链有进一步的认识 4.学习农耕知识和进行农耕体验，懂得对农业发展作出自己的贡献 5.探究“亚洲唯一”触角沙滩的成因，并能作出解释
	教学难点	1.培养学生保护环境、节约资源、推动生态文明建设和可持续发展的责任感 2.教会学生如何正确的与动物和谐相处 3.探索“祈风石刻”的秘密，掌握古代海丝路线和多元文化的形成与发展的知识 4.在领略闽南传统建筑之美的基础上，学习优秀的闽南家风文化 5.通过安平桥的结构特点和建筑特色探究人与自然的关系，以科学的态度对安平桥的保护提出意见建议	1.培养学生保护环境、节约资源、推动生态文明建设和可持续发展的责任感 2.深入感知泉州海丝历史文化遗产的魅力，归纳洛阳桥红树林的特点，树立人与自然和谐相处的生态文明观 3.探究“亚洲唯一”的触角沙滩成因 4.在领略闽南传统建筑之美的基础上，学习优秀的闽南家风文化 5.通过认识动植物对人类的贡献，意识到环境生态环境保护的重要性	1.能够用所学知识解释茶叶采制过程中发生的物理化学变化 2.多角度、多方法，了解大自然带给人类的启示，提升生态保护的意识 3.利用所学知识，在厦门园博苑内开展生物多样性调查，关注自然环保问题 4.学会割水稻、脱谷、扎稻草人、编草绳等农作项目 5.能够通过建筑特色探究人与自然的关系

维度或要素	小学高年级段	初中段	高中段
教学策略	针对小学高年级段学生大多是外向而开放的特点，学习效率高，并且十分好动，他们对大自然拥有足够的好奇心和兴趣，接受能力强，会为自己的发现和尝试，体会到成就感，并有意识的去探索事物的内在联系的实际情况。基于泰勒的现代课程理论、陶行知的教育理论思想，以学生对自然环境的认知能力培养为目标，让学生通过亲身实践与体验，培养观察力、思考力和创造力。采取讲授法、谈话法、演示法、练习法等教法和自主学习、合作学习学法，借助自然景观研学点、校内学科教科书、研学手册及线上课程资源等教学资源和数字化技术，使用游戏化、体验式、跨学科等教学策略来进行总体设计，并在实际教学过程中根据学生反馈进行动态调整，从而达到预期的教学目标	针对初中段学生对科学学习和实践具有初步的理论兴趣，乐于与他人合作交流，乐于思考科学现象的发生原因、规律及理论问题，乐于发现感受科学与技术对改善人类生活和促进社会发展的关系等学情。基于义务教育科学课程标准（2022年版），给予他们对话、讨论、思考的自由空间，以学生科学态度与责任能力培养为目标，讲授法、演示法、讨论法、练习法、实践法等教法和自主学习、合作学习、探究学习等学法，借助丰富的实践体验教学资源和数字化技术，使用体验式、情景式、合作学习、跨学科、项目式、相互教学等教学策略来进行总体设计，开展实践体验、交流分享等活动，并在实际教学过程中根据学生反馈进行动态调整，从而达到预期的教学目标	针对高中段学生渴望获得未来发展、终身学习所必需的学科核心素养，希望创造美好生活，愿意担当民族复兴大任，成为有理念、会设计、能动手、善创造的社会主义建设者和接班人等学情。基于普通高中通用技术课程标准和普通高中信息技术课程标准（2017年版，2020年修订），采取讲授法、演示法、讨论法、练习法、实践法、实验法等教法和自主学习、合作学习、探究学习、验证法等学法，借助丰富的实践体验教学资源和数字化技术，使用体验式、情景式、合作学习、跨学科、项目式、相互教学、服务学习、探究学习、问题解决等教学策略来进行总体设计，建立“研究小组”，通过统计、测量、绘制等方法发现和获取知识，并且制订可持续发展计划，使自己积极主动投身于社会发展中，并在实际教学过程中根据学生反馈进行动态调整，从而达到预期的教学目标

维度或要素				小学高年级段	初中段	高中段
实施方案	入营教育	安全	引导	通过营地安全通道、安全标识学习进行入营安全教育	通过营地安全通道、安全标识学习进行入营安全教育，寻找安全隐患	通过营地安全通道、安全标识学习进行入营安全教育，知道遇到危险如何逃生
			实训	学习安全手册，强化安全意识，记住遇到危险时如何快速逃生	学习安全手册，强化安全意识，思考解决安全隐患的办法	学习安全手册，引起对安全的重视，分组制定疏散方案、路线
		应急	引导	通过观看视频，了解应急事件处理的方法、技巧	通过视频学习，掌握应急事件处理的方法和技巧	通过视频学习，掌握应急事件处理的方法和技巧，分组制定应急方案
			实训	观看典型视频，了解逃生技巧，组织应急疏散演练	观看典型视频，学习应急技能，组织应急疏散演练	观看典型视频，掌握应急技能，分组制定疏散方案，开展应急疏散演练
		救助	引导	通过案例情境，帮助学生快速掌握需要救助时的流程，特别是记住救助电话	通过案例情境，培养学生遇到需要求助时，主动寻找和利用各种资源的能力	通过案例情境，掌握遇到危险自救、互救的能力
			实训	模拟实施角色扮演等活动，帮助学生熟悉救助流程	模拟实施包括角色扮演、团队合作等活动，学生熟悉救助流程	模拟实施包括角色扮演、团队合作、案例分析等活动，掌握救助方法
		自我管理	引导	通过情绪管理的培训和指导，帮助学生了解应对压力和困难的方法	通过情绪管理的培训和指导，学生掌握应对压力和困难的方法	通过情绪管理的培训和指导，学生懂得缓解压力和解决困难
			实训	开展角色扮演、心理游戏等活动，了解自我管理的内容和方法	开展角色扮演、团队拓展等活动，学习从多层面进行情绪管理	开展案例分析、心理团建等活动，提升时间、情绪等自我管理能力
		团队协作	引导	从集体生活的细节，引导学生认识团队协作的重要性	从集体生活的细节，引导学生一个人可以走很远，一群人可以走更远的集体意识	从集体生活的细节，引导学生打造高效团队
			实训	通过丰富多彩的游戏项目培养学生的合作互助意识和集体意识	通过丰富多彩的拓展训练项目培养学生的合作互助意识	通过丰富多彩的团队拓展训练项目培养学生的合作互助意识

维度或要素		小学高年级段	初中段	高中段
实施方案	导入教学环节	1.视频导入：通过植物铭牌介绍园区内的植物，激发学生研学热情，让学生在探秘任务中，不断了解研学知识点；2.海洋生物知识竞猜导入：引发学生探索欲望，围绕课程主题进行课前讨论与思考；3.创设情境：用视频进行情景再现，引发学生对海丝文化的关注；4.故事导入：讲“雕梁画栋皇宫起”的故事，激发学生探究闽南传统建筑之美的兴趣；5.中心导入：为学生从安平桥的结构特点和建筑特色探究人与自然的关系做引入和铺垫	1.视频导入：介绍园区内的植物，激发学生研学热情，让学生在探秘任务中，不断了解研学知识点；2.目标导入：为学生学习洛阳桥红树林的相关知识做铺垫；3.视频导入：了解清源山的动植物，指导学生查找研学地相关资料，罗列资料内容清单；4.视频导入：观看海丝视频，进行情景再现，让学生对海丝盛景有初步的感知；5.问题导入：围绕“什么是植物园”“什么是植物引种驯化”“为什么要进行植物的迁地保护”等问题展开。巧用一系列问题激发学生好奇心，围绕手册对学生进行科普教育	1.问题导入：从“你羡慕陶渊明的世外桃源吗？”开始，激发学生体验茶园生活的热情，指导学生查找研学地相关资料，罗列资料内容清单；2.视频导入：了解相思岭的动植物，指导学生查找研学地相关资料，罗列资料内容清单；3.创设情景：视频整体介绍园区内部四大主题区域分布图，为学生选取观察地点做引入和铺垫；4.实物展示：通过展示蝴蝶标本，让学生感受生命的精彩和对自然的敬畏，从而引发思考；5.故事导入：讲“朝北大厝”的故事，激发学生探究闽南传统建筑之美的兴趣
	授课教学环节	第一天：必修课程一“泉州世遗盲盒”、必修课程六“植物搜索”、必修课程七“雨林探秘”、选修课程1“主题叶贴画、种子贴画”；第二天：必修课程课程八“熊猫研学之旅”、必修课程九“动物寻踪”、选修课程2“桥梁结构”；第三天：必修课程十“拓印古碑文”、选修课程3“摩崖石刻、碑刻”；第四天：必修课程三“走进海底古森林遗迹”、必修课程五“邂逅闽南建筑”、选修课程4“闽南的红砖古厝”；第五天：必修课程二“观奇石赏盆景”、必修课程四“‘桥’见泉州’、选修课程5“小小桥梁设计师”	第一天：必修课程一“泉州世遗盲盒”、必修课程七“走进植物园”、选修课程1“非遗棕编”；第二天：必修课程四“多彩的桥梁文化”、必修课程十“走进果园”、选修课程2“桥梁结构”；第三天：必修课程九“清源山之行”、必修课程六“访触角沙滩”、选修课程3“风筝DIY”；第四天：必修课程八“亲近自然、探寻海丝”、必修课程五“邂逅闽南建筑”、选修课程4“闽南的红砖古厝”；第五天：必修课程二“森林植被调查”、必修课程三“动物寻踪”	第一天：必修课程一“泉州世遗盲盒”、必修课程六“小小采茶师”、必修课程八“茶韵·体验茶文化”、选修课程1“茶园斗茶”；第二天：必修课程五“制作蝶翅书签”、必修课程二“寿山石DIY”、选修课程2“烹饪”；第三天：必修课程五“桥梁与湿地”、选修课程3“穹顶搭建”；第四天：必修课程七“走进果园”、必修课程九“农作项目”、必修课程十“植物拓染”、选修课程4“藤编DIY”；第五天：必修课程三“邂逅闽南建筑”、必修课程四“访触角沙滩”、选修课程5“风筝DIY”

维度或要素		小学高年级段	初中段	高中段
实施方案	进级教学环节	1.根据研学收获，进行自然笔记展评 2.假如你是被誉为“海内第一桥”的洛阳桥，你想对世人说什么 3.学习书法拓片，体验拓片制作，了解祈风仪式及其历史 4.寻古厝拍照打卡，你想为哪个景点做宣传保护卫士 5.绘古桥，对如何保护古桥提出意见	1.根据研学收获，进行自然笔记展，就如何保护环境、节约资源提出意见 2.假如你是被誉为“海内第一桥”的洛阳桥，你想提醒世人如何实现与自然和谐相处 3.你如何宣传泉州这座世遗古城的景点 4.寻古厝拍照打卡，你想为哪个景点做宣传保护卫士 5.对如何保护雨林提出意见	1.体验泡茶过程，加深对安溪茶文化的了解 2.针对相思岭开展的项目，你还想提什么建议 3.你会如何用行动践行“热爱自然保护环境” 4.针对鹭凯基地开展的项目，你有何建议 5.寻古厝拍照打卡，你想为哪个景点做宣传保护卫士
	巩固教学环节	一、总结回顾 1.组织学生进行研学活动的总结回顾，让他们分享自己在活动中的收获和感悟 2.教师对学生的分享进行点评，强调活动中的重点和难点，帮助学生巩固记忆 二、知识梳理 1.引导学生对研学活动中涉及的知识点进行梳理和归纳，形成知识体系 2.教师可以提供相关的学习资料或习题，帮助学生进一步巩固和拓展知识 3.通过问答、启发和互动的教学方式，鼓励学生参与游戏互动、小组合作和作品展示，巩固学科知识，并促进学生综合能力的提升	一、实践应用 1.设计与实践活动相关的作业或项目，让学生在实践中运用所学知识，提高解决问题的能力 2.教师对学生的实践成果进行评价和指导，帮助他们发现并改进不足之处 二、反馈交流 1.鼓励学生之间进行互相交流和讨论，分享彼此的学习心得和实践经验 2.教师定期收集学生的反馈意见，对教学活动进行反思和调整，以更好地满足学生的学习需求	一、回顾交流 1.组织学生开展一次研学活动的回顾交流，鼓励他们分享活动中的亮点、难点和感受 2.教师针对学生的分享提供建设性的反馈，引导他们深入思考和总结，以巩固所学内容 二、知识整合 1.引导学生将研学活动中获得的新知识与已有知识进行整合，构建更为完善的知识体系 2.教师可提供相关知识资料和练习题，帮助学生进一步巩固和拓展知识，形成系统的认知

维度或要素			小学高年级段	初中段	高中段
实施方案	总结教学环节	教学创新	1. 注重学生主体性，在研学实践教育活动中，充分体现学生的主体性，让他们成为学习的主导者；2. 实践导向的教学设计，在教学设计上，注重实践导向，将理论知识与实践活动相结合，让学生在实践中学习、探索和创新	1. 根据学生的兴趣和需求进行个性化定制，让学生根据自己的兴趣和需求选择活动内容，从而提高他们的学习积极性和参与度；2. 跨学科整合，在参观场馆时，结合历史、艺术、地理等多个学科的知识，通过观察事物、分析历史背景、了解地理位置等方式，使学生全面了解相关知识	1. 创新科技应用，借助科技的力量进行创新。例如，利用虚拟现实技术，让学生更直观地了解历史事件或科学现象；2. 将科学研究的成果融入到教育教学中，通过科研成果的转化和应用，提高学生的学习效果。如，在生态环境研学活动中，通过实地调查和采样，掌握生态环境情况
		教学总结	1. 对活动设定的目标进行回顾，评估是否通过实践活动达到了预期的目标；2. 观察并评估学生在实践活动中的参与度和体验；3. 分析学生在实践操作中的表现；4. 评估教师和导师在活动中的作用；5. 对活动的组织和管理进行评估；总结要全面、客观、深入，既关注活动的结果，也关注过程，既关注学生的成长，也关注教师和组织的进步	1. 评估学生在实践活动中如何应用所学的理论知识；2. 评估学生在这些技能上的表现如何，他们是否通过实践得到了提升，以及是否存在需要进一步加强的地方；3. 评估学生的团队协作能力和沟通能力；4. 评估学生在活动中的表现，他们是否展现出了积极的态度和正确的价值观；5. 对整个活动的组织和管理进行总结	1. 评估学生在实践活动中如何将所学理论知识转化为实际操作；2. 观察并评价学生在个人技能和团队合作能力方面的表现；3. 评估学生在活动中的情绪状态，他们是否对活动保持积极的态度，并从中获得了乐趣和满足感；4. 对整个活动的流程和组织进行评估；5. 发现活动中的亮点和不足，为未来的活动提供更加完善的方案和措施
		教学反思	对整个研学实践活动进行反思，总结活动的优点和不足，提出改进的建议和措施，不断提高活动的质量和效果，促进学生的全面发展，为学生提供更好的学习体验和发展机会，通过全面的总结，我们可以发现活动的优点和不足，为未来的活动提供有益的参考和借鉴	反思的目的是为了改进和优化未来的活动，因此，需要收集学生和教师的反馈，根据反馈提出改进的建议和措施，以确保研学实践活动的质量和效果不断提高，通过全面的反思，我们可以发现活动的优点和不足，为未来的活动提供有益的参考和借鉴	反思的核心目的是为了持续改进研学实践活动的质量和效果，因此，需要收集学生和教师的反馈意见，并根据反馈进行针对性的改进和调整，以更好地满足学生的学习需求和发展目标为下一次研学活动提供参考

维度或要素				小学高年级段	初中段	高中段
实施方案	评价教学环节	教学水平评价	自我评价	教师复盘整个研学过程，对自己的教学进行反思和评价	根据学生参与课程的阶段性成果及教学目标是否达成对教学进行反思和评价	根据学生对研究性学习的完成情况，教师对自己的教学进行反思和评价
			学生评价	由学生对研学实践教育课堂中的整个环节展开评价	学生对于研学课程内容的展示、研学导师的授课环节、发挥团队合作等方面进行评价	学生对于课程内容与学情是否匹配、研学课题是否合理、授课环节等方面进行评价
			同行评价	由营地教师和教学管理人员通过审阅研学的教学设计方案等对教师的教学进行评价与指导	由营地教师和教学管理人员通过审阅研学的教学设计方案、随队观摩等形式对教师的教学进行评价与指导	邀请相关专业教师全程跟进课程实施过程，对研学教师进行细致的评价与指导
			培训和考核	定期对营地教师进行教学培训和考核，通过考核结果来评价教师的教学水平	定期组织教师专业能力提升培训，通过培训机构或专业机构考核评价活动质量	定制化地对教师进行专业培训，并定期组织团队对教师素养进行考核；对学生、家长、社会公众满意度进行调查测评
			教学成果展示	通过研学过程教学展示教师的教学成果，通过学生的研学作品等，来评价教师的教学水平	通过参与学术研讨会、教学案例分享会等形式进行报告，教师分享自己在教学实践中的经验和心得，并从其他教师和专家的反馈中得到启发和改进	通过成立课题研究组，撰写论文的方式展示自己的教育教学成果，以此持续跟进学生学习成果的研究性，同时将研究成果和观点进行及时整理

维度或要素				小学高年级段	初中段	高中段
实施方案	评价教学环节	学业评价	形成性评价	采用观察、测试、问卷调查、访谈等多种方式进行评价，帮助教育者及时了解学生在活动中的表现和参与情况，及时发现和纠正活动中出现的问题，促进研学实践教育活动的持续改进和优化	形成性评价关注的是研学实践教育活动的过程，而不是结果。因此，需要关注学生在活动中的表现和参与情况，以及他们在活动中所遇到的问题和困难，及时提供反馈和建议，以便学生和教育者能够及时调整和改进活动	通过观察、测试和问卷调查等方式评价学生在研学实践教育活动中所获得的新知识和技能，以及这些知识和技能是否有助于提高学生的学科成绩，学生在研学实践教育活动中所掌握的实践能力和技能，是否能够应用于实际生活中
			总结性评价	在研学活动结束后通过学生的研究报告、成果展示或测试等形式，全面了解学生在研学活动中的学习成果和进步	研学活动结束后，对学生参与研究性学习全过程的情况、收集整理信息能力、交流合作能力、动手实践能力及创新能力进行评价，从而动态地评价学生的综合能力	研学活动结束后，对学生参与研究性学习全过程的情况、资料积累情况、研究结果及成果展示方式进行评价，从而动态地评价学生的综合能力
			教师评价	由教师根据学生在研学活动中的表现和成果，根据学生参与的积极性、研学手册完成的质量等，对学生的学业进行评价	由教师根据学生在研学活动中的表现和成果，根据学生参与的积极性、研学手册完成的质量、小组合作的参与性等，对学生的学业进行评价	由教师根据学生在研学活动中的表现和成果，根据学生参与的积极性、研学手册完成质量、合作探究的参与性、研学报告完成的质量等，对学生的学业进行评价
		项目评价		通过多元评价主体，运用问卷、座谈、调研等方式，对小学高年级课程标准、教学环节连贯性及教学策略有效性进行评估，及时发现问题并改进，以提升教育教学质量	通过问卷、座谈、调研等方式，邀请教育行政部门、教育工作者、学生家长及社会各界对教学目标、设计、资源、策略、活动组织、协同管理、研学线路及学生成长进行评价，以全面了解教育状况，提升教育质量	通过问卷、座谈和调研等方式，汇集多方意见，评价高中课标实现度、教学环节衔接度及教学策略有效性。基于评价结果，开展教研活动并反思，优化项目方案，提升教学质量

4.11 教学计划与策略列表：保护绿色生态　发扬林改精神

<table>
<tr><td colspan="3">营地名称</td><td>龙岩市示范性综合实践基地</td><td>命名机构</td><td>教育部</td><td>识别码</td><td>Y145350002</td></tr>
<tr><td colspan="3">从业资质（摘要）</td><td>组织开展综合实践活动、研学实践教育活动、劳动教育</td><td>单位属性</td><td>公益一类</td><td>法定代表人</td><td>王开文</td></tr>
<tr><td colspan="3">研学主题</td><td>保护绿色生态　发扬林改精神</td><td colspan="2">主要目的指向</td><td colspan="2">自然教育</td></tr>
<tr><td rowspan="7">营地（枢纽）及周边主要优质研学资源</td><td colspan="2">基地层级</td><td colspan="5">研学站点（基地）名称</td></tr>
<tr><td rowspan="2">教育部命名基地</td><td>已列入教学计划</td><td colspan="5">一、与本主题相关列入教学计划的基地13个
1.龙岩市示范性综合实践基地（简称“龙岩营地”）；2.南平市建阳区卧龙湾生态旅游开发有限公司（简称“卧龙湾”）；3.漳州东南花都；4.福建土楼（南靖）青少年社会实践活动中心（简称“南靖土楼”）；5.国家海洋局厦门海洋环境监测中心站（简称“海洋监测站”）；6.国家海洋局海岛研究中心（简称“海岛研究中心”）；7.鹭凯研学实践基地（福建鹭凯生态农庄股份有限公司）（简称“鹭凯基地”）；8.三明市建宁县客坊乡水尾村中小学实践教育基地（建宁县客坊乡水尾村村民委员会）（简称“水尾村基地”）；9.福建福州国家森林公园（简称“福州森林公园”）；10.三明市泰宁世界地质公园研学实践基地（简称“泰宁基地”）；11.龙岩市古田旅游集团有限公司（简称“古田旧址群”）；12.三明市示范性综合实践基地（简称“三明营地”）；13.晋江中小学生示范性综合实践基地（简称“晋江营地”）
二、与本主题关联不大但列入本营地教学计划的基地8个
1.福建闽越王城博物馆（简称“闽越王城”）；2.福州市中国船政文化景区（简称“船政文化”）；3.三明市建宁县溪源乡上坪村中小学实践教育基地（简称“上坪村基地”）；4.厦门科技馆；5.福鼎市中小学劳动实践基地（简称“福鼎基地”）；6.福建农业职业技术学院相思岭中小学研学实践教育基地（简称“相思岭基地”）7.厦门市中小学生综合实践基地（简称“厦门基地”）；8.福建泉州顺美集团有限责任公司（简称“顺美陶瓷”）</td></tr>
<tr><td>待列入教学计划</td><td colspan="5">1.宁德市屏南县甘棠乡漈下村中小学实践教育基地（简称“漈下村基地”）；2.宁德市屏南县熙岭乡龙潭村中小学实践教育基地（简称“龙潭村基地”）</td></tr>
<tr><td colspan="2">其他部委命名基地</td><td colspan="5">无</td></tr>
<tr><td colspan="2">地方命名基地</td><td colspan="5">1.福建省长汀水土保持科教园（简称“科教园”）；2.福建省梅花山（简称“梅花山”）；3.福建梁野仙山旅游投资管理有限公司（简称“梁野山”）；4.连城县冠豸山国家地质公园（简称“冠豸山”）；5.武平县万安镇捷文村委会（简称“捷文村”）；6.福建土楼自然博物馆（简称“自然博物馆”）；7.长汀县汀江国家湿地公园（简称“湿地公园”）；8.汀江源自然教育馆（简称“自然教育馆”）；9.武平县千鹭湖湿地公园（简称“千鹭湖”）；10.福建梁野久谣农业科技有限公司（简称“花果东留基地”）；11.连城兰花博览园（简称“兰花博览园”）；12.永定客家家训馆（简称“永定土楼”）；13.连城县豸下莲乡建设开发有限公司（简称“豸下村”）；14.福建乡土农业发展有限公司（简称“竹岭村”）；15.紫金地质矿产博物馆（简称“矿产博物馆”）；16永定区富川一甲土楼农家乐（简称“富川一甲”）；17.上杭县绿洲农业科技有限公司（简称“绿洲农业”）</td></tr>
<tr><td colspan="2">本营地资源</td><td colspan="5">1.消防安全馆；2.红十字生命教育体验馆（简称“生命教育馆”）；3.生态文明教育馆；4.食品安全展厅；5.健康教育展馆；6.水利馆；7.茶艺教室；8.陶艺教育；9美食坊；10.编织室</td></tr>
<tr><td colspan="2">其他资源</td><td colspan="5">1.福州市中小学生综合实践中心（简称“福州营地”）；2.南平市示范性综合实践基地（简称“南平营地”）</td></tr>
</table>

维度或要素	小学高年级段	初中段	高中段
校内教育基础（与校内教育的衔接）	衔接《义务教育科学课程标准（2022年版）》。衔接新课标的具体内容如下：高年级学生通过自然科学课程的学习，保持和发展对自然的好奇心和探究热情；了解与认知水平相适应的科学知识；体验科学探究的基本过程，培养良好的学习习惯，发展科学探究能力；发展学习能力、思维能力、实践能力和创新能力，以及用科学语言与他人交流和沟通的能力；形成尊重事实、乐于探究、与他人合作的科学态度；具有创新意识、保护环境的意识和社会责任感。本研学主题必修课程与校内教材教育的衔接人教版教材内容如下：1. 四年级上册科学“一天的食物”“食物中的营养”；2. 四年级下册科学“种子里孕育着新生命”“茎和叶”“果实和种子”“种子的传播”“岩石与土壤的故事”“认识几种常见的岩石”“岩石的组成”“观察土壤”“比较不同的土壤”；3. 五年级上册科学“地球的表面”“地球的结构”“风的作用”“水的作用”；4. 五年级下册科学“蚯蚓的选择”“食物链和食物网”“设计和制作生态瓶”“地球——宇宙的奇迹”“我们面临的环境问题”“珍惜水资源”；5. 六年级上册科学“观察身边微小的物体”；6. 六年级下册科学“形形色色的植物”“古代生物的多样性”“发现变化中的新物质”	衔接《义务教育科学课程标准（2022年版）》。衔接新课标的具体内容如下：初中学生通过自然科学课程的学习，要初步认识科学的本质；掌握与认知水平相适应的科学知识，初步形成基本的科学观念，并能用于解释有关的自然现象、解决简单的实际问题。掌握分析与综合、比较与分类、抽象与概括、归纳与演绎、联想与想象、重组思维、发散思维、突破定势等基本的思维方法及其在科学领域中的具体应用。本研学主题必修课程与校内教材教育的衔接人教版教材的具体内容如下：1. 七年级上册生物“调查周边环境中的生物”“生物与环境的关系”“被子植物的一生”“节水农业”“现代化温室”“绿色植物与生物圈中的碳——氧平衡”；2. 七年级下册生物“人类活动对生物圈的影响”；3. 八年级上册生物“细菌和真菌在自然界中的作用”“认识生物多样性”“保护生物多样性”；4. 八年级下册生物“植物生殖”“昆虫的生殖和发育”“基因控制生物的性状”“基因在亲子代间的传递”生物的变异”“生物进化的历程”“生物进化的原因”；5. 九年级上册化学“物质的变化和性质”“碳和碳的氧化物”。衔接《义务教育生物学课程标准（2022年版）》。衔接课标的具体内容如下：“生物的多样性”“生物与环境”“植物的生活”“生物学与社会”	衔接《普通高中生物学课程标准（2017年版2020年修订）》。衔接新课标的具体内容如下：高中学生通过自然科学课程的学习，掌握适应时代发展需要的基础知识和基本技能，丰富人文积淀，发展理性思维，不断提升人文素养和科学素养。敢于批判质疑，探索解决问题，勤于动手，善于反思，具有一定的创新精神和实践能力。具有强烈的好奇心、积极的学习态度和浓厚的学习兴趣。能够自主学习，独立思考，形成良好的学习习惯和适合自身的学习方法。学会获取、判断和处理信息，具备信息化时代的学习与发展能力。本研学主题必修课程与校内教材教育的衔接人教版生物教材如下：1. 生物学必修一“光合作用与能量转化”“细胞的生命历程”；2. 生物学必修二“基因的本质”“基因的表达”“基因突变及其他变异”“协同进化与生物多样性的形成”；3. 生物学选择性必修1“植物生命活动的调节”“环境因素参与调节植物的生命活动”；4. 生物学选择性必修2“群落及其演替”“生态系统的结构”“生态系统的物质循环”“生态系统的稳定性”；5. 生物学选择性必修3“植物细胞工程的应用”“基因工程的应用”；6. 地理必修一“常见地貌类型”“地貌的观察”；7. 地理必修二“乡村和城镇空间结构”“城镇化”“农业区位因素及其变化”“人类面临的主要环境问题”；8. 地理选择性必修3“走向生态文明”。衔接《普通高中地理课程标准（2017版）》。衔接新课标的具体内容如下：必修“自然地理实践”“自然环境与人类活动的关系”模块；选修“旅游资源和旅游地的保护”模块

维度或要素			小学高年级段	初中段	高中段
研学课程	必修课程一	名称	走进林改策源地	梅花山生态环境保护	寻红豆杉奥妙
		活动目的	了解林改林权制度带来的好处，体验手绢拓印；通过活动，感受大自然的美好，认识良好生态环境的重要性	考察红豆杉生态园，了解野生动植物资源的概况；搜集各种树叶，制作植物叶脉书签	走进梅花山自然保护区，了解保护区资源概况；探究红豆杉的利用与保护方法
		活动形式	教师讲授、实地探访、实践体验、分享总结	教师讲授、实地探访、动手制作、汇报分享	教师讲授、实地探访、小组调研、交流分享
	必修课程二	名称	赏梁野美景	揭秘无土栽培	智慧植物工厂
		活动目的	探究动植物实体标本；捡拾松果等；制作手工艺品；制作美食。感受生物种多样性	深入了解无土栽培的原理与技术，亲身参与无土栽培装置设计大赛，感受无土栽培在农业生产中的独特优势。培养学员的创新精神和实践能力	通过现代农业，学生们得以直观了解现代科技如何高效应用于工业生产，感受自动化、智能化带来的震撼
		活动形式	讲解互动、实地探访、分组合作、实践体验	讲解互动、实践体验、分享交流	参观学习、实地调研、实践体验、研讨交流
	必修课程三	名称	品赏兰花幽香	探索捷文林下经济	探究中国林改
		活动目的	通过品赏兰花，陶冶情操、修身养性，学习兰花高洁、典雅、爱国和坚贞不渝等品质	深入了解林改林权制度的实施过程，调查林下经济种植品类；在导师的带领下，进行林下种植	深入了解林改林权制度的实施过程，调查林下经济种植品类；在导师的带领下，进行林下种植
		活动形式	教师讲授、实地探访、分享交流	讲解互动、考察探究、实践体验、汇报分享	考察探究、小组调研、实践体验、汇报分享
	必修课程四	名称	探索冠豸山地质奥妙	双碳实验室	仙山梁野觅瀑源
		活动目的	通过分组pk，答题闯关的方式，在游戏中习得关于冠豸山的地形地貌、历史成因、自然环境等知识	通过“碳环保拓印画”“垃圾分类”“风力发电”等一系列碳中和课程，用科普认知、探索体验、观察调研等践行低碳的生活方式，做一个低碳少年	小组合作设计考察路线，探究各种因素对瀑布的影响，林下经济对乡村振兴的影响
		活动形式	参观游览、实地探访、实践体验、分享总结	讲解互动、实践体验、小组调研、汇报分享	考察探究、小组调研、实践体验、汇报分享

维度或要素			小学高年级段	初中段	高中段
研学课程	必修课程五	名称	一粒米的旅行	湿地植物手作（芦苇手工制作）	走进千鹭湖探秘湿地公园
		活动目的	以一粒米的生命周期为线索，通过丰富的实践活动，制作大米画作等环课，让学生近距离体验农业生产的魅力	探索湿地的生物多样性。制作植物手作，掌握人类利用、改造自然所获得的意义	观测、研究白鹭生活的环境，完成调查报告。了解相关气象知识，了解人工降水作业基础知识及人工降水作业的方法和原理，模拟火箭弹发射
		活动形式	教师讲授、实践体验、分享总结	教师讲授、实地探访、动手制作、汇报分享	考察探究、小组调查、实践体验、汇报分享
	必修课程六	名称	邂逅古动物	探寻梁野绿色基因库	探秘丹霞一绝
		活动目的	参观以生命进化为主题的古生物化石标本展区，体验到大自然的丰富多彩，从而崇尚自然，热爱自然	结合校内知识解释瀑布的地形等特点，制作生态保护宣传标语、制订生态保护措施	探究冠豸山丹霞地貌形成的内动力和外动力等成因；进行水质矿化度检测
		活动形式	教师讲授、分享总结	教师讲授、参观游览、动手制作、分享交流	教师讲授、考察探究、小组调查、汇报分享
	必修课程七	名称	探秘梅花山	守护生态长汀	传播国兰知识
		活动目的	走进梅花山自然保护区，学习与探究红豆杉与植物多样性，鸟类与森林生态系统，搜集林中特色叶片，制作标签	走进汀江源自然教育馆，以“客家母亲河”汀江为主线，深刻认识长汀历史名城、客家首府、红军故乡以及生态文明建设的形成脉络	学习鉴赏兰花，体验兰花栽培；学习兰花传统知识，搜集和兰花有关的中华诗词，进行诗词朗诵
		活动形式	教师讲授、实地探访、动手制作、分享总结	讲解互动、小组调研、汇报分享	教师讲授、实践体验、研讨交流
	必修课程八	名称	低碳小能手	水土保持的秘密	探究人与自然和谐相处的秘密
		活动目的	通过手工制作小型森林、湿地微盆景，让学生深切感受到保护环境，爱护地球的严峻性	参观水土保持科教园，探索现代水土保持方法，形成水土保持报告，培养青少年从小树立水土保持意识	通过探究土楼搭建结构框架，掌握客家古建筑知识，激发学生感悟人与自然之间的深远意义
		活动形式	教师讲授、实地探访、实践体验、分享总结	教师讲授、实地探访、实践体验、汇报交流	讲解互动、实地探访、分组合作、分享交流

维度或要素			小学高年级段	初中段	高中段
研学课程	必修课程九	名称	保生态环境 护地球家园	探索兰花世界	走进东南花都，探秘漳州花文化
		活动目的	科普湿地文化、湿地蓝图、湿地修复，制作植物标本，设计爱鸟护鸟宣传标语	走进兰花世界，探究兰花文化、了解兰花的药用价值；认识并区分常见和有趣的兰花；进行绘制兰花	探究现代农业，了解无土栽培技术及应用；设计制作无土栽培装置。通过多学科融合，发现新的问题，提出新的观点
		活动形式	教师讲授、实地探访、动手制作、分享总结	讲解互动、小组调查、实践体验、汇报分享	教师讲授、实地探访、实践体验相结合
	必修课程十	名称	保护汀江源	冠豸山丹霞地貌探险	探索南平卧龙湾花秘境
		活动目的	走进汀江源自然教育馆，科普长汀丰富的生态系统与生物多样性，揭示环境保护与永续发展之间的内在关系，增强孩子们保护环境的意识，倡导人与自然和谐共生	深入丹霞腹地，进入原始溪谷，开展丹霞地貌考察；记录丹霞地貌的典型特征；考察丹霞流水切割地貌，完成探究报告	走进南平市卧龙湾生态区“花的世界”，探究花卉知识，在导师的指导下，动手学习插花，感受花的魅力。以建盏黑瓷—建本印刷—重走宋文化为主题，亲手制作建盏，寻找独特的建阳历史文化
		活动形式	讲解互动、参观学习、分享总结	讲解互动、考察探究、小组合作、分享交流	讲解互动、实地探访、小组合作、分享交流
	选修课程		1. 体验制茶工艺 2. 种植兰花 3. 创意手工艺品（昆虫标本） 4. 古法拓印 5. 走进土楼自然教育馆	1. 树叶有“画”说 2. 探究铁皮石斛种植 3. 绘制湿地植物分布图 4. 金山银山的秘密 5. 探究兰花的价值	1. 植物扎染 2. 棕编 3. “碳达峰”与“碳中和” 4. 花世界探秘 5. 千鹭湖“白鹭”寻迹

维度或要素		小学高年级段	初中段	高中段
研学线路	代表性线路（时长五日）	第一天：龙岩营地—捷文村—梁野山—龙岩营地；第二天：龙岩营地—兰花博览园—冠豸山—龙岩营地；第三天：龙岩营地—竹岭村—矿产博物馆—龙岩营地；第四天：龙岩营地—梅花山—古田旧址群—龙岩营地；第五天：龙岩营地—湿地公园—自然教育馆—龙岩营地	第一天：龙岩营地—梅花山—绿洲农业—龙岩营地；第二天：龙岩营地—捷文村—花果东留基地—龙岩营地；第三天：龙岩营地—千鹭湖—梁野山—龙岩营地；第四天：龙岩营地—自然教育馆—科教园—龙岩营地；第五天：龙岩营地—豸下村—冠豸山—龙岩营地	第一天：龙岩营地—梅花山—竹岭村—龙岩营地；第二天：龙岩营地—捷文村—梁野山—千鹭湖—龙岩营地；第三天：龙岩营地—冠豸山—兰花博览园—龙岩营地；第四天：龙岩营地—永定土楼—漳州东南花都—南平营地；第五天：南平营地—卧龙湾—龙岩营地
	可选择线路（按天设计，菜单式选择）	1.龙岩营地—科教园—湿地公园—龙岩营地；2.龙岩营地—梁野山—花果东留基地—龙岩营地；3.龙岩营地—富川一甲—自然博物馆—龙岩营地；4.龙岩营地—兰花博览园—豸下村—龙岩营地；5.龙岩营地—梅花山—矿产博物馆—龙岩营地；6.龙岩营地—湿地公园—自然教育馆—龙岩营地；7.龙岩营地—捷文村—千鹭湖—龙岩营地；8.龙岩营地—冠豸山—龙岩营地	1.龙岩营地—古田旧址群—龙岩营地；2.龙岩营地—矿产博物馆—绿洲农业—龙岩营地；3.龙岩营地—富川一甲—永定土楼—龙岩营地；4.龙岩营地—竹岭村—生态文明教育馆—龙岩营地；5.龙岩营地—自然教育馆—湿地公园—龙岩营地；6.龙岩营地—花果东留基地—捷文村—龙岩营地；7.龙岩营地—水利馆—兰花博览园—龙岩营地；8.龙岩营地—科教园—龙岩营地	1.龙岩营地—卧龙湾—南平营地；2.龙岩营地—南靖土楼—龙岩营地；3.龙岩营地—海洋监测站—海岛研究中心—厦门基地；4.龙岩营地—福州森林公园—相思岭基地—福州营地；5.龙岩营地—泰宁基地—水尾村基地—三明营地；6.龙岩营地—鹭凯基地—厦门基地；7.龙岩营地—福州森林公园—福州营地；8.龙岩营地—千鹭湖—花果东留基地—龙岩营地
	规划线路（按天设计）	1.龙岩营地—上坪村基地—三明营地；2.龙岩营地—南靖土楼—龙岩营地；3.龙岩营地—福鼎基地—龙岩营地	1.龙岩营地—顺美陶瓷—晋江营地；2.厦门基地—船政文化—福州营地；3.龙岩营地—厦门科技馆—厦门基地	1.龙岩营地—漈下村基地—龙岩营地；2.龙岩营地—龙潭村基地—龙岩营地；3.龙岩营地—闽越王城—龙岩营地

维度或要素		小学高年级段	初中段	高中段
教学重点难点（以代表性线路教学设计为例，以下同）	教学重点	1.通过实地考察捷文村的林区，了解林业改革对生态环境保护、森林资源可持续利用的积极作用，感受人与自然和谐相处之道；2.让学生了解梁野山的地貌特征、生态环境和野生动植物资源，通过实地观察学习生态系统的构成、生物多样性的重要性以及自然环境保护的意义；3.指导学生通过实地观察，记录兰花的形态特征、生长环境等，培养观察和记录自然现象的能力；4.实地观察冠豸山的典型地质地貌景观，如崖壁、峡谷、石柱等，引导学生识别并理解丹霞地貌的特征及其形成原因；5.体验水稻生长周期及稻谷加工成米的过程，让学生了解一粒米从播种到餐桌的完整旅程；6.通过参观博物馆展示的自然资源，了解古生物化石形成的原因；7.让学生了解梅花山独特的地理环境和生物多样性，掌握森林生态系统的基础知识，包括森林植被类型、生态系统结构和生态功能等；8.通过手工制作的小型森林、湿地微盆景，理解森林在减缓气候变化、保护生物多样性等方面的作用；9.感受湿地的美丽与多样，让学生了解湿地在环境保护、水源涵养、生物栖息地等方面的重要作用；10.了解汀江源头的自然环境特点，包括地理、气候、生态多样性等基础知识	1.通过观察红豆杉及其他动植物种类，讲解生物多样性的重要性，以及红豆杉在生态系统中的地位和作用；2.无土栽培的不同类型（如水培、基质培等），以及各类系统的关键组件，如营养液配方、供氧设备、光照控制等；3.组织学生参与林下经济、生态农业等实践活动，体验林改成果，培养对乡土文化和生态环境的热爱与保护意识；4.了解气候变化的基本原理、地球温室效应，以及人类活动与二氧化碳等温室气体排放的关系，使学生理解碳足迹的概念和计算方法；5.千鹭湖湿地的生态系统结构、功能和生物多样性；6.通过实地考察梁野山瀑布周边的自然环境，强化学生对生物资源保护、绿色发展以及生态平衡的理解；7.分析汀江流域生物多样性现状，探讨保护生物多样性的科学方法和技术手段；8.了解水土保持的原理和技术特点；9.探究兰花文化、了解兰花的药用价值；认识并区分常见和有趣的兰花；10.探究冠豸山丹霞地貌的典型特征，考察丹霞流水切割地貌	1.深入研究红豆杉的生物地理分布特点，以及它与地理环境、气候变化等因素的关系。了解其遗传多样性和遗传资源保护的重要性；2.了解无土栽培、温室大棚、智能灌溉等现代农业技术在花卉种植中的应用；3.深入剖析林改政策的制定背景、目标定位、制度设计和实施路径，探讨政策实施中的成功经验和存在问题；4.推测瀑布的形成过程，探究岩石、地形、气候、人类活动等对瀑布的影响；5.了解探究千鹭湖湿地公园的形成环境，观测水纹、研究白鹭生活的环境，完成调查报告；6.探究冠豸山丹霞地貌形成的内动力和外动力，丹霞地貌发育简史；丹霞构造地貌形态；冠豸山红色砂岩和砾岩的构造学原理、地层沉积学原理等；7.了解兰花资源的保护现状，讨论兰花产业与生物多样性保护、可持续发展之间的关系；8.探索土楼在建筑美学上的独特贡献，以及其中蕴含的家族观念、和谐共生等哲学思想；9.了解东南花都花卉无土栽培技术及应用；10.探究花卉知识，深入研究卧龙湾生态区的生态系统结构

维度或要素		小学高年级段	初中段	高中段
教学重点难点（以代表性线路教学设计为例，以下同）	教学难点	1. 如何通过实地考察，使学生深入理解森林生态系统的重要性，以及林改如何促进生态环境的良性循环；2. 引导学生从浅层游玩转向深度观察和思考，如何通过细致入微的观察和记录，发现大自然的秘密，理解生物与环境之间的互动关系；3. 通过了解兰花与环境的关系，引导学生认识到保护生物多样性的重要性；4. 引导学生准确观察和描述冠豸山的各种地貌特征，并理解其背后的地质作用机制，这对于空间想象和逻辑推理能力有一定的要求；5. 如何将复杂的农业产业链条（种植、收割、储存、加工、运输、销售）以直观易懂的形式展现给小学生，帮助他们理解各个环课的关联性和重要性；6. 将古生物演化、历史文化、地理环境等多学科知识融入化石形成的过程了解中，培养学生初步的跨学科思维能力；7. 帮助学生理解抽象的生态系统概念，如能量流动、物质循环等，如何在实际的森林环境中体现出来；8. 通过手工制作的小型森林、湿地微盆景，理解森林在减缓气候变化、保护生物多样性等方面的作用；9. 解释湿地生态系统的微妙平衡和生物多样性保护的复杂性，需要通过直观、生动的教学手段，如模型展示、动画解析等方式辅助教学；10. 将生态保护理念深入人心，让学生养成自觉保护环境的良好习惯和行为准则	1. 理解红豆杉作为古老孑遗植物在生态系统中的特殊作用，如空气净化、水源涵养、维持生物多样性等；2. 理解并掌握营养液的配方原则和调配方法，以及如何根据植物生长状态和不同生长阶段进行精准调控，这是无土栽培技术的核心难点；3. 如何通俗易懂地解释林改政策与生态环境、经济效益之间的辩证关系，让学生把握其中的生态经济学原理；4. 如何将气候变化的科学原理、碳循环过程等抽象知识与学生的实际生活经验相结合，让学生真正理解和接受；5. 利用湿地公园植物芦苇进行再加工，制作植物手作，让学生掌握人类利用、改造自然所获得的积极意义；6. 帮助学生理解生物多样性形成的原因、维护生物多样性的意义以及生态系统的脆弱性；7. 引导学生运用所学知识分析汀江生态问题，提出解决方案，培养解决问题的科学思维方式；8. 引导学生从整体视角审视水土保持与其所在区域的社会、经济、生态之间的相互影响；9. 初步了解兰花的生长习性以及种植、护理的方法，并绘制兰花；10. 让学生理解较为抽象的地质学概念，如地壳运动、风化剥蚀、沉积作用等在丹霞地貌形成过程中的作用	1. 探讨红豆杉保护与经济发展之间的矛盾与协调，以及在制定和执行相关政策时面临的伦理考量和社会责任；2. 了解无土栽培、温室大棚、智能灌溉等现代农业技术在花卉种植中的应用；3. 通过研究捷文村林改案例，探讨在保护森林资源与推动经济发展之间如何实现可持续发展；4. 结合梁野山实际案例，研讨生态保护与乡村振兴如何协同推进，理解生物多样性保护在可持续发展战略中的关键地位；5. 了解相关气象知识，了解人工降水作业基础知识及人工降水作业的方法和原理，模拟发射火箭弹发射；6. 深入探讨丹霞地貌的形成演化过程，理解复杂的地壳运动、地貌发育和气候变化对地貌特征的影响；7. 理解兰花在中国传统文化和艺术中的象征意义，体验兰花的观赏价值和人文内涵；8. 探讨在国际化背景下，土楼文化如何保持其原真性的同时，又能与时俱进，适应现代社会的需求与变化；9. 通过多学科融合，发现新的问题，提出新的观点；10. 探究南平市卧龙湾地区与宋代历史文化的关联，如宋朝时期当地的自然环境、社会经济状况、古迹遗址等，通过史料研读和实地考察，让学生了解宋文化在当地的传承与发展

维度或要素	小学高年级段	初中段	高中段
教学策略	针对小学高年段的学生，他们正处于好奇心旺盛、探索欲望强烈的阶段，对于自然环境与生物世界充满了好奇与疑问。基于小学生的身心发展特点和自身认知理论，选取自然教育中的探索自然作为核心教学内容。在研学准备前期就开始进行引导和鼓励，播放研学点中的美景和大自然的奇妙景象，进行情境铺垫，让学生认识到参与自然研学活动的趣味性，产生参与研学的兴趣。活泼生动的语言引导学生观察，随时关注学生的状况，给予积极正向的反馈，如口头表扬，小奖品等，并在过程中穿插小游戏、比赛等调动学生的持续积极性，设计动手操作等的研学体验活动，提供身体参与的“支架”，提高学生的参与质量。采取讲授法、谈话法、演示法、练习法等教法和自主学习、合作学习学法，借助自然景观研学点、校内学科教科书、研学手册及线上课程资源等教学资源和数字化技术，使用探索发现法、游戏教学法、故事叙述法等教学策略方法，开展主题为“保护绿色生态，发扬林改精神”的自然教育研学实践活动，达到激发学生对自然环境和生物多样性的兴趣与热爱、帮助学生建立正确的生态观念，理解生物多样性与人类生活的紧密联系、提升学生的观察、记录、分析、动手实践等综合能力、培养学生的团队协作意识和环保意识，为他们的全面发展奠定坚实基础	针对初中段学生，他们正处于身心发展的关键时期，具有更强的逻辑思维能力和实践操作能力。基于问题解决和合作学习理论，选取自然教育中的生态多样性作为研学课程的核心内容。依托基地的实验室、龙岩本土的自然环境资源，同时利用数字资源和AR/VR技术等先进教育工具，采取项目学习法、案例分析法、实验教学法和信息化教学等多种教学方法与学法。通过设计跨学科的生态多样性研究项目，如调查千鹭湖生物多样性、制作生物分布地图等，让学生在实践中提高探究能力和团队协作精神；通过分析国内外生物多样性保护的成功案例和存在问题，引导学生进行批判性思考，培养独立思考和解决问题的能力；通过进行简单的生物实验，如模拟生态系统、观察生态瓶的变化，让学生直观理解生物多样性对生态系统稳定性的影响，拓展视野，增强全球意识。开展主题为“保护绿色生态，发扬林改精神”的自然教育研学实践活动，达到增强学生对生态多样性的认识和理解、培养科学精神和环保意识、提高学生的实践能力和团队协作能力、促进全面发展、引导学生关注生态环境问题，培养社会责任感、激发学生的探索欲望和创新精神，为未来的学习和成长奠定坚实基础	针对高中段学生，他们已具备较强的逻辑思维、分析能力和自主研究意愿。基于研究性学习与跨学科整合的理论，选取自然教育中生态多样性的深度研究作为研学课程的核心内容。依托龙岩本地的研究实验室、自然景点等实践基地资源，采取研究性学习、专题讨论法、实践服务法和跨学科整合等多种教学方法与学法。通过专题讨论，组织学生就生态多样性保护的热点问题进行深入研讨，如气候变化对生物多样性的影响、生物入侵等，培养学生的分析和辩论能力，最后结合地理、生物、化学等多学科知识，从不同角度剖析生态多样性的形成、价值和保护策略，帮助学生形成全面的认识。开展主题为“保护绿色生态，发扬林改精神”的自然教育研学实践活动，达到深化学生对生态多样性的理解、培养学生对科学研究的兴趣和热爱、提升学生的科研素养和实践能力、为学生未来的学术研究和职业发展奠定基础、增强学生的社会责任感和环保意识、促进学生的跨学科学习，培养学生综合运用知识解决问题的能力

维度或要素				小学高年级段	初中段	高中段
实施方案	入营教育	安全	引导	利用《学生安全手册》组织学习，旨在强化学生吃、住、行、学等行为规范，预防安全风险，营造和谐校园，提升学生自我管理能力，保障其健康成长	利用《学生安全手册》和《研学手册》等教育资源，深入开展安全应急知识教育，旨在增强学生的安全意识，提升他们应对突发事件的能力，确保学生在各类活动中都能保持高度的警觉性和自我保护能力	利用生动直观的案例警示视频播放，结合醒目实用的安全警示标识，对学生进行深入的安全防护意识教育，旨在增强他们的风险识别能力和自我防范意识，确保学生在日常学习和生活中远离危险，保障自身安全
			实训	通过举办安全知识竞赛以及开展设施设备操作训练活动，来提升学生的安全意识和实操能力	进行安全知识应答的互动环课，并展开深入的讨论交流，以强化学生对安全知识的理解和应用能力	开展安全标识辨识活动，并结合具体案例进行深入讨论，提升学生的安全意识和风险识别能力
		应急	引导	可以利用应急疏散线路图作为教学辅助工具，引导学生学习并掌握紧急疏散的方法和步骤	结合详尽的应急预案和安全方案，并依托实用的应急手册，系统地教授学生掌握常用的应急处理方法，确保他们在面对突发情况时能够迅速、准确地做出反应	结合具体案例，详细讲解应急处置的恰当方法和逃生时的关键注意事项，旨在增强学生的应急处理能力和自救自护意识
			实训	积极组织并开展紧急疏散演练活动，旨在通过模拟真实场景，提升学生的应急反应能力和自我保护意识，确保在紧急情况下能够迅速有序地疏散	组织学生进行止血包扎、心肺复苏、骨折固定等基本救护技能的实操训练，旨在提升他们的应急救护能力，确保在突发情况下能够迅速有效地进行初步救护	积极组织地震、消防等紧急情况下的逃生演练活动，通过模拟真实场景，帮助学生掌握正确的逃生方法和技巧，提高他们的自我保护意识和应对突发事件的能力
		救助	引导	通过播放救助案例视频和展示PPT演示稿，生动形象地教授学生正确的救助方式，让他们在实际操作中能够迅速掌握并应用所学知识	教师亲自进行示范教学，细致入微地讲解常用的应急救护方法，旨在通过直观展示和深入讲解，帮助学生掌握正确的救护技巧，提高他们的应急处理能力	针对地震火灾等紧急状况，模拟真实场景进行演练，以提升应对与应变能力。通过模拟，更好地掌握应对措施，确保在真实危机发生时能冷静应对，保障自身安全

维度或要素				小学高年级段	初中段	高中段
实施方案	入营教育	救助	实训	在紧急情况下，我们应迅速判断并拨打119、120等急救电话。同时，积极配合老师进行前期救助工作，确保救助措施及时有效，共同应对地震火灾等突发事件	小组合作，学会止血、包扎、固定、搬运等急救技能至关重要，能准确判断其应用情景，是应对地震火灾等突发事件的必备能力。掌握这些技能，关键时刻能自救互救，减少伤害	通过模拟体验与技能测试，熟练掌握心肺复苏救助方法与技巧，确保在紧急关头能迅速施救，守护生命安全，为应对地震火灾等突发情况做好充分准备
		自我管理	引导	通过自我管理方法的培训，培养学生基本自律意识，并结合视频案例，深化学生对情绪与生活的管理认知，为应对地震火灾等紧急情况筑牢心理防线	通过分享自我管理成功案例，成功激发学生对情绪、时间、目标管理的浓厚兴趣，进一步提升他们的自我管理能力，为应对地震火灾等紧急情况奠定坚实基础	通过引导学生自主管理问题，帮助他们掌握科学的管理技巧；同时，心理建设课程的开展也能有效激发学生对时间、情绪、目标和健康管理的意愿
			实训	参与集体活动与团队心理游戏等心理建设项目，初步掌握自我管理方法；聆听讲座并小组交流心得，深化理解；最终制定自我约法内容，以强化自律	通过沉浸式体验，制定个性化的自我管理办法。参与拓展训练、性格解析和集体生活等项目，学会从不同层面进行情绪管理，提升自我调控能力	借助绘图说话和团队心理等心理建设活动，有效提升在时间与情绪管理方面的自我管理能力。通过问题讨论、互动交流，制定自我管理监测办法，以持续强化自律与自我提升
		团队协作	引导	以小组任务为导向，积极引导学生树立团队意识。同时，借助集体生活中的点滴细节，引导学生深刻认识到团队协作的重要性，从而培养他们的合作精神和团队凝聚力	通过体验各类拓展项目，引导学生深刻认识团队协作的不可或缺性，并鼓励他们制定详尽的团队合作计划、明确的目标及具体的任务，以加强团队的凝聚力和执行力	采用小组合作和任务驱动的方式，培养学生的团队协作精神。同时，通过团建课程的开展，学生对团队归属感有了更深的认识，也学会了如何打造互助高效的团队
			实训	通过小组合作与活动体验，学生初步形成了团队意识。培养深厚的合作互助意识	通过活动、游戏及信任度训练等拓展项目，培养合作互助精神。加深团队默契，制定明确计划，为应对紧急情况做好准备	借助毕业墙、信任背摔等拓展训练项目，结合小组竞赛、高空挑战及团建游戏等多元活动，共同塑造一个互助高效、团结协作的团队

维度或要素		小学高年级段	初中段	高中段
实施方案	导入教学环节	第一天：情境导入：播放一段关于于梁野山的纪录片，展示其美景，使学生身临其境。第二天：提问互动：冠豸山中的丹霞地貌与其他地质公园相比有什么独特之处？第三天：案例导入：分享一段关于资金山矿产博物馆的纪录片，引发学生的学习兴趣。第四天：故事引入：讲述有关梅花山的历史传说或科学家在此发现珍稀动植物的故事，引发学生的好奇心和探索欲望。第五天：问题导入：长汀水土保持科教园有哪些不同种类的植物	第一天：问题导入：为什么梅花山会被誉为森林瑰宝？它有哪些特别之处？第二天：案例导入：讲述林改策源地捷文村案例，引发学生探究兴趣。第三天：问题导入：为什么梁野山被称为“生物资源库”和“绿色基因宝库”？第四天：情境导入：播放长汀水土保持科教园水土流失改善前后的照片，引发学生的思考。第五天：故事导入：讲述冠豸山的神话传说，引起学生兴趣	第一天：实物导入：展示梅花山特有的梅花品种标本，激发学生探究兴趣。第二天：问题导入：在漫长的岁月里，梁野山为何会成为动植物的乐园，又留下了哪些历史文化的印记？情境导入：播放林改策源地捷文村前后对比照片，引发学生思考。第三天：问题导入：冠豸山为何能成为“三江”源头，这对当地乃至下游地区的生态环境有何重要意义？第四天：故事导入：讲述永定土楼的历史传说、文化故事或名人轶事，引导学生进入土楼的世界，思考土楼背后的人与自然和谐相处的内涵。第五天：引出主题：同学们，你们是否曾惊叹于自然界色彩斑斓的花卉世界？今天，我们将一同走进一个满载芬芳、充满活力的地方—漳州东南花都
	授课教学环节	第一天：入营教育、必修课程一“走进林改策源地”、必修课程二“赏梁野美景”、选修课程1“体验制茶工艺”；第二天：必修课程三“品赏兰花幽香”、必修课程四“探索冠豸山地质奥妙”、选修课程2“种植兰花”；第三天：必修课程五“一粒米的旅行”、必修课程六“邂逅古动物”、选修课程3“创意手工艺品（昆虫标本）”；第四天：必修课程七“探秘梅花山”、必修课程八“低碳小能手”、选修课程4“古法拓印”；第五天：必修课程九“保生态环境 护地球家园”、必修课程十“保护汀江源”、选修课程5“走进土楼自然教育馆”	第一天：必修课程一“梅花山生态环境保护”、必修课程二“揭秘无土栽培”、选修课程1“树叶有‘画’说”；第二天：必修课程三“探索捷文林下经济”、必修课程四“双碳实验室”、选修课程2“探究铁皮石斛种植”；第三天：必修课程五“湿地植物手作（芦苇手工制作）”、必修课程六“探寻梁野绿色基因库”、选修课程3“绘制湿地植物分布图”；第四天：必修课程七“守护生态长汀”、必修课程八“水土保持的秘密”、选修课程4“金山银山的秘密”；第五天：必修课程九“探索兰花世界”、必修课程十“冠豸山丹霞地貌探险”、选修课程5“探究兰花的价值”	第一天：必修课程一“寻红豆杉奥妙”、必修课程二“智慧植物工厂”、选修课程1“植物扎染”；第二天：必修课程三“探究中国林改”、必修课程四“仙山梁野觅瀑源”、必修课程五“走进千鹭湖探秘湿地公园”、选修课程2“棕编”；第三天：必修课程六“探秘丹霞一绝”、必修课程七“传播国兰知识”；选修课程3“‘碳达峰’与‘碳中和’”；第四天：必修课程八“探究人与自然和谐相处的秘密”、必修课程九“走进东南花都探秘漳州花文化”、选修课程4“花世界探秘”；第五天：必修课程十“探索南平卧龙湾花秘境”、选修课程5“千鹭湖白鹭寻迹”

维度或要素		小学高年级段	初中段	高中段
实施方案	进级教学环节	1. 学生运用科学方法和工具进行实地观察和测量，如使用望远镜观察远处野生动物，或者使用简易工具测量土壤湿度、气温等环境参数；2. 引导学生准确观察和描述冠豸山的各种地貌特征，并理解其背后的地质作用机制；3. 通过探讨湿地保护与生态旅游的协调发展，让学生理解人与自然和谐共处的理念，树立环保意识和可持续发展观；4. 将农作物生长所需的气候条件、土壤养分、光合作用等抽象科学概念与实际农业生产过程相结合，让学生能够具体感知和理解；5. 指导学生进行有效的科学探究，如观察记录、数据分析等，并通过实践活动培养他们的动手能力和团队协作精神	1. 引导学生对比观察改革前后捷文村的经济社会发展变化，了解乡村振兴战略的实施情况，感知农村现代化建设成就；2. 探究梅花山的地理位置、地形地貌、气候条件对其生物多样性的影响，以及对当地旅游资源开发的意义；3. 将抽象的基因资源保护理念与实际的生态保育、可持续发展等具体措施结合起来，让学生能够理解并支持绿色基因库的建设和保护；4. 引导学生初步认识无土栽培的经济效益和环境效益，理解在资源有限的情况下，如何优化资源配置，实现农业生产的可持续发展；5. 引导学生理解和计算个人、家庭或学校的碳排放量	1. 结合梁野山实际案例，研讨生态保护与当地经济社会发展如何协同推进，理解生物多样性保护在可持续发展战略中的关键地位；2. 剖析土楼作为非物质文化遗产的保护现状与挑战，讨论如何在保护与发展间寻求平衡，实现文化与经济的可持续发展；3. 通过研究捷文村林改案例，探讨在保护森林资源与推动经济发展之间如何实现可持续发展；4. 结合冠豸山的旅游开发与生态保护实践，探讨在经济发展与环境保护之间寻找平衡点的可能性；5. 结合花卉产业，分析其在生态环保、生物多样性保护、城市绿化美化以及旅游业发展中的重要作用，探讨如何实现花卉产业的可持续发展
	巩固教学环节	教师组织轻松有趣的互动回顾环课，如快速问答游戏、团队分享亮点瞬间等，引导学生用图画或简单的语言记录今日研学的主要收获，并鼓励他们在同伴间交流表达，通过生动活泼的形式将所见所闻转化为个人经验	教师布置分组任务，要求各组总结提炼研学活动的关键知识点，制作简易PPT或海报，随后进行限时展示汇报；同时，引导学生反思在实践中遇到的问题以及解决方案，培养他们初步的归纳总结能力和团队协作精神	教师让学生提出并解答自己在研学过程中产生的疑问，或就某个专题展开辩论；此外，可指导学生初步撰写研学日志，记录自己的感悟、新的认识及对未来学习方向的启示，以此深化对知识的理解和应用能力

维度或要素			小学高年级段	初中段	高中段
实施方案	总结教学环节	教学创新	设计了一系列符合小学生身心发展特点的游戏化课程和户外实践活动。例如，组织学生走进当地生态公园、农田保护区等自然场所，通过观察、记录、手工制作等方式，让学生亲身体验大自然的奥秘，引导他们在互动游戏中学习环保知识，培养爱护环境的习惯	将生态环境保护理念与实地考察、实验研究紧密结合，例如，组织学生走进龙岩当地的森林公园、湿地保护区、地质公园等地，进行生物多样性调查、水质检测等科学实践，增强了学生对生态系统的动态理解和环境保护的实际操作能力	深度融合生物学、地理学、化学等多学科知识，将课堂理论教学与实地生态系统调研相结合，采用课题研究的方式，让学生参与到诸如土壤修复、水源保护、生物多样性的调查与保护等真实环境问题的解决中
		教学总结	学生通过亲身参与和直观感知，增强了对生态环境保护的认识和热爱。课程结束后，多数学生表现出对环境问题的关注和解决问题的初步能力，养成了垃圾分类、节约用水用电等良好生活习惯。教学活动也成功构建了一个家、校、社联动的生态环境教育平台，促进了家庭教育与学校教育的有效衔接	经过一系列生态环境研学活动，学生们深入理解了生态平衡的重要性，掌握了基础的生态学原理和环境保护策略。他们在团队协作中学会了采集、记录和分析环境数据，撰写研究报告，同时也通过观察和亲手实践，感受了自然之美与生态保护之责	学生通过实地考察、数据分析、论文撰写等一系列流程，对生态环境保护有了深刻且系统地理解，不仅在专业知识层面得到扎实的积累，也在社会责任感和公民素养上得到了升华
		教学反思	尽管活动形式多样，但在知识体系建构和深度探索上尚有提升空间，可以适当引入更具体的环保案例和简单易懂的科学原理，帮助学生建立更为牢固的理论基础	一方面认识到此类实践活动能够极大地激发学生的学习兴趣和求知欲望，有助于打破传统课堂教学模式，提升教学质量；另一方面，也意识到需要进一步优化研学课程结构，细化指导方案，确保每位学生在活动中都能充分参与并获得实质性成长	实践性强、贴近生活实际的教学方式确实有利于培养学生的自主学习能力和批判性思维，但也应意识到需要在课程设置上更加精细化，兼顾不同层次学生的认知差异和兴趣点

维度或要素				小学高年级段	初中段	高中段
实施方案	评价教学环节	教学水平评价	自我评价	教师在活动结束后，对活动进行及时评价，就知识讲解、课堂管理、教学实施、学生个体差异的关注、沟通与激励机制、专业知识更新等方面进行评价	教师在活动结束后，对活动进行及时评价，就知识讲解、课堂管理、教学实施、学生个体差异的关注、沟通与激励机制、专业知识更新等方面进行评价	教师在活动结束后，对活动进行及时评价，就知识讲解、课堂管理、教学实施、学生个体差异的关注、沟通与激励机制、专业知识更新等方面进行评价
			学生评价	通过满意度调查表，利用4个等级评价，从知识传授、教学方法、实践指导、组织协调、安全意识与措施、师生互动、激励机制、职业道德等方面进行匿名评价	通过满意度调查表，利用4个等级评价，从知识传授、教学方法、实践指导、组织协调、安全意识与措施、师生互动、激励机制、职业道德等方面进行匿名评价	通过满意度调查表，利用4个等级评价，从知识传授、教学方法、实践指导、组织协调、安全意识与措施、师生互动、激励机制、职业道德等方面进行匿名评价
			同行评价	营地老师通过互相听课、随队观摩、教学文件学习等方式对实施教师从研学课程、研学线路、教学方式技巧、组织管理能力、职业素养、教学水平等方面进行评价	营地老师通过互相听课、随队观摩、教学文件学习等方式对实施教师从研学课程、研学线路、教学方式技巧、组织管理能力、职业素养、教学水平等方面进行评价	营地老师通过互相听课、随队观摩、教学文件学习等方式对实施教师从研学课程、研学线路、教学方式技巧、组织管理能力、职业素养、教学水平等方面进行评价
			培训和考核	通过线上教育平台、线下教育培训、教研小组、外部机构培训等多元培训方式，建立以研学科学教育目标为核心的研学指导老师专业发展培训考核制度。设立周期性的水平测试或成果展示环课，检验教师在培训中的学习成效，这既可以是理论知识考试，也可以是实践操作演示或教学设计的呈现	通过线上教育平台、线下教育培训、教研小组、外部机构培训等多元培训方式，建立以研学科学教育目标为核心的研学指导老师专业发展培训考核制度。设立周期性的水平测试或成果展示环课，检验教师在培训中的学习成效，这既可以是理论知识考试，也可以是实践操作演示或教学设计的呈现	通过线上教育平台、线下教育培训、教研小组、外部机构培训等多元培训方式，建立以研学科学教育目标为核心的研学指导老师专业发展培训考核制度。设立周期性的水平测试或成果展示环课，检验教师在培训中的学习成效，这既可以是理论知识考试，也可以是实践操作演示或教学设计的呈现
			教学成果展示	通过多元化展示教学成果1.学生作品与研究报告；2.实践活动记录与视频资料辑；3.学术论文与研究成果发表；4.成果汇报与分享会	通过多元化展示教学成果1.学生作品与研究报告；2.实践活动记录与视频资料辑；3.学术论文与研究成果发表；4.成果汇报与分享会	通过多元化展示教学成果1.学生作品与研究报告；2.实践活动记录与视频资料辑；3.学术论文与研究成果发表；4.成果汇报与分享会

维度或要素				小学高年级段	初中段	高中段
实施方案	评价教学环节	学业评价	形成性评价	通过对学生在提问互动、小组研讨以及研学手册填写等环课的深度观察与细致记录，我们全面而精准地量化和总结其学习成长轨迹。针对学生的阶段性发展进程、阶段性的知识掌握水平及目标达成情况，我们实施了详尽且公正的评价体系，以此为坚实基础，教师能够有的放矢地推进后续教育教学活动，持续优化教学策略，助力每一位学生稳步迈向更高层次的学习里程碑	通过对学生在提问互动、小组研讨以及研学手册填写等环课的深度观察与细致记录，我们全面而精准地量化和总结其学习成长轨迹。针对学生的阶段性发展进程、阶段性的知识掌握水平及目标达成情况，我们实施了详尽且公正的评价体系，以此为坚实基础，教师能够有的放矢地推进后续教育教学活动，持续优化教学策略，助力每一位学生稳步迈向更高层次的学习里程碑	通过对学生在提问互动、小组研讨以及研学手册填写等环课的深度观察与细致记录，我们全面而精准地量化和总结其学习成长轨迹。针对学生的阶段性发展进程、阶段性的知识掌握水平及目标达成情况，我们实施了详尽且公正的评价体系，以此为坚实基础，教师能够有的放矢地推进后续教育教学活动，持续优化教学策略，助力每一位学生稳步迈向更高层次的学习里程碑
			总结性评价	通过最后一天的研学项目分享，引导学生通过实物展示、成果汇报、科学海报、研学手册、成果视频等形式进行汇报。教师对学生掌握研学内容、科学精神、探索能力、科学思维等方面进行评价	通过最后一天的研学项目分享，引导学生通过实物展示、成果汇报、科学海报、研学手册、成果视频等形式进行汇报。教师对学生掌握研学内容、科学精神、探索能力、科学思维等方面进行评价	通过最后一天的研学项目分享，引导学生通过实物展示、成果汇报、科学海报、研学手册、成果视频等形式进行汇报。教师对学生掌握研学内容、科学精神、探索能力、科学思维等方面进行评价
			教师评价	由教师根据学生在研学活动中的表现、成果、研学手册，使用科学的基本原理和方法进行评价	由教师根据学生在研学活动中的表现、成果、研学手册，使用科学的基本原理和方法进行评价	由教师根据学生在研学活动中的表现、成果、研学手册，使用科学的基本原理和方法进行评价
		项目评价		学校带队教师和学生家长对研学线路的设置、课程设置、教学策略、教学环课进行评价，对学生的科学素养养成情况进行评价，针对评价结果反思优化	学校带队教师和学生家长对研学线路的设置、课程设置、教学策略、教学环课进行评价，对学生的科学素养养成情况进行评价，针对评价结果反思优化	学校带队教师和学生家长对研学线路的设置、课程设置、教学策略、教学环课进行评价，对学生的科学素养养成情况进行评价，针对评价结果反思优化

4.12 教学计划与策略列表：探秘闽地山水 感受自然魅力

<table>
<tr><td colspan="3">营地名称</td><td>三明市综合实践学校</td><td>命名机构</td><td>教育部</td><td>识别码</td><td>Y145352003</td></tr>
<tr><td colspan="3">从业资质（摘要）</td><td>组织开展综合实践活动、研学实践活动</td><td>单位属性</td><td>公益一类</td><td>法定代表人</td><td>巫常清</td></tr>
<tr><td colspan="3">研学主题</td><td>探秘闽地山水 感受自然魅力</td><td colspan="2">主要目的指向</td><td colspan="2">自然教育</td></tr>
<tr><td rowspan="7">营地（枢纽）及周边主要优质研学资源</td><td colspan="2">基地层级</td><td colspan="5">研学站点（基地）名称</td></tr>
<tr><td rowspan="2">教育部命名基地</td><td>已列入教学计划</td><td colspan="5">一、与本主题相关列入教学计划的基地7个
1.三明市综合实践学校（简称“三明营地”）；2.三明市泰宁世界地质公园研学实践基地；3.漳州东南花都；4.南平市建阳区卧龙湾生态旅游开发有限公司；5.福鼎市中小学劳动实践基地；6.福建农业职业技术学院相思岭中小学研学实践教育基地（福建慕农农业科技有限公司）；7.鹭凯研学实践基地（福建鹭凯生态农庄股份有限公司）
二、与本主题关联不大但列入本营地教学计划的基地19个
1.福州市中国船政文化景区；2.福州市三坊七巷·严复翰墨馆；3.福建土楼（南靖）青少年社会实践活动中心；4.福建闽越王城博物馆；5.三明市建宁县客坊乡水尾村中小学实践教育基地（建宁县客坊乡水尾村村民委员会）；6.三明市建宁县溪源乡上坪村中小学实践教育基地（建宁县溪源乡上坪村委会）；7.福州市林则徐纪念馆；8.泉州市晋江市五店市传统文化旅游区；9.泉州市洛江区中小学生综合实践基地；10.厦门科技馆；11.龙岩市古田旅游集团有限公司；12.福建泉州顺美集团有限责任公司（顺美陶瓷文化世界）；13.厦门市中小学生综合实践基地（厦门市教育事务受理中心）；14.厦门大学附属科技中学；15.国家海洋局厦门海洋环境监测中心站；16.国家海洋局海岛研究中心；17.福建福州国家森林公园；18.宁德市屏南县熙岭乡龙潭村中小学实践教育基地（屏南县熙岭乡龙潭村民委员会）；19.宁德市屏南县甘棠乡漈下村中小学实践教育基地（屏南县甘棠乡漈下村民委员会）</td></tr>
<tr><td>待列入教学计划</td><td colspan="5">无</td></tr>
<tr><td colspan="2">其他部委命名基地</td><td colspan="5">1.三明市建宁县客坊乡水尾村中小学实践教育基地；2.三明市建宁县溪源乡上坪村中小学实践教育基地</td></tr>
<tr><td colspan="2">地方命名基地</td><td colspan="5">1.三明市万寿岩国家考古遗址公园（简称“万寿岩”）；2.福建省三钢（集团）有限责任公司</td></tr>
<tr><td colspan="2">本营地资源</td><td colspan="5">1.劳动种植区、2.自然教育馆</td></tr>
<tr><td colspan="2">其他资源</td><td colspan="5">1.三元区忠山村十八寨；2.永安鳞隐石林；3.三明三元格氏栲森林公园（简称“格氏栲森林公园”）；4.仙人谷国家森林公园；5.福建君子峰国家级自然保护区；6.将乐玉华洞；7.灵台山；8.尤溪桂峰古村落；9.泰宁九龙潭</td></tr>
</table>

维度或要素	小学高年级段	初中段	高中段
校内教育基础（与校内教育的衔接）	小学高年级的自然教育应推崇以科学探究为主导的学习方式。通过深入探索生命奥秘、地球变迁及宇宙浩瀚等领域，使学生充分领略科学学习的魅力，不断提升科学探究技能，积累广博的科学知识，本课程衔接教科版科学相关课程，具体如下： 1.五年级下册科学第一单元“生物与环境”第一课“种子发芽实验”、第六课“食物链与食物网”、第三单元“环境与我们”第二课“我们面临的环境”；2.六年级上册科学第一单元“微小世界”第四课“观察洋葱表皮细胞”；3.六年级下册科学第二单元“生物的多样性”第三课“形形色色的植物”、第四课“多种多样的动物”、第七课“保护生物多样性”	初中阶段的自然教育重点培养学生的科学素养、探究能力、实践能力、环保意识和跨学科整合能力，提高学生综合素质，培养学生全面发展，本课程衔接人教版生物相关课程，具体如下： 1.七年级上册生物第一单元第一章“认识生物”第1节“生物的特征”、第2节“调查周围环境中的生物”、第二章“了解生物圈”第1节“生物与环境的关系”、第2节“生物与环境组成生态系统”、第3节“生物圈是最大的生态系统”、第二单元第一章“细胞是生命活动的基本单位”第1节“练习使用显微镜”、第2节“植物细胞”、第三单元第一章“生物圈中有哪些绿色植物”、第二章“绿色植物是生物圈中的有机制造者”、第六章“爱护植被·绿化祖国”；2.七年级下册生物第四单元第七章“人类活动对生物圈的影响”第一节“分析人类活动对生态环境的影响”、第2节“探究环境污染对生物的影响”、第3节“拟定保护生态环境的计划”；3.八年级上册生物第六单元第二章“认识生物的多样性”、第三章“保护生物的多样性”；4.八年级下册生物第七单元第一章“生物的生殖和发育”第1节“植物的生殖”	高中自然教育培养学生的重点在于深化科学素养、培养科学探究能力、强化实践操作能力、提升跨学科整合能力、培养科学伦理和责任感，以及激发创新思维和创造力。这些重点旨在为学生打造坚实的科学基础，培养他们的科学思维和素养，本课程衔接人教版生物相关课程，具体如下： 1.生物学选择性必修一“稳态与调节”第五章“植物生命活动的调节”第1节“植物生长素”、第2节“其他植物激素”、第3节“植物生长调节剂的应用”、第4节“环境因素参与调节植物的生命活动”；2.高中年级生物学选择性必修二“生物与环境”第四章“人与环境”第1节“人类活动对生态环境的影响”、第2节“生物多样性及其保护”

维度或要素			小学高年级段	初中段	高中段
研学课程	必修课程一	名称	森林探险家	森林探险家	森林探险家
		活动目的	带领学生观察森林中不同物种的分布情况，理解丛林法则、生物之间的共生关系	带领学生辨识各类花草树木，了解乔木、灌木、地被等植物的生长特点	让学生充分认识到地理环境对植被的影响，探究树木“癌症”之谜
		活动形式	教师讲授、实地探访、实践体验相结合	教师讲授、实地探访、实践体验相结合	教师讲授、实地探访、实践体验相结合
	必修课程二	名称	园林设计	园林设计	园林设计
		活动目的	增强学生环保意识，培养学生爱护植物、保护环境的观念	帮助学生了解园林设计的基本原理和技巧，培养学生的空间想象力	帮助学生了解园林文化和风格，培养学生审美品位和文化素养
		活动形式	教师讲授、实地探访、实践体验相结合	教师讲授、实地探访、实践体验相结合	教师讲授、实地探访、实践体验相结合
	必修课程三	名称	小小观察员	观天书	悬天峡，水滴石穿
		活动目的	了解寨下大峡谷地质地貌形成原因，增加地理知识	让学生探究魔崖天书的形成原因，欣赏大自然的鬼斧神工	使学生了解地质构造和岩层堆积的演化过程
		活动形式	教师讲授、实地探访、实践体验相结合	教师讲授、实地探访、实践体验相结合	教师讲授、实地探访、实践体验相结合
	必修课程四	名称	认识九龙潭	探究丹霞地貌形成原因	探究寨下大峡谷地质地貌
		活动目的	让学生了解不同地理环境下的自然特点，如山川、水流、岩石等，并探索不同环境中的动物和植物	让学生了解丹霞地貌的形成原因及相关的地质过程，了解丹霞地貌的特点和分布情况	学生通过实地观察，了解不同地貌特征的形成原因
		活动形式	教师讲授、实地探访、实践体验相结合	教师讲授、实地探访、实践体验相结合	教师讲授、实地探访、实践体验相结合

维度或要素			小学高年级段	初中段	高中段
研学课程	必修课程五	名称	走进自然	火山地貌，独特典型	常绿阔叶，多样共生
		活动目的	走进自然，亲近自然，感受大自然的魅力	认识了解火山岩的特点、主要成分及用途	认识常绿阔叶林，观察植物的多样性，区分森林植被中木本、草本和藤类植物，思考植物的共生关系
		活动形式	教师讲授、实地探访、实践体验相结合	教师讲授、实地探访、实践体验相结合	教师讲授、实地探访、实践体验相结合
	必修课程六	名称	奇特典型的喀斯特地貌	环境保护者	浓厚多元的历史神话气息
		活动目的	认识岩溶喀斯特地貌，了解形象各异的石林景观	探讨喀斯特地貌对生态环境的重要性，引导学生关注保护环境问题，培养环保意识	了解岩溶喀斯特地貌的特点，形象各异的石林景观所寓含的历史故事或神话传说
		活动形式	教师讲授、实地探访、实践体验相结合	教师讲授、实地探访、实践体验相结合	教师讲授、实地探访、实践体验相结合
	必修课程七	名称	无土栽培	无土栽培	无土栽培
		活动目的	通过观察种子发芽、生长的过程，让学生了解植物的生长规律与需求，培养学生的观察能力与实践能力	通过了解植物的营养需求和生长条件，探索无土栽培的技术原理	通过设计和实施无土栽培相关科研项目，让学生深入了解相关问题
		活动形式	教师讲授、实地探访、实践体验相结合	教师讲授、实地探访、实践体验相结合	教师讲授、实地探访、实践体验相结合
	必修课程八	名称	神奇多姿的石灰岩溶洞	神奇多姿的石灰岩溶洞	神奇多姿的石灰岩溶洞
		活动目的	认识形象各异的钟乳石，了解石灰岩溶洞的特点	让学生了解溶洞地貌的形成原因和特点，加深对地质学的了解	探讨玉华洞内外的生物多样性，了解溶洞环境对特定生物种类的生存条件和影响
		活动形式	教师讲授、实地探访、实践体验相结合	教师讲授、实地探访、实践体验相结合	教师讲授、实地探访、实践体验相结合

维度或要素			小学高年级段	初中段	高中段
研学课程	必修课程九	名称	绿水青山就是金山银山	绿水青山就是金山银山	绿水青山就是金山银山
		活动目的	认识森林在地球上扮演的角色，加强生态永续、节能环保的意识	认识森林在生态中的价值，学习如何保护森林资源	认识格氏栲的由来，理解格氏栲作为三明市城市名片的内涵与价值
		活动形式	教师讲授、实地探访、实践体验相结合	教师讲授、实地探访、实践体验相结合	教师讲授、实地探访、实践体验相结合
	必修课程十	名称	争做“绿色小卫士”	争做“绿色小卫士”	争做“绿色小卫士”
		活动目的	观察森林中的植物、动物，加强保护动植物，和谐发展的意识	认识仙人谷的由来，理解仙人谷作为三明市城市名片的价值	科普自然知识和生态文明理念，让绿色发展理念延伸到校园、家庭和社区
		活动形式	教师讲授、实地探访、实践体验相结合	教师讲授、实地探访、实践体验相结合	教师讲授、实地探访、实践体验相结合
	选修课程		1. 天然去雕饰，自然而然 2. 生态环保 3. 通天峡，山崩地裂 4. 劳动种植	1. 天然去雕饰，自然而然 2. 生态环保 3. 通天峡，山崩地裂 4. 劳动种植	1. 天然去雕饰，自然而然 2. 生态环保 3. 通天峡，山崩地裂 4. 劳动种植

维度或要素		小学高年级段	初中段	高中段
研学线路	代表性线路（时长五日）	第一天：三明营地—万寿岩—三明营地；第二天：三明营地—仙人谷国家森林公园—格氏栲森林公园—三明营地；第三天：三明营地—福建君子峰国家级自然保护区—三明营地；第四天：三明营地—永安鳞隐石林—三明营地；第五天：三明营地——将乐玉华洞—三明营地	第一天：三明营地—万寿岩—三明营地；第二天：三明营地—仙人谷国家森林公园—格氏栲森林公园—三明营地；第三天：三明营地—福建君子峰国家级自然保护区—三明营地；第四天：三明营地—永安鳞隐石林—三明营地；第五天：三明营地—将乐玉华洞—三明营地	第一天：三明营地—万寿岩—三明营地；第二天：三明营地—仙人谷国家森林公园—格氏栲森林公园—三明营地；第三天：三明营地—福建君子峰国家级自然保护区—三明营地；第四天：三明营地—永安鳞隐石林—三明营地；第五天：三明营地—将乐玉华洞—三明营地
	可选择线路（按天设计，菜单式选择）	1.三明营地—自然教育馆—三明营地；2.三明营地—劳动种植区—三明营地；3.三明营地—灵台山—三明营地；4.三明营地—尤溪桂峰古村落—三明营地；5.三明营地—鹭凯研学实践基地—三明营地；6.三明营地—三元区忠山村十八寨—三明营地；7.三明营地—泰宁九龙潭—泰宁营地；8.泰宁营地—三明市泰宁世界地质公园研学实践基地—三明营地	1.三明营地—自然教育馆—三明营地；2.三明营地—劳动种植区—三明营地；3.三明营地—灵台山—三明营地；4.三明营地—尤溪桂峰古村落—三明营地；5.三明营地—鹭凯研学实践基地—三明营地；6.三明营地—三元区忠山村十八寨—三明营地；7.三明营地—泰宁九龙潭—泰宁营地；8.泰宁营地—三明市泰宁世界地质公园研学实践基地—三明营地	1.三明营地—自然教育馆—三明营地；2.三明营地—劳动种植区—三明营地；3.三明营地—灵台山—三明营地；4.三明营地—尤溪桂峰古村落—三明营地；5.三明营地—鹭凯研学实践基地—三明营地；6.三明营地—三元区忠山村十八寨—三明营地；7.三明营地—泰宁九龙潭—泰宁营地；8.泰宁营地—三明市泰宁世界地质公园研学实践基地—三明营地
	规划线路（按天设计）	1.三明营地—厦门大学附属科技中学—三明营地；2.三明营地—国家海洋局厦门海洋环境监测中心站—三明营地；3.三明营地—国家海洋局海岛研究中心—三明营地；4.三明营地—福建福州国家森林公园—三明营地；5.三明营地—宁德市屏南县熙岭乡龙潭村中小学实践教育基地—三明营地；6.三明营地—宁德市屏南县甘棠乡漈下村中小学实践教育基地—三明营地	1.三明营地—厦门大学附属科技中学—三明营地；2.三明营地—国家海洋局厦门海洋环境监测中心站—三明营地；3.三明营地—国家海洋局海岛研究中心—三明营地；4.三明营地—福建福州国家森林公园—三明营地；5.三明营地—宁德市屏南县熙岭乡龙潭村中小学实践教育基地—三明营地；6.三明营地—宁德市屏南县甘棠乡漈下村中小学实践教育基地—三明营地	1.三明营地—厦门大学附属科技中学—三明营地；2.三明营地—国家海洋局厦门海洋环境监测中心站—三明营地；3.三明营地—国家海洋局海岛研究中心—三明营地；4.三明营地—福建福州国家森林公园—三明营地；5.三明营地—宁德市屏南县熙岭乡龙潭村中小学实践教育基地—三明营地；6.三明营地—宁德市屏南县甘棠乡漈下村中小学实践教育基地—三明营地

维度或要素		小学高年级段	初中段	高中段
教学重点难点（以代表性线路教学设计为例，以下同）	教学重点	1. 了解溶洞形成的过程及特点；2. 知道岩溶喀斯特地貌有何特点；3. 引导学生建立对自然界的基本认识；4. 培养学生养成保护环境的意识；5. 养成爱护自然的习惯	1. 了解地下水的形成原因；2. 了解动植物的多样性体现在哪里；3. 通过实验设计和操作，提升学生的实验技能和科学探究能力；4. 学会团队协作；5. 引导学生用科学的思维方式去解释自然现象，培养批判性思维	1. 了解溶洞地貌的形成、类型和分布特点；2. 了解喀斯特地貌的形成过程；3. 领悟鳞隐石林的由来与命名；4. 引导学生参与科学研究项目，体验科学研究的过程和方法；5. 加强自然科学与社会科学、人文科学的融合，培养学生的综合素质和跨学科能力
	教学难点	1. 知道什么是丛林法则；2. 知道火山岩的主要成分是什么；3. 掌握石灰岩溶洞的特点；4. 了解植物的生长规律与需求；5. 引导学生用科学的思维方式去解释自然现象	1. 理解森林中裸子植物、蕨类植物与乔木有什么关系；2. 体会动植物的共生关系；3. 学会区分植被中木本、草本和藤类植物；4. 结合当地环境问题和案例，增强学生的环保意识和责任感；5. 将自然科学知识应用于其他学科和实际问题解决中，体现科学的实用性	1. 知道中国园林书院的建筑特点；2. 通过实地学习，了解景区岩石有什么特点；3. 领悟火焰山、霸王别姬、笔架峰所寓含了哪些历史故事或神话传说；4. 鼓励学生进行创新性实验和探索，培养创新思维和解决问题的能力；5. 引导学生认识科学技术对社会的影响和责任

维度或要素	小学高年级段	初中段	高中段
教学策略	针对小学高年级段，小学生处于认知发展的初级阶段，好奇心强，但抽象思维能力有限，基于以学生为主体，以问题为导向，以实践为基础，以团队为支撑，以教师为指导，全方位、多角度地开展探究性学习。选取贴近生活的自然现象和实验，如植物生长、水的循环等内容，依托研学手册、场馆讲解、宣传视频等资源，采取讲授法、问答法、小组讨论法、任务驱动法等教法，引导学生通过观察法、归纳法、自主学习法、探究学习法、合作学习法学法，开展实地探究研学活动，通过实践活动和互动学习，培养学生的自然科学兴趣和初步的科学素养	针对初中段，初中生处于认知发展的关键期，具备一定的抽象思维能力和探究欲望，基于培养学生的创新能力、实践能力和团队合作精神，提高学生的综合素质和实践能力，选取具有一定深度和广度的自然科学知识，如生态系统、物质变化等，依托《研学手册》、场馆讲解、宣传视频等资源，采取讲授法、问答法、小组讨论法、任务驱动法等教法，引导学生通过观察法、归纳法、自主学习法、探究学习法、合作学习法学法，开展实地探究研学活动，通过探究学习和实践活动，提高学生的自然科学素养和科学探究能力	针对高中段，高中生处于认知发展的高级阶段，具备较强的抽象思维能力和创新能力。基于以学生为主体，以问题为导向，以实践为基础，以团队为支撑，以教师为指导，全方位、多角度地开展探究性学习。培养学生的观察力、分析能力和批判思维，培养他们主动学习和自主思考的能力。选取更加深入和系统的自然科学知识，如遗传学、生态学等，采取讲授法、谈话法、讨论法、演示法、练习法等教法和自小组讨论法、任务驱动法观察法、归纳法、自主学习法、探究学习法、合作学习法，开展前置学习、参观考察、实地探究、实践体验、总结分享等活动，通过发现式学习和实践活动，培养学生的高级自然科学素养和终身学习能力

维度或要素				小学高年级段	初中段	高中段
实施方案	入营教育	安全	引导	开展入营教育，通过多媒体了解安全注意事项	开展入营安全教育，让学生分析要注意的安全事项	开展入营安全教育，让学生分析安全事项，并找出解决办法
			实训	组织学生学习乘车安全、研学期间安全事项、用餐安全事项、住宿安全事项	组织学生学习安全自救常识等其他安全注意事项，分组查找安全隐患	组织学生学习安全自救常识等其他安全注意事项。针对每个课程，进行安全培训
		应急	引导	通过视频和讲解学习逃生方法，以及如何拨打求救电话	通过视频和讲解学习逃生方法、应急处理方法	通过视频和讲解掌握逃生技能、应急事件处理方法
			实训	组织学生进行应急疏散演练、消防逃生演练、地震逃生演练	组织学生进行应急疏散演练、消防逃生演练、地震逃生演练	组织学生进行应急疏散演练、消防逃生演练、地震逃生演练
		救助	引导	通过视频，AR体验，了解安全救护知识	通过情景模拟，针对出血、擦伤、碰伤等紧急情况引导学生掌握救助常识	通过意外伤害的情景模拟，让学生掌握基本的救助知识
			实训	组织学生学习防溺水、防中暑等应急救护知识	组织学生学习包扎、中暑、溺水等应急救护知识	组织学生学习包扎、心肺复苏等应急救护知识
		自我管理	引导	通过拓展课程训练培养学生自我管理的认知	通过视频分析自我管理的重要性	通过拓展课程提升学生自我管理的意愿
			实训	组织学生学习内务规范、内务整理等，对学生进行养成教育	组织学生学习内务规范、内务整理、食堂帮厨等，进行自我管理	组织学生进行宿舍管理、就餐管理、卫生区管理等，对学生进行教育学习
		团队协作	引导	通过军歌、军姿挑战引导学生了解团结协作的重要	通过拓展课程，提升学生对团结协作的认知	通过拓展课程，分析如何在团队中发挥自我价值
			实训	组织学生通过队旗、队名的设计进行团队破冰、团队组建	组织学生通过中空体验、团队展示等完成破冰和团队组建	组织学生进行高空体验、毕业墙等拓展课程，实现团队破冰、团队组建

维度或要素		小学高年级段	初中段	高中段
实施方案	导入教学环节	1.视频导入：呈现自然景观或动植物，引起学生兴趣；2.视频导入：播放大金湖景观视频，引起学生兴趣；3.谈话导入：介绍当地的生态环境和动植物种类，激发学生兴趣；4.问题导入：提问学生问题，让学生带着对问题的思考进入学习；5.故事导入：讲述形态各异的岩石故事导入课题	1.视频导入：呈现自然景观或动植物，引起学生兴趣；2.视频导入：播放大金湖景观视频，引起学生兴趣；3.问题导入：引入一个令人深思的问题，如“为什么我们应该保护环境？”，让学生展开讨论；4.任务导入：利用研学手册中的研学任务，引起学生的兴趣；5.谈话导入：介绍园林景观，提起学生兴趣	1.视频导入：呈现自然景观或动植物，引起学生兴趣；2.视频导入：播放大金湖景观视频，引起学生兴趣；3.谈话导入：与学生探讨全球面临的环境挑战和气候变化的问题，引导学生思考人与自然的关系；4.谈话导入：介绍园林景观，提起学生兴趣；5.故事导入：讲述形态各异的岩石故事导入课题
	授课教学环节	第一天：入营教育，必修课程一“森林探险家”、必修课程二“园林设计”；第二天：必修课程五“走进自然”、必修课程六“奇特典型的喀斯特地貌”；第三天：必修课程三“小小观察员”、必修课程四：“认识九龙潭”；第四天：必修课程九“绿水青山就是金山银山”、必修课程十“争做森林小卫士”；第五天：必修课程七“无土栽培”、必修课程八“神奇多姿的石灰岩溶洞”、选修课程4“劳动种植”	第一天：入营教育，必修课程一“森林探险家”、必修课程二“园林设计”；第二天：必修课程五“火山地貌，独特典型”、必修课程六“环境保护者”；第三天：必修课程三“观天书”、必修课程四“探究丹霞地貌形成原因”；第四天：必修课程九“绿水青山就是金山银山”、必修课程十“争做森林小卫士”；第五天：必修课程七“无土栽培”、必修课程八“神奇多姿的石灰岩溶洞”、选修课程4“劳动种植”	第一天：入营教育，必修课程一“森林探险家”、必修课程二“园林设计”；第二天：必修课程五“常绿阔叶，多样共生”、必修课程六“浓厚多元的历史神话气息”；第三天：必修课程三“悬天峡，水滴石穿”、必修课程四“探究寨下大峡谷地质地貌”；第四天：必修课程九“绿水青山就是金山银山”、必修课程十“争做森林小卫士”；第五天：必修课程七“无土栽培”、必修课程八“神奇多姿的石灰岩溶洞”、选修课程4“劳动种植”

维度或要素		小学高年级段	初中段	维度或要素
实施方案	进级教学环节	1. 石灰岩溶洞的特点是什么 2. 中国的石刻介绍 3. 丹霞地貌形成原因 4. 通天峡段的路有什么特点 5. “摩崖天书”的神秘传说是什么	1. 不同时期的丹霞地貌特点 2. 寨下大峡谷的丹霞地貌是在什么年龄期的 3. 中国还有哪些地方有丹霞地貌 4. 寨下大峡谷有几条峡谷？寨下的大峡谷有几类？峡谷有什么特点 5. 寨下大峡谷内的植被特点	1. 认识各种摩崖石刻文化，你知道摩崖石刻所关联的历史人物有哪些吗 2. 你认为该如何保护这些物质文化遗产 3. 为什么称为悬天峡？是怎么形成的？最重要的外因是什么 4. 观察天穹岩有什么特点？天穹岩的形成原因是什么 5. 找出体现重力坍塌的其他景观。这些景观有什么特点？如何保护这些景观
	巩固教学环节	让学生动手制作与教学内容相关的物品，如制作动植物标本、绘制图案等，加深对知识点的理解与记忆	让学生分组讨论，共同回顾和总结知识点，互相补充和纠正错误	引入实际案例让学生分析和讨论，培养学生分析问题与解决问题的能力

维度或要素			小学高年级段	初中段	高中段
实施方案	总结教学环节	教学创新	设计富有趣味性和互动性的研学项目，如动植物观察、自然寻宝游戏等，让学生在玩乐中学习，激发他们对大自然的好奇心	引导学生通过问题导向的研学活动，自主发现和解决问题，如环境污染调查、动植物生态研究等，培养学生的探究能力和科学素养	鼓励学生自主选择研究课题，进行深入地研究和探索，如动植物种群研究、气候变化影响等，培养学生的科研能力和创新精神
		教学总结	观察到学生在活动中展现出了极高的参与热情和好奇心。学生们不仅学到了自然科学知识，还在实践中培养了观察、表达和合作的能力。同时，跨学科的研学活动有助于激发学生的多元智能，促进全面发展	通过问题导向的研学项目，学生们学会了如何发现问题、分析问题和解决问题，增强了自主探究的能力	学生们能够自主选择研究课题，进行深入地研究和探索，培养了他们的科研素养和创新能力
		教学反思	需要进一步优化研学活动的设计，确保活动的趣味性和教育性相结合，同时加强教师的指导和支持，帮助学生在研学过程中更好地学习和成长	需要进一步加强研学活动的实践性和探究性，提供更多的机会让学生亲身参与和体验。同时，教师也应注重跨学科知识的整合，帮助学生建立完整的知识体系	需要进一步完善研学活动的评价和反馈机制，确保学生能够及时了解自己的学习成果和不足之处

维度或要素				小学高年级段	初中段	高中段
实施方案	评价教学环节	教学水平评价	自我评价	定期总结教学经验，通过学生的表现与反应，及时调整教学策略	通过写教学日志，总结教学经验等方法，对教学工作进行深入地反思	根据学生在活动中的参与度和独立完成任务的能力来评估教学效果，定期自我检查，确保教学内容既能够挑战学生也能够激发他们的学习兴趣
			学生评价	学生针对教师教学内容是否丰富、条理是否清晰等方面进行评价	设计详细的问卷，让学生对教师的教学方法、课堂互动、作业布置等方面进行评价	设计专业的问卷，针对教师的教学水平、学科知识、师德师风等方面进行评价
			同行评价	组织教师相互听课，课后进行评课交流，分享教学经验，提出改进意见。定期开展教学研讨活动，邀请优秀教师进行示范教学，促进教师间的互相学习和成长	组织教师进行专题研讨，分享教学经验和研究成果，探讨教育教学中的热点和难点问题。鼓励教师之间相互听课、评课，提出建设性的意见和建议，促进教学质量的提升	组织教师进行教学观摩活动，学习借鉴优秀教师的教学方法和经验。邀请专家对教师的教学水平进行评审，提出指导性意见和建议，帮助教师提高教学水平
			培训和考核	每学期组织营地的所有教师进行培训，每学期对教师进行考核	聘请有关专家对教师进行培训，通过专家的讲座、示范课增强教师的理论素养及教育教学水平。每学期对教师进行考核	加强师资培训，大力拓宽学习渠道，组织教师通过线上线下、“请进来”“走出去”等多种方式提升教师水平，每学期对教师进行考核
			教学成果展示	通过图文、影像等记录学生表现过程，展示学生作品，分享教学案例，包括教学设计、实施过程及学生反馈	学生根据本次研学活动，创作一份研学成果作品，呈现本次研学实践主题内容	展示学生在教师的指导下完成的课题研究、实验报告等，组织教师教学研究论文交流会，展示教学成果

维度或要素				小学高年级段	初中段	高中段
实施方案	评价教学环节	学业评价	形成性评价	在活动中，关注学生的表现，及时给予反馈，适时进行小结。通过点评激励和优秀展示等方式，激发学生的学习兴趣，培养他们的自信心和表达能力	关注学生的活动表现和完成任务的效果，通过个人自评、小组互评等方式，让学生更全面地认识自己	以研究性学习课程的目标为基准，教师应通过测验、考核、展示和汇报等多样化方式，对学生在研究性学习活动中的知识掌握、探究能力和责任感进行评估
			总结性评价	对学生的研学分享以及研学成果作品做出评价，通过日常记录、调查问卷、教学反思和口头表达等多元化手段，对学生的研究性学习准备、参与过程、行为规范、情感理解以及教学深度进行全面评估，利用这些评估结果来优化教学策略，从而提升教学质量	教师通过日常记录、调查问卷、教学反思和口头表达等多样化评估手段，对学生在知识掌握、行为过程管理、情感认同和团队合作方面进行综合评价。基于这些评估结果，教师将提供针对性的建议和反馈，以促进学生对知识和技能的深入理解及应用	通过日常记录、调查问卷、教学反思和口头表达等多样化评估手段，对学生的知识掌握、研究能力、团队合作精神、个人素质以及测验成绩进行全面评价。利用这些评估结果来识别和解决在研究性学习实施过程中出现的问题
			教师评价	根据学生参与活动的积极性，对基本技能掌握情况与活动过程中是否对研学活动保持积极的态度等方面进行评价	根据学生的知识应用与实践能力、对团队协作与沟通能力、批判性思维与创新意识等方面进行评价	根据学生的问题解决与创新能力、对是否能够在活动中展现出积极的价值观和责任感等方面进行评价
		项目评价		教育工作者、学生家长、社会各界积极参与评价过程，通过教研活动及针对评价结果的反思，及时发现问题并加以改进	教育工作者、学生家长、社会各界积极参与评价过程，通过教研活动及针对评价结果的反思，及时发现问题并加以改进	教育工作者、学生家长、社会各界积极参与评价过程，通过教研活动及针对评价结果的反思，及时发现问题并加以改进

4.13 教学计划与策略列表：山水圣人地 壮美齐鲁行

<table>
<tr><td colspan="3">营地名称</td><td>潍坊市中小学生示范性综合实践基地</td><td>命名机构</td><td>教育部</td><td>识别码</td><td>Y145370001</td></tr>
<tr><td colspan="3">从业资质（摘要）</td><td>综合实践教育；研学实践教育；劳动教育；创新实验教育</td><td>单位属性</td><td>公益一类</td><td>法定代表人</td><td>鞠克亮</td></tr>
<tr><td colspan="3">研学主题</td><td>山水圣人地 壮美齐鲁行</td><td colspan="2">主要目的指向</td><td colspan="2">自然教育</td></tr>
<tr><td rowspan="7">营地（枢纽）及周边主要优质研学资源</td><td colspan="2">基地层级</td><td colspan="5">研学站点（基地）名称</td></tr>
<tr><td rowspan="2">教育部命名基地</td><td>已列入教学计划</td><td colspan="5">一、与本主题相关列入教学计划的基地13个
1.潍坊市中小学生示范性综合实践基地（简称“潍坊营地”）；2.临沂市青少年示范性综合实践基地（简称“临沂营地”）；3.黄河口生态文明研学基地（简称“黄河口”）；4.曲阜孔庙、孔林和孔府（简称“孔林”）；5.青岛海洋地质研究所；6.中国水准零点景区；7.山东莱阳白垩纪国家地质公园（简称“白垩纪公园”）；8.山东泰山研学教育有限公司（简称“泰山研学”）；9.蒙阴岱崮地貌拓展服务中心（简称“岱崮地貌”）；10.日照市山泽海洋旅游产业开发有限公司（简称“日照山泽海洋”）；11.济南市气象局；12.山东博物馆；13.山东省防震减灾科普馆（简称“防震减灾馆”）
二、与本主题关联不大但列入本营地教学计划的基地18个
1.山东景芝教育投资有限公司（简称“景芝公司”）；2.青岛市妇女儿童中心；3.孟庙孟府孟林景区（简称“三孟”）；4.青岛鲁海丰海洋牧场（简称“鲁海丰牧场”）；5.中国海军博物馆；6.台儿庄古城景区；7.山东省山青世界青少年实践活动中心（简称“山青世界”）；8.蓬莱仙境戚继光文化管理有限公司（简称“蓬莱仙境”）；9.青岛蓝树谷文化传媒旅游集团股份有限公司（简称“蓝树谷”）；10.齐文化博物院；11.山东特种工业集团有限公司（简称“山特集团”）；12.山东省科学技术宣传馆（简称“山东科技馆”）；13.浪潮集团有限公司（简称“浪潮集团”）；14.国家中印科技国际创新园（简称“中印科技”）；15.山东航天科技展馆（简称“山东航天馆”）；16.山东沂蒙红色文化产业有限公司（简称“沂蒙红色教育基地”）；17.广饶县孙子文化旅游区（简称“孙子文化园”）；18.桓台华夏粮仓博物馆（简称“华夏粮仓”）</td></tr>
<tr><td>待列入教学计划</td><td colspan="5">1.山东北海湿地鸟类教育基地（简称“北海湿地”）；2.山东省妇女儿童活动中心</td></tr>
<tr><td colspan="2">其他部委命名基地</td><td colspan="5">1.沂山景区；2.云门山景区；3.巨淀湖景区；4.山东萤火虫水洞·地下大峡谷旅游区旅游区（简称“地下大峡谷”）；5.青州博物馆</td></tr>
<tr><td colspan="2">地方命名基地</td><td colspan="5">1.山东省地质博物馆；2.山东省地质科学院；3.国家方志馆黄河分馆；4.招远黄金博物馆；5.青岛贝壳博物馆；6.中国海藻生物科技馆；7.青岛极地海洋世界；8.坊子区煤炭博物馆；9.潍坊禹王国家湿地公园（简称“禹王湿地”）；10.临朐山旺国家地质公园（简称“山旺化石”）；11.昌乐火山群；12.诸城市恐龙国家地质公园·诸城市恐龙博物馆（简称“恐龙馆”）；13.临朐淌水崖水库；14.寿光蔬菜园；15.青州古城；16.井塘古村；17.长岛旅游景区；18.山东国土测绘院；19.潍坊滨海白浪河景区；20.潍坊竹山生态谷；21.潍坊青山秀水旅游度假区；22.青岛民超海洋教育馆；23.蓬莱市黄金河度假村野生动物科普教育基地；24.诸城常山永辉生态农场；25.原山国家森林公园；26.临沂市蒙山旅游度假区</td></tr>
<tr><td colspan="2">本营地资源</td><td colspan="5">1.国防教育中心；2.劳动教育中心；3.传统工艺中心；4.生命安全教育中心；5.素质拓展中心；6.心理体验中心；7.创新实验中心</td></tr>
<tr><td colspan="2">其他资源</td><td colspan="5">1.莱央子盐场；2.潍坊海水稻三产融合示范区（简称“海水稻示范区”）</td></tr>
</table>

维度或要素	小学高年级段	初中段	高中段
校内教育基础（与校内教育的衔接）	对照课标，小学高年级段在自然教育方面提出“深化学生对自然的热爱，培养保护环境和爱护动植物的意识，进一步拓展科学视野”“通过实地考察、记录和分析，让学生更加深刻地在亲身体验中感悟自然的奥秘和家乡的美好”“促进学生认识家乡，涵养家国情怀”。本研学主题必修课程与校内教育的衔接内容主要如下：1.人教版科学三年级下册第一单元第1课“土壤里有什么”、第2课“比较不同的土壤”；2.人教版科学四年级下册第三单元第1课“生物与非生物”、第2课“不同环境中的植物”、第3课“不同环境中的动物”；3.人教版科学六年级上册第二单元第5课“植物的光合作用”；4.人教版科学六年级上册第四单元第12课“各种各样的自然资源”、第13课“煤、石油和天然气”、第15课“自然资源的开发与保护”；5.人教版科学六年级下册第一单元第1课“生物的栖息地”、第2课“动物对环境的适应”、第3课“保护生物与环境”；6.人教版科学六年级下册第二单元第5课“地球的内部结构”、第7课“火山喷发”	对照课标，初中段在自然教育方面提出“热爱自然，保护环境，爱护动物，珍爱生命”“树立生态文明观念”“加强课程与学生经验、社会生活的联系，强化学科内知识整合，统筹设计综合课程和跨学科主题学习”“促进学生认识家乡，涵养家国情怀”。本研学主题必修课程与校内教育的衔接内容主要如下：1.人教版地理七年级上册第一章第2节“地球的运动”；2.人教版地理七年级上册第二章第1节“大洲和大洋”、第2节“海陆的变迁”；3.人教版化学九年级下册第十单元第1节“常见的酸和碱”、第2节“酸和碱的中和反应”；4.人教版地理七年级下册第六章第2节“自然环境”；5.人教版地理八年级上册第二章第1节“地形和地势”、第2节“气候”、第3节“河流”、第4节“自然灾害”；6.人教版地理八年级上册第三章第1节“自然资源的基本特征”、第2节“土地资源”、第3节“水资源”；7.人教版地理八年级下册第五章“中国的地理差异”；8.人教版地理八年级下册第六章第1节“自然特征与农业”、第3节“世界最大的黄土堆积区——黄土高原”	对照课标，高中段在自然教育方面提出“尊重自然，保护环境，具有生态文明意识”“加强生态文明和海洋权益等方面的教育”“学校要系统规划校内外课程资源的使用”“因地制宜，科学安排综合实践活动”“为学生提供丰富、便利的实践体验机会”“让学生在亲身参与中感受自然的魅力，培养实践能力”。本研学主题必修课程与校内教育的衔接内容主要如下：1.人教版地理必修1第三章第2节“海水的性质”、第3节“海水的运动”；2.人教版地理必修1第四章第1节“常见地貌类型”、第2节“地貌的观察”；3.人教版地理必修1第六章第1节“气象灾害”、第2节“地质灾害”、第3节“防灾减灾”；4.人教版化学必修第一册第二章“海水中的重要元素”；5.人教版思想政治必修4第三单元第7课“继承发展中华优秀传统文化”；6.地理选择性必修1第二章第1节“塑造地貌形态的力量”、第2节“构造地貌的形成”；7.地理选择性必修1第五章第1节“自然环境的整体性”、第2节“自然环境的地域差异性”；8.地理选择性必修3第一章第2节“自然资源及其利用”；9.地理选择性必修3第二章第4节“海洋资源开发与国家安全”；10.地理选择性必修3第四章第1节“走向生态文明”

维度或要素			小学高年级段	初中段	高中段
研学课程	必修课程一	名称	初始盐碱地	盐碱地改良	盐碱地种植
		活动目的	了解盐碱土壤与普通土壤差异，认识植被生长不同，理解环境差异	通过不同方法改良盐碱地，检测改良结果的差异，探究改造自然的科学技术	通过不同改良方式并尝试种植不同植物，探究盐碱滩涂与生态改良土壤的理化指标
		活动形式	实地参观、讲解指导	讲解指导、实地参观、实践体验、科学实验	讲解指导、科学实验、学科拓展、验证假设
	必修课程二	名称	消防体验	防震减灾	海水提溴
		活动目的	通过视频教学和模拟体验，掌握不同规模火灾的应对技巧和避险逃生技能	通过模拟体验，掌握避震逃生、心肺复苏等急救技能，培养保护生命的意识	通过科学实验，探究从海水中提取溴素的方法，理解自然中蕴藏的奥秘
		活动形式	讲解指导、实践体验、小组讨论	亲历体验、科学普及、技能培训	讲解指导、科学实验、学科拓展、验证假设
	必修课程三	名称	贝壳手作	立体沙盘	海底之谜
		活动目的	通过DIY手作活动，了解贝壳种类与特点，进而了解不同自然环境与生态	通过探究水准零点和制作立体沙盘，理解海拔和等高线等学科知识点的现实意义	探究海岸带综合地质、天然气水合物地质等科学领域，感受海洋矿产开发等科技
		活动形式	场馆参观、讲解指导、实践体验	实地探访、实践体验、学科拓展、交流分享	讲解指导、专题报告、实地探访、学科拓展
	必修课程四	名称	亲近海洋	深海浅说	时光隧道
		活动目的	通过参观极地海洋世界，认识不同的海洋生物，了解不同自然环境下生态样貌	探索海洋奥秘，了解海洋生态，感悟海洋科技和海洋强国战略	探索白垩纪地质公园，学习通过地质考古了解地球历史的基本技能
		活动形式	场馆参观、讲解指导、学科拓展、分享交流	场馆参观、讲解指导、专题报告、学科拓展	实地参观、讲解指导、专题报告、自然考察、学科拓展

维度或要素			小学高年级段	初中段	高中段
研学课程	必修课程五	名称	化石考古	山中锦绣	向海图强
		活动目的	参观地层古生物化石遗迹，了解化石形成过程，培养敬畏自然主动探索的科学精神	通过沂山模拟考古，探索化石的奥秘，学会利用化石了解地球的远古历史	通过探访海洋公园，理解生态保护的重要意义和海洋产业的发展现状
		活动形式	讲解指导、实地参观、自然考察、小组讨论	讲解指导、实地探访、自然考察、学科拓展、分享交流	实地探访、讲解指导、自然考察、学科拓展、学习研讨
	必修课程六	名称	远古奇观	地下乾坤	地貌之谜
		活动目的	通过参观远古火山口，了解火山地貌形成的原因与特点，初步理解地质运动	通过探访地下大峡谷和萤火虫水洞，探究喀斯特溶洞形成的历史成因	通过探访岱崮地貌，了解特殊地质地貌形成原因，促进家乡认知，涵养家国情怀
		活动形式	实地参观、讲解指导、自然考察	实地探访、讲解指导、自然考察、分享交流	实地探访、讲解指导、自然考察、学科拓展
	必修课程七	名称	趣探恐龙园	方志古今	巍巍泰山
		活动目的	通过参观恐龙地质公园和恐龙博物馆，了解“中国龙城”的悠久历史和考古的意义	通过探访国家方志馆黄河分馆，探究黄河的前世今生，理解生态保护的意义	通过登临泰山，深入理解世界自然遗产，探索自然遗产现状，强化生态保护意识
		活动形式	实地参观、讲解指导、自然考察	实地探访、讲解指导、地图绘制	实地探访、讲解指导、实践体验、自然考察、学科拓展
	必修课程八	名称	黑金之光	黄河入海	寻访孔林
		活动目的	通过参观炭矿矿井，初步了解煤炭形成原因，感受煤炭开采工艺的历史变迁	通过参观黄河入海奇观，探究生物多样性和湿地生态知识，树立生态文明理念	通过实地考察，了解孔林独特生态系统形成原因，理解人的活动对生态环境的影响
		活动形式	讲解指导、实地参观、自然考察	讲解指导、实地探访、水质实验、自然考察、学科拓展	实地探访、讲解指导、自然考察、学科拓展

维度或要素			小学高年级段	初中段	高中段
研学课程	必修课程九	名称	地球之肺	云门圣境	防震减灾
		活动目的	通过参观游览禹王湿地公园，学习了解湿地生态系统对整个自然环境的积极影响	通过登临云门山，促进学生认识家乡，培养热爱自然、保护环境的意识	通过探访山东防震减灾馆，提升应急处置技巧和防灾减灾技能，更好地了解大自然
		活动形式	实地参观、讲解指导、自然考察	实地探访、自然考察	场馆探访、讲解指导、实践体验、学科拓展
	必修课程十	名称	绿色动力	馆藏古今	走进山博
		活动目的	通过参观游览巨淀湖景区，了解保护生态环境对社会发展的积极影响	通过参观青州博物馆古生物化石展区，了解家乡的悠久历史，涵养家国情怀	通过探访山东博物馆古生物展厅，了解远古自然与历史，理解自然生态考古的意义
		活动形式	实地参观、讲解指导、自然考察	场馆探访、讲解指导、学科拓展	场馆探访、讲解指导、学科拓展
	选修课程		1. 海模制作 2. 海景生态瓶 3. 火山寻宝 4. 化石标本 5. 叶脉书签	1.pH 值检测 2. 盐水动力车 3. 海盐晒制 4. 黄河飞花令 5. 黄河历史地图	1. 海水质量检测 2. 地理测绘 3. 野外生存辨向 4. 空气质量检测 5. 气象观测

维度或要素		小学高年级段	初中段	高中段
研学线路	代表性线路（时长五日）	第一天：潍坊营地—劳动教育中心—生命安全教育中心—潍坊营地；第二天：潍坊营地—青岛贝壳博物馆—青岛极地海洋世界—潍坊营地；第三天：潍坊营地—山旺化石—昌乐火山群—潍坊营地；第四天：潍坊营地—恐龙馆—坊子区煤炭博物馆—潍坊营地；第五天：潍坊营地—禹王湿地—巨淀湖景区—潍坊营地	第一天：潍坊营地—劳动教育中心—生命安全教育中心—潍坊营地；第二天：潍坊营地—中国水准零点景区—中国海藻生物科技馆—潍坊营地；第三天：潍坊营地—沂山景区—地下大峡谷—临沂营地；第四天：临沂营地—国家方志馆黄河分馆—黄河口—潍坊营地；第五天：潍坊营地—云门山景区—青州博物馆—潍坊营地	第一天：潍坊营地—劳动教育中心—创新实验中心—潍坊营地；第二天：潍坊营地—青岛海洋地质研究所—白垩纪公园—潍坊营地；第三天：潍坊营地—岱崮地貌—日照山泽海洋—临沂营地；第四天：临沂营地—泰山研学—孔林—临沂营地；第五天：临沂营地—济南市气象局—防震减灾馆—山东博物馆—潍坊营地
	可选择线路（按天设计，菜单式选择）	1.潍坊营地—传统工艺中心—潍坊营地；2.潍坊营地—心理体验中心—潍坊营地；3.潍坊营地—黄河口—潍坊营地；4.潍坊营地—莱央子盐场—潍坊营地；5.潍坊营地—中国海藻生物科技馆—潍坊营地；6.潍坊营地—寿光蔬菜园—潍坊营地；7.潍坊营地—青州古城—潍坊营地；8.临沂营地—井塘古村—潍坊营地	1.潍坊营地—素质拓展中心—潍坊营地；2.潍坊营地—国防教育中心—潍坊营地；3.潍坊营地—长岛旅游景区—潍坊营地；4.潍坊营地—山东省地质博物馆—潍坊营地；5.潍坊营地—招远黄金博物馆—潍坊营地；6.潍坊营地—孙子文化园—潍坊营地；7.潍坊营地—孔林—潍坊营地；8.临沂营地—三孟—潍坊营地；9.潍坊营地—临朐淌水崖水库—潍坊营地	1.潍坊营地—国防教育中心—潍坊营地；2.潍坊营地—素质拓展中心—潍坊营地；3.潍坊营地—海水稻示范区—潍坊营地；4.潍坊营地—山东航天馆—潍坊营地；5.潍坊营地—蓬莱仙境—潍坊营地；6.潍坊营地—海水稻示范区—潍坊营地；7.潍坊营地—山东省地质科学院—潍坊营地；8.潍坊营地—山东国土测绘院—潍坊营地；9.潍坊营地—华夏粮仓—潍坊营地
	规划线路（按天设计）	1.潍坊营地—青岛极地海洋世界—潍坊营地；2.潍坊营地—潍坊滨海白浪河景区—潍坊营地；3.潍坊营地—防震减灾馆—潍坊营地；4.潍坊营地—潍坊竹山生态谷—潍坊营地；5.潍坊营地—潍坊青山秀水旅游度假区—潍坊营地	1.潍坊营地—北海湿地—潍坊营地；2.潍坊营地—鲁海丰牧场—潍坊营地；3.潍坊营地—青岛民超海洋教育馆—潍坊营地；4.潍坊营地—蓬莱市黄金河度假村野生动物科普教育基地—潍坊营地；5.潍坊营地—诸城常山永辉生态农场—潍坊营地	1.潍坊营地—山青世界—潍坊营地；2.临沂营地—台儿庄古城景区—潍坊营地；3.潍坊营地—原山国家森林公园—潍坊营地；4.潍坊营地—中国海军博物馆—潍坊营地；5.潍坊营地—临沂市蒙山旅游度假区—潍坊营地

维度或要素		小学高年级段	初中段	高中段
教学重点难点（以代表性线路教学设计为例，以下同）	教学重点	1. 自然教育在野外开展活动的时候比较多，强调好安全规范很重要，并通过考评加深技能掌握，避免流于形式 2. 引导学生以游戏的形式参与自然教育活动，对自然与生态的区域差异形成初步的认识 3. 引导学生寻找化石，并尝试说明从找到的化石上能看出什么 4. 继续地质探秘寻宝的进程，了解煤炭形成原理与进程，深入了解恐龙的故事 5. 了解湿地被称为地球之肺的原因，理解“绿水青山就是金山银山”的重要意义，能举例说明生态保护的措施	1. 通过防震减灾系列体验活动，了解地质灾害的成因与危害，提高安全意识 2. 理解确定水准零点的重要意义，通过研学实践加深对地理学科相关知识的理解 3. 探究地上地下地质地貌差异的成因，实地学习化石、喀斯特地貌等初中知识点 4. 理解黄河问题的成因和黄河治理的历史，了解生态治理行业的工作目标和发展前景 5. 通过参观博物馆古生物展厅，弥补实地考察学习的不足，更充分地了解家乡的远古历史	1. 掌握科学实验的标准操作与注意事项，学会利用科学实验解决学习生活中的实际问题 2. 掌握地质考古的基本方法，提升自然科学的核心素养 3. 对比海洋地质和山地地质异同，深入理解地质差异对生态系统的影响 4. 对比泰山和孔林生态上的差异，了解不同自然环境对生态系统、经济发展等诸多方面的影响 5. 通过参观科普馆和博物馆，验证5天来实地考察学习所得的正确性和深入度，查漏补缺，升华研学成果
	教学难点	1. 激发学生深度参与自然科学和生态文明教育的积极性，让研学真正发挥育人实效，是第一天研学内容的难点所在 2. 能初步理解平原、山地、海洋、极地等自然生态差异的成因 3. 通过听讲解、采访、查资料等方式，尝试理解化石成因和利用化石进行考古的原理 4. 了解坊子煤矿关停的原因，尝试理解资源开发与生态保护的内在关联 5. 塑造低碳生活、健康成长理念，尝试理解社会发展和生态文明的内在关联，培养生态文明意识	1. 尝试用科学实验的方法来解决实际问题，掌握科学实验的基本方法和步骤 2. 理解海洋生态与陆地生态的差异与关联，探究海洋产业和海洋战略 3. 实地探究地下喀斯特地貌和萤火虫水洞的形成原因，理解自然环境对生态系统的影响 4. 探究黄河下游水质形成原因以及如何充分利用盐碱地 5. 针对某一项展品梳理形成较为深刻的认识，分享自然生态研学所得	1. 培养以科学实验验证假设的习惯，提升科学素养，拓宽拔尖创新人才培养渠道 2. 能够从地质文化、地质环境、地质科技、地质产业等方面进行探究，完成研学报告 3. 对比探究海洋产业和山区产业的异同和前景，学会用自然科学的眼光看待社会问题 4. 通过现场教学、研究性学习和成果展示等方式，将自然教育、生态文明教育融入实现中国梦的具体行动中 5. 小组协作，探究自然生态与个人生活、社会进度、经济发展的联系，升华生态文明意识

维度或要素	小学高年级段	初中段	高中段
教学策略	针对小学高年级段学生活泼好动、对大自然充满好奇和兴趣、喜欢自主探索带来的成就感、生活自理能力较弱、年龄体质原因不便组织超负荷运动量等实际情况，基于多元智力理论等指导思想和兴趣理念、发展理念等现代教学理念，选取市内地质公园、海洋世界、自然博物馆等为主的研学站点，依托研学基地、研学手册、研学教师等研学资源，以提升学生观察能力、动手能力、提高热爱自然、保护环境的意识为培养目标，采取讲授法、演示法等教法和参观游览、模拟体验、合作学习等学法，借助丰富的自然生态类实践体验教学资源，使用游戏化、体验式、情景式等学习策略来进行总体设计，开展参观、体验、制作等多种形式的活动，并在实际教学过程中根据学生反馈进行动态调整，确保小学高年级段的学生能够深度参与并在研学实践中学有所得	针对初中段学生活泼好动、勇于探索、渴望得到重视与认可但自律自觉又有所欠缺、已开始广泛接触多门科学学科等较为普遍的年龄特征及其知识和技能的储备基础，以生活教育理论、发现学习理论、多元智力理论为指导思想，基于兴趣理念、互动理念、发展理念、问题理念等现代教学理念，选取市域周边自然风光、科技展馆、科研院所等与自然教育相关的研学站点，依托研学基地、研学手册、研学教师等研学资源，以提升学生科学素养、拓展学科知识、探究自然环境与生态系统的关系、提高生态文明意识为培养目标，采取讲授法、演示法、谈话法、实践法等教法和实地考察、自主学习、合作学习、探究学习等学法，借助丰富的自然教育类实践体验教学资源和数字化技术，使用体验式、情景式、合作学习、跨学科、项目式、相互教学等学习策略来进行总体设计，开展实践体验、交流分享等活动，并在实际教学过程中根据学生反馈进行动态调整，确保不同基础的初中段学生都能够在研学中学有所悟	针对高中段学生知识技能储备较为丰富、对自然与生态具备了基本认知、身处世界观人生观价值观成型的关键阶段、渴望证明自己、基本具备了理论指导实践的能力等年龄特征，以建构主义理论、发现学习理论、多元智力理论为指导思想，基于主体理念、互动理念、发展理念、问题理念、反思理念、多元理念等现代教学理念，选取省内外地质研究、生态文明、科普场馆等为主的研学站点，依托研学基地、研学手册、研学教师等研学资源，以养成学生关心自然生态与科技社会经济个人的关联、形成积极正确的生态文明观、提高自然科学核心素养为培养目标，采取讲授法、演示法、讨论法、谈话法、练习法、实践法等教法和研究性学习、考察探究、科学实验、自主学习、合作学习、探究学习等学法，借助丰富的自然教育类实践体验教学资源和数字化技术，使用体验式、情景式、合作学习、跨学科、项目式、相互教学、服务学习、探究学习、问题解决等学习策略来进行总体设计，开展实践体验、交流反思、实验验证等活动，并在实际教学过程中根据学生反馈进行动态调整，确保研学实践活动能对高中段学生世界观、人生观、价值观的形成发挥积极的促进作用，对高中段学生的生涯规划也能发挥积极影响

维度或要素				小学高年级段	初中段	高中段
实施方案	入营教育	安全	引导	开展入营安全主题教育，强调安全的重要性，引起学生对安全的重视	开展入营安全主题教育，明确安全对研学的意义，提升学生安全意识	开展入营安全主题教育，引导学生探究研学中存在的安全隐患，提升安全意识
			实训	通过教师的讲解指导，学习安全手册，签订研学安全协议，组织开展疏散演练	签订研学安全协议，通过教师的指导，组织查找安全隐患并据此组织疏散演练	签订研学安全协议，通过教师的指导，学生自主制定疏散方案并开展疏散演练
		应急	引导	通过视频案例和演示，培养学生冷静思考和随机应变的能力	通过视频了解地震、火灾等案例，认识掌握应急事件处理方法和技巧重要性	强化学生的应急处置能力和技巧，激发积极参与应急处置的意愿
			实训	依托教师演示和模拟训练，学习应急常识，学会快速报警，了解逃生技巧	通过实践体验，熟练使用灭火器，学习地震、火灾、车祸的应急技能	通过实践体验，学会合作使用消火栓，掌握灾难发生时应对、疏散和逃生方法
		救助	引导	通过模拟人身伤害情境，引发学生主动求助他人和救助他人的意向	模拟真实情境，引导学生能利用身边的物品完成出血、骨折等伤害的处理	模拟真实情境，针对地震火灾开展主题引导，提高学生应变能力和救助技巧
			实训	通过模拟演练，学会拨打急救电话，能配合老师做一些简单的前期救助工作	利用应急急救包开展模拟训练，学会止血、包扎、固定、搬运等急救技能	利用心肺复苏模拟人开展模拟训练，熟练掌握心肺复苏救助方法和技巧
		自我管理	引导	通过视频案例，引导学生学会管理情绪和生活，初步形成自我管理意识	通过自我管理成功案例，引发学生对情绪、时间、目标进行自我管理的意愿	通过心理建设课程，提升学生对时间、情绪、财物、学习、健康管理的能力
			实训	明确寄宿制管理要求，通过团队心理游戏等活动，了解自我管理的内容与方法	通过拓展训练、性格解析、集体生活等项目，学会从不同层面进行情绪管理	通过绘图说话、心理团建等心理建设活动，提升时间、情绪等自我管理能力
		团队协作	引导	通过集体生活细节，引导同学们认识团队协作重要性	通过体验拓展项目，引导学生自觉提升团队协作的意愿和能力	通过团建课程，培养学生对于团队归属感和打造互助高效团队的深入认识
			实训	通过桥类项目、团建游戏等拓展训练项目，完成破冰，并培养合作互助意识	通过场地项目、中高空项目等拓展训练项目，完成破冰，并培养合作互助意识	通过高空项目、团建游戏等拓展训练项目和心理建设活动，打造互助高效团队

维度或要素		小学高年级段	初中段	高中段
实施方案	导入教学环节	1.情境导入：我们所处的潍坊营地坐落于盐碱地之上，那我们就先从脚下的土地开始我们的自然研学之旅吧；2.情境导入：我们的潍坊营地就位于大海之滨，那就让我们从陆地走向海洋，继续我们的自然研学之旅吧；3.情境导入：齐鲁大地有山有水，今天我们就从海洋走向高山，继续我们的自然研学之旅吧；4.情境导入：齐鲁大地历史悠久，气象万千，今天我们从地上走入地下，继续我们的自然研学之旅吧；5.情境导入：这几天我们登了高山、看了大海、观了地上、探了地下，今天，就让我们实地体验下为什么绿水青山就是金山银山吧	1.问题导入：高效治理盐碱地、提高土地利用效率意义重大，你知道哪些不同方法改良盐碱地改良方法；2.视频导入：播放《走进深海》，激发学习兴趣；3.情境导入：利用化石可以了解地球的远古历史，今天我们将走进沂山模拟考古，探索化石的奥秘；4.情境导入：齐鲁大地历史悠久，自古就有“一山一水一圣人”的美誉，今天我们就去领略一下那奔流到海不复回的气象，继续我们的自然研学之旅吧；5.情境导入：这几天我们登了高山、看了大海、观了地上、探了地下，今天，就让我们走进博物馆的自然展厅，验证一下我们这几天的研究深度和那些假设推理吧	1.案例导入：盐碱地是指土壤中盐和碱的含量过高，对作物生长产生不利影响的土壤类型，然而，通过科学合理的措施和选择适宜的农作物，盐碱地也能够被有效利用起来，一起来了解一下吧；2.问题导入：地球的历史已有46亿年之久，地质学家也将地球的历史划分为不同的时代。分别赋予了不同的名称，你了解哪些命名；3.情境导入：保护生态环境就是保护生产力，改善生态环境就是发展生产力。良好的生态环境是最公平的公共产品，是最普惠的民生福祉，具有重要意义；4.探究导入：每个小组确定一个关于泰山的兴趣点，带着任务去登泰山；5.视频导入：播放无人机编队、跳舞机器人等短视频，了解现代科技的最新发展，感受到中国IT的无穷魅力
	授课教学环节	第一天：入营教育，必修课程一“土壤检测”、必修课程二“消防体验”；第二天：必修课程三“贝壳手作”、必修课程四“亲近海洋”、选修课程1“海模制作”、选修课程2“海景生态瓶”；第三天：必修课程五“化石考古”、必修课程六“远古奇观”、选修课程3“火山寻宝”、选修课程4“化石标本”；第四天：必修课程七“趣探恐龙园”、必修课程八“黑金之光”；第五天：必修课程九“地球之肺”、必修课程十“绿色动力”、选修课程5“叶脉书签”	第一天：入营教育，必修课程一“盐碱地改良”、必修课程二“防震减灾”、选修课程1“pH值检测”、选修课程2“盐水动力车”、选修课程3“海盐晒制”；第二天：必修课程三“立体沙盘”、必修课程四“深海浅说”；第三天：必修课程五“山中锦绣”、必修课程六“地下乾坤”；第四天：必修课程七“方志古今”、必修课程八“黄河入海”、选修课程4“黄河飞花令”、选修课程5“黄河历史地图”；第五天：必修课程九“云门圣境”、必修课程十“馆藏古今”	第一天：入营教育，必修课程一“盐碱地种植”、必修课程二“海水提溴”、选修课程1“海水质量检测”；第二天：必修课程三“海底之谜”、必修课程四“时光隧道”；第三天：必修课程五“向海图强”、必修课程六“地貌之谜”、选修课程2“地理测绘”；第四天：必修课程七“巍巍泰山”、必修课程八“寻访孔林”、选修课程3“野外生存辨向”；第五天：必修课程九“时代浪潮”、必修课程十“防震减灾”、选修课程4“空气质量检测”、选修课程5“气象观测”

维度或要素		小学高年级段	初中段	高中段
实施方案	进级教学环节	入营实践：科学小实验、消防体验等 小组讨论：爱护自然、保护环境我们能做些什么 生态文明体认：能举例说明“绿水青山就是金山银山”的道理，初步理解自然与生活的密切联系	入营实践：科学实验、防震减灾等 自主探究：以立足齐鲁大地的自然主题研学为例，探究如何通过研学实践加深对课标知识点的深度理解 小组讨论：根据研学选取的站点，充分理解山地、丘陵、平原、湖泊、海洋、水系、海拔、生态等基本的自然概念 生态文明体认：分析探讨社会进步、经济发展、人类活动等与生态文明的相互影响与关联	入营实践：创新实验、国防教育等 自主探究：自然生态地质地貌对人类社会的发展有着怎样的影响 小组讨论：生态文明建设是我国“五位一体”总体布局的有机组成部分，应该如何理解把“四位一体”优化为“五位一体”的必要性 生态文明体认：结合研学所思所得，探讨如何更好落实创新、协调、绿色、开放、共享的新发展理念 积极表达：完成一份自然生态主题的研学报告
	巩固教学环节	回顾：研学教师带领学生一起总结和回顾，及时解答学生遇到的问题 作业：通过讲故事、做手抄报等多种活动分享研学实践和实地参观中的感悟和想法 应用：说一说自己是怎样保护自然环境的	回顾：研学教师带领学生一起总结和回顾，及时解答学生遇到的问题 作业：完成研学手册，制作汇报交流PPT，组织研学成果交流会，分享个人感悟与收获 应用：查阅相关资料，看看地理、生物等自然学科的哪些知识点还能在齐鲁大地找到答案，继续自然之旅的学习吧	回顾：研学教师带领学生一起总结和回顾，及时解答学生遇到的问题 作业：完成研学报告，引导学生以沙龙的形式展示各自的研学作品和成果，介绍自己的反思感悟、技术应用等，分享彼此的观点和经验 应用：跳出自然学科，看看自然教育研学之旅对你的高中学习还可以有哪些帮助，进而规划下一次自然研学之旅的去处吧 拓展：综合多学科知识，结合研学所得，广泛查阅资料，探究一下自然环境对人类社会历史进程的影响

维度或要素			小学高年级段	初中段	高中段
实施方案	总结教学环节	教学创新	1.基于学情实际，以游戏化和情景化的导入方式，激发学生的兴趣，引导学生作为主体亲身探索周围自然世界；2.基于多元智力理论，设计包括自然观察、自然手作、自然美育、自然科学在内的内容丰富、形式多样、难度各易的体验活动；3. 5天的研学实践按照总—分—总结构进行整体设计，形成完美闭环	1.基于学情实际，利用丰富的自然素材和教育活动，鼓励学生多方面了解自然；2.基于发现学习理论，通过场景转换和实践体验，引导学生发现问题并解决问题；3.引导学生进行探究式学习，培养学生自主学习、解决问题和创新思维的能力；4.5天的研学实践按照总—分—总结构进行整体设计，形成完美闭环	1.基于学情实际，小组合作探究，将研学实践课程任务分解，培养学生探究意识；2.基于建构主义理论，引导学生主动学习，深入思考，实现以学习者为中心的学习方式；3.通过丰富的自然探究活动，引导学生牢固树立人与自然和谐共生的观念；4.5天的研学实践按照总—分—总结构进行整体设计，形成完美闭环
		教学总结	1.简单回顾研学实践的内容和技能，引导学生初步树立热爱自然、保护自然的观念；2.结合学生、随队教师及家长在导入、实施等环节中的反应和反馈，完成必要的教学评价；3.完善研学档案，留下过程性资料	1.以思维导图、PPT等方式，总结归纳研学实践的内容和技能，引导学生通过研学实践树立人地协调观；2.收集学生、家长、研学讲解员以及其他相关人员的反馈，完成全面客观的评价；3.完善研学档案，便于评价与管理	1.以PPT、研究报告等方式，引导学生运用观测、比较、分析、总结等方法，归纳研学实践的内容和技能，形成从地理综合的视角看待和分析问题的意识和能力；2.撰写研究报告，完善研学手册，结合报告和手册完成教学评价；3.完善研学档案，留下研学课程积分管理的过程性资料
		教学反思	1.反思研学过程中“研”和“游”的比例；2.复盘研学实践过程中对安全保障工作是否到位，还存在哪些安全隐患；3.是否将保护自然的观念融入研学实践；4.是否设计层次丰富的研学任务，使学生深度参与自然研学实践，提升核心素养	1.反思研学课程在自然教育方面的育人实效；2.反思研学资源所蕴含的各学科的知识融合和教育因素挖掘是否合理；3.反思环节设置和节奏把控如何进一步优化，了解研学环节的优点和不足，明确实施方案优化方向	1.是否引导学生将研学课程与自己的兴趣和生涯规划联系起来，是否能为激发学生探究人与自然关系发挥积极的促进作用；2.进一步梳理与学校课程的衔接深度，提炼经验教训，为下一次研学活动提供参考；3.根据研学反馈和评估结果，对研学方案进行调整和优化，对研学资源进行重新挖掘，完善研学课程教学策略

维度或要素				小学高年级段	初中段	高中段
实施方案	评价教学环节	教学水平评价	自我评价	1.教学导入及教学实施是否符合小学学段特点，能够引起学生兴趣，并根据学生反应进行调整；2.研学总结学生参与度	1.能否优化研学节奏和研学课程设计；是否做到通俗易懂，能引起学生兴趣；2.设计探究任务的难易程度、易操作性	1.对内容设计、目标落实情况、实施流畅度、学生参与度等进行评价；2.对研学实施过程中所设计的实验、探究成果进行考核和评价
			学生评价	1.对研学站点所呈现的资源是否感兴趣；2.对研学课程任务的完成情况进行自我评价、他人评价和小组评价	对教师能否激发学生积极性，启发深度思考，鼓励表达交流，引导树立正确的价值观进行评价	1.对研学任务的分配、小组合作的指导分别评价；2.对教师的教授、设计和组织能力水平进行评价
			同行评价	1.对研学教师的研学组织和节奏把控进行评价；2.对研学过程中教学机智和解决问题能力进行评价	1.对研学教师的教学设计、实施策略和总结反思等方面进行评价；2.对研学呈现的生成性问题的解决方式方法和机智进行评价	1.对教师设计的探究问题、方式和结果呈现进行评价；2.对挖掘研学资源、融合课标知识点、研究深度和总结方式进行评价
			培训和考核	1.研学安全和急救技能培训；对研学课程的开发和实施进行培训；2.对研学教师师德师风进行考核；对培训学习情况以及将学习内容转化运用情况进行评价	1.研学安全和急救技能培训；对研学课程的开发和实施进行培训；2.对研学教师师德师风进行考核；对研学开展情况进行考核；把学生满意度、家长和社会认可度作为考核重要标准	1.研学安全、应急救护技能培训和考核；对研学课程的开发和实施进行培训；研学教师研学组织等专业能力培训；2.对研学教师师德师风进行考核；把学生满意度、家长和社会认可度作为考核重要标准
			教学成果展示	自然观察笔记、自然文创作品、手抄报	自然文创作品、自然科技作品、思维导图、总结PPT	自然探究报告、自然科技作品展、自然文创作品等展示研学实践成果；撰写自然主题研学实践课程案例

维度或要素				小学高年级段	初中段	高中段
实施方案	评价教学环节	学业评价	形成性评价	1.教师观察学生在研学过程中的兴趣度、参与度和完成度，及时调整研学课程深度和教学方法 2.学生在研学中随时对自己和他人在研学中的表现进行评价，以便更好地管理自己、他人和团队	1.对学生的参与程度、探索深度和交流表达等表现进行及时评价 2.研学中要更加关注学生探究方法和能力的培养 3.关注学生团队建设的情况	1.观察小组合作中协作情况，及时调整探究任务、人员组成，并对学生研学观察、记录、讨论和反思及时进行评价 2.及时观察学生研学的态度、探究的问题深度以及探究的方式方法，及时给予指导
			总结性评价	1.对学生研学态度、习惯和纪律性、安全意识、自理自立等进行整体性评价 2.评价方式可以采用考核和口头评价等	1.以预先设定的以自然教育为主的学习目标为基准，通过测验、报告、展示等形式，对学生达成目标的程度作出评价 2.对学生实践的结果、完成水平和完成度进行评价	1.对学生在研学过程中表现的探究问题的能力，思辨力等因素进行整体评价 2.对研学报告、展示项目、作品等研学成果进行评价，促进提高研学探究水平
			教师评价	1.对学生研学前、研学中和研学后的研学准备、参与度、作业完成情况进行评价 2.对学生课堂自我管理、领导力和组织能力等方面进行评价	1.对知识生成、能力提升、情感认同以及小组合作、互动情况等方面进行综合评价 2.通过观察和问卷调查方式，对学生研学创新点、实践能力水平和探究解决问题切入点、方式方法等方面进行评价	1.通过观察、访谈和调查问卷等方式对学生获取研学知识、探究能力和研学态度进行评价 2.对学生探究报告呈现方式、探究深度、问题解决方案，以及学生合作、情绪管理、意志品质等方面进行评价
		项目评价		行政主管部门、参与学校、学生、家长通过问卷、访谈等形式，对研学项目的安全管理、研学资源、方案设计、组织实施，学生成长的有效性、规范性、整体性进行评价，以便持续完善研学实践教育	行政主管部门、参与学校、学生、家长及社会各界通过问卷、访谈等形式，对安全管理、研学资源、课程衔接、进度组织、教学策略、教学环节、课程意义、学生成长等方面进行评价，以便持续完善研学实践教育	行政主管部门、参与学校、学生、家长及社会各界通过问卷、访谈等形式，对安全管理、研学资源、课程衔接、活动组织、多方协同、教学策略、课程深度、教学策略、学生成长、项目规范等进行评价，以便持续完善研学实践教育

4.14 教学计划与策略列表：向东、向海、向未来

<table>
<tr><td colspan="3">营地名称</td><td>威海市中小学生综合实践教育中心</td><td>命名机构</td><td>教育部</td><td>识别码</td><td>Y145373004</td></tr>
<tr><td colspan="3">从业资质（摘要）</td><td>培养青少年动手能力、创新精神及综合素质全面发展，开展各项综合实践教育活动</td><td>单位属性</td><td>公益一类</td><td>法定代表人</td><td>元红君</td></tr>
<tr><td colspan="3">研学主题</td><td>向东、向海、向未来</td><td colspan="2">主要目的指向</td><td colspan="2">自然教育</td></tr>
<tr><td rowspan="7">营地（枢纽）及周边主要优质研学资源</td><td colspan="2">基地层级</td><td colspan="5">研学站点（基地）名称</td></tr>
<tr><td rowspan="2">教育部命名基地</td><td>已列入教学计划</td><td colspan="5">一、与本主题相关列入教学计划的基地2个
1.威海市中小学生综合实践教育中心（简称“威海营地”）；2.乳山市中小学综合实践教育基地（简称“乳山营地”）</td></tr>
<tr><td>待列入教学计划</td><td colspan="5">1.山东省防震减灾科普馆；2.青岛鲁海丰海洋牧场；3.青岛海洋地质研究所；4.山东北海湿地鸟类教育基地；5.山东莱阳白垩纪国家地质公园；6.黄河口生态文明研学基地；7.山东泰山研学教育有限公司</td></tr>
<tr><td colspan="2">其他部委命名基地</td><td colspan="5">1.成山头风景区；2.天鹅湖风景区；3.爱伦湾海洋牧场；4.太公缘农业科技股份公司；5.樱聚缘科普基地</td></tr>
<tr><td colspan="2">地方命名基地</td><td colspan="5">1.威海华夏城景区；2.威海植物园；3.神山葡萄庄园；4.赤山风景区；5.里口山自然风景区</td></tr>
<tr><td colspan="2">本营地资源</td><td colspan="5">1.生命健康教育馆；2.海洋馆；3.花卉温室大棚；4.果蔬温室大棚；5.丛林探险拓展区；6.农耕部落种植区</td></tr>
<tr><td colspan="2">其他资源</td><td colspan="5">1.威海天沐温泉度假村；2.汤泊温泉度假村</td></tr>
</table>

维度或要素	小学高年级段	初中段	高中段
校内教育基础（与校内教育的衔接）	对标课标，小学高年级段自然教育注重在观察感受和实践体验的基础上，培养学生的科学探究能力，学生通过亲身参与各种自然活动，如野外考察、植物育种、昆虫观察等，理解基本的自然科学知识，发现和提出生活实际中的简单科学问题，并尝试用科学方法和科学知识予以解决，在实践中体验和积累认知世界的经验，提高科学能力，培养科学态度，学习与同伴的交流、交往与合作。本课程衔接青岛版科学相关课程，具体如下：1.四年级上册第一单元“动物王国”第2节“鱼”、第3节“鸟”、第4节“哺乳动物”、第5节“我国的珍稀动物”；2.四年级下册第四单元“植物的生长”第13节“种辣椒”；第五单元“生物的特征”第16节“养蚕”；3.六年级下册第三单元“地球资源”第11节“海洋资源”	对标课标，初中段自然教育注重培养学生的生命观念、科学思维、探究实践、态度责任，要求学生能够进行实验设计、观察现象并进行推理分析。鼓励学生将所学的科学知识应用到实际生活，尝试多学科综合应用，培养其责任担当；鼓励学生主动参与科学实践活动，培养他们积极的科学态度，提升科学素养，为健康生活、终身发展打好基础。本课程衔接相关地理课程，具体如下：1.山东教育出版社地理六年级上册第二章“陆地和海洋”第1节“大陆和大洋”、第2节“海陆的变迁”；七年级上册第三章“中国的自然资源”第1节“自然资源的基本特征”、第2节“土地资源”、第3节“水资源”；第四章“中国的经济发展”第2节“农业”；七年级下册第六章“北方地区”第1节“自然特征与农业”；第十章“可爱的家乡山东”；2.青岛出版社出版的威海地理环境与资源第4课“多彩的海岸”、第5课“宜人的气候”、第6课“美丽的山川”、第7课“纯净的水源”、第8课“宝贵的资源”；3.山东技术出版社生物六年级上册第一章“认识生物”第2节“调查周边环境中的生物”；第二章“了解生物圈”；六年级下册第三章“绿色植物与生物圈的水循环”；第六章“爱护植被绿化祖国”；七年级下册第七章“人类活动对生物圈的影响”；八年级上册第三章“动物在生物圈中的作用”；八年级下册第二章“生物的多样性”	对标课标，高中段自然教育注重培养学生运用所学科学知识解决问题的能力。通过对自然知识的理解和运用，形成对现象、问题和事件的认知和思考方式。高中教育应创设多样化的学习方式，包括小组合作、实验、研究报告等，以多样化学习方式培养学生的创新思维和实践能力。引导学生通过参加社团、实践项目等来培养团队合作和解决问题的能力。本课程衔接鲁教版地理相关课程，具体如下：1.地理必修第一册第三单元“从圈层作用看地貌与土壤”；2.地理选择性必修一第二单元第2节“地形变化的动力”，第三单元第2节“气压带、风带与气候”，单元活动“分析判断气候类型”；3.地理选择性必修三第一单元“自然资源与国家安全”第4节“海洋空间资源与国家安全”，第二单元“生态环境与国家安全”第2节“自然保护区与生态安全”。本课程衔接人教版生物学相关课程，具体如下：1.生物学选择性必修一第五章“植物生命活动的调节”第1节“植物生长素”、第2节“其他植物激素”、第3节“植物生长调节剂的应用”、第4节“环境因素参与调节植物的生命活动”；2.生物学选择性必修二第四章“人与环境”第2节“生物多样性及其保护”；3.生物学选择性必修三第一章“发酵工程”第1节“传统发酵技术的应用”

维度或要素			小学高年级段	初中段	高中段
研学课程	必修课程一	名称	大棚蔬菜的田间管理	基质培、水培管理	大棚内作物的虫害防治
		活动目的	在温室大棚的土壤种植区，参与蔬菜的田间管理，学习浇水、施肥和锄草等劳动技巧，采摘成熟的蔬菜，体验劳动的快乐，感受劳动的伟大	探究基质培和水培的不同种植模式，感受现代农业的科技发展；观察作物的长势，根据指导配置适合蔬菜生长的营养液。培养学生热爱劳动，尊重劳动人民情感	探究温室大棚内的虫害种类，研究防治方法，实施虫害防治。探究物理防治、生物防治和化学防治的优缺点；树立选择绿色环保安全高效的虫害防治理念
		活动形式	教师讲授、实地探访、实践体验相结合	教师讲授、实地探访、实践体验相结合	教师讲授、实地探访、实践体验相结合
	必修课程二	名称	中草药田间管理	中草药的药用价值	中草药有效成分研究
		活动目的	在中草药种植区，参与中草药的田间管理，学习浇水、施肥和锄草等劳动技巧，对成熟的中草药实施采摘，体验劳动的快乐，感受劳动的伟大	收集和整理中草药的品种，探究各种中草药的药用部分及其药用价值，领略和传承祖国的中医文化	学习和传承中国中医文化，探究中草药的药用价值，设计物理和化学实验，萃取中草药的精华，探究其药用成分，以科学的手段弘扬中医中草药文化
		活动形式	教师讲授、实地探访、实践体验相结合	教师讲授、实地探访、实践体验相结合	教师讲授、实地探访、实践体验相结合
	必修课程三	名称	游历成山头海岸栈道	探究成山头历史文化	探究成山头中国领海基点
		活动目的	走海岸栈道，采浪花朵朵，探究独特的海蚀地貌，领略祖国的大好河山；海边齐颂《少年中国说》，鼓舞少年立志成才，报效祖国	游历成山头，领略“天尽头”的风采，重温始皇东巡历程，探究秦皇汉武延续千年的拜日文化，传承中华民族悠久的历史文化	游历成山头，领略“天尽头”的风采，探究独特的海蚀地貌，领略祖国的大好河山。探究中国领海基点，立志保卫祖国海疆
		活动形式	教师讲授、实地探访、实践体验相结合	教师讲授、实地探访、实践体验相结合	教师讲授、实地探访、实践体验相结合
	必修课程四	名称	海蚀地貌探究	海蚀地貌探究	海蚀地貌探究
		活动目的	走海岸栈道，采浪花朵朵，探究独特的海蚀地貌，了解海洋地质地貌特点，初步了解海蚀地貌的形成原因	走海岸栈道，采浪花朵朵，探究独特的海蚀地貌，聆听海洋地质地貌的介绍，了解海洋地质地貌的特点，探究形成过程	走海岸栈道，探究独特的海蚀地貌；参观成山头国家基准气候站，了解潮汐、台风、海啸等海洋气候的特点
		活动形式	教师讲授、实地探访、实践体验相结合	教师讲授、实地探访、实践体验相结合	教师讲授、实地探访、实践体验相结合

维度或要素			小学高年级段	初中段	高中段
研学课程	必修课程五	名称	野生动物园	野生动物园	野生动物园
		活动目的	参观西霞口野生动物园，近距离观察各种野生动物，了解西霞口野生动物种类及生活习性	参观西霞口野生动物园，近距离观察各种野生动物，了解野生动物的生活环境和生存状态，理解野生动物保护的重要性	参观西霞口野生动物园，近距离观察各种野生动物，调查野生动物的生活习性，了解人类活动对野生动物的影响
		活动形式	教师讲授、实地探访、实践体验相结合	教师讲授、实地探访、实践体验相结合	教师讲授、实地探访、实践体验相结合
	必修课程六	名称	体验海洋牧场	体验海洋牧场	体验海洋牧场
		活动目的	采摘品尝海鲜，体验海洋牧场的魅力；观看太阳能发电和生物降解污水集中处理技术，了解其科学原理；了解海洋鱼类减少的原因，增强保护海洋生物的意识	体验海洋牧场的魅力，探究海产养殖的方式及管理流程；聆听讲解，了解海洋鱼类减少的原因，增强保护海洋生物的意识。参观海带馆，了解海带的养殖和加工方法，向同学和渔民们宣传要严格遵守国家的渔业法律法规，保护海洋渔业资源	体验海洋牧场的魅力，探究扇贝的养殖，了解海水养殖的发展前景；了解海洋鱼类减少的原因，增强保护海洋生物的意识；了解海带的养殖和加工方法；与海产养殖技术员和渔民探讨如何保护海洋、合理利用海洋，尝试为海洋牧场提出合理化建议
		活动形式	教师讲授、实地探访、实践体验相结合	教师讲授、实地探访、实践体验相结合	教师讲授、实地探访、实践体验相结合
	必修课程七	名称	大豆的收获和贮藏	制作卤水豆腐	研究豆腐制作过程中的化学反应
		活动目的	通过观察大豆的成熟状态，学会判断大豆的收获时机；参与大豆的晾晒和贮藏等活动，体会丰收的喜悦，感受劳动的光荣和伟大	通过体验泡豆、磨豆、煮豆浆、点豆花和压豆腐的过程，学习卤水豆腐的制作；品尝豆腐，体验自己动手的快乐	体验卤水豆腐的制作过程，探究一颗豆子到一块豆腐的华丽变身；探究豆浆变成豆腐过程中的物理、化学变化
		活动形式	教师讲授、实地探访、实践体验相结合	教师讲授、实地探访、实践体验相结合	教师讲授、实地探访、实践体验相结合
	必修课程八	名称	桑葚采摘、桑蚕养殖	制作桑蚕丝团扇	酿制桑葚酒
		活动目的	通过桑葚采摘、品尝等活动，探究桑葚的营养价值；采桑叶、喂桑蚕，探究桑蚕的生活习性和养殖技巧	通过观察桑蚕一生的各个环节，了解桑蚕的变态发育过程；通过制作桑蚕丝团扇，体验抽丝剥茧的过程	采摘桑葚，通过观察桑葚和桑树的形态，区分不同的桑树品种；体验桑葚酒的酿制，探究其中的物理、化学变化
		活动形式	教师讲授、实地探访、实践体验相结合	教师讲授、实地探访、实践体验相结合	教师讲授、实地探访、实践体验相结合

维度或要素			小学高年级段	初中段	高中段
研学课程	必修课程九	名称	走进天鹅湖保护区	走进天鹅湖保护区	走进天鹅湖保护区
		活动目的	探究天鹅及其在天鹅湖的生存状态；了解大天鹅的栖息环境、生活习性、分布范围、繁殖方式和迁徙规律等相关知识；欣赏优秀摄影、绘画作品，提高艺术鉴赏能力	了解天鹅湖吸引成千上万只天鹅来过冬的原因；学习摄影技术，体验动手拍摄的乐趣，培养审美情趣	调研游客到天鹅湖游玩的原因，和对于天鹅湖自然保护区的发展建议；探究大天鹅栖息、繁殖、迁徙规律等相关知识，体会天鹅勇敢无畏、团结拼搏的精神
		活动形式	教师讲授、实地探访、实践体验相结合	教师讲授、实地探访、实践体验相结合	教师讲授、实地探访、实践体验相结合
	必修课程十	名称	参观天鹅科普馆	参观天鹅科普馆	参观天鹅科普馆
		活动目的	了解大天鹅栖息环境、生活习性、分布范围、繁殖方式和迁徙规律等相关知识	了解天鹅从出生到迁徙的成长过程，体会天鹅勇敢无畏、团结拼搏的精神。自主阅读展厅相关资料，了解与天鹅有关的知识，并用思维导图记录整理	参观科普馆，了解大天鹅栖息环境、生活习性、分布范围、繁殖方式和迁徙规律等相关知识。了解天鹅从出生到迁徙的成长过程，体会天鹅勇敢无畏、团结拼搏的精神
		活动形式	教师讲授、实地探访、实践体验相结合	教师讲授、实地探访、实践体验相结合	教师讲授、实地探访、实践体验相结合
	选修课程		1. 樱聚源苹果研学 2. 苹果文华苑采风 3. 神山葡萄庄园研学 4. 同饮黄河水，保护水资源 5. 花木嫁接	1. 同饮黄河水，保护水资源 2. 花木嫁接 3. 智能苗圃 4. 农田滴灌和喷灌研究 5. 镜头下的风景 6. 公益广告——守护蓝色星球	1. 花木嫁接 2. 智能苗圃 3. 农田滴灌和喷灌研究 4. 镜头下的风景 5. 公益广告——守护蓝色星球 6. 清洁能源探究 7. 污水的处理和再利用

维度或要素		小学高年级段	初中段	高中段
研学线路	代表性线路（时长五日）	第一天：威海营地—农耕部落种植区—威海营地；第二天：威海营地—成山头风景区—威海营地；第三天：威海营地—爱伦湾海洋牧场—威海营地；第四天：威海营地—太公缘农业科技股份公司—威海营地；第五天：威海营地—天鹅湖风景区—威海营地	第一天：威海营地—农耕部落种植区—威海营地；第二天：威海营地—成山头风景区—威海营地；第三天：威海营地—爱伦湾海洋牧场—威海营地；第四天：威海营地—太公缘农业科技股份公司—威海营地；第五天：威海营地—天鹅湖风景区—威海营地	第一天：威海营地—农耕部落种植区—威海营地；第二天：威海营地—成山头风景区—威海营地；第三天：威海营地—爱伦湾海洋牧场—威海营地；第四天：威海营地—太公缘农业科技股份公司—威海营地；第五天：威海营地—天鹅湖风景区—威海营地
	可选择线路（按天设计，菜单式选择）	1.威海营地—威海华夏城景区—威海营地；2.威海营地—赤山风景区—威海营地；3.威海营地—乳山营地—威海营地；4.威海营地—农耕部落种植区—太公缘农业科技股份公司—威海营地；5.威海营地—成山头风景区—爱伦湾海洋牧场—威海营地；6.威海营地—成山头风景区—天鹅湖风景区—威海营地；7.威海营地—农耕部落种植区—成山头风景区—威海营地；8.威海营地—爱伦湾海洋牧场—天鹅湖风景区—威海营地	1.威海营地—威海华夏城景区—威海营地；2.威海营地—赤山风景区—威海营地；3.威海营地—乳山营地—威海营地；4.威海营地—农耕部落种植区—太公缘农业科技股份公司—威海营地；5.威海营地—成山头风景区—爱伦湾海洋牧场—威海营地；6.威海营地—成山头风景区—天鹅湖风景区—威海营地；7.威海营地—农耕部落种植区—成山头风景区—威海营地；8.威海营地—爱伦湾海洋牧场—天鹅湖风景区—威海营地	1.威海营地—威海华夏城景区—威海营地；2.威海营地—赤山风景区—威海营地；3.威海营地—乳山营地—威海营地；4.威海营地—农耕部落种植区—太公缘农业科技股份公司—威海营地；5.威海营地—成山头风景区—爱伦湾海洋牧场—威海营地；6.威海营地—成山头风景区—天鹅湖风景区—威海营地；7.威海营地—农耕部落种植区—成山头风景区—威海营地；8.威海营地—爱伦湾海洋牧场—天鹅湖风景区—威海营地
	规划线路（按天设计）	1.威海营地—里口山自然风景区—威海营地；2.威海营地—威海植物园—威海营地；3.威海营地—威海天沐温泉度假村—威海营地；4.威海营地—汤泊温泉度假村—威海营地	1.威海营地—里口山自然风景区—威海营地；2.威海营地—威海植物园—威海营地；3.威海营地—威海天沐温泉度假村—威海营地；4.威海营地—汤泊温泉度假村—威海营地	1.威海营地—里口山自然风景区—威海营地；2.威海营地—威海植物园—威海营地；3.威海营地—威海天沐温泉度假村—威海营地；4.威海营地—汤泊温泉度假村—威海营地

维度或要素		小学高年级段	初中段	高中段
教学重点难点（以代表性线路教学设计为例，以下同）	教学重点	1.认识营地农耕部落栽种的蔬菜及中草药的品种，学习基础的种植及中期管理技术 2.欣赏成山头绝美风光，走海岸栈道，欣赏独特的海蚀地貌 3.采摘并品尝扇贝、海虹等海洋生物，探究其生活习性和营养价值 4.学习大豆种植的技术方法及生长周期特点，掌握大豆收获、晾晒、贮藏等注意事项 5.参观天鹅湖，探究天鹅湖适合天鹅过冬的地理条件和优势	1.学习无土栽培蔬菜的原理，体验基质培、水培蔬菜的操作要领 2.学习并鉴别海蚀地貌中的海蚀崖、海蚀台、海蚀穴、海蚀拱桥、海蚀柱等地貌 3.了解多营养层立体生态养殖技术，理解生态养殖对海洋生态保护的意义 4.学习制作卤水豆腐的过程，并品尝劳动成果 5.参观科普馆，了解大天鹅栖息环境、生活习性、分布范围、繁殖方式和迁徙规律等相关知识	1.探究蔬菜种植常见病虫害的物理防治、生物防治和化学防治的优缺点 2.参观成山头国家基准气候站，了解海洋气候知识，了解潮汐、台风、海啸等海洋气候的特点 3.学习海洋生物科普知识及生态养殖技术，探寻海洋产业可持续发展的策略 4.探究豆浆变成豆腐过程中的物理和化学反应 5.了解大天鹅栖息环境、生活习性、分布范围、繁殖方式和迁徙规律等相关知识
	教学难点	1.掌握玻璃温室大棚中智能化控制温度、湿度相关设备的操作方法 2.探究海蚀地貌的形成原因 3.理解“科技兴海、以养兴鱼”的发展理念，学习海洋产业的发展与演变过程 4.观察桑蚕一生的各个环节，理解桑蚕的变态发育过程 5.探究大天鹅的繁殖方式及迁徙规律	1.掌握常见中草药的药用价值，学习不同中草药的收获方法及加工处理技术 2.设计保护野生动物宣传海报 3.参观工厂化育苗车间，学习鲍鱼等海洋生物不同生长周期的形态特征、养殖技术及环境要求 4.学习卤水的成分及种类，理解卤水点豆腐的原理 5.探究胶东地区海草房结构，初步掌握海草房传统建筑技艺。使用海草、KT板、贝壳等材料制作海草房模型	1.设计实验，萃取中草药药用成分，理解和弘扬中医文化的博大精深 2.提出针对濒危野生动物生存现状有效可行的保护措施 3.分析海水养殖的前期投入、技术要求及发展前景。探寻如何充分利用海洋空间，增大生态效益和经济效益 4.探究种植桑树、饲养桑蚕、蚕丝加工的链式运营模式及经济效益 5.对于天鹅湖自然保护区的发展提出合理建议，增强保护野生动物、热爱自然的意识

维度或要素	小学高年级段	初中段	高中段
教学策略	针对小学高年级段学生独立意识增强，独立思考能力开始发展，好奇心和创造意识日益浓厚，知识技能逐步积累，探究和思考意识尚未特别丰富等实际情况，基于生活即教育理念、兴趣理念、互动理念、发展理念等现代教学理念，选取自然风景区、展览馆、海洋牧场、农业科技园等为主的研学站点，依托研学基地、研学手册、研学教师等研学资源，以养成学生自理能力、自主精神和热爱生活的态度为目标，采取项目化教学法、情境教学法、体验式教学法、演示法、游戏化教学法，自主学习、合作学习法、情景体验法等学法，开展实践体验、交流分享等活动，达到宣传绿色环保理念，用实际行动保护野生动物、保护和谐美好家园的目的	针对初中段学生具备一定的科学基础，挑战意识、合作意识、责任意识增强，喜欢主动探索、观察并通过实践获得更深入的理解，有了明确的兴趣爱好和初步的职业志向的学情，基于生活即教育理念、兴趣理念、互动理念、发展理念等现代教学理念，选取自然风景区、展览馆、海洋牧场、农业科技园等为主的研学站点，依托研学基地、研学手册、研学教师等研学资源，以养成学生自理能力、自主精神和热爱生活的态度为目标，采取项目化教学法、情境教学法、体验式教学法，自主学习、合作学习法、情景体验法、探究法等学法，开展实践体验、交流分享等活动，达到引导学生关注生命、关注全球气候变化、生物变迁，增强珍爱生命、绿色环保意识，提高建设命运共同体的意识和能力的目的	针对高中段学生思维独立性、创新意识和自主学习、合作探究能力较强，综合分析、探究思考能力较高，知识技能储备较为丰富、对社会具备了基本认知、身处世界观、人生观、价值观成型的关键阶段等学情，基于生活即教育理念、兴趣理念、互动理念、发展理念等现代教学理念，选取自然风景区、展览馆、海洋牧场、农业科技园等为主的研学站点，依托研学基地、研学手册、研学教师等研学资源，以养成学生自我认知、自主精神和热爱生活的态度为目标，采取沉浸式体验、跨学科项目式、交互式情境教学法，自主学习、合作学习、服务学习、探究学习、问题解决等学习策略来进行总体设计开展实践体验、交流分享、社团活动、实践项目等多元自主地引导学生关注生命状态、关注全球气候变化、生物变迁等人类面临的共同问题，达到培养学生的创新思维和实践能力、团队合作和解决问题的能力，拓宽面向未来的视野，拓展构建人类命运共同体的坚定信心和能力的目的

维度或要素				小学高年级段	初中段	高中段
实施方案	入营教育	安全	引导	借助多媒体教育，让学生学习防火、防蛇虫、防溺水等相关内容，指导使用《学员安全手册》	通过案例警示教育，学习防火、防蛇虫、防溺水等相关内容，指导使用《学员安全手册》，进行入营安全教育集体学习	通过主题教育形式，引导学生对研学中的安全知识自主梳理，并得出应对方法
			实训	利用《学员安全手册》，学习可能的风险、预防措施和练习应急处理方法，进行疏散安全演练，培养有序性	利用《学员安全手册》，开展“研学安全知多少”展示活动，进行疏散安全演练，培养有序性	利用《学员安全手册》，结合研学实际，学生以小组为单位制定安全预案，并以比赛形式开展模拟推演
		应急	引导	通过视频学习方式，掌握应对紧急事件的处理方法和技巧	通过视频学习方式，掌握应对紧急事件的处理方法和技巧	通过主题教育形式，掌握应对紧急事件的处理方法和技巧
			实训	使用灭火器，采用正确方式寻求帮助，了解应急疏散路线	紧急演练，了解应急疏散路线	结合研学实际，有计划不定时地组织开展学生应急教育演练
		救助	引导	借助多媒体教育和模拟真实环境，还原真实案例，掌握各类伤情的处理能力	通过案例警示教育，模拟真实环境，还原真实案例，掌握各类伤情的处理能力	以主题教育形式，模拟真实环境，还原真实案例，掌握各类伤情的处理能力
			实训	通过角色扮演、案例分析等手段，进行心肺复苏、包扎等应急技能培训	通过角色扮演、案例分析等手段，进行心肺复苏、包扎等应急技能培训	与红十字会共同开展“救在身边”应急救护模拟演练
		自我管理	引导	通过破冰行动实施团建，培养学生主动适应环境和与他人积极交流的能力，帮助学生掌握应对压力和困难的方法	通过破冰行动实施团建，培养学生主动适应环境和与他人积极交流的能力，使学生掌握应对压力和困难的方法	通过心理健康课程，对学生深层次的情绪管理给予引导
			实训	指导学生自主安排时间，关注任务完成情况，注意培养团队合作能力。根据学生研学评价方案，以学生为主体进行互评和自评，实施研学评优选先活动	指导学生自主安排时间，关注任务完成情况，根据学生研学评价方案，以学生为主体进行互评和自评，实施研学评优选先活动	指导学生自主安排时间，关注任务完成情况，注意培养团队合作能力。在集体生活中，以既强调集体合作又兼顾个性发展的原则，对学生进行综合评估
		团队协作	引导	通过培训及管理要求，帮助和指导学生分组，根据性格和能力，明确每个人的在小组内的分工和责任	展示优质团队协作案例，帮助和指导学生分组，根据性格和能力，明确每个人的在小组内的分工和责任	通过课程中所涵盖的团队建设和团队精神的内容，进行过程性的引导和培养
			实训	以案例分析的形式，指导学生在住宿分工、分餐、研学实践活动中培养团队协作能力	以案例分析的形式，指导学生在住宿分工、分餐、研学实践活动中培养团队协作能力	以案例分析的形式，指导学生在住宿分工、分餐、研学实践活动中培养团队协作能力

维度或要素		小学高年级段	初中段	高中段
实施方案	导入教学环节	1.运用问题导入，在研学活动前，体验农耕，对蔬菜栽培方法等资料进行收集，选择感兴趣的方向进行交流分享；2.运用情景导入，以共唱红歌《我和我的祖国》导入，以情感共鸣的方式唤起学生对祖国的热爱之情，抱着热爱、怀着激动开启成山头研学之旅；3.运用目标导入法，围绕威海特有资源海洋展开研学活动，了解海洋牧场丰富的生物资源，探索海洋生物的奥秘；4.运用问题导入，在研学活动前，学生对豆腐制作、农耕体验和桑麻演绎等资料进行收集，选择感兴趣的方向进行交流分享；5.运用问题导入，提问学生大天鹅的外形特征、栖息环境等，通过问题导入让学生研学思维主线更加清晰	1.运用问题导入，在研学活动前，每位学生抽取一个蔬菜品种，让其探索及讨论栽培特点，生活习性，让学生体会蔬菜种植的不易，引起学生的探索兴趣；2.运用诱思导入，通过介绍《中国国家地理》评为“中国最美的八大海岸”之一成山头，介绍成山头的地理位置；3.运用视频导入，播放爱伦湾国家级海洋牧场视频短片，海洋牧场的物种等内容，激发学生的探索欲望；4.运用问题导入，在研学活动前，给每位学生一个蚕茧让其探索及讨论，让学生感受蚕的生长特点，引起学生的探索兴趣；5.运用任务导入，以“大天鹅迁徙之旅”为主题，设计、制作本课题研学实践活动汇报材料	1.运用视频导入，研学教师以播放农耕文化视频调动学生的研学积极性；2.运用情景再现式导入，运用《最美成山头》视频进行情景再现式导入，对成山头的整体介绍，思考成山头为什么被称为“国家级海洋公园”，进入主题；3.运用视频导入，通过观看播放爱伦湾国家级海洋牧场的宣传片视频，了解青鱼滩渔村的变迁、海洋渔业资源减少的原因、调动学生的研学积极性和探究兴趣；4.运用视频导入，研学教师通过播放桑麻文化、豆腐制作视频调动学生的研学积极性；5.运用视频导入，通过观看播放《天鹅之境》宣传片视频，调动学生的研学积极性和探究兴趣
	授课教学环节	第一天：入营教育、必修课程一“大棚蔬菜的田间管理”、必修课程二“中草药管理”、选修课程1“樱聚源苹果研学”；第二天：必修课程三“游历成山头海岸栈道”、必修课程四“海蚀地貌探究”、选修课程2“苹果文华苑采风”；第三天：必修课程五“参观野生动物园”、必修课程六“体验海洋牧场”、选修课程3“神山葡萄庄园研学”；第四天：必修课程七“大豆的收获和贮藏”、必修课程八“桑葚采摘、桑蚕养殖”、选修课程4“同饮黄河水，保护水资源”；第五天：必修课程九“参观天鹅湖保护区”、必修课程十“参观天鹅科普馆”、选修课程5“花木嫁接”	第一天：入营教育、必修课程一“基质培、水培管理”、必修课程二“中草药的药用价值”、选修课程1“同饮黄河水，保护水资源”；第二天：必修课程三“探究成山头历史文化”、必修课程四“海蚀地貌探究”、选修课程3“智能苗圃”；第三天：必修课程五“参观野生动物园”、必修课程六“体验海洋牧场”、选修课程4“农田滴灌和喷灌研究”；第四天：必修课程七“制作卤水豆腐”、必修课程八“制作桑蚕丝团扇”、选修课程5“镜头下的风景”；第五天：必修课程九“参观天鹅湖保护区”、必修课程十“参观天鹅科普馆”、选修课程6“公益广告——守护蓝色星球”	第一天：入营教育、必修课程一“大棚内作物的虫害防治”、必修课程二“中草药有效成分研究”、选修课程1“花木嫁接”；第二天：必修课程三“探究成山头中国领海基点”、必修课程四“海蚀地貌探究”、选修课程2“智能苗圃”；第三天：必修课程五“参观野生动物园”、必修课程六“体验海洋牧场”、选修课程4“镜头下的风景”；第四天：必修课程七“研究豆腐制作过程中的化学反应”、必修课程八“酿制桑葚酒”、选修课程6“清洁能源探究”；第五天：必修课程九“参观天鹅湖保护区”、必修课程十“参观天鹅科普馆”、选修课程7“污水的处理和再利用”

维度或要素		小学高年级段	初中段	高中段
实施方案	进级教学环节	通过现场考察、访谈、实验等方式，了解天鹅湖吸引成千上万只天鹅来过冬的原因。通过欣赏优秀摄影、画家作品，初步提高鉴赏艺术作品的能力。参观威海营地海洋教育馆，探究胶东地区海草房结构，并能使用常用工具制作海草房模型，传承非遗文化，弘扬工匠精神	了解大天鹅栖息环境、生活习性、分布范围、繁殖方式、迁徙规律等相关知识。了解天鹅从出生到迁徙的成长过程，体会天鹅勇敢无畏、团结拼搏的精神。并用思维导图的形式将知识记录整理。学习摄影技术，体验动手拍摄的乐趣，培养审美情趣。选出最喜欢的一幅图片或照片，把你喜欢的理由讲给同学们听	探究天鹅在天鹅湖的生存状态，做环保义务宣传员，以实际行动为环境保护做出自己的贡献，增强保护野生动物、热爱自然的意识。阅读、聆听、欣赏与天鹅有关的音乐、美术、文学作品，享受艺术的熏陶。学习摄影技术，拍摄一幅天鹅作品，并为作品命名
	巩固教学环节	研学活动结束前，教师带领学生对研学实践内容进行总结和复习。学生可以通过知识问答、小组竞赛、分享交流等方式对研学内容进行研学效果巩固	研学活动结束前，教师引导学生对研学实践内容进行总结和复习。学生通过填写研学手册、分享研学体会等方式，对研学实践活动进行总结，提炼出自己的经验和收获	研学活动结束前，学生通过交流发言、研学演讲等方式开展学生展示分享，给学生提供自我展示的机会。在研学实践的基础上，学生可以更深入地进行拓展学习和研究，进一步挖掘知识的内涵和价值

维度或要素			小学高年级段	初中段	高中段
实施方案	总结教学环节	教学创新	教师在研学活动中主动尝试新的教学方法和策略，注重因材施教，鼓励学生积极思考、合作探究、勇于表达自己的观点，培养学生的创新精神和实践能力	教师引导学生通过自主探究的方式，鼓励学生在活动中独立思考，发表自己的见解，真正体现学生的主体地位，培养学生的创新精神和实践能力	教师可引导学生通过研究性学习的方式，进行相关主题的探究，将自然科学与生物学、社会科学等联系起来，促进学生思维能力和创新精神的发展
		教学总结	对研学线路、时间安排、课程目标的实现进行阶段性总结，及时收集学生、家长、研学讲解员和其他相关人员的反馈，完善研学手册，整理研学活动的教学资料，建立教学档案	回顾研学活动实施过程，对教学环节中出现的问题进行复盘，优化教学设计，解决教学环节中的不足，及时收集学生、家长、研学讲解员和其他相关人员的反馈，完善研学手册，整理研学活动的教学资料，建立教学档案	对研究性学习成果及展示交流中出现的问题进行总结，并以小组合作探究的方式找出解决方法，为之后开展研究性学习奠定基础，完善研学手册，整理研学活动的教学资料，建立教学档案
		教学反思	重点围绕如何将研学内容趣味性地呈现，反思教学过程的得与失，包括教学方法是否有效、对教学环节进行调整和优化，提炼经验教训，为下一次研学活动提供参考	重点围绕学生的参与度及学习兴趣，反思教学方法的创新，以及教学环节的设计、实施和效果，提炼经验教训，为下一次研学活动提供参考	重点围绕为学生提供对研究性学习资源是否丰富、合理，对教学环节不断优化，对教学方法不断改进，提高教学质量，提炼经验教训，为下一次研学活动提供参考

维度或要素				小学高年级段	初中段	高中段
实施方案	评价教学环节	教学水平评价	自我评价	对目标落实情况、实施流畅度进行评价与反思	对学生课堂中的参与度及学习兴趣进行评价与反思	针对研究性学习，对研究性学习的汇报与展示过程进行评价与反思
			学生评价	学生对学习内容是否有浓厚的兴趣、对课堂氛围是否活跃进行评价	学生对教师是否调动学生积极性、在教学中是否以学生为主体、引导学生如何探究进行评价	学生对教师是否鼓励学生表达交流、启发学生深度思考、引导学生树立正确的价值观进行评价
			同行评价	上传教学设计、模拟讲课等方式，由学校教师对教学设计、实施策略等方面进行评价，并给出合理化建议，有利于教师互相交流学习	由营地教师、带队教师对教师的教学方法、重难点把握、教学实施效果进行评价，可采用听评课、跟队观摩等方式，促进教师专业成长	请同行教师对设计的研究性学习问题、研究深度、成果呈现、研学总结进行评价
			培训和考核	定期对师德师风、研学安全进行培训；对课程的开发、线路设计及研学开展情况进行考核	丰富培训类型的多样性，如课程实施策略的创新、课程开发的多样性等。将学生和家长满意度作为考核标准	对研学教师应急情况处理、组织和讲解专业能力进行培训与考核。学生和家长满意度也可作为重要考核标准
			教学成果展示	运用影像资料、图文以及学生研学过程性资料展示学生的实践情况，利用教学经验分享会，让教师共同交流在教学实践过程中的经验和心得	展示设计的教学内容、教学方法以及教学目标的实施情况、教学反思，通过教学案例展示全面呈现教师的教学理念和实践	通过撰写研究报告、研究成果汇报与交流等方式展示教育教学成果，并由其他教师提出合理化建议，促进教师专业化成长

维度或要素				小学高年级段	初中段	高中段
实施方案	评价教学环节	学业评价	形成性评价	观察、记录和反馈学生研学过程中的学习情况，观察学生的兴趣度与参与度，及时调整研学方法，通过动手操作、作品展示、知识竞赛等方式，给学生在活动中的表现给予评价	关注学生的团队合作情况，通过团队合作、小组互评、研学手册撰写情况，观察、记录和反馈学生研学过程中的学习情况，以及他们在活动中的表现给予评价	注重学生探究问题的深度以及探究的方式方法，通过科学地提出研究性学习中探究的问题、研究方法以及如何解决研究过程中遇到的问题，观察、记录和反馈学生研学过程中的学习情况，以及他们在活动中的表现给予评价
			总结性评价	对学生参与实践的整体情况，是否积极思考、提出问题能力以及课程的积极性和参与程度进行评价	注重学生创新能力的培养，通过个人成果展示、小组合作成果展示、研学手册的撰写情况，对学生小组合作能力、动手实践能力以及创新能力进行评价	对学生的探究问题、解决问题的能力与思辨力进行评价，通过学生的研究报告、汇报展示交流、测试等形式，直观了解学生在研学实践活动中的学习效果，形成科学的总结性评价结果
			教师评价	教师根据学生的参与度、作品质量等，以及学生在研学活动中自我管理能力、课堂表现和作业完成情况，对学生进行评价	对研学内容的掌握情况、动手能力、团队合作能力的提升情况，以及情感价值观的认同方面进行评价。可通过个人汇报、分享交流、课程中的观察等形式，对学生进行评价	利用访谈、问卷调查等方式，给予学生正确的引导，增强学生的社会责任感；通过观察、检测、交流、研究性学习成果交展示等方式对学生合作、情绪管理、意识品质进行评价
		项目评价		通过对学校教师、带队教师、学生、学生家长、相关教育工作者，以访谈、问卷调查、调研等方式参与评价，围绕对线路安排、教学目标的实现、教学环节流畅度、教学策略等方面进行评价，并对评价结果进行反思，发现问题并不断优化改进	通过对学校教师、带队教师、学生、学生家长、相关教育工作者，以访谈、问卷调查、调研等方式参与评价，围绕对线路安排、教学目标的实现、教学环节流畅度、教学策略等方面进行评价，并对评价结果进行反思，发现问题并不断优化改进	通过对学校教师、带队教师、学生、学生家长、相关教育工作者，以访谈、问卷调查、调研等方式参与评价，围绕对线路安排、教学目标的实现、教学环节流畅度、教学策略等方面进行评价，并对评价结果进行反思，发现问题并不断优化改进

4.15 教学计划与策略列表：访四季物语 探魅力山河

<table>
<tr><td colspan="3">营地名称</td><td>长沙市中小学素质教育实践基地岳麓营地</td><td>命名机构</td><td>教育部</td><td>识别码</td><td>Y145430001</td></tr>
<tr><td colspan="3">从业资质（摘要）</td><td>学生综合实践活动</td><td>单位属性</td><td>公益一类</td><td>法定代表人</td><td>杨伟</td></tr>
<tr><td colspan="3">研学主题</td><td>访四季物语 探魅力山河</td><td colspan="2">主要目的指向</td><td colspan="2">自然教育</td></tr>
<tr><td rowspan="7">营地（枢纽）及周边主要优质研学资源</td><td colspan="2">基地层级</td><td colspan="5">研学站点（基地）名称</td></tr>
<tr><td rowspan="2">教育部命名基地</td><td>已列入教学计划</td><td colspan="5">一、与本主题相关列入教学计划的基地3个
1.长沙市中小学素质教育实践基地岳麓营地（简称“长沙营地”）；2.湖南省森林植物园（简称“省植物园”）；3.中国农业科学院衡阳红壤实验站（简称“红壤实验站”）
二、与本主题关联不大但列入本营地教学计划的基地16个
1.湖南韶山毛泽东同志纪念馆；2.湖南省博物馆；3.长沙市博物馆；4.湖南雨花非遗文化传播有限公司；5.胡耀邦故里管理局；6.长沙市望城区雷锋纪念馆；7.湘潭市博物馆；8.中核二七二铀业有限责任公司（简称“中核二七二铀”）；9.湖南粮食集团有限责任公司；10.国防科技大学校史馆；11.湘潭盘龙生态农业示范园有限公司；12.湖南省立第一师范旧址；13.湖南党史陈列馆；14.中国人民抗日战争胜利受降纪念馆；15.刘少奇故居；16.红军营景区（平江起义纪念馆管理处）</td></tr>
<tr><td>待列入教学计划</td><td colspan="5">无</td></tr>
<tr><td colspan="2">其他部委命名基地</td><td colspan="5">1.隆平稻作公园劳动教育实践基地（简称“隆平稻作公园”）；2.长沙隆平水稻博物馆（简称“隆平水稻博物馆”）；3.张家界国家森林公园（含森林公园、十里画廊、金鞭溪等）（简称“张家界”）；4.郴州东江湖风景旅游区（简称“郴州东江湖”）；5.湖南省地质博物馆（简称“地质博物馆”）；6.天门山国家森林公园（简称“天门山”）；7.张家界黄龙洞（简称“黄龙洞”）</td></tr>
<tr><td colspan="2">地方命名基地</td><td colspan="5">1.长沙市望山耕读研学基地（简称“望山耕读”）；2.长沙市岳麓山风景名胜区（简称“岳麓山”）；3.湘丰茶博园综合实践基地（简称“湘丰茶园”）；4.金井茶博园中小学生研学基地（简称“金井茶园”）；5.长沙生态动物园（简称“长沙动物园”）；6.长沙爱格花卉研学实践基地（简称“爱格花卉”）；7.郴州市王仙岭传统文化研学基地（简称“郴州王仙岭”）；8.大围山森林公园；9.湖南湘都生态农业园（简称“湘都生态园”）；10.惠众生态农庄（简称“惠众农庄”）；11.橘子洲风景区（简称“橘子洲”）；12.雄鹰户外营地研学旅游基地（简称“郴州雄鹰营地”）；13.洋湖沃野自然学校（简称“洋湖湿地科普馆”）</td></tr>
<tr><td colspan="2">本营地资源</td><td colspan="5">1.基地百果园；2.基地创动农庄；3.劳动技艺坊；4.创意手工坊；5.国学礼仪室；6.开心厨房</td></tr>
<tr><td colspan="2">其他资源</td><td colspan="5">1.大围山国家森林公园研学旅游示范基地；2.长沙黑麋峰国家森林公园；3.飘风山庄；4.松雅湖国家湿地公园；5.韶山村；6.东台山国家森林公园；7.九龙江国家森林公园研学基地；8.桂东青竹村青少年自然教育绿色营地；9波月洞；10.锡矿山展览馆；11.紫鹊界梯田；12.梅山龙宫；13.洋湖湿地公园；14.莲花镇农业园；15.长沙再生水厂；16.东江移民博物馆；17.郴州高椅岭；18.郴州仰天湖</td></tr>
</table>

维度或要素	小学高年级段	初中段	高中段
校内教育基础（与校内教育的衔接）	对照课标，小学高年级段在自然生态方面提出“体验学习科学乐趣，增长科学探究能力，获取丰富科学知识，形成尊重事实、善于质疑的科学态度”“追求学生与生态的和谐，培养学生的生态思维，推促学生形成生态的、可持续发展的劳动者素养能力”的培养目标，本研学主题课程与校内教育的衔接内容主要如下：1.人教版道德与法治四年级上册第四单元第10课“我们所了解的环境污染”；2.教科版科学四年级下册第一单元“植物的生长变化”、第三单元“岩石与土壤”；3.教科版科学五年级上册第二单元“地球表面的变化”；4.人教版道德与法治六年级下册第二单元第4课“地球——我们的家园”；5.人教版科学四年级下册第二单元第3课“珍贵的淡水资源”、第4课“节约用水”；6.人教版科学五年级上册第三单元第3课“生活环境与健康”；7.人教版科学五年级下册第四单元第5课“生态平衡”；8.人教版科学六年级上册第二单元第4课“自然界中的水循环”、第5课“水与地表形态”；9.人教版科学六年级下册第一单元“生物的家园”；10.教科版科学六年级下册第二单元“生物的多样性”；11.人教版科学六年级下册第二单元第1课“地球，人类的宝藏”；12.人教版科学六年级下册第四单元“人类发展与环境保护”；13.人美版美术六年级下册第2课“探访自然的奇观”	对照课标，初中段在自然生态方面提出“理解人与自然和谐发展的意义，提高环境保护意识，初步形成生物学基本观点和科学态度，为确立辩证唯物主义世界观奠定必要的基础”“关注自然环境、探索自然规律、保护自然生态，培养创新精神和实践能力”“感受自然之美、培养环保意识、提高审美能力和艺术素养”的培养目标，本研学主题课程与校内教育的衔接内容主要如下：1.人教版道德与法治九年级上册第三单元第6课“建设美丽中国”；2.人教版地理八年级上册第二章第1节“地形与地势”、第2节“气候”、第3节“河流”；3.人教版地理八年级上册第三章“中国的自然资源”；4.人教版地理八年级下册第五章“中国的地理差异”；5.人教版地理八年级下册第七章第1节“自然特征与农业”；6.人教版人文地理七年级上册第三单元“各具特色的区域生活”；7.人教版语文九年级上册第一单元第1课“沁园春·雪”；8.人教版生物学七年级上册第一单元“生物和生物圈”；9.人教版生物学七年级上册第三单元“生物圈中的绿色植物”；10.人教版生物学七年级下册第四单元第7章“人类活动对生物圈的影响”；11.人教版生物学八年级上册第六单元“生物的多样性及其保护”	对照课标，高中段在文化传承与创新方面提出“学会生物科学探究的一般方法，发展学生提出问题、作出假设、制订计划、实施计划、得出结论、表达和交流的科学探究能力”“热爱大自然，珍爱生命，理解人与自然和谐发展的意义，提高环境保护意识。乐于探索生命的奥秘，具有实事求是的科学态度、一定的探索精神和创新意识。关注与生物学有关的社会问题，初步形成主动参与社会决策的意识”的培养目标，本研学主题课程与校内教育的衔接内容主要如下：1.人教版生物学选修2第三章“生态系统及其稳定性”、第四章“人与环境”；2.人教版地理必修第1册第四章“地貌”、第5章“植被与土壤”；3.人教版地理必修第2册第五章第1节“人类面临的主要环境问题”、第2节“走上人地协调—可持续发展”；4.人教版地理必修第2册第二章第3节“地域文化与城乡景观”；5.人教版地理选修1第五章“自然环境的整体性与差异性”；6.人教版地理选修2第二章“资源”“环境与区域发展”；7.人教版地理选修3第一章“自然环境与人类社会”；8.人教版地理选修3第二章第3节“中国的耕地资源与粮食安全”

维度或要素			小学高年级段	初中段	高中段
研学课程	必修课程一	名称	土壤的奥秘	地质知识知多少	袁隆平与杂交水稻
		活动目的	认识土壤的主要成分，了解土壤检测的方法，培养探究意识和科学精神	参观地质博物馆，了解地球不同时期的地质变化与成因，开展趣味知识竞赛	通过参观隆平水稻博物馆，领悟一代农业科学家奉献、奋斗、创新、谦逊的精神品质
		活动形式	教师讲授、实地考察	教师讲授、实地探访	教师讲授、实地探访
	必修课程二	名称	探秘有机肥	走进麓山，解密地质	禾下乘凉梦
		活动目的	通过实践体验，了解有机肥的发酵原理，掌握有机肥的制作方法，培养生态环保的理念	通过参观岳麓山，识别不同类别岩石的特征，了解岩石在不同张力下的形成原因	通过深入稻田，了解不同品种的水稻植株及稻穗特点，感受农业科技的发展与应用
		活动形式	教师讲授、实地探访、实践体验	教师讲授、实地探访、实践体验	教师讲授、实地探访、实践体验
	必修课程三	名称	寻访湿地动物	秋收万颗子	探究岳麓山植被分布
		活动目的	通过实地参观，观察、搜集湿地公园的动物种类，了解湿地环境对其生活的影响	通过实践传统割稻、脱粒的方法，感受粮食的来之不易，懂得珍惜粮食	通过实地检测，收集岳麓山不同海拔、不同风向的植被分布情况，分析其形成原因
		活动形式	教师讲授、实地探访、实践体验	教师讲授、实地探访、实践体验	教师讲授、实地探访、实践体验
	必修课程四	名称	制茶有方	诗词里的自然力量	探访地质博物馆
		活动目的	参观茶园，观察茶树的生长情况及土质状态，动手采摘茶叶	游览橘子洲，欣赏湘江美景，感受湘江对于长沙乃至整个湖南自然环境与经济发展的重要性	参观地质博物馆，了解地质成因，探索各种矿物和岩石的成因、分类及特性
		活动形式	教师讲授、实地探访、实践体验	教师讲授、实地探访、实践体验	教师讲授、实地探访、实践体验

维度或要素			小学高年级段	初中段	高中段
研学课程	必修课程五	名称	感受魅力莲花	雾漫小东江	森林公园寻宝
		活动目的	了解莲花镇的农业生产情况，培养学生对大自然的亲近感和对乡村的热爱之情	思考、探讨东江湖上水雾的成因，欣赏东江湖美景，懂得保护水资源的重要性	了解张家界森林公园中植物的种类，培养保护生物多样性的自觉性
		活动形式	教师讲授、实地探访、实践体验	教师讲授、实地探访、实践体验	教师讲授、实地探访、实践体验
	必修课程六	名称	“竹”够创意	探秘东江移民博物馆	寻访天子山
		活动目的	了解竹子的生长、繁殖等特点，培养学生的创造力与想象力，以及热爱大自然的感情	参观东江移民博物馆，了解东江湖的形成原因，树立对生态环境的保护意识	通过游览天子山，了解其地质地貌、生态环境和历史文化，探究地貌的发育过程
		活动形式	教师讲授、实地探访、实践体验	教师讲授、实地探访、实践体验	教师讲授、实地探访、实践体验
	必修课程七	名称	护水小卫士	地质探险家	赏山石画廊
		活动目的	通过参观长沙再生水厂，直观地了解当地水质状况，培养保护水环境的意识	攀爬高椅岭，感受其美与奇，了解丹霞地貌的形成原因及特点	欣赏张家界天子山景区十里画廊的风景，选择一处美景，尝试进行美术写生
		活动形式	教师讲授、实地探访、实践体验	教师讲授、实地探访、实践体验	教师讲授、实地探访、实践体验
	必修课程八	名称	水生生态瓶	穿越丹霞地貌	解锁天门山奇景
		活动目的	掌握生态系统的运行原理，设计制作水生生态瓶，培养创新精神和环境意识	体验高椅岭地区人们的生活方式，领略丹霞地貌的美丽，培养野外生存能力	观察天门洞地质构造及周围岩石走向，推测天门洞的成因
		活动形式	教师讲授、实地探访、实践体验	教师讲授、实地探访、实践体验	教师讲授、实地探访、实践体验

维度或要素			小学高年级段	初中段	高中段
研学课程	必修课程九	名称	人机插秧大比拼	探秘生物多样性	溯源金鞭溪
		活动目的	了解水稻的生长过程，感受劳动人民的辛苦与现代科技的进步	通过攀爬王仙岭，观察了解王仙岭的动植物资源，感受生物的多样性和大自然的美丽	徒步金鞭溪，探究金鞭溪的地质、水文、植被特征，培养地理实践能力
		活动形式	教师讲授、实地探访、实践体验	教师讲授、实地探访、实践体验	教师讲授、实地探访、实践体验
	必修课程十	名称	粽叶飘香	生态纪实	探秘黄龙洞
		活动目的	认识箬竹，了解其特点，学习用其叶包裹糯米等食材制作粽子的方法	走进仰天湖大草原，绘制大草原山麓到山顶的植被图和食物链示意图	探索并了解黄龙洞的形成原理和地质特征，观察钟乳石景观，分析其形成原因
		活动形式	教师讲授、实地探访、实践体验	教师讲授、实地探访、实践体验	教师讲授、实地探访、实践体验
	选修课程		1.入营教育（连队破冰） 2.植物造型 3.配置营养土 4.探访母亲河——湘江	1.入营教育（团队组建） 2.生态循环记 3.手绘丹霞地貌 4.诗情画意的郴州	1.入营教育（德育讲堂） 2.张家界与《阿凡达》的奇妙缘分 3.地质笔记 4.湖南如此多娇

维度或要素		小学高年级段	初中段	高中段
研学线路	代表性线路（时长五日）	第一天：长沙营地—爱格花卉—湘都生态园—长沙营地；第二天：长沙营地—洋湖湿地公园—金井茶园—长沙营地；第三天：长沙营地—望山耕读—莲花镇农业园—长沙营地；第四天：长沙营地—长沙再生水厂—长沙营地；第五天：长沙营地—惠众农庄—长沙营地	第一天：长沙营地—地质博物馆—岳麓山—长沙营地；第二天：长沙营地—隆平稻作公园—橘子洲—长沙营地；第三天：长沙营地—郴州东江湖—东江移民博物馆；第四天：郴州高椅岭—郴州雄鹰营地；第五天：郴州王仙岭—郴州仰天湖—长沙营地	第一天：长沙营地—隆平水稻博物馆—隆平稻作公园—长沙营地；第二天：长沙营地—岳麓山—地质博物馆—长沙营地；第三天：长沙营地—张家界（森林公园）—长沙营地；第四天：长沙营地—张家界（十里画廊）—天门山—长沙营地；第五天：长沙营地—张家界（金鞭溪）—黄龙洞—长沙营地
	可选择线路（按天设计，菜单式选择）	1. 长沙营地—隆平稻作公园—长沙营地；2. 长沙营地—隆平水稻博物馆—长沙营地；3. 长沙营地—地质博物馆—长沙营地；4. 长沙营地—岳麓山—长沙营地；5. 长沙营地—长沙动物园—长沙营地；6. 长沙营地—省植物园—长沙营地；7. 长沙营地—橘子洲—长沙营地；8. 长沙营地—湘丰茶园—长沙营地	1. 长沙营地—洋湖湿地公园—长沙营地；2. 长沙营地—金井茶园—长沙营地；3. 长沙营地—爱格花卉—长沙营地；4. 长沙营地—湘都生态园—长沙营地；5. 长沙营地—长沙再生水厂—长沙营地；6. 长沙营地—岳麓山—长沙营地；7. 长沙营地—莲花镇农业园—长沙营地；8. 长沙营地—惠众农庄—长沙营地	1. 长沙营地—望山耕读—长沙营地；2. 长沙营地—郴州东江湖—长沙营地；3. 长沙营地—郴州仰天湖—长沙营地；4. 长沙营地—长沙动物园—长沙营地；5. 长沙营地—东江移民博物馆—长沙营地；6. 长沙营地—郴州高椅岭—郴州雄鹰营地—长沙营地；7. 长沙营地—洋湖湿地科普馆—长沙营地；8. 长沙营地—莲花镇农业园—长沙营地
	规划线路（按天设计）	1. 长沙营地—长沙黑麋峰国家森林公园—长沙营地；2. 长沙营地—飘风山庄—长沙营地；3. 长沙营地—松雅湖国家湿地公园—长沙营地	1. 长沙营地—韶山村—东台山国家森林公园—长沙营地；2. 长沙营地—九龙江国家森林公园研学基地—桂东青竹村青少年自然教育绿色营地—长沙营地；3. 长沙营地—大围山森林公园—长沙营地	1. 长沙营地—波月洞—锡矿山展览馆—长沙营地；2. 长沙营地—紫鹊界梯田—梅山龙宫—长沙营地；3. 长沙营地—红壤实验站—长沙营地

维度或要素		小学高年级段	初中段	高中段
教学重点难点（以代表性线路教学设计为例，以下同）	教学重点	1.认识土壤的类型及主要成分，掌握土壤检测的方法，学习制作有机肥，培养探究意识、科学精神和生态环保理念 2.搜集湿地公园的动物种类，培养环保意识，体验传统制茶方法，感受制茶技术的进步 3.掌握全国最美乡镇莲花镇的农业生产情况，设计制作竹制品，感受社会主义新农村建设发展的成就 4.进行水质检测，了解当地水质状况，模拟生态系统的运行原理，设计制作水生生态瓶 5.体验插秧的流程，通过传统与现代农业技术的对比，感受技术的进步	1.掌握地质科考的流程与方法，了解与熟悉不同地貌的演变过程，培养科学探索精神 2.掌握规范的稻穗收割、稻谷脱粒的方法，懂得粮食的来之不易 3.理解“雾漫东江”形成的原因，感受东江移民者艰苦创业、务实创新、舍小家为大家的精神风貌，懂得保护水资源的重要性 4.学习丹霞地貌的特点及形成原因 5.学会观察与探索大自然中的事物，并灵活运用学科知识呈现观察结果	1.初步理解农业的内涵；了解中国农业发展史及湖南农业发展的状况 2.理解袁隆平与杂交水稻之间的联系，解读稻作科学原理 3.探究岳麓山的植被种类及分布情况 4.进行植物科考调查，了解张家界森林公园中植物的种类，了解天子山的地质地貌，探究地貌的发育、岩石的演变过程 5.探究金鞭溪的地质、水文、植被特征；掌握黄龙洞的形成原理和地质特征，在鉴别钟乳石的活动中加深对喀斯特地貌的识别，分析钟乳石的形成原因
	教学难点	1.探究土壤成分，理解有机肥的发酵原理 2.竹制品的设计制作 3.掌握污水净化的过程与原理 4.设计制作简易净水器和水生生态瓶 5.掌握插秧和包粽子的方法，培养人与环境和谐共生的理念	1.理解高椅岭丹霞地貌形成的原因，灵活运用所学知识揭示自然现象背后的科学原理 2.绘制大草原山麓到山顶的植被图和食物链示意图，跨学科进行知识的迁移与运用 3.掌握不同地质工具的用法，学会利用工具去进行地质科考，引发对自然的好奇与深入探索 4.理解雾漫东江的成因，学会从表面现象入手观察事物的本质 5.掌握水资源保护的方法	1.深入了解水稻发展史，理解水稻从播种到产出的过程 2.掌握水稻在不同阶段所处生长阶段及其生长特点、成长需求，学习并掌握正确的劳动方法 3.观察天子山的地质地貌特点，探究地貌的发育、岩石的演变过程 4.比较天门山与天子山地质构造的异同 5.在寻找、鉴别钟乳石的活动中加深对喀斯特地貌的识别，分析钟乳石的形成原因

维度或要素	小学高年级段	初中段	高中段
教学策略	小学高年级段学生对世界充满好奇，乐于提问探究，思维能力快速发展，对新知识和新观念接受能力强，而且通过前面的课内学习和课余活动，有了一定的知识基础和动手实践能力。基于上述学情，运用多样化教学理论，选取自然探索、农业科普、水资源保护等内容，依托相关研学基地中的教学资源，采取讲授法、演示法、情境教学法、体验教学法等教学方法和自主学习法、合作学习法等学法，注重引导学生有目的地外出考察、学习、体验，引导学生理解和关注环境问题，以达到培养学生热爱自然、热爱家乡的情感、生态保护意识的目的	初中段学生身心逐渐走向成熟，喜欢主动观察、探索和实验，且通过科学、生物等学科学习已经掌握相关专业知识和实践技能，可以更好地进行相关实践活动、更深入地理解自然科学与生态环保的知识与理念。但学生处于青春期的快速发展阶段，自我意识强、不愿受约束，且爱挑战、有冒险精神。基于上述学情，运用多样化教学理论，选取自然地质、农业科普等内容，依托相关研学基地中的教学资源，采取讲授法、演示法、情境教学法、体验教学法等教学方法和自主学习法、合作学习法等学法，开展地质科考、农事体验等活动，让学生初步了解自然生态中的美学、科学与生态学，培养考察探究和学以致用的学习技能，培养对美丽的祖国的热爱之情，懂得节约资源、保持生态平衡的重要性。值得注意的是，在户外实践活动中应加强安全教育和监督管理	高中段学生智力发展趋于成熟，有着旺盛的求知欲和浓厚的学习兴趣。学生大都具备扎实的自然知识基础，能运用专业的工具进行户外考察探究，且能联系书本知识对自然现象、环境问题进行合理解释，他们渴望通过实践和探索来加深对自然的理解，但学业负担繁重，他们很难有机会深入大自然进行学习探究。基于上述学情，运用多样化教学理论，选取自然地质、农业科普等内容，依托相关研学基地中的教学资源，采取讲授法、演示法、情境教学法、体验教学法等教学方法和自主学习法、合作学习法等学法，开展地质科考、农事体验等活动，引导学生走进自然环境，领略生物多样性，跨学科融合解决实际问题，培养学生的环保意识和社会责任感

维度或要素				小学高年级段	初中段	高中段
实施方案	入营教育	安全	引导	强调安全的重要性，宣讲各环节注意事项及管理规定，树立安全意识	强调安全的重要意义，带领学生了解安全应急知识，掌握应急救护技能	强调安全的重要意义，熟悉安全自我管理知识，提升安全防护意识
			实训	开展安全知识竞赛，使学生了解工具使用安全、食品安全等知识	通过安全公共课讲解掌握突发事件处置技能	组织学生开展针对住宿、饮食、研学点、交通等环节的安全应急演练
		应急	引导	学习应急事件处理方法和技巧，培养冷静思考和随机应变的能力	观看安全知识科普视频，掌握气道异物梗阻急救处理方法和技巧	强化应急能力培养，掌握应急事件分类、处理方法和技巧
			实训	通过视频学习，学习扭伤、中暑、崴脚等应急事件处理方法和技巧	观看视频，实操演练，学习海姆立克急救法	通过模拟现场演练的方式，掌握各项应急事件处理方法和技巧
		救助	引导	带领学生学习正确的求助方式，引导学生在遇到危险时保持冷静	通过案例情境，引导主动寻找和利用各种资源开展自救，增强救助能力	通过教师示范，引导学生关注救助知识和技能的学习
			实训	通过观看救助视频的方式，带领学生熟悉各种求助方式	通过老师的示范引领，让学生学会基本的应急救护方法	邀请专业人士讲解，带领学生模拟演练，掌握各项基本的应急救护方法
		自我管理	引导	通过视频案例，引导学生做好情绪管理，培养良好的生活习惯	通过主题班会，引导学生形成自我规范，开展自我约束，实现自我提高	引导学生做好时间管理、情绪管理、学习管理、健康管理
			实训	通过导师讲解，引导学生养成早睡早起、每天洗漱的良好生活习惯	采用沉浸式体验方式，引导学生进行自我管理，扮演班级管理者角色	学生自主设计研学活动管理目标和计划，培养自我管理综合素养
		团队协作	引导	引导学生认识团队协作重要性	引导学生体会团队协作发挥的作用，增强学生的团队荣誉感	引导学生发挥团队力量，培养创新意识、合作能力
			实训	鼓励学生分组完成实践体验任务，合作形成团队合作成果	学生自主设计小组活动，组织和协调活动	开展团建活动，设定团队研学任务，小组协作，合力完成任务目标

维度或要素		小学高年级段	初中段	高中段
实施方案	导入教学环节	1.视频导入：播放“世界土壤日”宣传视频，感受土壤对人类生存生活的重要性，激发学生关注土壤、探究土壤的兴趣 2.视频导入：观看《神奇的地球》纪录片片段，激发学生走进自然，深入探究的兴趣 3.视频导入：播放视频，了解中国水污染现状，激发学生了解当地水质的兴趣，保护水资源的紧迫感 4.诗词导入：通过《悯农·其一》进行课堂导入，引导学生围绕诗歌进行思考与讨论 5.任务导入：发布相关研学任务单，引导学生围绕参观与体验活动进行思考与讨论	1.视频导入：播放纪录片《地球脉动》片段，了解地球上不同的地貌特征 2.视频导入：播放郴州东江湖的宣传视频，感受郴州东江湖的美景，激发探究兴趣 3.图片导入：展示高椅岭丹霞地貌的图片，引导学生初步感受高椅岭的美丽与险峻，激发学生实地考察的兴趣 4.任务导入：明确研学实践活动内容，引导学生分组制作地质科考计划 5.视频导入：观看《我们的星球》纪录片片段，感受大自然的神奇，激发走近动植物的兴趣	1.问题导入：通过讨论农业的内涵这个问题，激发学生的探索欲 2.任务导入：通过围绕中国农业发展史上具有里程碑意义的关键人物和典型事件，发布探究任务 3.任务导入：发布探究性任务，引导学生关注张家界喀斯特地貌的形成原因与特点 4.图片导入：带领学生观看天门山的图片，激发学生参与本次活动的兴趣 5.图片导入：展示黄龙洞钟乳石景观精美图片，引导学生交流对溶洞和钟乳石的了解，并提出自己的疑问，激发学生的探究欲望
	授课教学环节	第一天：必修课程一“土壤的奥秘”、必修课程二“探秘有机肥”、选修课程1“入营教育（连队破冰）”；第二天：必修课程三“寻访湿地动物”、必修课程四“制茶有方”、选修课程2“植物造型”；第三天：必修课程五“感受魅力莲花 ”、必修课程六“‘竹’够创意”、选修课程3“配置营养土”；第四天：必修课程七“护水小卫士”、必修课程八“设计制作水生生态瓶”；第五天：必修课程九“人机插秧大比拼 ”、必修课程十“粽叶飘香 ”、选修课程4“探访母亲河——湘江”	第一天：必修课程一“地质知识知多少”、必修课程二“走进麓山，解密地质”、选修课程1“入营教育（团队组建）”；第二天：必修课程三“秋收万颗子”、必修课程四“诗词里的自然力量”、选修课程2“生态循环记”；第三天：必修课程五“雾漫小东江”、必修课程六“探秘东江移民博物馆”；第四天：必修课程七“地质探险家”、必修课程八“穿越丹霞地貌”、选修课程3“手绘丹霞地貌”；第五天：必修课程九“探秘生物多样性”、必修课程十“生态纪实”、选修课程4“诗情画意的郴州”	第一天：必修课程一“袁隆平与杂交水稻”、必修课程二“禾下乘凉梦”、选修课程1“入营教育（德育讲堂）”；第二天：必修课程三“探究岳麓山植被分布”、必修课程四“探访地质博物馆”；第三天：必修课程五“森林公园寻宝”、必修课程六“寻访天子山”、选修课程2“张家界与《阿凡达》的奇妙缘分”；第四天：必修课程七“赏山石画廊”、必修课程八“解锁天门山奇景”；选修课程3“地质笔记”；第五天：必修课程九“溯源金鞭溪”、必修课程十“探秘黄龙洞”、选修课程4“湖南如此多娇”

维度或要素		小学高年级段	初中段	高中段
实施方案	进级教学环节	1.实践体验：讲解插秧的站位、动作及技术要领，学生认真观察，体验插秧；2.实践体验：学习包粽子的方法，体验包粽子活动；3.实地考察：参观污水处理厂，了解污水净化的过程与原理；4.实践体验：动手进行水质检测，直观地了解当地水质状况；5.观察探讨：观察、搜集湿度动物，绘制自然笔记，探究湿度环境对其生活的影响；6.制作体验：学习传统制茶方法，感受中国劳动人民的智慧和现代技术的进步	1.考察探究：感受仰天湖大草原的壮美与辽阔，绘制大草原山麓到山顶的植被图和食物链示意图，聚焦仰天湖草原的生态治理之道；2.实地探究：攀爬高椅岭，探究独特地貌形成的原因；3.实践体验：体验丹霞峡谷泛舟等高椅岭地区人们的生活方式，学习搭建帐篷、使用指北针，培养野外生存能力；4.参观场馆：参观东江移民博物馆，了解东江湖的来历及修建的重大意义；5.实践体验：学习稻穗收割、稻谷脱粒的方法，并进行安全规范地操作	1.小组讨论：梳理中国农业从古至今的发展脉络及水稻一生的成长过程；2.小组讨论：运用已有知识解释天子山喀斯特地貌的发育、岩石的演变过程；3.实地考察：了解张家界森林公园中植物的种类，识别其中的珍稀植物；4.实地考察：观察黄龙洞的地质特征，探究其形成原理；5.实践体验：寻找各种类型的钟乳石景观，并在寻找、鉴别钟乳石的活动中加深对喀斯特地貌的识别，分析其形成的原因
	巩固教学环节	1.发布探究主题和实践任务，总结提升；2.实践体验、开展趣味性有奖竞答，趣味性总结分享相结合；3.发布任务，采用任务驱动和小组交流分享土壤与湿地的重要性；4.总结归纳、实践体验相结合，交换彼此所学的自然科学知识，加深理解环境保护的重要性；5.开展主题活动策划，引导学生总结活动收获与感悟	1.开展主题班会，引导学生总结分享自己的收获；2.实地探访与沉浸式情景体验相结合，撰写研学报告和心得体会；3.总结性参观，引导学生思考保护生态的多样性的意义，树立保护环境、热爱家乡山水的意识；4.任务驱动；以知识竞赛或演讲比赛的形式，让学生发挥主观能动性，总结收获和感悟；5.开展小组讨论，链接校内课程中所学的知识技能，结合研学实践活动所得进行总结分享	1.引导实践与分享交流相结合，总结分享收获，发表对自然生态可持续发展的感想；2.教师带领学生一起总结和回顾，及时解答学生遇到的问题；3.总结性参观，通过实地考察地质地貌，了解地质演变过程，加深对地质演变的理解；4.进行针对性训练与实践体验融合，加深对保护生态环境的理解和认同感，思考更具价值和意义的创新课题；5.开展小组合作讨论，总结性参观，发布任务，让学生进一步对丹霞地貌地质演变脉络进行汇总，并总结成思维导图

维度或要素			小学高年级段	初中段	高中段
实施方案	总结教学环节	教学创新	创新课程设计，打破时间、空间的限制，围绕主题展开教学，采用进阶式和巩固式策略，让学生在真实情境中探究和体验实践。同时，加强校内外的教育衔接，串联科学等知识。这样的课程设计，可以让学生更好地理解和掌握知识，培养他们的综合素质和能力	创新课程主题，注重主题引领、任务驱动、项目学习、学科融合，强调学生主动性，强化实践意识，与校内课程衔接，拓展延伸，内外协同，串联生物、化学、地理等知识。以培养学生的综合素质和实践能力，促进学生的全面发展	创新教学方式，注重真实情境下的任务驱动，强化深度体验，推动研学过程中的独立思考与团队协作，形成有价值的课题研究，以实践激发学生兴趣，同时串联生物、化学、地理、物理等知识。通过这一方式，提升学生的综合素质和能力，培养他们的创新精神和实践能力
		教学总结	针对小学的高年级段教学目标和学生学情，在教学过程中，导师多采用提问式、趣味性的教学方式，培养学生以科学探究为核心的学习方式，通过生命世界、物质世界、地球和宇宙等领域的学习，让学生体验到了学习科学的乐趣，增长了科学探究的能力，获取了丰富的科学知识，逐步形成了尊重事实、善于质疑的科学态度	针对初中段教学目标和学生学情，在教学过程中，导师应多通过展示学生作品、组织分享感悟、开展团队协作活动等方式，要求学生能够进行实验设计、观察现象并进行推理分析。鼓励学生将所学的科学知识应用到实际生活中，并与其他学科进行综合应用，以达到提升学生综合素养的目的	针对高中段教学目标和学生学情，在教学过程中，导师应多围绕文化认同开展课程设计，多设置团队协作活动，多采用反馈交流等形式，帮助学生理解课程主题。引导学生树立实事求是的科学态度，一定的探索精神和创新意识，以初步达到主动参与社会决策的意识
		教学反思	围绕小学高年级段学生学情进行分析，根据学生与课程评价结果与反馈，进行教学反思，对教学设计环节进行改进，促使课程教学得以提升，梳理实施过程中出现的问题，思考解决问题路径与策略，形成解决方案，调整和优化教学设计，为以后的研学活动提供参考	围绕初中段学生学情进行分析，根据学生与课程评价结果与反馈，进行教学反思，对教学设计环节进行改进，促使课程教学得以提升，梳理实施过程中出现的问题，思考解决问题路径与策略，形成解决方案，调整和优化教学设计，拓宽教学思路，提高教学水平	围绕高中段学生学情进行分析，根据学生与课程评价结果与反馈，进行教学反思，对教学设计环节进行改进，促使课程教学提升，思考解决问题的路径与策略，在此基础上不断地完善、推陈出新，形成自己独特的教学风格

维度或要素				小学高年级段	初中段	高中段
实施方案	评价教学环节	教学水平评价	自我评价	教师根据评价反馈进行自我反思，深入了解课程实施的效果，不断调整、优化教学方法	教师基于教学目标、教学设计、安全管理、活动组织等方面进行总结，反思活动实施过程中存在的问题，明确改进方向与策略	教师基于教学目标、教学设计、教学策略等方面进行深入反思，发现问题与不足，找到改进措施与路径，做好改进计划，明确下一步实施策略
			学生评价	学生就教师的组织与教学、课程讨论参与度、课程氛围活跃度、学生积极性等方面进行不同维度的评价	学生就教师的组织与教学、教学设计能力、课程氛围活跃、课程中学生的话题参与度等方面进行不同维度的评价	学生就教师的组织与教学、教师的认知、语言文字表达能力、课程的教学设计能力、课程的教育意义及创新性等方面进行不同维度的评价
			同行评价	营地教师和教学管理人员对教师的教学设计、实施策略、实施效果等方面进行评价，基于证据、数据采取交流、问卷等形式开展，取长补短相互借鉴，实现共同进步	营地教师和教学管理人员基于随队观摩、听课、教学文件审阅、访谈、交流、问卷等形式，对教师的教学设计、实施策略、实施效果等进行评价	营地教师和教学管理人员通过充分利用信息技术，邀请知名专家随队观摩、听课、教学文件审阅、访谈、交流、问卷等形式，对教师的教学设计、实施策略、实施效果等进行评价
			培训和考核	基于教师师德师风、劳动教育、审美教育、学生管理等进行线上线下结合的专项培训和考核，通过考核结果来评价教师的教学水平	定期对营地教师进行师德师风、科学教育、劳动教育、生涯规划、学生管理等方面的教学培训和考核，通过考核结果来评价教师的教学水平	定期对营地教师进行师德师风、劳动教育、生涯规划、心理学、学生管理等方面的教学培训和考核，通过考核结果来评价教师的教学水平
			教学成果展示	采用研究报告、主题会议、图文作品、视频影像等形式展示研学实践成果	采用设计作品、研学报告、作品分享、参与教学比赛等形式展示研学实践成果	通过定期采取设计作品展示、调查报告、研学报告、推介会等方式，并定期举行教师成果展示，组织实践教育专家对教学研究论文，促进教师水平提升，有助于实现教学创新

维度或要素				小学高年级段	初中段	高中段
实施方案	评价教学环节	学业评价	形成性评价	在学生充分了解营地加盖“能力印章”的评价方式的基础上，针对学生在活动过程中的参与度、完成度和体现出来的观察、反思等关键能力，通过学生自评、同伴互评和师评，根据实际表现现场加盖相应的“能力印章”	引导学生了解营地加盖“能力印章”的评价方式，针对学生在活动过程中表现出来的观察、理解、反思、表达等关键能力，组织学生自评、同伴互评，根据实际表现现场加盖相应的“能力印章”	简要介绍营地加盖“能力印章”的评价方式，针对学生在活动过程中的表现和体现出来的观察、理解、想象、表达、负责、反思等关键能力，组织学生自评、同伴互评，根据实际表现现场加盖相应的“能力印章”
			总结性评价	研学活动结束后，综合学生成果展示、“能力印章”数量和组内活动表现反馈等多方面情况，对学生参与研学活动的情况进行整体客观评价	留心观察并及时记录学生行为，参与学生交流讨论，适时反馈学生活动情况，并提出肯定、鼓励和建设性意见；综合学生自评、互评结果，参照“能力印章”数量，对学生进行全过程、全面的评价	参与学生交流讨论，必要时提出肯定鼓励或建设性意见；根据学生活动成果，结合日常观察了解的表现，对学生知识和技能的学习与迁移、研究精神、思辨能力、团队协作、素质素养等方面进行综合评价
			教师评价	留心观察、及时记录学生表现，适时检查学生各阶段任务完成的情况，及时加盖“能力印章”，并进行口头鼓励或提醒；结合学生自评、互评结果，参照“能力印章”数量，对学生“行前准备阶段、现场教学阶段、汇报交流阶段”三阶段全过程的表现进行全面的评价	留心观察并及时记录学生行为，参与学生交流讨论，适时反馈学生活动情况，并提出肯定鼓励和建设性意见；综合学生自评、互评结果，参照“能力印章”数量，对学生进行全过程、全面的评价	参与学生交流讨论，必要时提出肯定鼓励或建设性意见；根据学生活动成果、结合日常观察了解的表现对学生知识和技能的学习与迁移、研究精神、思辨能力、团队协作、素质素养等方面进行综合评价
		项目评价		以学生和参与学校为主体，学生家长、营地教学主管部门为辅助，采取问卷调查的形式，对教学目标设定、教学设计、活动组织、研学线路规划、学生成长等方面进行评价，评价项目实施的整体风险和效益，为下一步优化项目提供参考	以学生和参与学校为主体，学生家长、营地教学主管部门、项目实施同行者为辅助，采用问卷调查、交流研讨、访谈调研等方式，对项目目标设定、教学设计、组织实施、安全管理、资源站点、课程价值等方面进行综合评价，对结果进行分析与反思，为后续研学项目调整提供一定方向	以学生和参与学校为主体，学生家长、营地教学主管部门、项目实施同行者为辅助，采取问卷调查、座谈交流等方式，对教学目标设定、教学设计、课程资源、教学策略、活动组织、协同管理、研学线路规划、学生成长、执行规范等方面进行评价，评价项目风险和效益

4.16 教学计划与策略列表：生态示范之都　领花园城市之美

<table>
<tr><td colspan="3">营地名称</td><td>深圳市育新学校（深圳市中小学德育基地）</td><td>命名机构</td><td>教育部</td><td>识别码</td><td>Y145443002</td></tr>
<tr><td colspan="3">从业资质（摘要）</td><td>综合实践教育（国防教育；法制教育；安全教育；自然教育等）；研学实践教育；劳动教育；中职教育；专门教育</td><td>单位属性</td><td>公益一类</td><td>法定代表人</td><td>杨焕亮</td></tr>
<tr><td colspan="3">研学主题</td><td>生态示范之都　领花园城市之美</td><td colspan="2">主要目的指向</td><td colspan="2">自然教育</td></tr>
<tr><td rowspan="7">营地（枢纽）及周边主要优质研学资源</td><td colspan="2">基地层级</td><td colspan="5">研学站点（基地）名称</td></tr>
<tr><td rowspan="2">教育部命名基地</td><td>已列入教学计划</td><td colspan="5">一、与本主题相关列入教学计划的基地9个
1.深圳市育新学校（深圳市中小学德育基地）（简称“深圳育新营地”）；2.深圳福田红树林国家级自然保护区（简称“福田红树林”）；3.深圳仙湖植物园（简称“仙湖植物园”）；4.深圳盐田海滨栈道（简称“海滨栈道”）；5.深圳大鹏半岛国家地质公园（简称“大鹏地质公园”）；6.广东海纳现代农业生态园；7.广东惠东海龟国家级自然保护区；8.广州水博苑；9.广东省罗浮山风景名胜区
二、与本主题关联不大但列入本营地教学计划的基地7个
1.深能环保盐田能源生态园；2.陈皮人家新会陈皮农业文化创意园研学基地；3.客天下研学实践教育基地；4.广州市海珠湿地科研宣传教育中心；5.广州神农草堂中医药博物馆；6.中国科学院华南植物园；7.广州市花都区气象天文科普馆</td></tr>
<tr><td>待列入教学计划</td><td colspan="5">无</td></tr>
<tr><td colspan="2">其他部委命名基地</td><td colspan="5">无</td></tr>
<tr><td colspan="2">地方命名基地</td><td colspan="5">深圳盐田海滨栈道（简称“海滨栈道”）</td></tr>
<tr><td colspan="2">本营地资源</td><td colspan="5">1.沙漠植物馆；2.蝴蝶养殖园；3.种植体验馆；4.药植园</td></tr>
<tr><td colspan="2">其他资源</td><td colspan="5">无</td></tr>
</table>

维度或要素	小学高年级段	初中段	高中段
校内教育基础（与校内教育的衔接）	对标课标，小学高年级段的自然教育注重培养学生理解并掌握基本的自然科学知识和概念。通过学习和理解生物、生态环境等各个领域的基础知识，如动植物的生长发育过程、生态系统等，能够形成对自然界的基本认识，并形成科学的思维。本课程衔接人教科学相关课程，具体如下：1.四年级上册科学第一单元“多样的动物”第1课“鸟和哺乳动物”、第二单元“动植物的繁殖”第6课“不用种子怎样繁殖”；2.四年级下册科学第一单元“养蚕”第7课“蚕的生长变化”、第三单元“环境中的生物”第10课“不同环境中的植物”，第11课“不同环境中的动物”；3.五年级上册科学第二单元“后代与亲代”第6课“植物的后代与亲代”；4.六年级上册科学第二单元“田野里的生物”第4课“植物的简单分类”、第5课“植物的光合作用”、第6课“食物链”、第五单元“建造‘植物工厂’”；5.六年级下册科学第一单元“生物与环境”第1课“生物的栖息地”，第2课“动物对环境的适应”，第3课“保护生物与环境”、第二单元“地表形态的变化”第4课“地表流水的力量”	对标课标，初中段自然教育注重培养学生掌握生物学的基本事实、概念、原理和规律等基础知识，包括细胞结构、遗传规律、生态系统等核心知识点，通过引导学生观察生物现象、提出问题、设计实验、收集和分析数据，以及得出结论等过程，帮助他们形成科学思维的习惯，提高他们的科学探究能力。本课程衔接人教版生物相关课程，具体如下：1.七年级上册生物第一单元第二章“了解生物圈”第1节“生物与环境的关系”、第2节“生物与环境组成生态系统”、第3节“生物圈是最大的生态系统”，第二单元第二章“细胞怎样构成生物体”第2节“动物体的结构层次”、第3节“植物体的结构层次”；第三单元“生物圈中的绿色植物”第一章“生物圈中有哪些绿色植物”、第二章“绿色植物是生物圈中的有机制造者”、第六章“爱护植被·绿化祖国”；2.七年级下册生物第四单元第七章“人类活动对生物圈的影响”第1节“分析人类活动对生态环境的影响”、第2节“探究环境污染对生物的影响”、第3节“拟定保护生态环境的计划”；3.八年级上册生物第六单元“生物的多样性及其保护”第二章“认识生物的多样性”、第三章“保护生物的多样性”；4.八年级下册生物第五单元“生物圈中的其他生物”第一章“动物的主要类群”、第二章“动物的运动和行为”、第六单元“生物的多样性及其保护”第二章“认识生物的多样性”、第三章“保护生物的多样性”	对标课标，高中段自然教育强调学生能够运用科学方法进行实验、观察、记录和分析，形成对自然规律的深入理解和探索，通过实践活动和实地考察，让学生亲身感受自然的魅力，培养他们对自然的兴趣和好奇心。学生能够积极参与自然保护和环境保护的行动，如参与植树造林、生态修复、垃圾分类等活动。学生能够了解并实践可持续的生活方式，将自然教育的理念转化为实际行动，在科学探究中发展合作能力、实践能力和创新能力，初步形成主动参与社会决策的意识。本阶段研学课程设计主要衔接《生物》课程，具体如下：1.生物学必修1“分子与细胞”第五章“细胞的能量供应和利用”第4节“光合作用与能量转化”；2.生物学选择性必修1“稳态与调节”第五章“植物生命活动的调节”第1节“植物生长素”、第2节“其他植物激素”、第3节“植物生长调节剂的应用”、第4节“环境因素参与调节植物的生命活动”；3.高中年级生物学选择性必修2“生物与环境”第一章“种群及其动态”第3节“影响种群数量变化的因素”、第二章群落及其演替第1节“群落的结构”、第2节“群落的主要类型”、第3节“群落的演替”，第三章“生态系统及其稳定性”第1节“生态系统的结构”、第5节“生态系统的稳定性”，第四章“人与环境”第1节“人类活动对生态环境的影响”、第2节“生物多样性及其保护”

维度或要素			小学高年级段	初中段	高中段
研学课程	必修课程一	名称	自然笔记（沙漠植物）	多肉植物种植与养护	后山百果园生态调查
		活动目的	了解自然笔记的概念，掌握做自然笔记的方法（生态系统）	了解多肉植物的概念、上盆步骤，掌握多肉植物养护方法	实地调查百果园果树品种及生态环境特点，掌握植物调查、生态系统调查方法
		活动形式	教师讲授、实地探访、实践体验相结合	教师讲授、实地探访、实践体验相结合	教师讲授、实地探访、实践体验相结合
	必修课程二	名称	中草药辨识	《诗经》里的中药——艾草	走进蝶园
		活动目的	了解常见中草药种类及功效，学会实地识别几种中草药，并能说出其粗加工过程	了解艾蒿种类、功效、艾草相关文学，了解艾草粗加工过程，学习艾条制作，艾灸疗法	了解华南地区常见蝴蝶种类，观察蝴蝶生长习性及蝴蝶寄主植物，DIY 蝴蝶工艺品
		活动形式	教师讲授、实地探访、实践体验相结合	教师讲授、实地探访、实践体验相结合	教师讲授、实地探访、实践体验相结合
	必修课程三	名称	红树林昆虫观察记	红树林动物观察	红树林生态系统探究
		活动目的	认识并观察红树林常见的昆虫种类，了解其生活习性以及与红树林生态系统的关系	观察、比较和分析红树林湿地动物类群，了解其生活习性以及与红树林生态系统的关系	观察、比较和分析红树林湿地生态系统的结构、功能和生物资源等方面
		活动形式	教师讲授、实地探访、实践体验相结合	教师讲授、实地探访、实践体验相结合	教师讲授、实地探访、实践体验相结合
	必修课程四	名称	“我是护林员”	我是讲解员——地质知识讲解	地质公园实地考察
		活动目的	掌握“小护林员”操作工具，如风机、打火把、灭火器、防尘、面罩的使用方法，体验山林巡护	学习地质公园的地质特点、地质构造、岩石类型等，了解地质公园的形成过程和演变历史等	考察深圳国家公园地质遗迹类型以及从距今约 1.46 亿年前以来形成的海岸地貌景观及海底可燃冰、滨海砂矿资源、海洋环境、海底地形和海蚀地貌
		活动形式	教师讲授、实地探访、实践体验相结合	教师讲授、实地探访、实践体验相结合	教师讲授、实地探访、实践体验相结合

维度或要素			小学高年级段	初中段	高中段
研学课程	必修课程五	名称	探秘化石森林	古老的活化石——苏铁	仙湖植物专类园考察
		活动目的	实地考察化石森林区，参观古生物博物馆，了解植物化石的形成过程及地球的生命历史	实地考察苏铁植物区，参观苏铁化石馆，了解苏铁的历史和演化以及生理结构特点	实地考察参观植物园的专类园，如药园、仙人掌与多肉园、化石森林、蝶谷幽兰、苏铁园、蕨类中心等，学习相关的动植物知识并记录数据
		活动形式	教师讲授、实地探访、实践体验相结合	教师讲授、实地探访、实践体验相结合	教师讲授、实地探访、实践体验相结合
	必修课程六	名称	树叶贴画	寻访阴生植物园——阴生植物园的生存策略	仙湖植物专类园考察报告
		活动目的	认识各种树木的叶子，了解树叶从发芽到凋零的过程以及四季变化特点，激发艺术创造力	实地考察阴生植物园，了解阴生植物如石斛属、兰科植物的生理结构特点	实地考察参观植物园的专类园后分析数据，小组合作撰写考察报告
		活动形式	教师讲授、实地探访、实践体验相结合	教师讲授、实地探访、实践体验相结合	教师讲授、实地探访、实践体验相结合
	必修课程七	名称	海龟放流活动	海龟的夜间行为和习性观察	海洋环境对海龟的生存影响
		活动目的	参观海龟放流区，了解海龟的放流过程和注意事项	观看科普视频，了解海龟的夜间行为和习性，观察海龟的活动和觅食情况	实地考察，观看科普视频，了解海洋环境对海龟的影响
		活动形式	教师讲授、实地探访、实践体验相结合	教师讲授、实地探访、实践体验相结合	教师讲授、实地探访、实践体验相结合
	必修课程八	名称	海龟保护宣传活动	海龟保护宣传活动	海龟保护宣传活动
		活动目的	参观海龟放流区，了解海龟的放流过程和注意事项海滩清洁活动，清理海滩垃圾	参观海龟放流区，了解海龟的放流过程和注意事项海滩清洁活动，清理海滩垃圾	参观海龟放流区，了解海龟的放流过程和注意事项海滩清洁活动，清理海滩垃圾，向当地居民宣传海龟保护知识和意义
		活动形式	教师讲授、实地探访、实践体验相结合	教师讲授、实地探访、实践体验相结合	教师讲授、实地探访、实践体验相结合

维度或要素			小学高年级段	初中段	高中段
研学课程	必修课程九	名称	栈道徒步	古法农耕体验	现代农业技术应用
研学课程	必修课程九	活动目的	栈道徒步，观察滨海自然风貌	了解和掌握自然生态和农耕的相关知识和技能，包括如何保护自然环境、如何进行农耕活动等	实地参观和操作实践，让学生了解现代农业技术的具体应用，如智能化农业机械、高效节水灌溉、生物防治等
研学课程	必修课程九	活动形式	教师讲授、实地探访、实践体验相结合	教师讲授、实地探访、实践体验相结合	教师讲授、实地探访、实践体验相结合
研学课程	必修课程十	名称	绘制海岸线	“秋日童语”	农业环境保护
研学课程	必修课程十	活动目的	栈道徒步，观察滨海自然风貌，简笔画绘制海岸线	了解和掌握“秋日童语”的相关知识和技能，包括如何欣赏秋天的美景、如何体验秋天的文化等	感受科学氛围，了解农业环境保护的重要性，以及如何采取有效措施保护和维护农业生态环境，如减少化肥和农药的使用、推广有机农业等
研学课程	必修课程十	活动形式	教师讲授、实地探访、实践体验相结合	教师讲授、实地探访、实践体验相结合	教师讲授、实地探访、实践体验相结合
研学课程	选修课程		1. 水科普知识讲座 2. 观鸟活动 3. 小植物家——寻访植物界的活化石	1. 水科普知识讲座 2. 观鸟活动 3. 海滨栈道徒步 4. 滨海生态系统探究	1. 水处理实验（水处理实验水质净化实验） 2. 观鸟活动 3. 海滨栈道徒步 4. 滨海生态系统探究

维度或要素		小学高年级段	初中段	高中段
研学线路	代表性线路（时长五日）	第一天：深圳育新营地（沙漠植物馆—蝴蝶养殖园—药植园—种植体验馆）；第二天：深圳育新营地—福田红树林—深圳育新营地；第三天：深圳育新营地—大鹏地质公园—深圳育新营地；第四天：深圳育新营地—仙湖植物园—深圳育新营地；第五天：深圳育新营地—广东惠东海龟国家级自然保护区—深圳育新营地	第一天：深圳育新营地（沙漠植物馆—蝴蝶养殖园—药植园—种植体验馆）；第二天：深圳育新营地—福田红树林—大鹏地质公园—深圳育新营地；第三天：深圳育新营地—仙湖植物园—深圳育新营地；第四天：深圳育新营地—广东惠东海龟国家级自然保护区—深圳育新营地；第五天：深圳育新营地—广东海纳现代农业生态园—深圳育新营地	第一天：深圳育新营地（沙漠植物馆—蝴蝶养殖园—药植园—种植体验馆）；第二天：深圳育新营地—福田红树林—大鹏地质公园—深圳育新营地；第三天：深圳育新营地—仙湖植物园—深圳育新营地；第四天：深圳育新营地—广东惠东海龟国家级自然保护区—深圳育新营地；第五天：深圳育新营地—广东海纳现代农业生态园—深圳育新营地
	可选择线路（按天设计，菜单式选择）	1.深圳育新营地—海滨栈道—深圳育新营地；2.深圳育新营地—福田红树林；3.深圳育新营地—仙湖植物园—深圳育新营地；4.深圳育新营地—广州水博苑—深圳育新营地；5.深圳育新营地—广东罗浮山风景名胜区—深圳育新营地；6.深圳育新营地—大鹏地质公园—深圳育新营地；7.深圳育新营地—广东海纳现代农业生态园—深圳育新营地；8.深圳育新营地（蝴蝶养殖园—药植园）	1.深圳育新营地—海滨栈道—深圳育新营地；2.深圳育新营地—福田红树林；3.深圳育新营地—仙湖植物园—深圳育新营地；4.深圳育新营地—广州水博苑—深圳育新营地；5.深圳育新营地—广东罗浮山风景名胜区—深圳育新营地；6.深圳育新营地—大鹏地质公园—深圳育新营地；7.深圳育新营地—广东海纳现代农业生态园—深圳育新营地；8.深圳育新营地（蝴蝶养殖园—药植园）	1.深圳育新营地—海滨栈道—深圳育新营地；2.深圳育新营地—福田红树林；3.深圳育新营地—仙湖植物园—深圳育新营地；4.深圳育新营地—广州水博苑—深圳育新营地；5.深圳育新营地—广东罗浮山风景名胜区—深圳育新营地；6.深圳育新营地—大鹏地质公园—深圳育新营地；7.深圳育新营地—广东海纳现代农业生态园—深圳育新营地；8.深圳育新营地（蝴蝶养殖园—药植园）
	规划线路（按天设计）	1.深圳育新营地—深能环保盐田能源生态园—深圳育新营地；2.深圳育新营地—陈皮人家新会陈皮农业文化创意园研学基地—深圳育新营地；3.深圳育新营地—客天下研学实践教育基地——深圳育新营地	1.深圳育新营地—深能环保盐田能源生态园—深圳育新营地；2.深圳育新营地—陈皮人家新会陈皮农业文化创意园研学基地—深圳育新营地；3.深圳育新营地—客天下研学实践教育基地—深圳育新营地	1.深圳育新营地—深能环保盐田能源生态园—深圳育新营地；2.深圳育新营地—陈皮人家新会陈皮农业文化创意园研学基地—深圳育新营地；3.深圳育新营地—客天下研学实践教育基地—深圳育新营地

维度或要素		小学高年级段	初中段	高中段
教学重点难点（以代表性线路教学设计为例，以下同）	教学重点	1.学习自然笔记的概念及创作方法 2.学习植物种植养护的基本方法 3.观察滨海自然风貌，学习简笔画（绘制海岸线）的要领，了解深圳的地形地貌特点 4.实地观察鸟类生活习性，学习观鸟方法 5.学习植物叶脉标本制作的方法	1.学习植物（多肉）种植养护以及艾草的相关中药文化 2.学习红树林湿地生态系统、地质构造演化等知识 3.了解阴生植物苏铁的生长策略以及学习植物化石的形成过程 4.观察海龟生活习性，学习爬行动物的特征 5.了解自然生态和农耕的相关知识和技能，包括如何保护自然环境、如何进行农耕活动等	1.学习树林生态系统、湿地生态系统调查方法，学习地质考察方法 2.学习红树林生态系统调查方法以及地质考察的探究方法 3.实地观察不同的植物类型，学习植物考察记录的方法并分析数据，形成调查报告 4.实地考察，观看科普视频，探究滨海生态系统生物多样性 5.实地参观和操作实践，了解现代农业技术的具体应用，如智能化农业机械、高效节水灌溉、生物防治等
	教学难点	1.通过观察和识别不同生态系统的动植物种类，掌握制作自然笔记的方法，认识生物与环境的关系，提高保护自然的意识 2.尝试养护一种多肉植物，掌握植物基本的养护方法 3.观察滨海自然风貌，尝试简笔画绘制海岸线 4.实地观察鸟类生活习性，学会观鸟 5.能够制作一个植物叶脉标本	1.学会植物养护的关于水、肥、光照的管理；认同我国的中草药文化 2.观察记录，能够对红树林生态系统的消费者（动物）进行归类以及讲解地质相关知识 3.能够说出植物化石的形成过程以及阴生植物的生理结构特点 4.能够辨识两栖动物和爬行动物并自觉参与动物保护宣传活动 5.能够说出有机农产品的特点及生产过程	1.掌握自然调查方法，能够创作一个生物（蝴蝶）工艺作品 2.能够自主设计自然考察的数据表格，并对数据进行整理和分析 3.整理和分析调查数据，能够撰写调查报告 4.认同海洋环境保护的重要性并将其化为行动自觉 5.能够说出现代农业代表性的几个技术应用

维度或要素	小学高年级段	初中段	高中段
教学策略	针对小学高年级段学生大多是外向而开放的，学习效率高，并且十分好动，他们对大自然拥有足够的好奇心和兴趣，接受能力很强，会为自己的发现和尝试，体会到成就感，并有意识地探索事物的内在联系的实际情况。基于生活教育理论思想，以学生对自然环境的认知能力培养为目标，让学生通过亲身实践与体验，培养观察力、思考力和创造力。采取讲授法、谈话法、演示法、练习法等教法和自主学习、合作学习学法，借助自然景观研学点、校内学科教科书、研学手册及线上课程资源等教学资源和数字化技术，使用游戏化、体验式、跨学科等教学策略来进行总体设计，并在实际教学过程中根据学生反馈进行动态调整	针对初中段学生独立性强，自我意识强，渴望得到重视但又不易集中注意力的实际情况。基于生活教育理论思想，首先了解他们的需求，重视这些需求。在满足不同的兴趣前提下，安排锻炼规划能力和社会生存能力的活动。如选择一个既能和他们所学知识联系起来，又对他们具有挑战性的项目内容，让他们能既独立又有目标地参与其中，给予他们对话、讨论、思考的自由空间，以学生科学态度与责任能力培养为目标，讲授法、演示法、讨论法、练习法、实践法等教法和自主学习、合作学习、探究学习等学法，借助丰富的实践体验教学资源和数字化技术，使用体验式、情景式、合作学习、跨学科、项目式、相互教学等教学策略来进行总体设计，开展实践体验、交流分享等活动，并在实际教学过程中根据学生反馈进行动态调整	针对高中段学生积极性高，掌握了丰富的理论知识，能够将理论与实践结合起来，喜欢表达自己的观点，喜欢新鲜事物或寻找刺激感，希望能够证明自己的能力的实际情况。基于生活教育理论思想，以学生科学思维能力及社会责任能力培养为目标，采取讲授法、演示法、讨论法、练习法、实践法、实验法等教法和自主学习、合作学习、探究学习、验证法等学法，借助丰富的实践体验教学资源和数字化技术，使用体验式、情景式、合作学习、跨学科、项目式、相互教学、服务学习、探究学习、问题解决等教学策略来进行总体设计，建立“研究小组”，通过统计、测量、绘制等方法发现和获取知识，并且制订可持续发展计划，使自己积极主动投身于社会发展中，并在实际教学过程中根据学生反馈进行动态调整

维度或要素				小学高年级段	初中段	高中段
实施方案	入营教育	安全	引导	通过讲解、示范营地安全通道、安全标识学习进行入营安全教育	通过讲解、示范营地安全通道、安全标识学习进行入营安全教育	通过讲解、示范营地安全通道、安全标识学习进行入营安全教育
			实训	开展营地内用电、用水、上下楼梯等相关安全知识讲座	为学生提供一份详细的安全手册，列出可能的风险、预防措施和应急处理方法	为学生提供一份详细的安全手册，列出可能的风险、预防措施和应急处理方法
		应急	引导	掌握应急事件处理方法和技巧，培养冷静思考和随机应变的能力	掌握应急事件处理方法和技巧，培养冷静思考和随机应变的能力	掌握应急事件处理方法和技巧，培养冷静思考和随机应变的能力
			实训	通过观看典型视频案例，小组交流、分享个人体会	观看典型视频案例、进行地震、火灾等突发情况应急安全演习	聆听专业人士讲座，进行应急安全演习
		救助	引导	通过相关案例学习，培养学生遇到需要求助时，主动寻找和利用各种资源寻求帮助的能力	通过相关案例学习，培养学生遇到需要求助时，主动寻找和利用各种资源寻求帮助的能力	通过相关案例学习，培养学生遇到需要求助时，主动寻找和利用各种资源寻求帮助的能力
			实训	进行止血、包扎等救助知识教学	通过情景模拟、角色扮演、小组合作的方式，学习应急救护技能	学习心肺复苏、止血包扎等应急救护技能
		自我管理	引导	引导学生养成健康的饮食、良好生活习惯	进行情绪管理的培训和指导，帮助学生掌握应对压力和困难的方法	进行情绪管理的培训和指导，帮助学生掌握应对压力和困难的方法
			实训	通过教官规训等方式，帮助学生形成良好的生活习惯	通过情景模拟、角色扮演、小组合作等方式，帮助学生熟悉和掌握自我管理的方法和技巧	通过情景模拟、角色扮演、小组合作等方式，帮助学生熟悉和掌握自我管理的方法和技巧
		团队协作	引导	通过教师喊口号等方式，激发团队荣誉感	在研学活动中渗透团队意识，发挥团队精神，鼓励互助互补	采用小组合作的方式，引导学生在小组内进行分工合作，方案制定、分配任务、协调进度等
			实训	创建团队，在教师引导下进行团建，提升团体认同感	通过团队拓展活动，提升团队凝聚力	学生自主设计小组活动，组织和协调活动，鼓励学生自主规划活动方案，教师从旁协助完成

维度或要素		小学高年级段	初中段	高中段
实施方案	导入教学环节	1.准备破冰游戏道具，通过游戏引出学习内容根据学习目标直接导入，给出实践活动范围及任务；2.情境导入：带领学生在真实场景中，如何利用树叶来做作品，如何在森林中巡护树木，为学生深入探究做铺垫，体验树叶贴画DIY、“我做一日护林员”；3.视频导入：观看海龟生存现状，让学生了解环境对动物生存的重要性，激发探究兴趣；4.任务导入：发布探究性任务，调动学生积极性与主观能动性；5.情境导入：带领学生在真实的场景中，感受滨海之美，为后面的活动任务做铺垫	1.情景导入：带领学生来到场馆，欣赏各多肉品种，激发学生兴趣和探究动力，为学生深入探究做铺垫；2.运用视频进行情景再现式导入，让学生对红树林生态系统与客观的认知，围绕课程主题进行课前深入探讨与思考；3.视频导入：观看相关内容科普、科学实验视频，引导学生主动思考和讨论；4.视频导入：观看海龟生存现状，让学生了解环境对动物生存的重要性，激发探究兴趣；5.任务导入：发布研学任务单，自然生态和农耕的相关知识和技能，农耕活动等	1.情境导入：带领学生来到现场，根据学习目标直接导入，介绍营地内各园地植物的区域分布等，为学生深入探究做铺垫；2.问题导入：通过讨论红树林概念的问题，激发学生探索精神。通过案例，引出新的学习主题；3.任务导入：发布探究性任务，调动学生积极性与主观能动性；4.视频导入：观看海龟生存现状，让学生了解环境对动物生存的重要性，激发探究兴趣；5.任务导入：发布研学任务单，自主探究学习现代农业技术相关应用技术等
	授课教学环节	第一天：入营教育、必修课程一“自然笔记（沙漠植物）”、必修课程二“中草药辨识”、团建；第二天：必修课程三“红树林昆虫观察记”、必修课程四“我是护林员”、选修课程1“水科普知识讲座”；第三天：必修课程五“探秘化石森林”、必修课程六“树叶贴画”；第四天：必修课程七“海龟放流活动”、必修课程八“海龟保护宣传活动”、选修课程2“观鸟活动”；第五天：必修课程九“栈道徒步”、必修课程十“绘制海岸线课”、选修课程3“小植物家——寻访植物界的活化石”	第一天：入营教育、必修课程一“多肉植物种植与养护”、必修课程二《诗经》里的中药——艾草”、团建；第二天：必修课程三“红树林动物观察”、必修课程四“我是讲解员——地质知识讲解”、选修课程1“水科普知识讲座”；第三天：必修课程五“古老的活化石——苏铁”、必修课程六“寻访阴生植物园——阴生植物园的生存策略”；第四天：必修课程七“海龟夜间行为和习性观察”、必修课程八“海龟保护宣传活动”、选修课程2“观鸟活动”、选修课程3“海滨栈道徒步”、选修课程4“滨海生态系统探究”；第五天：必修课程九“古法农耕体验”、必修课程十“秋日童语”	第一天：入营教育、必修课程一“后山百果园生态调查”、必修课程二“走进蝶园”团建；第二天：必修课程三“红树林生态系统探究”、必修课程四“地质公园实地考察”、选修课程1“水处理实验（水处理实验水质净化实验）”；第三天：必修课程五“仙湖植物专类园考察”、必修课程六“仙湖植物专类园考察报告”；第四天：必修课程七“海洋环境对海龟的生存影响”、必修课程八“海龟保护宣传活动”、选修课程2“观鸟活动”、选修课程3“海滨栈道徒步”、选修课程4“滨海生态系统探究”；第五天：必修课程九“现代农业技术应用”、必修课程十“农业环境保护”

维度或要素		小学高年级段	初中段	高中段
实施方案	进级教学环节	1. 自然笔记是什么； 2. 药植园有哪些中草药种类； 3. 在红树林你观察到了哪些昆虫； 4. 植物园内有哪些植物活化石？落羽杉、水杉的形态特征区别； 5. 海洋鱼类的生活环境和习性	1. 什么是多肉？苏铁会开花吗； 2. 多肉植物有哪些种植养护方法？苏铁的历史和演化以及生理结构特点； 3. 考察滨海生态系统的非生物因素； 4. 艾草功效、用途、诗经文化； 5. 如何欣赏自然美景，“四季”相关文化	1. 如何做生态调查？红树林湿地生态探究； 2. 分析探究的记录数据，小组合作撰写考察报告； 3. 考察海滩，查看科普资料，了解海洋环境； 4. 向游客宣传海洋保护知识和意义； 5. 说出现代农业代表性的几个技术应用
	巩固教学环节	当日研学活动结束后，晚上组织学生在教室进行一节课或两节课（根据实际教学需要）的活动，教师引导学生借助研学手册对当天整个课程活动进行总结和回顾，借助信息化手段（短视频播放活动花絮），采用师生对话互动、讲授的教学方法，学生通过组内合作，汇报分享、作品展示、任务单展示、游戏互动等方式行知识巩固，突出学生综合能力的提升	当日研学活动结束后，晚上组织学生在教室进行一节课或两节课（根据实际教学需要）的活动，教师引导学生借助研学手册对当天整个课程活动进行总结和回顾，借助信息化手段（短视频播放活动花絮），采用讨论法、直观演示法、讲授法的教学方法，学生通过组内合作，汇报分享、作品展示、任务单展示等方式行知识巩固，突出学生综合能力的提升	当日研学活动结束后，晚上组织学生在教室进行一节课或两节课（根据实际教学需要）的活动，教师引导学生借助研学手册对当天整个课程活动进行总结和回顾，借助信息化手段（短视频播放活动花絮），采用讨论法、讲授法的教学方法，学生通过组内合作，研究成果汇报分享、作品展示等方式行知识巩固，突出学生学科知识整合和运用能力、解决问题能力的提升

维度或要素			小学高年级段	初中段	高中段
实施方案	总结教学环节	教学创新	在教学内容的选择上注重结合学生生活实际和社会热点，引入教学主题，激发学生参与热情，其次是注意跨学科结合的理念，在科学学科的基础上，加入语文、美术的学科元素，让学生在探究自然的过程中，也能提升其他学科的知识和能力	教学手段上，学生在实际情境中沉浸式学习和探究，同时也要注意利用现代科技手段提供更加丰富、生动的教学工具，让学生快速了解知识背景和内容，提高教学效率，如利用多媒体展示自然现象和实验过程，让学生更加直观地了解自然规律和科学知识	在教学内容设计上突出项目式、研究性学习，注重考察高中阶段学生的综合素养，如分析数据撰写调查报告、策划海龟宣传活动等，围绕自然探究、环境保护等将生物学科内容结合起来，培养学生的环保意识和社会责任感
		教学总结	注意记录学生在活动中的过程性表现，及时收集和整理学生在教学中的研学手册中学习任务单（或作品成果）和课程评价，采用随机抽查和问卷的方式分别收集学生和家长的活动反馈，及时整理研学活动的教学资料，建立教学档案	注意观察学生在研学中的活动表现，完成一个研学点的课程后进行阶段性总结，根据出现的问题及时调整教学内容或优化教学环节，收集和整理学生研学手册中学习任务单和课程评价，建立教学档案	注重收集学生在研学中分享汇报的成果，同时指导教师收集学生在研究性学习过程出现的问题以及研究成果，一个研学课程结束后，及时进行活动小结，收集学生活动反馈，做好研学活动的教学资料的收集整理，建立教学档案
		教学反思	在教学总结的基础上，突出有待改进和提升的教学内容或教学环节方面的内容，教学内容上针对学生的参与热情程度如何，教学环节围绕教学设计是否合理，环节是否流畅，实施效果是否较好等进行反思，及时进行总结经验和教训，为下一次研学活动提供参考	在教学总结的基础上，突出有待改进和提升的教学内容或教学环节方面的内容，教学内容上除了考虑学生的吸引力外，同时也考虑根据实际的教学需要（与研学资源的匹配度）进行部分内容的删减或增加，教学环节围绕教学设计是否合理，环节是否流畅，实施效果是否较好等进行反思，及时进行总结经验和教训，为下一次研学活动提供参考	在教学总结的基础上，突出有待改进和提升的教学内容或教学环节方面的内容，教学内容上突出项目式研究性学习，根据学生的反馈，考虑项目的难易程度进行部分内容的删减或增加，教学环节围绕教学设计是否合理，环节是否流畅，实施效果是否较好等进行反思，及时进行总结经验和教训，为下一次研学活动提供参考

维度或要素				小学高年级段	初中段	高中段
实施方案	评价教学环节	教学水平评价	自我评价	根据学生在研学过程中的过程性表现和课程参与度进行反思和评价	根据学生对课程的参与度、课程作业（或作品）成果以及教学目标是否达成对教学进行反思和评价	根据学生在研究性学习中的活动表现以及活动反馈对教学进行反思和评价
			学生评价	学生针对师生的对话互动是否充分，研学课程的兴趣程度，课程内容的难易程度方面进行评价	学生针对教师对个别研学课程教学重点的讲解和指导是否充分，研学课程的兴趣程度，课程内容的难易程度方面进行评价	学生针对研学课程设计内容的难度、教师指导的深度和广度以及学科知识的整合能力方面进行评价
			同行评价	邀请综合实践、劳动教育相关专业教师，以集体教研的方式研讨研学方案和课程设计，并跟随研学课程的实施，对课程教学进行整体评价	邀请综合实践、劳动教育相关专业教师，以集体教研的方式研讨研学方案和课程设计，以随班教师对教学环节实施进行过程性监督与评价，对课程教学进行整体评价	邀请综合实践、劳动教育或其他学科相关专业教师，以集体教研的方式研讨研学方案和课程设计，以随班教师对教学环节实施进行过程性监督与评价，对课程教学进行整体评价
			培训和考核	在学生评价（问卷调查）、同行评价和自我评价的基础上得出考核结果，找出短板，努力提升，有计划有目的地进行教学培训，提高教育教学水平	在学生评价（问卷调查）、同行评价和自我评价的基础上得出考核结果，找出短板，努力提升，有计划有目的地进行教学培训，提高教育教学水平	在学生评价（问卷调查）、同行评价和自我评价的基础上得出考核结果，找出短板，努力提升，有计划有目的地进行教学培训，提高教育教学水平
			教学成果展示	通过研学成果汇报会、展示会、教学案例分享会或教学总结会，教师通过实物展示、微视频等形式分享自己在教学设计和教学成果，以便大众更好地理解和评估教学成果	通过研学成果汇报会、展示会或案例分享会等，教师通过课件、实物展示特别是以微视频等形式着重分享自己在教学实践中的教学设计和教学成果，以便大众更好地理解和评估教学成果	通过研学成果汇报会、展示会或案例分享会等，教师通过课件、实物展示特别是以微视频等形式着重分享指导学生进行研学性学习的教学经验和方法以及教学成果

维度或要素				小学高年级段	初中段	高中段
实施方案	评价教学环节	学业评价	形成性评价	通过观察学生的行为表现、活动参与情况和作品质量等，对学生的研学学习过程进行评价	通过合理设计研学课程的任务（学习单），观察和记录学生在研学活动中的表现，对学生的积极性、主动性、创新性方面进行评价	通过合理设计研学课程的研究性学习任务，观察和记录学生在探究式研究式学习中的过程性表现，对他们的动手操作能力、解决问题的能力和团队协作精神的情况进行评价
			总结性评价	注意收集和整理学生参与研学学习全过程的情况，特别是学生的参与度、合作沟通方面的内容，关注学生在实践活动过程中的表现、体验与成长，从而能够更综合地评价学生的综合素养	注意收集和整理学生参与研学学习全过程的情况，关注学生合作与沟通能力、创新思维和解决问题的能力，关注学生在实践活动过程中的表现、体验与成长，从而能够更综合地评价学生的研学能力	注意收集和整理学生参与研学学习全过程的情况，关注学生资料收集、分析数据、研究成果展示、合作沟通方面的能力，关注学生在实践活动过程中的表现、体验与成长，从而能够更综合地评价学生的研学能力
			教师评价	教师根据学生参与研学学习全过程的情况，对学生的参与度、作业（或作品）、汇报分享等方面的表现和成果进行综合评价	教师根据学生参与研学学习全过程的情况，对学生的参与度、作业（或作品）、汇报分享等方面的表现和成果进行综合评价	教师根据学生参与研学学习全过程的情况对学生的研究成果汇报或展示、创新能力等方面的表现和成果进行综合评价
		项目评价		以问卷调查、访谈座谈、调研交流、学术交流等形式让教育行政部门、同行专家、校内教师、学生家长、社会各界参与评价，主要是针对小学高年级段的课标衔接性、教学环节的合理性、教学策略有效性等方面进行评价，通过评价结果反馈，发现问题并及时加以改进	以问卷调查、访谈座谈、调研交流、学术交流等形式让教育行政部门、同行专家、校内教师、学生家长、社会各界参与评价，主要是针对初中段的课标衔接性和实现度、教学环节的合理性、教学策略有效性等方面进行评价，通过评价结果反馈，发现问题并及时加以改进	以问卷调查、访谈座谈、调研交流、学术交流等形式让教育行政部门、同行专家、校内教师、学生家长、社会各界参与评价，主要是针对高中段的课标衔接性和实现度、教学内容的科学性、教学策略有效性、学科知识的整合性等方面进行评价，通过评价结果反馈，发现问题并及时加以改进

4.17 教学计划与策略列表：探索自然奇迹 体悟大好河山

<table>
<tr><td colspan="3">营地名称</td><td>广元市示范性综合实践基地管理中心</td><td>命名机构</td><td>教育部</td><td>识别码</td><td>Y145510001</td></tr>
<tr><td colspan="3">从业资质（摘要）</td><td>组织开展校外综合实践教育、青少年思想道德建设、基础教育课程改革、青少年社会实践与创新能力提升等</td><td>单位属性</td><td>公益一类</td><td>法定代表人</td><td>郭永昌</td></tr>
<tr><td colspan="3">研学主题</td><td>探索自然奇迹 体悟大好河山</td><td colspan="2">主要目的指向</td><td colspan="2">自然教育</td></tr>
<tr><td rowspan="7">营地（枢纽）及周边主要优质研学资源</td><td colspan="2">基地层级</td><td colspan="5">研学站点（基地）名称</td></tr>
<tr><td rowspan="2">教育部命名基地</td><td>已列入教学计划</td><td colspan="5">一、与本主题相关列入教学计划的基地7个
1.广元市示范性综合实践基地管理中心（简称“广元营地”）；2.剑门关旅游开发股份有限公司翠云廊景区（简称“翠云廊”）；3.四川省唐家河国家级自然保护区管理处（简称“唐家河”）；4.眉山市青少年综合实践基地（简称“眉山营地”）；5.成都大熊猫繁育研究基地（简称“熊猫基地”）；6.四川卧龙国家级自然保护区管理局（简称“卧龙保护区”）；7.剑门关旅游开发股份有限公司剑门关景区（简称“剑门关”）
二、与本主题关联不大但列入本营地教学计划的基地4个
1.华蓥山旅游区；2.成都市植物园；3.秦岭国家植物园；4.重庆自然博物馆</td></tr>
<tr><td>待列入教学计划</td><td colspan="5">1.邓小平故居；2.“5・12”汶川特大地震纪念馆</td></tr>
<tr><td colspan="2">其他部委命名基地</td><td colspan="5">1.广元营地生态环境科普馆（简称“环保科普馆”）；2.苍溪红军渡纪念馆（简称“红军渡”）；3.诺水河世界地质公园</td></tr>
<tr><td colspan="2">地方命名基地</td><td colspan="5">1.广元市利州区南河湿地公园（简称“湿地公园”）；2.四川柏林湖国家湿地公园（简称“柏林沟”）；3.广元市朝天区雪溪洞（简称“雪溪洞”）；4.四川省曾家山鸳鸯池森林公园（简称“曾家山”）；5.广元市利州区月坝康养小镇（简称“月坝”）；6.成都市动物园；7.眉山市萤火虫基地（简称“萤火虫基地”）；8.米仓山研学实践教育基地（简称“米仓山”）</td></tr>
<tr><td colspan="2">本营地资源</td><td colspan="5">1.花卉科普馆；2.环保科普馆；3.蜜蜂养殖基地</td></tr>
<tr><td colspan="2">其他资源</td><td colspan="5">1.三溪口森林公园；2.四川光雾山</td></tr>
</table>

维度或要素	小学高年级段	初中段	高中段
校内教育基础（与校内教育的衔接）	对照《义务教育课程方案和课程标准（2022年版）》，小学高年级段在自然教育方面提出“能区分植物和动物主要特征，并能对植物和动物进行简单分类”“知道人类生活离不开自然资源，能认识到节约自然资源和保护环境的重要性”“简单描述生物与生物、生物与环境之间相互依存的关系，以及生物的多样性和进化现象”“能认识到调整人类不合理的生产方式和生活方式，可以减少对地球环境的影响”的培养目标。该主题课程在设计上与校内教育课程衔接的有关内容如下：1.苏教版科学四年级上册第一单元第1课“给动物分类”；2.苏教版科学六年级下册第二单元第5课“多样的栖息地”、第6课“有趣的食物链”；3.人教版科学四年级上册第一单元“多样的动物”；4.人教版科学四年级下册第三单元“环境中的生物”；5.人教版科学六年级下册第一单元“生物与环境”；6.人教版道德与法治四年级上册第四单元第10课“我们所了解的环境污染”；7.人教版道德与法治六年级下册第二单元第4课“地球——我们的家园”	对照《义务教育课程方案和课程标准（2022年版）》，初中段在自然教育方面提出“保持对自然现象的好奇心，从亲近自然走向亲近科学，初步从整体上认识自然世界，理解科学、技术、社会与环境的关系”的培养目标。该主题课程在设计上与校内教育课程衔接的有关内容如下：1.人教版语文八年级下册第二单元第5课“大自然的语言”；2.人教版地理七年级上册第二章第2节“海陆的变迁”；3.人教版地理七年级下册第六章第2节“自然环境”；4.人教版地理八年级上册第二章第1节“地形与地势”、第三章第1节“自然资源的基本特征”；5.人教版生物七年级上册第一单元第二章第1节“生物与环境的关系”、第2节“生物与环境组成生态系统”；6.人教版生物八年级上册第六单元第二章“认识生物的多样性”、第三章“保护生物的多样性”；7.人教版生物八年级下册第七单元第一章“生物的生殖和发育”	对照《普通高中课程方案和语文等学科课程标准（2017年版，2020年修订）》，高中段在自然教育方面提出“尊重自然，保护环境，具有生态文明意识”“坚持人与自然和谐共处，树立生命观念，能够运用这些观念认识生命现象，探索生命规律”“敢于批判质疑，探索解决问题，勤于动手，善于反思，具有一定的创新精神和实践能力”的培养目标。该主题课程在设计上与校内教育课程衔接的有关内容如下：1.人教版高中生物必修三第五章第1节“生态系统的结构”、第2节“生态系统的能量流动”、第3节“生态系统的物质循环”；2.人教版高中生物必修三第六章第2节“保护我们共同的家园”；3.人教版高中生物选择性必修1第五章第4节“环境因素参与调解植物的生命活动”；4.人教版高中生物选择性必修2第一章第3节“影响种群数量变化的因素”、第三章第4节“生态系统的信息传递”、第5节“生态系统的稳定性”、第四章第1节“人类活动对生态环境的影响”、第2节“生物多样性及其保护”

维度或要素			小学高年级段	初中段	高中段
研学课程	必修课程一	名称	生态环境科普	趣味环保体验	环保卫士我来当
		活动目的	通过生态环境知识科普，了解生态环保知识，培养爱护自然环境意识	通过体验有趣的环保游戏活动，掌握常见的环保知识和技能	通过担任环保卫士，培养主动参与生态环境保护的热情，提升环保意识
		活动形式	教师讲授、任务驱动、实践体验	教师讲授、任务驱动、实践体验	教师讲授、任务驱动、实践体验
	必修课程二	名称	小小花匠	花卉种植	花卉科普
		活动目的	通过花卉养护实践，了解花卉植物生长规律，激发对自然生命的崇敬	通过体验种植盆栽花卉，了解花卉生长的各个阶段，掌握常见花卉种植方法	通过参观花卉日光温室大棚，了解现代花卉种植技术，培养创新思维
		活动形式	教师讲授、参观游览、实践体验	教师示范、实践体验、小组合作	教师讲授、参观游览、小组探究
	必修课程三	名称	自然视角看剑门	剑门关地质探索之旅	奇遇剑门雄关
		活动目的	通过参观剑门关，了解丰富的动植物自然资源，激发对自然世界的探索欲望	通过走读剑门山涧，了解断崖丹霞地貌和地质特点，感受大自然的神奇和伟大	通过探访剑门关，深刻认识生态系统与全球环境的联系，树立正确生态环境观
		活动形式	参观游览、教师讲授、分享交流	参观游览、小组合作、分享交流	参观游览、自主探究、总结分享
	必修课程四	名称	走读古柏小道	探访古柏自然生态保护区	解密千年古柏
		活动目的	通过参观古柏，了解古柏生长和保护的相关知识，培养自然生态保护意识	通过探访古柏保护区，了解当地生态环境保护措施，树立生态文明理念	通过探索古柏保护区生态环境特点，了解千年古柏的生存密码，感受生命奇迹
		活动形式	参观游览、任务驱动、分享交流	参观游览、小组合作、分享交流	参观游览、自主探究、总结分享

维度或要素			小学高年级段	初中段	高中段
研学课程	必修课程五	名称	走进唐家河	唐家河的山野鸟兽	探秘唐家河，研习基因库
		活动目的	通过了解珍稀动植物生存特点，认识生物与生态自然环境平衡之间的紧密联系	通过走读唐家河，了解不同植物动物特点，感受自然界万千物种的神奇魅力	通过探究唐家河自然生态基因库，了解生物多样性，掌握生物多样性常识
		活动形式	教师讲授、参观游览、实践体验	教师讲授、参观游览、实践体验	教师讲授、参观游览、自主探究
	必修课程六	名称	亲近自然，对话月坝	篝火晚会	月坝露营
		活动目的	通过参观月坝高山湿地，了解湿地的不同种类和特点，初步认识湿地生态系统	通过开展篝火晚会，增进学生与自然世界的亲密接触，培养对大自然的热爱	通过月坝野外露营，掌握野外生存的技巧，激发学生对探索自然的兴趣
		活动形式	参观游览、任务驱动、分享交流	实践体验、小组合作、分享交流	实践体验、小组合作、分享交流
	必修课程七	名称	神奇的湿地	走进动物园	探索动物世界
		活动目的	通过实地参观，初步了解湿地生态系统的重要性，培养生态保护意识	通过参观动物园，了解动物的生活习性，增进对野生动物的了解和认识	通过接触野生动物，使学生深刻感悟保护动物的重要性，增强动物保护意识
		活动形式	参观游览、任务驱动、分享交流	参观游览、任务驱动、分享交流	参观游览、任务驱动、分享交流
	必修课程八	名称	遇见红军渡，初识嘉陵江	遇见大熊猫	熊猫观察员
		活动目的	通过参观红军渡，初步了解嘉陵江流域生态特点，厚植生态文明思想	通过实地观察记录大熊猫的行为和生活习惯，了解珍稀动物保护相关知识	通过实地参观，使学生了解大熊猫的繁育技术和遗传信息，掌握生物繁育常识
		活动形式	参观游览、小组合作、总结分享	教师讲授、参观游览、自主探究	教师讲授、参观游览、自主探究

维度或要素			小学高年级段	初中段	高中段
研学课程	必修课程九	名称	趣玩吧，溶洞科考探险	萤火虫奇妙夜	探索神奇的萤火虫世界
		活动目的	通过参观雪溪洞，了解溶洞的奥秘，体验大自然的鬼斧神工，感受自然之美	通过图片、视频或模型展示，了解萤火虫，增加学生对自然科学的兴趣	通过实地探访，了解萤火虫的生态特征，培养生态文明意识和责任感
		活动形式	教师讲授、参观游览、分享交流	教师讲授、教师示范、分享交流	教师讲授、参观游览、分享交流
	必修课程十	名称	走进曾家林场，感受自然奥秘	研习湿地公园	湿地生态模型制作
		活动目的	通过游览曾家林场，了解森林植被与生态系统，培养学生保护森林、爱护家园的意识	通过湿地探究，了解更多的湿地生态知识，培养对湿地生态系统的科学认知	通过实践操作，掌握湿地生态循环系统原理，激发探索自然科学兴趣
		活动形式	教师讲授、参观游览、分享交流	参观游览、小组合作、总结分享	实践体验、小组合作、分享交流
	选修课程		1. 垃圾分类 2. 篝火晚会 3. 花卉科普 4. 植物拓染	1. 绿萝移栽 2. 勤劳的蜜蜂 3. 自然生态保卫战 4. 植物拓染	1. 绿萝移栽 2. 勤劳的蜜蜂 3. 自然生态保卫战 4. 植物拓染

维度或要素		小学高年级段	初中段	高中段
研学线路	代表性线路（时长五日）	第一天：广元营地—环保科普馆—花卉科普馆—广元营地；第二天：广元营地—剑门关—翠云廊—广元营地；第三天：广元营地—唐家河—月坝—广元营地；第四天：广元营地—柏林沟—红军渡—广元营地；第五天：广元营地—雪溪洞—曾家山—广元营地	第一天：广元营地—环保科普馆—花卉科普馆—广元营地；第二天：广元营地—剑门关—翠云廊—广元营地；第三天：广元营地—唐家河—月坝—广元营地；第四天：广元营地—成都市动物园—熊猫基地—眉山营地；第五天：眉山营地—萤火虫基地—湿地公园—广元营地	第一天：广元营地—环保科普馆—花卉科普馆—广元营地；第二天：广元营地—剑门关—翠云廊—广元营地；第三天：广元营地—唐家河—月坝—广元营地；第四天：广元营地—成都市动物园—熊猫基地—眉山营地；第五天：眉山营地—萤火虫基地—湿地公园—广元营地
	可选择线路（按天设计，菜单式选择）	1.广元营地—成都市动物园—广元营地；2.广元营地—熊猫基地—广元营地；3.广元营地—湿地公园—广元营地；4.广元营地—萤火虫基地—广元营地；5.广元营地—蜜蜂养殖基地—广元营地；6.广元营地—卧龙保护区—广元营地；7.广元营地—三溪口森林公园—广元营地；8.广元营地—米仓山—广元营地	1.广元营地—柏林沟—广元营地；2.广元营地—红军渡—广元营地；3.广元营地—雪溪洞—广元营地；4.广元营地—蜜蜂养殖基地—广元营地；5.广元营地—曾家山—广元营地；6.广元营地—卧龙保护区—广元营地；7.广元营地—三溪口森林公园—广元营地；8.广元营地—米仓山—广元营地	1.广元营地—柏林沟—广元营地；2.广元营地—红军渡—广元营地；3.广元营地—雪溪洞—广元营地；4.广元营地—蜜蜂养殖基地—广元营地；5.广元营地—曾家山—广元营地；6.广元营地—卧龙保护区—广元营地；7.广元营地—三溪口森林公园—广元营地；8.广元营地—米仓山—广元营地
	规划线路（按天设计）	1.广元营地—华蓥山旅游区—广元营地；2.广元营地—成都市植物园—广元营地；3.广元营地—四川光雾山—诺水河世界地质公园—广元营地；4.广元营地—重庆自然博物馆—广元营地；5.广元营地—秦岭国家植物园—广元营地	1.广元营地—华蓥山旅游区—广元营地；2.广元营地—成都市植物园—广元营地；3.广元营地—四川光雾山—诺水河世界地质公园—广元营地；4.广元营地—重庆自然博物馆—广元营地；5.广元营地—秦岭国家植物园—广元营地	1.广元营地—华蓥山旅游区—广元营地；2.广元营地—成都市植物园—广元营地；3.广元营地—四川光雾山—诺水河世界地质公园—广元营地；4.广元营地—重庆自然博物馆—广元营地；5.广元营地—秦岭国家植物园—广元营地

维度或要素		小学高年级段	初中段	高中段
教学重点难点（以代表性线路教学设计为例，以下同）	教学重点	1. 了解生态环保对自然环境的重要影响；2. 认识古柏保护对生态文明的重要意义；3. 了解生物多样性与自然环境之间的平衡关系；4. 正确认识湿地生态系统和流域生态文明，树立正确的生态文明观念；5. 了解溶洞奇观奥秘，树立对大自然的崇敬之情	1. 掌握常见花卉的种植方法；2. 了解丹霞地貌地质特点，养成主动探索地质自然的意识；3. 了解不同动植物的特点，树立对大自然的热爱之情；4. 掌握常见野生动物的生活习性和自然界的食物链关系，养成保护动物的习惯；5. 进一步认识湿地生态系统，掌握更多的湿地生态知识，培养对自然世界的科学认知	1. 掌握现代花卉种植技术和丰富的环保知识，养成主动参与环境保护的意识；2. 进一步了解森林生态系统、了解古柏生长千年不朽的原因，感悟生命的伟大；3. 掌握生物多样性常识和野外生存技巧，增强探索自然世界的兴趣；4. 了解野生动物保护的重要意义和珍稀动物繁育技术基本常识；5. 以微观动物视角看待自然生态环境、掌握湿地生态循环系统原理
	教学难点	1. 掌握常见花卉的日常养护方法和技巧；2. 认识自然界动植物资源的种类和对自然环境的重要影响；3. 了解湿地生态系统的不同种类和特点；4. 认识流域生态系统的主要特征和重要影响，了解生态文明思想的主要内容；5. 认识溶洞的形成原因，感悟大自然的鬼斧神工	1. 掌握生态环保知识和技能，运用所学解决生活中的实际问题；2. 了解丹霞地貌的形成原因和常见地质地貌的变化形态；3. 了解珍稀动植物保护与自然生态保护之间的关系，全面认识自然世界；4. 掌握珍稀动物保护的相关知识，深入了解动物世界的生存法则；5. 全面认识湿地生态系统，了解湿地生态的重要地位	1. 了解日光温室的原理，掌握人类利用现代技术改变自然的重要意义；2. 深刻认识森林系统、古柏生态平衡与整体自然环境之间的紧密联系；3. 了解野生动植物基因的丰富性和多样性，激发探索自然世界的热情；4. 深入了解珍稀野生动植物保护的基本常识和方法，培养对生命的崇敬之情；5. 深刻认识自然世界的运行法则，培养自然科学意识

维度或要素	小学高年级段	初中段	高中段
教学策略	针对小学高年级段学生好奇心强，对自然环境充满探索欲望，具备一定的观察力和问题解决能力，开始形成团队意识并掌握一定的协作能力，但对于抽象自然概念的理解和接受能力还比较欠缺的学情分析。基于多元智能理论，以帮助学生掌握基本的自然常识、理解常见的自然现象、感知大自然的神奇与魅力，激发主动探索自然科学的兴趣，树立初步的生态环保意识为培养目标，选取生态环境保护、森林自然资源、湿地生态系统、流域生态系统、珍稀动植物保护、自然地质地貌等内容，运用讲授、演示、练习等教学方法和自主学习、小组合作等学法，依托各级各类自然教育研学基地、研学课程教材、手册及课程所需设备、耗材等教学资源和教育信息化技术手段，采用情境教学、跨学科教学、合作学习等多种方式进行总体设计，以求教育教学效果达到预期目标	针对初中段学生具备基本的自然、生物、地理学科常识和一定的实践能力、动手能力，对参与自然生态研学活动普遍具有较高的兴趣和热情，但知识的迁移运用能力及团队协作沟通能力方面还有待提高的学情分析。基于多元智能、实用主义、建构主义、发现学习理论，以引导学生主动探索自然奥秘、整体认识地球环境和人类生存家园，掌握更为系统的自然科学知识和自然现象原理为培养目标，选取生态环境保护、森林自然资源、湿地生态系统、珍稀动植物保护、现代基因繁育技术、自然地质地貌、自然界食物链等内容，运用讲授、演示、实验、练习等教学方法，采用自主学生、探究学习、合作学习等学习方法，依托各级各类自然教育研学基地、研学课程教材、手册及课程所需设备、耗材等教学资源和教育信息化技术手段，采用情境教学、跨学科教学、项目驱动学习、问题探究学习等多种方式进行总统设计，力求合乎学生身心发展需要	针对高中段学生智力发展基本成熟，学习经历和生活经验较为丰富，且具有较为系统的地理、生物、化学、物理等与自然科学相关的学科知识基础，但缺乏一定的深度和自我观点，自主探究调研、形成成果的能力还有待提升的学情分析。基于建构主义、实用主义、发现学习理论，以引导学生自主探究自然科学、生态环境保护和自然资源开发利用，培养以科学发展眼光看待自然世界的意识，深刻理解生态文明理念为培养目标，选取生态文明思想、自然资源保护与开发、湿地生态系统、珍稀动植物保护、现代基因繁育技术等内容，运用讲授、讨论、演示、练习、实验等教法和自主学习、探究学习、合作学习等学法，依托各级各类自然教育研学基地、研学课程教材、手册及课程所需设备、耗材等教学资源和教育信息化技术手段，采用混合教学、情境教学、跨学科教学、合作学习、基于探究的学习和基于问题的学习等方式进行总体设计，保障教育实效

维度或要素				小学高年级段	初中段	高中段
实施方案	入营教育	安全	引导	利用《学生安全手册》组织学习，强化吃、住、行、学重要环节的行为管理	利用《学生安全手册》《研学手册》等进行安全应急知识教育	利用案例警示视频播放和安全警示标识进行安全防护意识教育
			实训	安全知识竞赛，设施设备操作训练	安全知识应答，讨论交流	安全标识辨识，案例讨论
		应急	引导	制定并发布应急疏散线路图	制定并发布安全应急预案	讲授应急救护方法和技巧
			实训	按照预设路线开展紧急疏散演练	开展应对地震、火灾、地质灾害、交通事故逃生演练	止血包扎、心肺复苏等救护技能训练
		救助	引导	制定并发放“求助明白卡”	教师示范地震、火灾、地质灾害、交通事故自救脱困方法与技巧	教师教学示范意外摔伤、割伤、蛇虫叮咬等自我防护和救助方法
			实训	模拟拨打119、120、110等紧急求助电话	模拟地震、火灾、地质灾害、交通事故被困情境，开展自救脱困演练	实践演练意外摔伤、割伤、蛇虫叮咬等包扎救护
		自我管理	引导	教师预设问题情境，帮助学生关注自我时间管理和行为管理	开展自我目标管理、情绪管理、心态管理培训讲座	通过自主管理问题引导，让学生掌握科学的管理方法
			实训	解决自我时间管理、行为管理方面的预设问题	撰写自我管理心得总结，填写自我管理测试问卷	问题讨论、互动交流、制定自我管理监测办法
		团队协作	引导	播放团队协作典型案例视频，引导理解团队协作的重要性	发布团队协作任务，课程植入团队合作理念	开展团队协作素质拓展活动，培养团队协作精神
			实训	与同学一起制作完成一件手工作品	小组合作完成一次课堂实践活动任务	参与毕业墙、信任背摔拓展训练

维度或要素		小学高年级段	初中段	高中段
实施方案	导入教学环节	1.视频导入：播放《地球——我们的家园》生态环保科普视频；2.问题导入：高大的古柏对我们的自然环境产生了哪些作用；3.情境导入：实地参观唐家河自然基地，认识种类丰富的野生动植物；4.案例导入：讲述月坝湿地生态保护和嘉陵江流域生态保护的故事；5.任务导入：观察、总结溶洞地质地貌特点和形成原因	1.实物导入：展示月季、兰花等常见的花卉植物；2.任务导入：丹霞地貌是怎样形成的，它具有怎样的特点；3.任务导入：发布研学任务单，完成3—4种动植物观察任务；4.情境导入：实地参观野生动物，了解他们的不同生活习性；5.案例导入：播放破坏湿地生态环境造成的严重后果的案例视频	1.情境导入：实地参观日光温室大棚，了解现代花卉种植技术；2.问题导入：柏树的生命周期有多长，为什么翠云廊古柏树能历经千年依旧苍翠；3.任务导入：发布研学任务单，学会一项野外生存技巧；4.情境导入：实地参观大熊猫，了解大熊猫繁育技术和保护措施；5.视频导入：播放《昆虫世界》和《地球之肺》视频，了解昆虫和湿地生态循环
	授课教学环节	第一天：必修课程一“生态环境科普”、必修课程二“小小花匠”、选修课程1“垃圾分类”；第二天：必修课程三“自然视角看剑门”、必修课程四“走读古柏小道”；第三天：必修课程五“走进唐家河”、必修课程六“亲近自然，对话月坝”、选修课程2“篝火晚会”；第四天：必修课程七“神奇的湿地”、必修课程八“遇见红军渡，初识嘉陵江”、选修课程3“花卉科普”；第五天：必修课程九“趣玩吧，溶洞科考探险”、必修课程十“走进曾家林场，感受自然奥秘”、选修课程4“植物拓染”	第一天：必修课程一“趣味环保体验”、必修课程二“花卉种植”、选修课程1“绿萝移栽”；第二天：必修课程三“剑门关地质探索之旅”、必修课程四“探访古柏自然保护区”；第三天：必修课程五“唐家河的山野鸟兽”、必修课程六“篝火晚会”、选修课程2“勤劳的蜜蜂”；第四天：必修课程七“走进动物园”、必修课程八“遇见大熊猫”、选修课程3“自然生态保卫战”；第五天：必修课程九“萤火虫奇妙夜”、必修课程十“研习湿地公园”、选修课程4“植物拓染”	第一天：必修课程一“环保卫士我来当”、必修课程二“花卉科普”、选修课程1“绿萝移栽”；第二天：必修课程三“奇遇剑门关”、必修课程四“解密千年古柏”；第三天：必修课程五“探秘唐家河，研习基因库”、必修课程六“月坝露营”、选修课程2“勤劳的蜜蜂”；第四天：必修课程七“探索动物世界”、必修课程八“熊猫观察员”、选修课程3“自然生态保卫战”；第五天：必修课程九“探索神奇的萤火虫世界”、必修课程十“湿地生态模型制作”、选修课程4“植物拓染”

维度或要素		小学高年级段	初中段	高中段
实施方案	进级教学环节	1. 知识竞赛：生态环境知多少 2. 分享交流：古人为什么要在道路两旁栽种柏树 3. 拓展延伸：我们国家还有哪些著名的野生珍稀动植物 4. 小组讨论：湿地生态系统对自然环境有哪些重要的影响 5. 小组讨论：溶洞形成的原因是什么	1. 展示交流：分组展示盆栽花卉作品，分享栽种心得 2. 拓展延伸：世界上还有哪些著名的丹霞地貌 3. 小组讨论：全世界一共有多少种野生动植物 4. 分享交流：食物链在维护生态环境平衡方面发挥着怎样的作用 5. 湿地是怎样形成的，它具有什么样的特点	1. 拓展延伸：现代技术在繁殖领域的应用会对生物基因遗传产生怎样的影响 2. 小组讨论：古柏保护对贯彻生态文明理念具有什么样的意义 3. 技能展示：分组展示所学野外生存技能 4. 拓展延伸：大熊猫数量为什么会减少？它的进化经历了哪几个阶段 5. 知识竞赛：湿地生态保护知识有奖问答
	巩固教学环节	1. 通过知识问答，加深对自然的认识，掌握相关的自然科学知识 2. 通过情境演绎，再现古柏栽种历史场景，深化对自然资源保护的理解，巩固所学知识 3. 开展学习成果汇报，加深对生物多样性的理解，掌握动植物分类、环境资源保护方式 4. 趣味性练习和游戏体验结合，总结思维导图，开展小组讨论 5. 通过问题解答的方式，加深对溶洞的全面认识和对其地质特点的理解	1. 通过作品展示和游戏互动，将理论知识运用到实际，进行针对性训练和实践体验 2. 采用才艺展示、作品展示、游戏互动，团队协作等形式进行知识巩固及深入理解 3. 通过知识问答，以所学的知识向学生进行提问，巩固知识，加深理解，并开展小组讨论 4. 采用学习成果复述的方式进行知识巩固，学生口述所学知识，加深记忆程度 5. 采用归纳法，教师总结知识框架图，帮助学生形成知识体系	1. 总结思维导图，巩固所学知识，针对现代繁殖技术等重难点知识进行针对性复盘巩固，帮助理解 2. 采用文艺表演、游戏互动，团队协作等寓教于乐的形式巩固，确保生态文明理念入心入脑 3. 通过个案分析，总结、对比，提升对生物多样性和生态环境保护的理解 4. 小组探究、总结分享相结合，加深对以大熊猫为代表的珍稀动物保护的认知 5. 通过开展生态文明文艺作品创作比赛，加深对生态环境保护和大自然的热爱之情

维度或要素			小学高年级段	初中段	高中段
实施方案	总结教学环节	教学创新	在研学课程实施中，注重课程动态性调整，根据学生学习情况，创新课程内容、及时调整结构；根据学生年龄特点，充分发挥学生主体性和主动性，培养学生的创新意识，初步提升创新能力，初步形成在生活中发现问题、思考问题、解决问题的意识和能力	在研学课程实施中，注重学生学习方法的创新，充分发挥学生的主观能动性，强化学生主动实践的意识，让学生在实践中提出解决问题的方法，形成自己独立正确的观点，具备大胆探索的胆识，养成勇于创新的习惯，树立创新精神，提升创新能力	在研学课程实施中，注重学生解决问题的方法和评价方式创新，让学生主动参与研学方案制定、活动开展、总结评价等，体现独立思考与周密计划的能力，在研学过程中，通过独立思考和团队协作，发现具有价值的问题和观点，培养解决问题的能力，鼓励大胆探索，激发勇于创新的思维
		教学总结	采用个案分析、分组讨论、教师点评等方式，对学生学习态度、学习方法、合作交流、安全管理等进行总结，重点考量学习习惯、文明意识、知识储备、方法创新、拓展延伸、结果运用等，充分利用研学手册填写，使学生养成参与研学实践教育活动良好的品质，提升核心素养	围绕价值体认、责任担当、问题解决、创意物化教学目标，就学生的学习过程进行全面总结，以学生自主总结为主，教师总结为辅的方式，充分发挥学生主观能动性，对研学课程实施过程中的自主管理、团队合作、考察探究、学习方法、知识拓展、习惯形成、物化拓展等进行分析和总结，强化总结意识，根植核心素养	主要采取学生自我总结为主的方式，围绕价值体认、责任担当、问题解决、创意物化教学目标，就主动实践与创新、考察与研究、管理与发展、成果与运用等方面进行总结，让学生在学习中发现问题、解决问题，初步形成研究课题的思维模式。教师重点考量学生的社会责任感、实践能力和创新意识，体现社会责任与担当
		教学反思	根据研学课程主题和学生年龄特点，就教学目标设定、教学内容设置、教学过程实施、教学策略优化等方面进行反思，采用实际讨论、行动研究等方式，在教学过程中和教学后进行，及时发现问题并解决问题，特别注重教学目标的达成、教学方法的优化，以提升学生核心素养为导向	采用研究法、比较法、对话法、录像法等方式进行教学反思，重点对话学生，让学生根据自己的学习情况提出研学课程实施过程中存在的问题，横向与纵向对比、内容与方法更新、过程与结果运用等，充分发挥学生对教师课程设计的反思作用，进一步优化课程，以适应学生认知特点和兴趣需要	积极发挥学生反馈意见作用，对研学前、研学中、研学后的设计进行调查，找出存在的问题，并结合学生自身学习需求，对教学方法提出改进措施，教师及时撰写反思日志。重点考量研学过程中提出的研究性课题以及成果的运用，提升学生的核心素养，提升适应社会发展所需的综合能力

维度或要素				小学高年级段	初中段	高中段
实施方案	评价教学环节	教学水平评价	自我评价	坚持个性化发展原则，采用录像法，利用视频记录教学过程，课后仔细对比分析教学内容、方法和教学目标达成情况，填写自评量表并形成书面教学反思，建立教学水平档案，并不断改进教学实践	坚持全面发展性原则，围绕教师业务水平、师德师风、教学质量、教学过程，采用个体反思总结法回顾教学过程，进行自我评估，按阶段形成工作总结，不断改进教学方法、内容和策略	坚持个性化和实践性原则，紧扣文化传承与创新目标，针对不同课程实施场地环境和条件差异，采用个案分析法，围绕教学内容、方法和质量，形成自我评价报告，运用评价结果改进教学
			学生评价	采用效果评估和意见收集相结合的方法进行评价，以学生的活动参与度、活动任务完成情况、研学手册完成情况等为效果评价维度，通过个别访谈收集学生对教师的看法和建议，综合评价教师教学质量和水平	制订满意度测评表，学生匿名填写测评表，围绕教师态度、教学内容、教学效果、活动满意度等维度对教师进行评价，建立畅通的评价反馈机制，帮助教师及时了解学生意见，发现问题，改进教学方式，提升教学质量	运用问卷调查和座谈相结合的方式，学生针对教师的教学态度、教学技巧、表达能力、教学组织能力以及沟通协调能力等填写调查问卷，通过抽样座谈调查研学内容和活动环节改进建议和意见，形成综合报告，全面提升活动评价效果
			同行评价	营地教师和教学管理人员通过教学文件审阅、问卷调查等方式对教师的教学设计、实施策略、实施效果等方面进行评价	由营地教师和教学管理人员通过随队观摩、听课、教学文件审阅等方式对教师的教学设计、实施策略、实施效果等进行评价	由营地教师和教学管理人员通过随队观摩、听课、教学文件审阅、问卷调查等方式对教师的教学设计、实施效果等方面进行评价
			培训和考核	建立培训和考核制度，定期对营地教师进行研学实践课程资源的开发与实施的培训和考核；对学生、家长、社会公众满意度进行调查测评	组织教师专业能力提升培训，通过培训机构或专业机构考核评价活动质量；对学生、家长、社会公众满意度进行调查测评	制定培训计划与方案，对教师进行项目化培训，并定期组织团队对教师素养进行考核；对学生、家长、社会公众满意度进行调查测评
			教学成果展示	用图文、音像等资料记录学生的研学实践表现；用研究报告、推介会、作品展等展示研学实践成果；撰写研学实践课程案例	积累教学资料，准备教学案例或教学设计，参与教学比赛或案例评选，展示自己在教学方面的创新和成果	定期举行教师教学成果展示，组织研学实践教育专家对教学研究论文、科研报告进行点评，督促教师提升

维度或要素				小学高年级段	初中段	高中段
实施方案	评价教学环节	学业评价	形成性评价	围绕学生的参与程度、兴趣表现等内容，采取持续观察、记录、反思的方式进行评价，根据评价结果，结合学段特点，及时调整课程深度和教学方法，提高学生体验感	围绕学生的知识获取程度、探索深度、团队协作、情感表达等内容，采取持续观察、记录、反思的方式进行评价，根据评价结果，结合学段特点，及时调整教学计划和教学方式，重点关注学生知识获取程度、探究方法和能力的培养	围绕中学生的探究能力、价值观培养、团队协作等内容，采取持续观察、记录、反思的方式进行评价，结合学段特点，及时调整教学计划和教学方式，增强对学生探究深度和方式方法的指导
			总结性评价	以研学课程目的为基准，通过考核、展示等形式，对参与研学实践活动学生的参与程度、情感认知等方面进行评价，根据评价结果，判断教学目的实现程度，调整教学活动形式	以研学课程目的为基准，通过测验、考核、展示等形式，对参与研学实践活动学生的参与程度、知识获取和技能掌握程度、行为习惯培养、价值观培养等方面进行评价，根据评价结果，判断教学目的实现程度，调整教学活动形式	以研学课程目的为基准，通过测验、考核、展示、汇报等形式，对参与研学实践活动学生的知识获取、探究能力、责任意识等方面进行评价，根据评价结果，判断教学目的实现程度，调整教学活动形式
			教师评价	采取日常记录、问题简答、教学反馈或口头表达的形式，对学生研学前准备、研学参与过程、行为纪律、情感认知和教学深度进行评价，优化教学方式，提高教学质量	采取日常记录、交流讨论、调查问卷、教学反馈或口头表达的形式，对学生的知识获取、过程行为管理、情感认同、团队协作进行评价，为学生提供个性化建议和反馈，加深对知识和技能的理解和运用	采取日常记录、调查问卷、问题解决、教学反馈或口头表达的形式，对学生知识和技能掌握程度、研究能力、团队协作、素质素养、测验结果进行评价，发现实施中的问题
		项目评价		以参与学校为主体，学生家长、社会公众为辅助，采取问卷调查形式，对教学目标设定、教学设计、活动组织、研学线路规划、学生成长等方面进行评价，评价项目实施的整体风险和效益，进一步优化项目	以行政主管部门和参与学校为主体，学生、学生家长、社会公众为辅助，采取问卷调查、意见搜集等方式，对教学目标设定、教学设计、课程资源、教学策略、活动组织、协同管理、线路规划、成长过程等方面进行评价，进一步优化项目设计	以行政主管部门和参与学校为主体，学生、学生家长、社会公众为辅助，采取调查问卷、意见建议等方式，对教学目标设定、教学设计、课程资源、教学策略、活动组织、协同管理、研学线路规划、学生成长、执行规范等方面进行评价，评价项目风险和效益

4.18 教学计划与策略列表：寻北回归线　探生态秘境

<table>
<tr><td colspan="3">营地名称</td><td>红河州中小学生示范性综合实践基地</td><td>命名机构</td><td>教育部</td><td>识别码</td><td>Y145532001</td></tr>
<tr><td colspan="3">从业资质（摘要）</td><td>推进全州中小学素质教育，培养和提高青少年实践能力和创新精神，组织开展综合实践活动和研学实践活动</td><td>单位属性</td><td>公益一类</td><td>法定代表人</td><td>杨黎</td></tr>
<tr><td colspan="3">研学主题</td><td>寻北回归线　探生态秘境</td><td colspan="2">主要目的指向</td><td colspan="2">自然教育</td></tr>
<tr><td rowspan="7">营地（枢纽）及周边主要优质研学资源</td><td colspan="2">基地层级</td><td colspan="5">研学站点（基地）名称</td></tr>
<tr><td rowspan="2">教育部命名基地</td><td>已列入教学计划</td><td colspan="5">一、与本主题相关列入教学计划的基地5个
1. 红河州中小学生示范性综合实践基地（简称“红河营地”）；2. 云南野生动物园；3. 澄江化石地自然博物馆；4. 云南省红河州蒙自市青少年活动中心（简称“蒙自活动中心”）；5. 石林彝族自治县青少年活动中心（简称“石林活动中心”）</td></tr>
<tr><td>待列入教学计划</td><td colspan="5">1. 中国科学院西双版纳热带植物园（简称“西双版纳植物园”）；2. 中国医学科学院药用植物研究所云南分所（简称“南药所”）；3. 丽江市古城区青少年学生校外活动中心</td></tr>
<tr><td colspan="2">其他部委命名基地</td><td colspan="5">1. 哈尼梯田历史文化博物馆（简称“梯田博物馆”）；2. 弥勒太平湖森林小镇中小学生研学实践教育基地（简称“弥勒太平湖基地”）；3. 石林喀斯特地质科研博物馆（简称“地质博物馆”）；4. 昆明市石林风景区；5. 昆明世界园艺博览园；6. 捞鱼河湿地公园；7. 中国红河金平蝴蝶谷生物多样性研学基地（简称“蝴蝶谷”）；8. 世界遗产哈尼梯田管理委员会·阿者科传统村落（简称“阿者科村”）；9. 可邑小镇；10. 东风韵小镇研学实训教育基地（简称“东风韵”）；11. 弥勒甸溪河湿地公园（简称“甸溪河”）；12. 文山州普者黑风景区（简称“普者黑”）；13. 云南屏边大围山国家级自然保护区（简称“大围山”）；14. 建水燕子洞风景区（简称“燕子洞”）；15. 昆明植物园民族药用植物研究所</td></tr>
<tr><td colspan="2">地方命名基地</td><td colspan="5">1. 元阳那里傣陶体验基地（简称“傣陶基地”）；2. 开远园林局凤凰湖湿地公园（简称“凤凰湖”）；3. 云南省农业科学院蚕桑蜜蜂研究所（简称“云南蚕桑研究所”）；4. 个旧气象观测站（简称“个旧气象站”）；5. 文山州三七文化科普教育基地（简称“三七基地”）</td></tr>
<tr><td colspan="2">本营地资源</td><td colspan="5">1. 应急救护训练室；2. 军事体育训练场；3. 防震减灾训练馆；4. 农业劳动实践区</td></tr>
<tr><td colspan="2">其他资源</td><td colspan="5">1. 金平县马鞍底乡石记古树茶园农民专业合作社（简称“金平石记古树茶园”）；2. 蒙自市石榴庄园（简称“石榴庄园”）；3. 云南抚仙湖风景区—月亮湾湿地公园（简称“月亮湾湿地公园”）；4. 元阳大沙坝热带水果采摘营（简称“大沙坝采摘营”）；5. 建水县蚁工坊；6. 元阳坝达梯田</td></tr>
</table>

维度或要素	小学高年级段	初中段	高中段
校内教育基础（与校内教育的衔接）	对标课标，小学高年级段自然教育倡导主动探究自然规律的学习方式，通过在真实的情境中感受自然的奥秘和乐趣，体验自然学科与生活的密切联系，形成科学的思维方法和科学素养，培养从自然的视角考察社会问题的意识，逐步形成尊重事实、善于质疑的科学态度。本研学课程设计主要链接教科版科学相关课程，具体如下：1.四年级上册第一章“声音”第1课“听听声音”、第2课“声音是怎样传播的”、第二章“呼吸与消化”第1课“感受我们的呼吸”、第2课“呼吸与健康生活”；2.四年级下册第一章“植物的生长变化”第1课“种子里孕育着生命”、第6课“果实和种子”、第三章“岩石与土壤”第2课“认识几种常见的土壤”、第4课“制作岩石和矿物标本”；3.五年级上册第二章“地球表面的变化”第1课“地球的表面”、第2课“地球的结构”、第5课“风的作用”、第6课“水的作用”；4.五年级下册第一章“生物与环境”第1课“种子发芽实验”第2课“比较种子发芽与实验”；5.六年级上册第一章“微小世界”第1课“放大镜”、第3课“观察身边微小的物体”；6.六年级下册第二章“生物的多样性”第3课“形形色色的植物”、第7课“保护生物的多样性”	对标课标，初中段自然教育注重培养学生的自然保护意识、科学思维能力和科学方法的应用。引导学生进行实验观察、数据分析和科学推理，培养学生的批判性思维和解决问题的能力。尝试运用自然知识解决生态问题，将创意想法通过实地考察、野外观察和采样分析等方式实施，培养尊重和保护自然的意识。本研学课程设计主要链接人教版地理和生物学相关课程，具体如下：1.七年级上册生物学第一单元第一章“认识生物”第2节“调查周围环境中的生物”，第二章“了解生物圈”第1节“生物与环境的关系”、第2节“生物与环境组成生态系统”、第3节“生物圈是最大的生态系统”；2.七年级下册生物学第四单元第七章“人类活动对生物圈的影响”第1节“分析人类活动对生态环境的影响”、第3节“拟定保护生态环境的计划”；3.八年级上册生物学第六单元第二章“认识生物的多样性”、第三章“保护生物的多样性”；4.八年级下册生物学第七单元第一章“生物的生殖和发育”第1节“植物的生殖”；5.七年级上册地理第四章“居民与聚落”第3节“人类的聚居地”；6.八年级下册地理第七章“南方地区”第1节“自然特征与农业”	对标课标，高中段自然教育注重培养学生的分析问题与辩证思考的能力，能够结合具体案例分析论述自然现象，乐于从核心素养的角度出发，深刻理解绿色自然的内涵，掌握自然发展的知识和方法，注重现代自然发展研究及相关应用，构建知识体系和人地协调观，形成尊重自然、和谐发展的态度，为社会性生态问题建言献策。本研学课程设计主要链接人教版地理和生物学相关课程，具体如下：1.生物学必修1“稳态与调节”第五章“植物生命活动的调节”第1节“植物生长素”、第2节“其他植物激素”、第3节“植物生长调节剂的应用”、第4节“环境因素参与调节植物的生命活动”；2.高中年级生物学选择性必修2“生物环境”第四章“人与环境”第1节“人类活动对生态环境的影响”、第2节“生物多样性及其保护”；3.地理必修第一册第四章“地貌”第1节“常见的地貌类型”、第2节“地貌的观察”、第五章“植被与土壤”第1节“植被”、第2节“土壤”；4.地理必修第二册第三章第1节“农业区位因素及其变化”、第五章第2节“走向人地协调——可持续发展”

维度或要素			小学高年级段	初中段	高中段
研学课程	必修课程一	名称	趣探“雾海绿洲”大围山	探寻化茧成蝶的秘密	走进蝴蝶的世界
		活动目的	学会用多元的方法观察自然，了解动植物的多样性及植物的分类方法	观察蝴蝶的种类，认识北回归线上特有的蝴蝶，掌握蝴蝶在生态系统中的作用	通过实地探究蝴蝶的生存环境，掌握保护蝴蝶的方法，维护生物多样性
		活动形式	教师讲授、实地探访、小组合作探究、实践体验相结合	教师讲授、实地探访、小组合作探究、实践体验相结合	教师讲授、实地探访、实践体验相结合
	必修课程二	名称	制作石榴果汁	探秘云南千年古树茶	古树茶制作体验
		活动目的	观察果树的外观和特征，了解石榴的生长过程和加工方法，自制美味果汁	通过观察千年古茶树的形态特征和生长特点，认识古茶树的品种和分类	通过实地探究和动手实践，掌握古树茶的采摘方法和制茶工艺
		活动形式	教师示范、自主学习、实地探访、实践体验相结合	教师讲授、实地探访、实践体验相结合	教师示范、小组合作探究、实践体验相结合
	必修课程三	名称	动物保育员	精灵对话，秘野寻踪	动物馆舍建筑设计师
		活动目的	了解动物饲养员的日常工作，体验动物喂食和笼舍清理，培养责任感和使命感	掌握不同动物的生活环境知识，学习分析亚热带季风气候对动物生存的影响	分析动物馆舍设计原理，根据不同动物的习性和需求，为其设计适合生存的家
		活动形式	教师讲授、自主学习、实地探访、实践体验相结合	教师讲授、合作学习、实地探访、实践体验相结合	教师讲授、合作学习、实地探访、实践体验相结合
	必修课程四	名称	制作驱蚊草药包	闻香识中药，巧手制香囊	探秘中药房
		活动目的	了解中药材的名称、产地、药性等特点，学习驱蚊草药包的制作方法	掌握中药香囊的相关知识，自制中药香囊，增强对中药文化的认同感和自豪感	通过制备中药汤剂，掌握中药汤剂的煎制技巧，提高对中医药文化的认识和兴趣
		活动形式	教师示范、自主学习、实地探访、实践体验相结合	教师示范、自主学习、实地探访、实践体验相结合	教师示范、实地探访、实践体验相结合

维度或要素			小学高年级段	初中段	高中段
研学课程	必修课程五	名称	“玉”石雕刻初体验	北回归线上的地质探秘	北回归线上的奇特地貌
		活动目的	了解矿石的特点及应用，并亲自体验雕刻技艺，培养学生动手实践能力和创新能力	认识北回归线地区的地质地貌和地质灾害，提高保护地球生态环境的意识	分析喀斯特地貌的形成原因，探究气候和地貌之间存在的关系，理解地理现象
		活动形式	教师示范、实地探访、实践体验相结合	教师讲授、小组合作探究、实地探访、实践体验相结合	教师讲授、小组合作探究、实地探访、实践体验相结合
	必修课程六	名称	寒武纪生命大爆发	制作手工化石	探访澄江化石地自然博物馆
		活动目的	深度了解昆明鱼化石，理解化石对考古的意义	理解化石的形成原因和人类研究化石的意义，用陶泥制作鱼骨化石	探究无脊椎动物的演化历程，感受生命起源、生命演化和生物多样性
		活动形式	教师讲授、实地探访、实践体验相结合	教师讲授、实地探访、实践体验相结合	教师讲授、研究式学习、实地探访、实践体验相结合
	必修课程七	名称	探访哈尼梯田文化博物馆	探访哈尼梯田文化博物馆	调研哈尼古村落—阿者科村
		活动目的	了解哈尼梯田生态系统，树立自觉保护和传承哈尼梯田世界文化遗产的信念	通过学习梯田“刻木分水”的形成过程，了解梯田四素同构的自然生态系统	通过调研古村落和梯田的历史渊源，理解梯田文化生态系统和“阿者科”计划
		活动形式	教师讲授、实地探访、实践体验相结合	教师讲授、实地探访、实践体验相结合	教师讲授、实地探访、互动体验相结合
	必修课程八	名称	哈尼梯田水质调研	探究四素同构的奥秘	木刻分水实验
		活动目的	体验水质调研，了解水质优劣对庄稼生长的影响，分析面临的生态问题及解决措施	探究哈尼梯田四素同构的奥秘，了解哈尼梯田的地理构造、形成因素和耕作方法	通过模拟分水科学实验，理解“森林——水系——梯田——村庄”的生态聚落运作模式
		活动形式	教师示范、实地探访、研究式学习、实践体验相结合	教师讲授、小组合作探究、实地探访、实践体验相结合	教师示范、实地探访、研究式学习、实践体验相结合

维度或要素			小学高年级段	初中段	高中段
研学课程	必修课程九	名称	研学弥勒东风韵	探秘原始森林“密枝仙境”	制作生态草编
		活动目的	通过实地参观，了解东风韵建筑的特点、文化、艺术和技术，感受独特的建筑风格	认识多元化的自然，学会辨别鸟鸣，正确看待人与不同自然环境之间的关系	学习非遗传统文化草编技艺，用棕榈叶编出草编作品，实现生态和传统文化的融合
		活动形式	教师讲授、实地探访、实践体验相结合	教师讲授、小组合作探究、实地探访、实践体验相结合	教师示范、实地探访、实践体验相结合
	必修课程十	名称	东风韵生态拼贴画	石漠化治理	石漠化治理
		活动目的	用树叶、树枝、花朵等自然的材料，创造出具有独特美感和视觉效果的画面	通过实地调研了解石漠化，分析如何通过人工干预手段，恢复受损的生态系统	通过实验探究植被恢复和水土保持的方法，掌握生态恢复的知识和技术
		活动形式	教师示范、实地探访、实践体验相结合	教师讲授、小组合作探究、实地探访、实践体验相结合	教师讲授、实地探访、实践体验、研究式学习相结合
	选修课程		1. 环境保护——黏土手工 2. 植物手工拓印 3. 生态瓶制作 4. 环保小屋搭建	1. 茶艺体验 2. 黏土多肉盆栽 3. 热带水果的养护体验 4. 黏土手工——保护捕蝇草	1. 茶艺体验 2. 黏土手工——保护野生动物穿山甲 3. 大沙坝热带种植条件的探究 4. 育苗——扦插和组织培养

维度或要素		小学高年级段	初中段	高中段
研学线路	代表性线路（时长五日）	第一天：红河营地—大围山—石榴庄园—红河营地；第二天：红河营地—云南野生动物园—昆明植物园民族药用植物研究所—红河营地；第三天：红河营地—地质博物馆—澄江化石地自然博物馆—红河营地；第四天：红河营地—梯田博物馆—元阳坝达梯田—红河营地；第五天：红河营地—东风韵—弥勒太平湖基地—红河营地	第一天：红河营地—蝴蝶谷—金平石记古树茶园—红河营地；第二天：红河营地—云南野生动物园—昆明植物园民族药用植物研究所—红河营地；第三天：红河营地—地质博物馆—澄江化石地自然博物馆—红河营地；第四天：红河营地—梯田博物馆—元阳坝达梯田—大沙坝采摘营—红河营地；第五天：红河营地—可邑小镇—弥勒太平湖基地—红河营地	第一天：红河营地—蝴蝶谷—金平石记古树茶园—红河营地；第二天：红河营地—云南野生动物园—昆明植物园民族药用植物研究所—红河营地；第三天：红河营地—地质博物馆—澄江化石地自然博物馆—红河营地；第四天：红河营地—阿者科村—元阳坝达梯田—大沙坝采摘营—红河营地；第五天：红河营地—可邑小镇—弥勒太平湖基地—红河营地
	可选择线路（按天设计，菜单式选择）	1.红河营地—蝴蝶谷—金平石记古树茶园—红河营地；2.红河营地—云南野生动物园—燕子洞—红河营地；3.红河营地—地质博物馆—石林活动中心—红河营地；4.红河营地—傣陶基地—元阳坝达梯田—红河营地；5.红河营地—东风韵—甸溪河—红河营地；6.红河营地—可邑小镇—弥勒太平湖基地—红河营地；7.红河营地—燕子洞—凤凰湖—红河营地；8.红河营地—澄江化石地自然博物馆—月亮湾湿地公园—红河营地	1.红河营地—大围山—石榴庄园—红河营地；2.红河营地—云南野生动物园—燕子洞—红河营地；3.红河营地—地质博物馆—石林活动中心—红河营地；4.红河营地—傣陶基地—元阳坝达梯田—红河营地；5.红河营地—东风韵—弥勒太平湖基地—红河营地；6.红河营地—可邑小镇—甸溪河—红河营地；7.红河营地—燕子洞—凤凰湖—红河营地；8.红河营地—澄江化石地自然博物馆—月亮湾湿地公园—红河营地	1.红河营地—大围山—石榴庄园—红河营地；2.红河营地—云南野生动物园—燕子洞—红河营地；3.红河营地—地质博物馆—云南野生动物园—红河营地；4.红河营地—傣陶基地—元阳坝达梯田—红河营地；5.红河营地—东风韵—弥勒太平湖基地—红河营地；6.红河营地—可邑小镇—甸溪河—红河营地；7.红河营地—燕子洞—建水县蚁工坊—红河营地；8.红河营地—澄江化石地自然博物馆—月亮湾湿地公园—红河营地
	规划线路（按天设计）	1.红河营地—三七基地—普者黑—红河营地；2.红河营地—个旧气象站—云南蚕桑研究所—红河营地；3.红河营地—昆明世界园艺博览园—捞鱼河湿地公园—红河营地；4.红河营地—西双版纳植物园—红河营地	1.红河营地—三七基地—普者黑—红河营地；2.红河营地—昆明世界园艺博览园—捞鱼河湿地公园—红河营地；3.红河营地—昆明市石林风景区—红河营地；4.红河营地—丽江市古城区青少年学生校外活动中心—红河营地	1.红河营地—昆明市石林风景区—红河营地；2.红河营地—三七基地—普者黑—红河营地；3.红河营地—昆明世界园艺博览园—捞鱼河湿地公园—红河营地；4.红河营地—南药所—红河营地

维度或要素		小学高年级段	初中段	高中段
教学重点难点（以代表性线路教学设计为例，以下同）	教学重点	1.利用多元的方法观察自然，掌握科学地野外寻找、观察、探究动植物的具体方法，提高观察能力和表达能力； 2.认识地质灾害，了解生命的起源，探索地球的奥秘； 3.辨识中药，增强对中药文化的认同感和自豪感； 4.学习果蔬的基本种植步骤和果蔬后期护理的相关知识； 5.了解哈尼梯田生态系统，树立自觉保护和传承哈尼梯田世界文化遗产的信念	1.掌握北回归线上栖息的蝴蝶种类和蝴蝶生存的秘密； 2.认识多元化的自然，学会辨别鸟鸣，学习鸟类知识； 3.研究自然环境对人类生存的影响，激发学生对自然生态的热爱与敬畏，树立人与自然和谐相处的理念； 4.理解石漠化治理方法和生态恢复知识，归纳石漠化区域种植的地带性植物； 5.分析元阳哈尼梯田四素同构的形成原因，了解梯田的“刻石分水”和“刻木分水”	1.理解中药文化的内涵和价值，掌握中药材的识别方法和采集技巧； 2.通过实地考察、调查研究和实验分析等方式，掌握石漠化的成因、危害和治理方法； 3.探究植被恢复、水土保持等方面的方法，掌握生态恢复的知识和技术； 4.探究北回归线附近的生命现象和生命活动规律，认识地理学科的本质； 5.探讨梯田的保护与开发问题，分析如何平衡生态环境保护与当地经济发展和农业开发的诉求
	教学难点	1.了解自然界中动物的多样性，增强保护动物的意识，探索人与自然和谐共处的方法； 2.理解地质灾害形成的原因，培养学生探索自然、热爱自然、敬畏自然的意识； 3.了解中药材的名称、产地、药性等特点，学习制作驱蚊草药包； 4.认识农业与人类衣食和生态平衡之间的关系； 5.掌握水质调查的基本方法，了解水质优劣对庄稼的不同影响，提高环境保护意识	1.提高对大自然的热爱，增进保护森林和生物多样性意识； 2.分析太平湖石漠化的成因、治理的方法和成果，掌握一些生态恢复的知识和技术； 3.分析如何通过人工干预手段，恢复受损的生态系统； 4.分析北回归线上的生态系统面临的生态问题及解决措施； 5.分析哈尼梯田的地理构造、耕作方法、形成因素，感受自然与哈尼人民的和谐共生	1.理解化石的形成和保存机制，能独立解释化石隐藏的生命信息； 2.探索草编的新方式，培养创新精神和动手实践能力，实现生态与传统文化的融合； 3.掌握北回归线地带上的地理特征，并积极参与到环境保护的行动中； 4.以当地地势、降水、气候、土壤为研究对象，探究北回归线地带热带水果种植成功的原因； 5.模拟分水实验，理解“森林——水系——梯田——村庄”的生态聚落运作模式

维度或要素	小学高年级段	初中段	高中段
教学策略	针对小学高年级段学生的认知水平与思维能力都已经日趋成熟，思维能力也逐渐由具体向抽象转化，随着生活常识与文化知识的积累，已具备一定的独立分析、思考能力；并且求知的欲望和好奇心都有所增强，对自然世界的探索兴趣更为强烈的实际情况；基于教育遵循自然的理论思想，以培养学生的思维能力和动手实践能力为目标。选取植物学、动物学、生态学的相关内容，依托国家级、省级、地方县级自然教育研学基地，自然景区、植物园、动物园、生态保护区、世界自然遗产地等教学资源；采取讲授法、参观法、讨论法、演示法等教法和自主学习、合作学习、探究学习等学法；开展野外观察、实验操作、实地探访等活动，引导学生感受祖国的大好河山，主动观察自然现象，探索北回归线给生态带来的影响，形成科学的思维方法，帮助学生更好的理解自然、探索自然，树立爱护自然，保护生态的意识	针对初中段学生感知的目的性、概括性和学习能力都有了很大提高，抽象逻辑思维逐渐增强，独立性有较大的发展，喜欢与同伴和老师平等地讨论问题，喜欢自由独立地组织、开展活动；基于教育遵循自然的理论思想，结合初中段学生认知发展的特点，以提升学生尊重和保护自然的意识和培养学生对自然的洞察力和思维能力为目标；选取植物学、动物学、地质学、环境保护学等相关内容；依托国家级、省级、地方县级自然教育研学基地，生态保护区、野生动物保护基地、示范性农业基地等教学资源，采取讲授法、讨论法、演示法、练习法等教法和自主学习、合作学习、探究学习等学法；开展参观学习、实践体验、交流分享等活动，引导学生主动思考，深入分析北回归线上生态系统的特点和生物多样性，将其研究成果投入到生态建设和自然发展中。探究生态构建和发展背后更深层次的意义和价值，建立全面一体绿色发展的理念，为绿色自然社会发展贡献自己的力量	针对高中段学生思维品质迅速发展，学生已经具备独立分析问题与辩证思考的能力，能够结合具体案例分析论述自然现象，能够运用人类社会发展史和科学社会主义的基本原则去分析和解决问题，但学生课本知识多，社会实践少；基于教育遵循自然的理论思想，结合高中段学生的身心发展特点，在自然科学探索实践中，以培养学生主动探索、勇于尝试和多角度独立分析问题为目标，选取植物学、动物学、生态学、地质学、环境保护、自然灾害等的相关内容，依托国家级、省级、地方县级自然教育研学基地，自然景区、风景名胜区、植物园、动物园、生态保护区、世界自然遗产地等教学资源；采取讲授法、参观法、讨论法、演示法、练习法、实验法等教法和自主学习、合作学习、探究学习、验证法等学法；开展实验、调查、测量、实地考察等多种方式的研究活动，引导学生主动了解自然资源的价值和重要性，主动提出问题、收集数据和实践分析，强化学生科学素质，激发学生对生态发展的探究欲望，提高学生的环境素养，促进生态环境可持续发展

维度或要素				小学高年级段	初中段	高中段
实施方案	入营教育	安全	引导	通过视频学习、在活动手册上列出可能的风险、预防措施和应急处理方法并给学生讲解入营安全教育	通过示范讲解进行安全意识教育，包括遵守规则、注意个人物品保管等。介绍活动场地的安全设施和紧急出口	通过营地纪律规范、宿舍安全通道、营地自助自救的学习进行入营安全教育
			实训	通过地震馆地震体验、消防馆消防知识实践体验提升学生安全意识	演示常见的安全装备使用方法，如灭火器	进行安全逃生演练，学习应急救护中的基本包扎方法
		应急	引导	通过视频学习、手册安全教育等方式，培养学生冷静思考和随机应变的能力	通过视频学习，讲解应急情况下的应对方法，如火灾、地震等	通过视频学习，逃生演练的方式，掌握应急逃生和自助自救的方式方法
			实训	开展应急逃生演练，学习应急救护相关知识和实操，提高学生应急处理能力	组织模拟应急演练，让学生实践应对紧急情况的技能	通过实践体验，学会火灾、地震的逃生方式，掌握正确的止血和包扎方法
		救助	引导	通过案例情境，告知学生如遇特殊情况时，主动寻找和利用各种资源	通过讲解示范，教授基本的急救知识，如伤口处理、扭伤处理等	通过案例情境，培养学生遇到需要求助时，掌握信息获取和资源整合的能力
			实训	通过救护课程的实际操作与讲解，帮助学生掌握自救和互救的方法和技能	培训学生正确进行心肺复苏和止血等急救操作	进行常见急症的科普，进行外伤包扎、骨折固定与搬运等课程的实操教学
		自我管理	引导	教师做好学生自我管理团队建设，安排有责任担当的学生参与到学生管理工作中，逐步引导学生实现自我管理	通过创设情境，培养学生的时间管理和任务管理能力。鼓励学生制定个人目标，并提供指导和反馈	指导学生如何进行自我管理，包括制定目标、约束自己、控制情绪等
			实训	通过分组分宿舍的管理方式，明确管理要求，责任到人，建立内部考核竞争机制，开展“班会”“舍务会”	给予学生一定的时间和任务，让他们自行安排并展示成果	开展“舍务会”“班会”等实践活动，帮助学生提升自我管理的能力
		团队协作	引导	分小组开展以小组为单位的团队竞技活动，通过奖罚机制，激发学生的竞争意识，培养学生小组之间的团队协作能力	通过团队建设活动，让学生了解团队协作的重要性，组织团队合作任务，培养学生的沟通和协作能力	通过团队竞技课程的体验，探究团队协作的方式和技巧
			实训	学生自主规划小队成员相关任务，制作队旗、喊口号，定目标，培养学生调配资源，与人合作，沟通交流等能力	开展团队合作游戏，如搭建高塔、接力比赛等	通过开展“冰海沉船”、动力圈类项目，激发学生“不抛弃、不放弃”的合作理念

维度或要素		小学高年级段	初中段	高中段
实施方案	导入教学环节	1.提出树的种类、生长习性、果实的特点等问题，让学生思考并探索答案，为后续的研学活动提供方向；2.讲述与山有关的故事或传说，激发学生对山林的好奇心，为后续进入大围山了解北回归线生物多样性做引入；3.展示化石的图片或讲述一些有关化石的有趣故事，引发学生对化石的兴趣和好奇心；4.在进入动物园之前，让学生观察动物园的入口、围栏、食物和巢穴等，引导他们关注动物的特点和生活习性；5.参观哈尼梯田历史博物馆，引导学生主动走近哈尼梯田，探索北回归线附近少数民族与大自然和谐共生的秘密	1.发布研学任务卡，引导学生了解蝴蝶的多样性和生存环境，主动关注自然生态系统；2.提出与化石相关的问题，如化石的分类、年代测定、生物演化等，让学生通过探究问题来深入了解化石的相关知识；3.为什么元阳会形成梯田景观？思考哈尼梯田鱼田共生的好处，引发学生对生态农业的探索兴趣；4.带领学生进入石漠化公园，了解石漠化地区的植物，引导学生对植物生长的环境进行探索；5.进入“密枝仙境”感受多元化的自然生态系统，激发学生对自然的探索欲望	1.带领学生进入蝴蝶谷，用实地美景引发学生对蝴蝶的探索兴趣，引导学生了解蝴蝶的基本特征和生态习性；2.提出山的形成、植被分布、野生动物种类等问题，让学生思考并探索答案，为后续的研学活动提供方向；3.发布探究任务卡，探究化石与生命演化的联系，为后续学生到博物馆和化石遗址进行实地考察做铺垫；4.什么是梯田的“守护神”？发布探究哈尼梯田四素同构的奥秘任务卡，调动学生学习的积极性和主动性；5.观看太平湖森林公园的石漠化治理的过程和成果，调动学生对环境问题的关注与思考
	授课教学环节	第一天：入营教育、必修课程一“趣探‘雾海绿洲’大围山”、必修课程二“制作石榴果汁”、选修课程2“植物手工拓印”；第二天：必修课程三“动物保育员”、选修课程4“环保小屋搭建”、必修课程四“制作驱蚊草药包”；第三天：必修课程五“‘玉’石雕刻初体验”、必修课程六“寒武纪生命大爆发”；第四天：必修课程七“探访哈尼梯田文化博物馆”、必修课程八“哈尼梯田水质调研”、选修课程1“环境保护——黏土手工”；第五天：必修课程九“研学弥勒东风韵”、必修课程十“东风韵生态拼贴画”、选修课程3“生态瓶制作”	第一天：入营教育、必修课程一“探寻化茧成蝶的秘密”、必修课程二“探秘云南千年古树茶”、选修课程1“茶艺体验”；第二天：必修课程三“精灵对话，秘野寻踪”、必修课程四“闻香识中药，巧手制香囊”、选修课程2“黏土多肉盆栽”；第三天：必修课程五“北回归线上的地质探秘”、必修课程六“制作手工化石”；第四天：必修课程七“探访哈尼梯田文化博物馆”、必修课程八“探究四素同构的奥秘”、选修课程3“热带水果的养护体验”；第五天：必修课程九“探秘原始森林‘密枝仙境’、必修课程十“石漠化治理”、选修课程4“黏土手工——保护捕蝇草”	第一天：入营教育、必修课程一“走进蝴蝶的世界”、必修课程二“古树茶制作体验”、选修课程1“茶艺体验”；第二天：必修课程三“动物馆舍建筑设计师”、必修课程四“探秘中药房”、选修课程2“黏土手工——保护野生动物穿山甲”；第三天：必修课程五“北回归线上的奇特地貌”、必修课程六“探访澄江化石地自然博物馆”；第四天：必修课程七“调研哈尼古村落——阿者科村”、必修课程八“木刻分水实验”、选修课程3“大沙坝热带种植条件的探究”；第五天：必修课程九“制作生态草编”、必修课程十“石漠化治理”、选修课程4“育苗——扦插和组织培养”

维度或要素		小学高年级段	初中段	高中段
实施方案	进级教学环节	1.为何蒙自石榴会如此出名，影响石榴果树生长的条件有哪些，如何科学种植果树 2.常见中草药有哪些，它们有什么基础功效 3.谈一谈化石的形成过程和保存条件，了解化石的成因和保存方式 4.谈一谈哈尼梯田梯田的形态、结构和植被覆盖情况，如何保护哈尼梯田 5.结合所学知识，充分发挥想象力，多年以后的阿者科古村落会是怎样的景象 6.你认识哪些现代农具，现代农业在农业生产中的优缺点是什么，动手制作简易传统农具	1.分析人类活动对蝴蝶生存的影响，以及蝴蝶谷的生态系统结构和发展趋势，以及蝴蝶在生态系统中的作用 2.古树茶与普通茶树的区别是什么，从环境、树龄、茶叶品质、采摘和价格等方面讨论 3.化石是如何进行分类的，研究化石的意义是什么 4.哈尼梯田山谷风形成过程 5.在开发森林资源同时，如何保护森林生态系统，以实现可持续发展，如何看待动物、植物、山水环境的关系 6.从自然因素和人为因素两方面，分别探究石漠化的原因	1.古树茶具有很高的营养价值和保健功能，对古树茶的成分、香气、汤色、耐泡度以及残渣等方面进行实验探究 2.分析化石的历史和演化，不同时期和地点的生物群落和生态系统特征，探讨地球历史和生命演化的基本规律 3.阿者科计划究竟是什么，它为何声名鹊起，这一计划能否在全国复制推广 4.结合实际情况，探讨梯田的可持续发展途径，包括农业技术改进、生态保护、文化传承等方面，提出可行的建议和措施 5.为恢复和保护受损的自然生态系统，防止水土流失和土地石漠化，探讨石漠化治理措施有哪些
	巩固教学环节	当日研学活动结束前，教师带领学生借助研学手册和观看研学影集的方式回顾和总结自己的研学经历，通过研学笔记回顾自己的观察、思考、发现、研学成果和心得体会。采用集体讨论和小组合作，让学生有机会分享彼此的观点和见解，巩固所学知识，加深对自然的理解	当日研学活动结束前，教师带领学生借助研学手册和观看研学影集的方式进行回顾和总结，采用提问测试、讨论、展示等方式，深化所学知识。组织学生制作海报，通过小组合作将研学知识汇集在海报当中，促进知识巩固与应用	当日研学活动结束前，教师带领学生共同制作保护自然生态环境的倡议书，并在倡议书上签名，加深保护自然生态的决心和毅力。并采取小组研究汇报的形式对研学活动进行回顾和总结，回顾实地探索经历、收集资料和总结分析等过程，提升学生的学术能力和沟通表达能力，培养学生的批判性思维、团队协作能力和自信心，加深对知识的理解和应用

维度或要素			小学高年级段	初中段	高中段
实施方案	总结教学环节	教学创新	1.创新教学方法，如案例分析、小组讨论、角色扮演等，让学生更加主动地参与到学习中来，提高学习效果 2.引入更多的实践环节：通过实践操作、实验等方式，让学生将所学知识应用于实践中，巩固所学内容，提高应用能力	1.引入新技术，利用现代科技手段，如多媒体、网络等，将教学内容以更加生动、形象的方式呈现给学生，提高教学效果 2.在教学内容方面，注重跨学科知识的融合，让学生了解不同领域之间的联系和影响	1.鼓励学生发挥创新思维，提出新的观点和想法，培养学生的创新能力和独立思考能力 2.教师借助探究式问题引导学生深入思考和探索，鼓励学生发现问题、提出问题，并通过自己的探索找到答案，以巧妙的教学环节吸引学生的注意力，加强实际操作体验以提高学生的创新思维能力
		教学总结	教师活动结束后，及时收集学生、学校教师和其他相关人员的反馈，了解教学环节的优点和不足，整理研学活动的教学资料，建立研学档案	根据教学目标达成情况进行教学总结，收集学生、学校教师和其他相关人员的反馈，以便调整教学策略和方法，提高研学质量，及时整理研学活动的教学资料，建立研学档案	根据实际研学情况及时对学生研究计划中的目标、方法、时间表和出现的问题提供反馈和指导，收集研究报告和成果，组织学生进行课题汇报，建立教学档案
		教学反思	1.根据教学反馈和评估结果，对教学环节进行调整和优化，梳理教学环节的设计、实施和效果，提炼经验教训，为下一次研学活动提供参考 2.反思资源的利用效率，是否充分利用研学场地、设备、人力资源	1.根据教学目标达成情况、教学反馈和评估结果，充分了解自己的教学效果，发现存在的问题，对教学环节进行调整和优化，梳理教学环节的设计、实施和效果，提炼经验教训，为下一次研学活动提供参考 2.反思资源的利用效率，是否充分利用研学场地、设备、人力资源	1.根据收集的教学反馈和整体满意度评价，对教学环节进行调整和优化，梳理教学环节的设计、实施和效果，提炼经验教训，为下一次研学活动提供参考，为之后的研学活动提供更多的学习资源 2.反思资源的利用效率，是否充分利用研学场地、设备、人力资源

维度或要素				小学高年级段	初中段	高中段
实施方案	评价教学环节	教学水平评价	自我评价	教师根据学生对活动课程的反馈，建立教学水平档案，对自己的教学内容、教学方法进行反思，从而针对性地改进教学方法和策略	教师根据学生参与课程的积极性，以及活动目的是否达到预期目标，对自己的教学进行反思和评价，从而针对性地改进教学方法和策略	教师通过活动过程及活动结果的反馈，反思研学线路、研学课程设计的合理性，进行自我评估，形成工作总结，根据评价结果改进教学方法和策略
			学生评价	学生根据研学活动过程的体验，填写教师教学水平评价表，针对教师的教学态度、教学内容、教学效果、课程满意度等维度对教师进行评价	学生根据教师和学生之间的互动是否充分，研学课程师生对话参与度，学生能否积极参与到课堂教学中，课堂气氛活跃度等方面对教师进行评价	学生根据研学课程的深度与广度，教师的教学技巧、专业能力、表达能力、教学组织能力以及沟通协调能力等方面进行评价
			同行评价	由本营地教师和教学管理人员根据教学质量与学生反馈对教师的教学进行评价，促进教师专业成长	以教师教研会、听课、评课等集体教研方式对教师的教学目标、教学设计、实施策略、教学效果进行评价，促进教师专业成长	将课程设计与活动安排下发至参与学校，由参与学校相关专业教师全程跟进研学课程，体验活动过程，对课程教学进行整体性评价，进行促进教师专业成长
			培训和考核	通过教师的日常教学工作与工作态度进行考核，根据考核结果与教师需求，定期对营地教师进行教学培训，提高教师的教育教学水平	通过综合评价、教师赛课等形式对教师进行考核，开展研学课程资源开发与实施的培训，提高教师的教育教学水平	建立培训与考核制度，重点对教师的教育理念、教法方法、学科专业能力与综合能力进行培训，对学生、家长、社会公众满意度进行测评调查
			教学成果展示	通过学生实践技能展示、研学成果汇报、创新作品展示等，生动展现教师的教学理念与实践成果	参与教学比赛与案例评选，展示自己的教学创新和成果；利用科技手段记录学生研学实践表现，撰写研学实践课程案例	撰写书面报告记录自己的教学成果，利用多媒体展示学生的研学收获，参与教学研讨与案例分享，与其他教师分享教学经验与心得

维度或要素				小学高年级段	初中段	高中段
实施方案	评价教学环节	学业评价	形成性评价	通过观察、记录和反馈学生研学过程中的学习情况（包括活动参与度、活动任务、小组讨论、口头提问等），对学生在活动中的表现给予评价	通过学生在活动中表现出的主动性、积极性，与同伴的合作能力，自身的学习能力与学习态度，对活动任务的完成度给予评价	通过课堂观察学生的行为和反应，将研学实践过程中学生表现出的科学探究能力、实验操作能力、创新能力、团队协作能力等给予评价
			总结性评价	在研学活动结束后通过学生的研学报告、展示、测试、任务、活动表现等，全面评价学生的学习成果，提高评价的准确性和公正性	对学生参与研学实践活动的全过程情况进行分析总结，从收集整理信息能力、动手实践能力、研究结果及成果展示多方面动态评价学生	在研学活动结束后，通过学生的研学报告、个人或小组成果展示，直观了解学生在研学实践活动中的情况，多方面动态评价学生，形成科学的评价结果
			教师评价	由教师根据学生在研学活动中的表现和成果，根据学生的参与度、作业质量、测试成绩等，对学生的学业进行公正性、客观性和有效性评价	由教师根据学生在研学活动中的表现和成果，根据学生在小组活动中的参与度、活跃度，对学生进行多维度评价	由教师根据学生在研学活动中的表现和成果展示，根据学生在研学实践活动中自主学习的程度、合作学习的有效度、探究学习的深度，对学生进行发展性评价
		项目评价		邀请学校教师、参与学生和家长进行访谈或调查问卷，围绕小学高段研学课程与校内教育的衔接度、教学内容与教学目标的一致性、教学方法的合理性等方面评价，通过教研活动及针对评价结果进行反思，及时发现问题并加以改进	邀请学校教师、参与学生和家长进行访谈或调查问卷，围绕初中段研学课程与校内教育的衔接度、教学内容与教学目标的一致性、教学方法的合理性等方面进行评价，通过教研活动及针对评价结果进行反思，及时发现问题并加以改进	邀请学校教师、参与学生和家长进行访谈或调查问卷，围绕高中段研学课程与校内教育的衔接度、教学内容与教学目标的一致性、教学方法的合理性等方面进行评价，通过教研活动及针对评价结果进行反思，及时发现问题并加以改进

4.19 教学计划与策略列表：守护绿水青山 共建美好家园

<table>
<tr><td colspan="3">营地名称</td><td>陕西省西安市中小学校外综合实践活动基地</td><td>命名机构</td><td>教育部</td><td>识别码</td><td>Y145610001</td></tr>
<tr><td colspan="3">从业资质（摘要）</td><td>中小学校外教育及社会综合实践教育</td><td>单位属性</td><td>公益一类</td><td>法定代表人</td><td>张伟</td></tr>
<tr><td colspan="3">研学主题</td><td>守护绿水青山　共建美好家园</td><td colspan="2">主要目的指向</td><td colspan="2">自然教育</td></tr>
<tr><td rowspan="7">营地（枢纽）及周边主要优质研学资源</td><td colspan="2">基地层级</td><td colspan="5">研学站点（基地）名称</td></tr>
<tr><td rowspan="2">教育部命名基地</td><td>已列入教学计划</td><td colspan="5">一、与本主题相关列入教学计划的基地5个
1.陕西省西安市中小学校外综合实践活动基地（简称“西安营地”）；2.秦岭国家植物园；3.补浪河女子民兵治沙连中小学生研学实践教育基地；4.陕西省西咸新区泾河新城城市综合服务有限公司；5.北川三秒应急安全体验中心
二、与本主题关联不大但列入本营地教学计划的基地14个
1.陕西历史博物馆；2.延安革命纪念馆；3.西安半坡博物馆；4.中国兵器工业试验测试研究院研学部；5.富平县爱国主义教育基地；6.陕西华清宫文化旅游有限公司；7.陕西省党家村景区管理委员会；8.渭华起义教育基地管理办公室；9.延川县文安驿镇梁家河行政村村民委员会；10.安吴青年训练班纪念馆；11.西安碑林博物馆；12.汉中秦巴民俗村有限责任公司；13.汉阴县三沈纪念馆；14.安康盛丰源研学实践教育基地</td></tr>
<tr><td>待列入教学计划</td><td colspan="5">无</td></tr>
<tr><td colspan="2">其他部委命名基地</td><td colspan="5">1.陕西延安中央社会部旧址；2.西安汉城湖景区；3.渭南市气象局；4.陕西牛背梁国家级自然保护区；5.全国青少年延安革命传统教育基地；6.大明宫遗址</td></tr>
<tr><td colspan="2">地方命名基地</td><td colspan="5">1.西安世博园；2.南五台山基地；3.曲江农博园；4.洽川风景区研学实践教育基地；5.西北农林科技大学猕猴桃试验站；6.西安秦岭野生动物园；7.陕西自然博物馆；8.翠华山景区；9.大地飞歌研学基地；10.农夫山泉工厂研学基地；11.陇县关山草原基地；12.甘泉大峡谷研学实践教育基地；13.陕西太平国家森林公园；14 陕西太白山国家森林公园；15.陕西朱雀国家森林公园（简称“朱雀森林公园”）</td></tr>
<tr><td colspan="2">本营地资源</td><td colspan="5">1.安全教育馆；2.生命教育馆；3.国防教育；4.拓展训练</td></tr>
<tr><td colspan="2">其他资源</td><td colspan="5">1.西安浐灞湿地公园；2.西安渭河生态景区；3.佛坪熊猫谷中小学生研学实践教育基地</td></tr>
</table>

维度或要素	小学高年级段	初中段	高中段
校内教育基础（与校内教育的衔接）	对照课标，小学高年级段在自然教育方面提出“能区分植物和动物的主要特征，并能对植物和动物进行简单分类；认识植物的某些结构、动物的某些结构与行为具有维持自身生存的功能；初步认识生物体的结构层次，以及形态结构与功能的关系；简单描述生物与生物、生物与环境之间相互依存的关系，以及生物的多样性和进化现象”。本研学主题必修课程与校内教育的衔接内容主要如下：1.人教版语文四年级上册“蟋蟀的住宅”“白鹅”“白公鹅”；2.人教版语文四年级下册“蝙蝠和雷达”“夜莺的歌声”；3. 人教版语文四年级选读课文“有趣的动物共栖现象”；4.人教版语文五年级上册“松鼠”“珍珠鸟”；5.四年级科学上册“考察大自然”；6.五年级科学下册“变化的世界”；7.六年级科学上册“系统组成的世界”；8.六年级科学下册“相互联系的世界”	对照课标，初中段在自然教育方面提出“学生能够初步认识地理环境是人类生存的基础，人类活动深刻影响着地理环境，协调人地关系是人类社会可持续发展的必然选择；能够初步掌握地理实验、社会调查、野外考察等地理实践活动的基本方法；能够养成在实践活动中乐于合作、勇于克服困难等品质”。本研学主题必修课与校内教育的衔接内容如下：1.人教版地理七年级上册第三章“天气和气候”；2. 人教版地理八年级上册第二章“中国的自然环境”；3. 人教版地理八年级上册第三章“中国的自然资源”；4.人教版地理八年级下册第五章“中国的地理差异”；5.人教版生物七年级上册第一章第2节“调查我们身边的生物”；6. 人教版生物七年级上册第二章“生物圈是所有生物的家”；7. 人教版生物七年级上册第三单元第一章“生物圈中的绿色植物”；8. 人教版生物七年级上册第五章“绿色植物与生物圈中的碳氧平衡”；9. 人教版生物七年级上册第六章“爱护植被，绿化祖国”；10.人教版八年级上册第六单元“生物的多样性及其保护”	对照课标，高中段在自然教育方面提出“理解人类赖以生存的自然自理环境的主要特征以及自然地理环境各要素之间的想换关系。了解人类活动对地理环境的影响，认识可持续发展的意义及主要途径。学会独立或合作进行地理观测、地理实验、地理调查”。本研学主题必修课与校内教育的衔接内容如下：1.人教版高中地理必修1“自然地理环境的整体性和差别性”“地表形态的塑造”；2.人教版高中地理必修1第四章“地貌”；3. 人教版高中地理必修1第五章“植被与土壤”；4. 人教版高中地理必修1第六章第2节“地质灾害”；5. 人教版高中地理必修2“环境与发展”；6. 人教版高中地理必修2“城市与城市化”；7.人教版高中地理必修2“人类与地理环境的协调发展”；8.人教版高中地理必修3“地理区域与区域发展”；9. 人教版高中地理选修3“自然环境与人类发展”；10. 人教版高中地理选修3“走向生态文明”；11. 人教版高中地理选修4“城乡特色景观与传统文化的保护”等；12.人教版高中语文选修“阿房宫赋”；13.人教版高中语文必修2“咏怀古迹”

维度或要素			小学高年级段	初中段	高中段
研学课程	必修课程一	名称	翠华山地质	秦岭山文化	地质大变化
		活动目的	了解翠华山自然风景区的形成条件和独特的地质地貌特点，探索自然奥秘	了解山崩地貌，参观终南山世界地质博物馆，感受秦岭终南山的历史变迁	探究翠华山的山崩地貌及其形成原因；了解太乙宫和翠微宫的建筑风格
		活动形式	教师讲授、实地探访、实践体验相结合	教师讲授、提炼总结相结合	教师讲授、提炼总结、反思提升、发散思维相结合
	必修课程二	名称	自然植被特征	秦岭生态资源	体验野营生活
		活动目的	了解自然植被的基本特征，欣赏美丽的自然风光；掌握野外生存的基本技能	领略壮美秦岭，了解朱雀国家森林公园的资源分布情况和价值	感受大自然的鬼斧神工，了解山地的垂直地域分布和生态多样性
		活动形式	教师讲授、实地探访、实践体验相结合	教师讲授、提炼总结相结合	教师讲授、提炼总结、反思提升、发散思维相结合
	必修课程三	名称	秦岭地质	植物多样性	探究秦岭水系
		活动目的	徒步参观南五台国家森林公园，锻炼意志力，学习秦岭特殊的地质构造	了解秦岭植被基本状况，学习地质知识，开展环保教育，培养学生环保意识	了解太平国家森林公园的水资源情况，探究秦岭水系的奥秘
		活动形式	教师讲授、实地探访、实践体验相结合	教师讲授、提炼总结相结合	教师讲授、提炼总结、反思提升、发散思维相结合
	必修课程四	名称	了解野生动物	健康饮水奥秘	八水润西安
		活动目的	探索奇幻的动物家族，唤起学生对大自然的敬畏与热爱之情	通过参观农夫山泉工业基地，培养学生的环保意识	了解八水在西安城四周穿流的景象，增强热爱家乡、热爱祖国的情感
		活动形式	教师讲授、实地探访、实践体验相结合	教师讲授、提炼总结相结合	教师讲授、提炼总结、反思提升、发散思维相结合

维度或要素			小学高年级段	初中段	高中段
研学课程	必修课程五	名称	有机农业	科技新成果	汉城湖畔看变化
		活动目的	学习并认识稀有植物，了解有机蔬菜的培育过程	了解常见的以及稀有植物的生活习性，体验有机蔬菜的培育过程	了解汉城湖的概况和主要支流，感受先人治水、用水的聪明智慧
		活动形式	教师讲授、实地探访、实践体验相结合	教师讲授、提炼总结相结合	教师讲授、提炼总结、反思提升、发散思维相结合
	必修课程六	名称	西安世博园	感悟天人合一	了解湿地文化
		活动目的	参观考察西安世博园，提高学生对自然的认知水平，加深与自然和文化的亲近感	了解西安世博园的基本概况、主要作用、园内场地及动植物保护情况	了解灞河的相关知识、湿地的内涵及湿地对自然环境的重要作用
		活动形式	教师讲授、实地探访、实践体验相结合	教师讲授、提炼总结相结合	教师讲授、提炼总结、反思提升、发散思维相结合
	必修课程七	名称	了解湿地	湿地文化	感悟天人合一
		活动目的	加强环保意识，增强社会责任感和社会实践能力	了解我国八大湿地的分布和保护情况	体验集体生活，培养学生的自理能力、创新精神和实践能力
		活动形式	教师讲授、实地探访、实践体验相结合	教师讲授、提炼总结相结合	教师讲授、提炼总结、反思提升、发散思维相结合
	必修课程八	名称	自然大迁徙	秦岭地质地貌	探索太白山
		活动目的	走进陕西自然博物馆，认识多种植物、动物，了解自然进化的相关知识	了解地质带、岩石等地理知识，探究秦岭地质、地貌特点，增强环保意识	了解太白山的自然环境，培养对大自然的敬畏之情，提高环境保护意识
		活动形式	教师讲授、实地探访、实践体验相结合	教师讲授、提炼总结相结合	教师讲授、提炼总结、反思提升、发散思维相结合

维度或要素			小学高年级段	初中段	高中段
研学课程	必修课程九	名称	秦岭的孩子	关爱陕西母亲河	健康饮水奥秘
		活动目的	体验牛背梁自然保护区日常工作，增强校本知识学以致用的意识	了解渭河流域的基本情况、渭河水环境保护情况，保护渭河流域实施的有关措施	了解生命与水的关系，探寻健康饮水的知识，提升环保意识，爱护水资源
		活动形式	教师讲授、实地探访、实践体验相结合	教师讲授、提炼总结相结合	教师讲授、提炼总结、反思提升、发散思维相结合
	必修课程十	名称	森林生态系统	乡村发展	乡村振兴调研
		活动目的	了解自然生态系统，感知自然生命力，树立尊重自然、爱护自然的理念	了解乡村生态系统的特点，提出保护和改善建议	探讨如何保护和传承乡村文化，进行乡村规划和设计，提出自己的建设方案
		活动形式	教师讲授、实地探访、实践体验相结合	教师讲授、提炼总结相结合	教师讲授、提炼总结、反思提升、发散思维相结合
	选修课程		1. 入营安全教育及纪律教育 2. 陶艺制作 3. 救生知识学习 4. 生命安全教育 5. 拓展训练活动	1. 入营安全教育及纪律教育 2. 陶艺制作 3. 救生知识学习 4. 生命安全教育 5. 拓展训练活动	1. 入营安全教育及纪律教育 2. 陶艺制作 3. 救生知识学习 4. 生命安全教育 5. 拓展训练活动

维度或要素		小学高年级段	初中段	高中段
研学线路	代表性线路（时长五日）	第一天：西安营地—西安秦岭野生动物园—西安营地；第二天：西安营地—南五台山基地—西安营地；第三天：西安营地—陕西自然博物馆—西安营地；第四天：西安营地—西安浐灞湿地公园—西安营地；第五天：西安营地—曲江农博园—西安营地	第一天：西安营地—陕西太平国家森林公园—西安营地；第二天：西安营地—陕西太白山国家森林公园—西安营地；第三天：西安营地—西安渭河生态景区—西安营地；第四天：西安营地—翠华山景区—西安营地；第五天：西安营地—西安浐灞湿地公园—西安营地	第一天：西安营地—陕西太平国家森林公园—西安营地；第二天：西安营地—陕西太白山国家森林公园—西安营地；第三天：西安营地—农夫山泉工厂研学基地—西安营地；第四天：西安营地—西安汉城湖景区—西安营地；第五天：西安营地—翠华山景区—西安营地
	可选择线路（按天设计，菜单式选择）	1. 西安营地—陕西自然博物馆—西安营地；2. 西安营地—西安汉城湖景区—西安营地；3. 西安营地—翠华山景区—西安营地；4. 西安营地—秦岭国家植物园—西安营地	1. 西安营地—佛坪熊猫谷中小学生研学实践教育基地—西安营地；2. 西安营地—农夫山泉工厂研学基地—西安营地；3. 西安营地—西安世博园—西安营地；4. 西安营地—曲江农博园—西安营地；5. 西安营地—陕西朱雀国家森林公园—西安营地；6. 西安营地—汉中秦巴民俗村有限责任公司—西安营地	1. 西安营地—补浪河女子民兵治沙连中小学生研学实践教育基地—西安营地；2. 西安营地—安康盛丰源研学实践教育基地—西安营地；3. 西安营地—西北农林科技大学猕猴桃试验站—西安营地；4. 西安营地—西安世博园—西安营地；5. 西安营地—朱雀森林公园—西安营地
	规划线路（按天设计）	1. 西安营地—西安渭河生态景区—西安营地；2. 西安营地—西安世博园—西安营地；3. 西安营地—大地飞歌研学实践基地—西安营地；4. 西安营地—洽川风景区研学实践教育基地—西安营地	1. 西安营地—陇县关山草原基地—西安营地；2. 西安营地—陕西牛背梁国家级自然保护区—西安营地；3. 西安营地—洽川风景区研学实践教育基地—西安营地；4. 西安营地—西北农林科技大学猕猴桃试验站—西安营地	1. 西安营地—洽川风景区研学实践教育基地—西安营地；2. 西安营地—陕西牛背梁国家级自然保护区—西安营地；3. 西安营地—翠华山景区—西安营地；4. 西安营地—甘泉大峡谷研学实践教育基地—西安营地

维度或要素		小学高年级段	初中段	高中段
教学重点难点（以代表性线路教学设计为例，以下同）	教学重点	1.认识秦岭的动植物、地质风貌 2.了解自然进化的相关知识 3.了解湿地文化，加强环保意识 4.了解农业园艺和有机蔬菜的种植 5.体验徒步拉练	1.介绍森林生态的基本概念、原理和方法 2.了解森林的结构、功能、生态平衡等方面的知识 3.了解人、工业与自然和谐相处的发展理念，培养学生的环保意识 4.明确西安市政府为保护渭河流域实施的有关措施 5.学会团队合作与分享	1.了解山崩地貌，感受秦岭终南山的历史变迁 2.观察植物、测量树高、记录动物活动等 3.学习园林艺术和景观设计的基本原理和方法 4.设计一系列与八水相关的实践活动，如水质检测、生态调查、历史文化研究等，让学生在实践中深入了解八水 5.掌握湿地生态的基本知识和技能，提高学生的实践能力和创新精神
	教学难点	1.学习园林艺术、园艺技术等方面的知识 2.提高审美素养和实践能力 3.加强学生对野生动物、植物知识的掌握 4.增强学生保护动植物的意识，树立与自然和谐共生的自然观 5.培养团队协作、沟通表达和解决问题的能力	1.了解人、工业与自然和谐相处的发展理念，培养学生的环保意识 2.通过实地考察和实验操作，探究地质地貌的形成原因和演变过程 3.培养学生的团队合作精神和沟通表达能力，增强学生的综合素质 4.通过实践操作，如测量、绘图、模型制作等，提高实践能力，加深对所学知识的理解和掌握 5.培养学生的团队合作精神和沟通表达能力，增强学生的综合素质	1.通过实践操作，如测量、绘图、模型制作等，提高实践能力，加深对所学知识的理解和掌握 2.探讨当前面临的水资源问题、生态环境挑战以及如何在现代社会中实现水资源和生态环境的可持续发展 3.深入实际环境，通过观察、实验、调查等方式，培养学生主动探索问题、发现问题并解决问题的能力 4.通过实践活动和案例分析，学习创新思维的基本方法，提高创新思维能力 5.了解人类活动对地理环境的影响，认识可持续发展的意义及主要途径

维度或要素	小学高年级段	初中段	高中段
教学策略	针对小学高年级段学生好奇心强烈、活泼好动、接受能力强等特点，通过实地考察、动手操作等方式，引导学生主动探索知识，培养其独立思考和解决问题的能力。教学过程中关注学生的综合素质培养，尊重学生的个性差异和需求，注重学生的感知和体验，强调学生的主体性和参与度，注重培养学生的团队协作精神，提高其沟通表达能力。在教学方法上以讲授法、参观法、实践探究法为主，引导学生通过观察法、归纳法、探究学习法等来开展研学实践活动，并在实际教学中根据学生反馈进行动态调整；通过自然主题研学，让学生学会观察自然现象，如动植物的生长、气象变化；同时，引导学生使用科学的方法和工具进行观察和记录，增强学生对自然环境的认知和理解，培养他们的科学素养；学生可以使用树叶、花朵、树枝等自然材料制作拼贴画、手工制品等，将自然元素与艺术相结合，展现出独特的魅力；通过制作自然艺术品，可以培养学生的创造力、动手能力和审美能力	针对初中段学生自主意识比较强烈的特点，通过创造实际的或重复经历的情境和机会，呈现或再现、还原教学内容，使学生在亲历的过程中理解并建构知识、发展能力、产生情感、生成意义。同时，学生可通过参观、实验、调研等方式学习知识和技能，强调学生的主体性和参与度，注重学生的感知和体验，激发学生的创新潜力和提高学生的创新能力，培养学生的观察能力和分析能力，为未来的学习和工作打下基础；通过记录不同季节、不同天气条件下的自然风光变化，了解气候对生态的影响；通过制作动植物标本，学生可以将观察到的动植物转化为具体的艺术品。在教学方法上采取讲授法、图示法、参观法、讨论法、任务驱动法等多种教学方法相结合，引导学生通过观察、归纳法完成学习目标；自然生态研学活动需要学生具备敏锐的观察力和分析能力，以便发现和理解自然现象和生态系统的运作	针对高中段学生已经掌握了比较全面且丰富的学科理论知识，也能够将理论与实践相结合的特点，研学实践中，鼓励学生根据自己的兴趣和需求，自主选择研究课题，进行独立研究或小组研究。在研究过程中，学生需要自行收集资料、分析数据、得出结论，并能够清晰地表达自己的研究成果，培养学生的独立思考和自主学习能力。关注创新思维的培养，鼓励学生敢于挑战传统观念、勇于提出新思路和新方法。在教学过程中，教师会通过引导学生思考、启发他们的思路等方式，激发学生的创新意识和创造力。同时，还会组织各种创新活动和竞赛，鼓励学生发挥创新精神。通过讲授法、任务驱动法、分组教学法、演示法等教学方法和观察法、自主探究、合作学习、情境体验等学法，使学生积极开展研究性、探索性、创新性学习活动；培养学生的创新思维和解决问题的能力。通过课程活动，鼓励学生发现问题、分析问题、解决问题，从而培养他们的创新思维和解决问题的能力；通过观察与记录自然现象、制作自然艺术品、制作生态瓶或生态塔来了解生态系统的构成和运行机制，体验自然环境、探究自然规律和培养环保意识等方式，让学生更加深入地了解自然环境和生态系统的运作机制

维度或要素				小学高年级段	初中段	高中段
实施方案	入营教育	安全	引导	进行入营安全主题教育，签订研学安全协议	进行入营安全主题教育，熟悉安全环境	进行入营安全主题教育，熟读安全教育读本
			实训	学习安全手册，绘制营地疏散图	学习安全手册，绘制营地疏散图，进行疏散安全演练	学习安全手册，绘制营地疏散图，强化安全意识进行疏散安全演练
		应急	引导	通过视频学习，掌握应急事件处理方法和技巧	学习急救常识，通过视频学习，掌握应急事件中自救和呼救原则	学习急救常识，通过视频学习，掌握应急事件处理方法和技巧
			实训	熟练使用灭火器，会报警	熟练使用灭火器，会报警，懂得火灾、地震应急处理方法，进行疏散演练	熟练使用灭火器，会报警，懂得火灾、地震应急处理方法，进行简单防护和救护训练
		救助	引导	模拟真实环境，进行救助主题如触电、晕倒、磕碰伤等培训	进行救助主题如触电、晕倒、磕碰伤等培训，培养应对措施和应变能力	进行救助主题如触电、晕倒、磕碰伤等培训，懂得救助别人的正确方法
			实训	进行特殊情况下自救的技能培训	进行心肺复苏、包扎等应急技能培训，帮助学生熟悉和掌握求助的方法和技巧	进行心肺复苏、包扎等应急技能培训，培训学生正确制作担架
		自我管理	引导	通过团建课程，建设团队培养主动适应环境和他人的能力	帮助学生缓解恐惧感，培养坚强的心理承受能力	让学生明白在面临生命危险的紧要关头，如何作出正确的选择
			实训	进行“摩天大楼”“队伍建设”“勇往直前”等项目团建	进行“低空五连环”“罗汉塔”“低空跨越”等项目团建	进行“高空五连环”“高空跨越”“塔罗牌”等项目团建
		团队协作	引导	通过案例培训，团建活动等方式，学会表达自己的观点	通过案例培训，团建活动等方式，有效处理团队冲突和分歧	通过案例培训，团建活动等方式，学会团队合作
			实训	进行“信任背摔”“模拟障碍物”“穿越火墙”等项目团建	进行“低空五连环”“携手并进”“接力传递”等项目团建	进行“团队击鼓”“蒙眼传递”“齐头并进”等项目团建

维度或要素		小学高年级段	初中段	高中段
实施方案	导入教学环节	1.趣味游戏导入：设计小游戏，调动学生参与活动的兴趣和热情；2.知识问答：普及安全小知识；3.视频导入：播放秦岭保护宣传片，引导学生树立环保意识；4.发布研学任务单，引导学生主动思考，调动学生积极性和主观能动性；5.情境导入：设置相关情境，带领学生进入活动	1.趣味游戏导入：准备不同的植物叶子和种子，学生将叶子和种子完成配对，导入课程；2.视频导入：播放秦岭保护宣传片以及湿地相关知识介绍的宣传片，激发学生好奇心和学习兴趣；3.拓展游戏导入：设计拓展破冰小游戏，增强团队能力；4.问题导入：秦岭的地质构造你们了解吗？这里又有哪些自然资源；5.任务导入；发布研学任务单，引导学生主动思考，调动学生积极性和主观能动性	1.视频导入：播放秦岭保护宣传片以及湿地相关知识介绍的宣传片，激发学生的学习兴趣；2. 案例导入：以秦岭违建拆除案例为切入点，引导学生思考秦岭保护的意义；3.拓展导入：前期了解秦岭环境，探索秦岭对南北分界的巨大作用；4.探究导入：每个小组设计一个关于秦岭的研学探究表格，为研学实践做准备；5. 任务导入：发布研学任务单，引导学生主动思考，调动学生积极性和主观能动性
	授课教学环节	第一天：入营安全教育及纪律教育、必修课程四“了解野生动物”；第二天：必修课程三“秦岭地质”、选修课程3“救生知识学习”；第三天：必修课程八“自然大迁徙”、选修课程2“陶艺制作”；第四天：必修课程七“了解湿地”、选修课程5“拓展训练活动”；第五天：必修课程五“有机农业”	第一天：入营安全教育及纪律教育、必修课程四“健康饮水奥秘”；第二天：必修课程九“关爱陕西母亲河”、选修课程3“救生知识学习”；第三天：必修课程七“湿地文化”、选修课程5“拓展训练活动”；第四天：必修课程一“秦岭山文化”；第五天：必修课程五“科技新成果”	第一天：入营安全教育及纪律教育、必修课程三“探究秦岭水系”；第二天：必修课程八“太白山文化”；第三天：必修课程九“健康饮水奥秘”、选修课程3“救生知识学习”；第四天：必修课程五“汉城湖河畔看变化”、选修课程5“拓展训练活动”；第五天：必修课程四“八水润西安”

维度或要素		小学高年级段	初中段	高中段
实施方案	进级教学环节	实践：救生知识学习，拓展训练 讨论：环境保护与可持续发展 体认：秦岭植物知多少	实践：环保志愿行；拓展训练 思考：人、工业与自然和谐相处的发展理念 探究：调查了解西安市政府在保护渭河水资源方面采取的措施 讨论：水资源保护的有效措施和重要性 体认：湿地对于生物多样性和生态环境稳定的重要作用；环境保护与可持续发展	实践：环保志愿行 探究：渭河水质检测；观察植物、测量树高、记录动物活动 思考：如何在现代社会中实现水资源和生态环境的可持续发展 讨论：当前面临的水资源问题、生态环境挑战 体认：山崩地貌，感受秦岭终南山的历史变迁；认识“八水润长安”对西安发展的重要意义
	巩固教学环节	回顾：秦岭环境保护，我能做什么 应用：秦岭植树活动 作业：植物标本制作；秦岭生态系统思维导图	思考：本次研学活动与校内教育的知识链接，比较二者不同，总结本次活动的收获 回顾：研学教师带领学生一起总结和回顾，及时解答学生遇到的问题 作业：完成此次研学活动思维导图 应用：环保宣传片拍摄	思考：水资源保护的有效措施和重要性，西安市政府在水资源保护方面采取的措施；环境保护与可持续发展 回顾：研学教师带领学生一起总结和回顾，及时解答学生遇到的问题 作业：通过生物图鉴的形式展示研学实践中见到的秦岭生物，并阐释如何保护秦岭生态环境；通过研学报告、答辩等方式阐释乡村振兴的规划；完成思维导图 应用：主题演讲

维度或要素			小学高年级段	初中段	高中段
实施方案	总结教学环节	教学创新	1.注重因材施教，有机衔接，课程内容丰富，层层递进 2.在言传身教中引导学生树立环境保护意识，培养学生热爱家乡、热爱祖国的情感	1.设置符合学生实际又具有教育意义的问题，在活动开始前，将学生带入任务中，提升活动效果 2.实践活动内容设计切实可行，能让学生身体力行参与环保活动，普及环境保护知识宣传，强化环保意识	1.在研学实践中，没有生搬硬套课本知识，而是通过实地探究、考察、测量等方式，将理论知识与实践相结合 2.主题的统一性，通过一系列的实践活动，巩固强化地理科学的重要作用 3.通过多种途径激发学生自学兴趣，提高学习效果
		教学总结	1.学生在实践活动中充分发挥自己的潜能、才能，展开小组学习、独立学习、互助学习 2.收集整理研学活动材料，做好“总结报告”的撰写 3.结合本次活动，思考学生接受能力并提出改进意见	1.收集学生“研学任务单”，并根据任务单的完成情况，了解学生研学过程中的不足和优点 2.完善研学活动流程管理，总结活动过程中出现的问题，进行深刻反思 3.召开研学活动参与人员讨论会，形成总结报告	1.引导学生总结本次活动内容和收获，反思是否达到了培养学生主动探索问题、发现问题并解决问题的能力的目的 2.组织学生进行活动后的探究，并让学生结合实际思考环境保护的重要意义 3.召开研学活动参与人员讨论会，形成总结报告，提出改进意见
		教学反思	1.反思游戏环节是否达到了预期效果 2.反思课程进行过程中，学生是否全程参与并积极参加活动 3.反思研学活动中存在的安全隐患，为后面的研学活动总结经验	1.反思导入活动是否达到了预期效果 2.反思环节设置和节奏把控如何进一步优化，了解研学环节的优点和不足，明确实施方案优化方向 3.反思研学活动中如何保护学生安全	1.反思如何才能更好更快地将学生引入课程环节 2.反思学生如何才能将自己研学过程中的收获转化为努力学习的兴趣 3.反思课程设计的深度是否合适，学生是否感兴趣，课程中可增加的内容 4.反思研学活动中是否达到预期目标

维度或要素				小学高年级段	初中段	高中段
实施方案	评价教学环节	教学水平评价	自我评价	通过学生活动过程及结果的反馈，研学教师反思线路设计及课程设计的适切性，是否完成了线路及课程预设的目标	通过提问学生等方式，了解学生对活动的参与度，反思如何才能将学生的关注点和研学基地的课程相结合	通过观察、记录，反馈学生研学过程中的学习情况以及他们在活动中的表现，给予评价
			学生评价	学生的关注点和体验点应聚焦在真正的研学内容和主题上，而不是“有趣”或“好玩”上	通过填写“研学任务单”，对研学活动中的课程进行评价，并对活动过程的组织管理程序进行评价	通过“满意度调查表”，对研学过程管理、研学辅导员业务能力、研学安全员履职能力及研学基地课程合理性进行评价
			同行评价	研学基地导师、营地教师、学校学科教师、其他营地教师等对于线路及课程进行多维度评价，用于及时反馈初设目标	研学基地导师、营地教师、学校学科教师、其他营地教师等对于线路及课程进行多维度评价，建立合理评价体系	研学基地导师、营地教师、学校学科教师、其他营地教师等对于线路及课程进行多维度评价，提高活动参与人员的积极性和业务能力
			培训和考核	建立研学实践活动参与人员培训制度；通过政治素养、教学水平、教学态度、教学成果等多维度对教师进行综合考核与评价，鼓励辅导员等人员进行个人综合能力的提升	完善研学实践活动参与人员培训体系；通过政治素养、教学水平、教学态度、教学成果等多维度对教师进行综合考核与评价，建立合理评价体系，提高活动效果	形成研学实践参与人员定期培训模式；通过政治素养、教学水平、教学态度、教学成果等多维度对教师进行综合考核与评价，并根据考核结果对教师进行分类管理，实行个性化的培训方案，全方位保障教学效果
			教学成果展示	通过照片分享、标本展示、手抄报等形式，展示自己研学成果	通过制作公益宣传视频、海报、主题演讲、思维导图比拼、制作美篇等形式展示研学成果	通过制作宣传视频、召开主题辩论会、模拟答辩、调查报告展示等形式展示研学成果

维度或要素				小学高年级段	初中段	高中段
实施方案	评价教学环节	学业评价	形成性评价	通过观察、记录和反馈学生研学过程中的学习情况，以及他们在活动中的表现给予评价	通过对研学过程中学生参与活动的积极性、主动性进行评价，结合“研学任务单”的完成情况，对活动过程进行整体评价	活动过程中认真观察每位学生的表现，将学生的参与度与研学基地课程内容相结合，反思课程安排及研学辅导中的不足，并提出改进意见
			总结性评价	通过对研学过程中的观察和思考，总结针对小学高年级学生特点，如何在活动过程中贯彻教育理念	在研学活动结束后，通过学生的研究报告、展示或测试等形式，全面了解学生在研学活动中的学习成果和进步	通过回答问题、集体研讨等形式，客观反映学生研学活动中的参与度，结合辅导员老师对学生的评价和安全管理中的问题，整体评价活动效果
			教师评价	通过对学生活动参与度的观察，结合互动环节、分享环节及成果展示等环节的综合表现，对学生进行综合评价	由教师根据学生在研学活动中的表现和成果，根据学生的参与度、作业质量、测试成绩等，参考学生的自我评价，对学生进行综合评价	根据学生在活动开始前的准备、参与活动中的自我管理等，结合学生的自我评价，对学生研学过程进行评价。通过学生集体研讨环节的发言、成果展示环节作品呈现的效果，对学生学习效果进行评价
		项目评价		鼓励校内教育工作者、学生家长、社会各界积极参与评价过程，通过教研活动及针对评价结果的反思，及时发现问题并加以改进	鼓励校内教育工作者、学生家长、社会各界积极参与评价过程，通过教研活动及针对评价结果的反思，及时发现问题并加以改进	鼓励校内教育工作者、学生家长、社会各界积极参与评价过程，通过教研活动及针对评价结果的反思，及时发现问题并加以改进

4.20 教学计划与策略列表：共建生态文明高地 绘就高原山水画卷

<table>
<tr><td colspan="3">营地名称</td><td>互助县中小学生社会实践教育中心</td><td>命名机构</td><td>教育部</td><td>识别码</td><td>Y145630001</td></tr>
<tr><td colspan="3">从业资质（摘要）</td><td>加强未成年人校外活动管理工作，开展综合实践、研学实践教育活动，推动校外教育事业发展</td><td>单位属性</td><td>公益一类</td><td>法定代表人</td><td>毛生金</td></tr>
<tr><td colspan="3">研学主题</td><td>共建生态文明高地 绘就高原山水画卷</td><td colspan="2">主要目的指向</td><td colspan="2">自然教育</td></tr>
<tr><td rowspan="7">营地（枢纽）及周边主要优质研学资源</td><td colspan="2">基地层级</td><td colspan="5">研学站点（基地）名称</td></tr>
<tr><td rowspan="2">教育部命名基地</td><td>已列入教学计划</td><td colspan="5">一、与本主题相关列入教学计划的基地2个
1. 互助县中小学生社会实践教育中心（简称“青海互助营地”）；2. 青海省自然资源博物馆（简称“省自然资源博物馆”）
二、与本主题关联不大但列入本营地教学计划的基地10个
1. 青海西路军红光红军小学（循化县查汗都斯镇西路红军小学）（简称“红军小学”）；2. 中国科学院青海盐湖研究所（简称“盐湖研究所”）；3. 西宁市少年宫；4. 互助土族自治县青少年校外活动中心（简称“互助活动中心”）；5. 海东市乐都区青少年校外活动中心（简称“乐都活动中心”）；6. 民和回族土族自治县青少年校外活动中心（简称“民和活动中心”）；7. 贵德县青少年学生校外活动中心（简称“贵德活动中心”）；8. 海西州德令哈市青少年活动中心（简称“德令哈活动中心”）；9. 大通回族土族自治县青少年学生校外活动中心（简称“大通活动中心”）；10. 格尔木市青少年活动中心（简称“格尔木活动中心”）</td></tr>
<tr><td>待列入教学计划</td><td colspan="5">无</td></tr>
<tr><td colspan="2">其他部委命名基地</td><td colspan="5">1. 青海湖二郎剑景区（简称“青海湖”）；2. 孟达天池自然保护区（简称“孟达天池”）；3. 互助北山国家森林地质公园（简称“北山森林公园”）</td></tr>
<tr><td colspan="2">地方命名基地</td><td colspan="5">1. 青海省博物馆；2. 青海湖普式原羚自然教育研学基地（简称“普氏原羚基地”）；3. 龙羊峡生态旅游度假景区（简称“龙羊峡营地”）；4. 青海茶卡盐湖研学实践教育基地（简称“茶卡盐湖”）；5. 互助县高原特色现代农业示范园区管委会（简称“农业示范园区”）；6. 青海柴达木农垦莫河骆驼场有限公司（简称“漠河驼场”）；7. 冷湖火星小镇文化旅游开发有限公司（简称“火星小镇”）；8. 西宁城市职业技术学院创新学院（简称“西宁城市学院”）</td></tr>
<tr><td colspan="2">本营地资源</td><td colspan="5">1. 植物培育馆；2. 地理信息馆；3. 实景课堂教育资源馆；4. 科普教育馆；5. 影视教育馆；6. 营地多功能厅</td></tr>
<tr><td colspan="2">其他资源</td><td colspan="5">1. 东和乡油嘴湾农耕体验基地（简称“油嘴湾基地”）；2. 贵德地质公园</td></tr>
</table>

维度或要素	小学高年级段	初中段	高中段
校内教育基础（与校内教育的衔接）	对标课标，小学高年级段自然教育倡导以科学探究为核心的学习方式，通过生命世界、物质世界、地球和宇宙等领域的学习，让学生体验到学习科学的乐趣，增长科学探究的能力，获取丰富的科学知识，逐步形成尊重事实、善于质疑的科学态度，本课程衔接人教版科学相关课程，具体如下： 1.四年级下册科学第二单元“动植物的繁殖”第5课“用种子繁殖”、第6课“不用种子怎样繁殖”；2.四年级下册科学第三单元“环境中的生物世界”第10课“不同环境中的植物”；3.五年级上册科学第二单元“后代与亲代”第6课“植物的后代与亲代”、第三单元“显微镜下的生物世界”第9课“显微镜下的细胞”	对标课标，初中段的学生将通过自主探索和研究性学习，深化对自然法则、社会现象以及人生意义的理解与感悟。这一过程旨在提升学生发现和解决问题的技能，培育他们搜集、分析与运用信息的能力，同时养成崇尚真理、尊重科学的态度和道德行为。此外，学生还将学会团队合作与分享精神，增强自身的责任感。本课程与人教版生物、地理教材相衔接，具体内容设计如下： 1.在七年级上册的生物课程中，第三单元第二章“科学技术与社会——无土栽培”以及第一单元“生物和生物圈”，第二章“了解生物圈”的第二节“生物与环境构成生态系统”，均旨在培养学生的探究能力；2.七年级下册的劳动项目八“栽种小树”，则侧重于实践操作和生态意识的培养；3.八年级生物上册的第五单元第一章第六节“鸟”的探究，以及八年级上册第六单元“生物的多样性及其保护”和第三章“保护生物的多样性”，进一步扩展了学生的生物多样性知识；4.八年级下册的地理课程中，第九章青藏地区第二节“高原湿地——三江源地区”，则将自然环境保护与可持续发展教育相结合。课程内容在确保逻辑性和连贯性的同时，也注重语言的简练与表达的清晰度，力求在精美的描述中提升学生的学习兴趣，使课程内容生动有趣，更容易为学生所接受和理解	对标课标，高中段的学生已掌握了充足的理论知识，具有稳定的自主意识，且思维活跃，理解能力较强，学习积极性高，能够理论联系实际，表达观点，对三观具有正确的认知和看法。在研学实践活动中，结合掌握的课本知识，能够学以致用，在所学所思所感中能够提出问题，分析问题，解决问题，对建设高原生态文明高地具有一定的独立思考和建设性意见。本课程衔接人教版校内生物和地理课程，具体如下： 1.高中地理第四章“生态环境保护”；2.高中生物必修2“生物与环境”第四章人与环境第一节“人类活动对生态环境的影像”、第二节“生物多样性及其保护”；3.高中地理必修2第二节“湿地资源的开发与保护”；4.高中地理必修3第三章“环境安全与国家安全”；5.高中地理必修第四章第一节“走向生态文明”

维度或要素			小学高年级段	初中段	高中段
研学课程	必修课程一	名称	无土栽培	无土栽培	探寻天然动植物王国
		活动目的	通过对比无土栽培和传统种植，感受无土栽培技术给生活带来的便利	通过掌握无土栽培的相关知识和技术，了解无土栽培的优点及无土栽培的应用方向	通过研学，掌握动植物与环境的关系，增强对生态环境的忧患意识，敬畏大自然
		活动形式	专业讲解员讲解、参观学习，实践相结合	专业讲解员讲解、参观学习，实践相结合	讲解员讲解、实践体验、分享交流
	必修课程二	名称	草莓育苗扦插技术	草原上的生死对决	神奇的鸟类世界
		活动目的	通过活动，了解当代农业先进科学技术，认识草莓扦插需要的基质和穴盘	通过掌握食物链、食物网知识，认知生物圈是最大的生态系统，树立保护生物圈意识	通过学习鸟类的生态分类和生活习性，树立保护鸟类、保护生物多样性的理念
		活动形式	专业讲解员讲解、参观学习，实践相结合	专业讲解员讲解、参观学习，实践相结合	讲解员讲解、实践体验、分享交流
	必修课程三	名称	田园四时	青藏高原上有趣的食物链	冰川遗迹山水秘境
		活动目的	通过实践体验，了解四季农耕习俗，认识各种传统农耕工具，感恩大自然	通过认识青藏高原上的动植物，画出简单的食物链、食物网，了解生物多样性	了解孟达天池自然保护区的重大意义，树立人与自然和谐共生的思想
		活动形式	参观探访、任务驱动、实践体验、合作学习、总结归纳	专业讲解员讲解、学生实地观察、小组合作学习、归纳总结	听讲解员讲解、学生实地探访、实践体验、分享交流
	必修课程四	名称	探寻天然动植物王国	探寻天然动植物王国	地理之旅
		活动目的	通过参观探访、聆听讲解和实践体验，树立尊重自然、顺应自然、保护自然的理念	通过走进生态课堂，使学生掌握应对环境危机的措施，从实际出发保护环境	通过小组合作，掌握利用各种学习用具获得知识的方法，了解馆内设备，激发学生学习地理的兴趣和好奇心
		活动形式	参观探访、任务驱动、实践体验、小组合作学习、总结归纳	参观探访、任务驱动、实践体验、小组合作学习、总结归纳	教师讲授、任务驱动、实践体验相结合

维度或要素			小学高年级段	初中段	高中段
研学课程	必修课程五	名称	神奇的鸟类世界	神奇的鸟类世界	草原上的生死对决
		活动目的	通过专业讲解，了解常见鸟类的习性，培养学生热爱自然、关爱动物的良好品质	通过参观，了解鸟类生态分类和生活习性，树立保护鸟类、保护生物多样性的观念	通过研学实践，掌握食物链、食物网知识，了解人与自然和谐共生的重要性和意义
		活动形式	专业讲解、参观探访、任务驱动、实践体验、小组合作学习、总结归纳	专业讲解、参观探访、任务驱动、实践体验、小组合作学习、总结归纳	专业讲解员讲解、参观学习，实践相结合
	必修课程六	名称	草原上的生死对决	地理之旅	青藏高原上有趣的食物链
		活动目的	通过参观学习，了解青海省明星动植物和鼠兔为主体的食物链、食物网知识	通过小组合作，提高自主探究能力，增强学生的全球观念、尊重大自然和环保意识	通过参观学习，了解生物多样性，画出简单的食物链、食物网
		活动形式	专业讲解员讲解、参观学习，实践相结合	教师讲授、任务驱动、实践体验相结合	专家讲解、小组合作学习、归纳总结
	必修课程七	名称	青藏高原上有趣的食物链	田园四时	天下黄河青海清
		活动目的	通过以超轻黏土制作动物家族，培养团队协作、合作创新精神	通过学习农耕知识，感恩大自然，感受“人与自然和谐共生”生态新图景	通过学习，了解丹霞地貌，了解青海生态地位，树立生态保护优先意识
		活动形式	专家讲解、小组合作学习、归纳总结	专业讲解、任务驱动、小组合作学习	多学科情景式教学、合作式探究学习
	必修课程八	名称	探秘江河源头	探秘江河源头	植物的新家
		活动目的	通过参观探访，了解青海独特的生态资源	通过参观探访，认识三江源丰富的自然资源，树立人与自然和谐共生的理念	通过了解种植过程，掌握种植方法，了解植物的生长，增强环保意识、生态意识
		活动形式	听讲解员讲解、参观探访、实践体验、分享交流	听讲解员讲解、参观探访、实践体验、分享交流	教师讲授、任务驱动、实践体验相结合

维度或要素			小学高年级段	初中段	高中段
研学课程	必修课程九	名称	地理之旅	植物的新家	万里黄河第一坝——龙羊峡
		活动目的	通过小组合作，了解馆内设备，激发学生学习地理的兴趣和好奇心	通过体验给土壤增加养料和移栽植物，了解土壤与地理环境的关系，培养学生的耐心、责任心以及观察能力	通过实地参观学习，掌握龙羊峡生态文明建设工作取得的成就及龙羊峡在黄河治理中所发挥的作用，探究光伏节能发电对保护生态的作用
		活动形式	聆听讲解、小组合作、实践体验相结合	教师讲授、任务驱动、实践体验相结合	听讲解员讲解、实地探访、实践体验、分享交流
	必修课程十	名称	植物的新家	天下黄河青海清	走进湿地拥抱自然
		活动目的	通过参与体验，初步感悟土壤与植物的关系	通过参观探访，了解青海的生态地位，树立生态保护优先意识，争做江河源头的守护者；探究丹霞山的地质构造	通过参观学习，掌握高原独有的“草—河—湖—鱼—鸟”共生生态链，了解湿地的生物多样性及鱼鸟的生长习性，深化生态认知，了解人类活动对青海湖湿地的影响
		活动形式	聆听讲解、任务驱动、实践体验相结合	多学科情景式教学、实验法、合作式探究学习	探究实验法、小组合作学习、总结归纳
	选修课程		1. 自然生态线上课程（弘扬生态文明　爱我大美青海） 2. 天下黄河青海清 3. 低碳生活	1. 自然生态线上课程（弘扬生态文明　爱我大美青海） 2. 低碳生活	1. 自然生态线上课程（弘扬生态文明　爱我大美青海） 2. 妙不可“盐” 3. 逆流而上的生命奇迹 4. 纪录片：青海湖生命之歌

维度或要素		小学高年级段	初中段	高中段
研学线路	代表性线路（时长五日）	第一天：青海互助营地—农业示范园区—青海互助营地；第二天：青海互助营地—油嘴湾基地—青海互助营地；第三天：青海互助营地—北山森林公园—青海互助营地；第四天：青海互助营地—省自然资源博物馆—青海互助营地；第五天：青海互助营地—青海省博物馆—青海互助营地	第一天：青海互助营地—北山森林公园—地理信息馆—青海互助营地；第二天：青海互助营地—油嘴湾基地—青海省博物馆—植物培育馆—青海互助营地；第三天：青海互助营地—农业示范园区—省自然资源博物馆—青海互助营地；第四天：青海互助营地—北山森林公园—地理信息馆—青海互助营地；第五天：青海互助营地—油嘴湾基地—省博物馆—植物培育馆—青海互助营地	第一天：青海互助营地—北山森林公园—青海互助营地；第二天：青海互助营地—孟达天池—地理信息馆—青海互助营地；第三天：青海互助营地—省自然资源博物馆—贵德地质公园—植物培育馆—青海互助营地；第四天：青海互助营地—龙羊峡营地—青海互助营地；第五天：青海互助营地—普氏原羚基地—青海互助营地
	可选择线路（按天设计，菜单式选择）	1. 青海互助营地—农业示范园区—植物培育馆—青海互助营地；2. 青海互助营地—北山森林公园—地理信息馆—青海互助营地；3. 青海互助营地—油嘴湾基地—互助活动中心—青海互助营地；4. 青海互助营地—农业示范园区—青海省博物馆—青海互助营地；5. 青海互助营地—油嘴湾基地—省自然资源博物馆—青海互助营地；6. 青海互助营地—农业示范园区—省自然资源博物馆—青海互助营地；7. 青海互助营地—油嘴湾基地—西宁市少年宫—青海互助营地；8. 青海互助营地—省自然资源博物馆—植物培育馆—青海互助营地	1. 青海互助营地—北山森林公园—青海互助营地；2. 青海互助营地—油嘴湾基地—青海省博物馆—青海互助营地；3. 青海互助营地—农业示范园区—植物培育馆—青海互助营地；4. 青海互助营地—孟达天池—地理信息馆—青海互助营地；5. 青海互助营地—贵德地质公园—贵德活动中心—青海互助营地；6. 青海互助营地—农业示范园区—省自然资源博物馆—青海互助营地；7. 青海互助营地—青海湖—地理信息馆—青海互助营地；8. 青海互助营地—青海省博物馆—植物培育馆—青海互助营地	1. 青海互助营地—省自然资源博物馆—营地多功能厅—青海互助营地；2. 青海互助营地—茶卡盐湖—青海互助营地；3. 青海互助营地—北山森林公园—地理信息馆—青海互助营地；4. 青海互助营地—省博物馆—贵德地质公园—青海互助营地；5. 青海互助营地—孟达天池—植物培育馆—青海互助营地；6. 青海互助营地—贵德地质公园—植物培育馆—青海互助营地；7. 青海互助营地—普氏原羚基地—青海互助营地；8. 青海互助营地—农业示范园区—青海省博物馆—地理信息馆—青海互助营地
	规划线路（按天设计）	1. 青海互助营地—盐湖研究所—青海互助营地；2. 青海互助营地—贵德地质公园—青海互助营地；3. 青海互助营地—普氏原羚基地—青海互助营地	1. 青海互助营地—盐湖研究所—地理信息馆—青海互助营地；2. 青海互助营地—普氏原羚基地—植物培育馆—青海互助营地；3. 青海互助营地—茶卡盐湖—青海互助营地	1. 青海互助营地—漠河驼场—青海互助营地；2. 青海互助营地—西宁城市学院—青海互助营地；3. 青海互助营地—火星小镇—青海互助营地

维度或要素		小学高年级段	初中段	高中段
教学重点难点（以代表性线路教学设计为例，以下同）	教学重点	1.掌握无土栽培的相关知识和技术，提高对可持续现代农业的认识 2.探究草莓扦插的生长环境及相关的草莓品种知识 3.掌握平整、开沟、起垒等农田基本劳动方法 4.初步了解鸟类分布，了解常见鸟类的习性 5.了解青海省明星动植物，学习以鼠兔为主体的食物链、食物网知识；以超轻粘土制作动物家族，分享生态故事	1.感受无土栽培技术给生活带来的便利 2.带领学生走进生态课堂，培育热爱自然、保护环境意识、探索自然秘密的精神 3.掌握青海省明星动植物和鼠兔为主体的食物链、食物网知识及认知生物圈的概念、范围 4.了解青海独特的生态资源，认识三江源的生态体系及丰富的自然资源 5.了解普氏原羚的形态特征、栖息环境、生活习性，探究环境变化对动物种群的影响	1.了解北山国家森林公园内生物多样性和生态保护现状 2.认识青海省建立第一个野生植物为主的自然保护区的重大意义 3.掌握青海省明星动植物和鼠兔为主体的食物链、食物网知识 4.了解万里黄河第一坝“龙羊峡”的修建史，感悟工匠精神，认识龙羊峡在黄河治理中所发挥的作用 5.了解普氏原羚的分布范围、繁殖方式、种群现状，思考高原生态文明如何保护与建设、人与自然如何和谐共生、生态环境保护与经济社会如何可持续发展
	教学难点	1.了解有机农业生态如何平衡可持续发展 2.认识草莓扦插需要的基质和穴盘 3.北山国家森林公园内生物多样性保护知识和现状 4.认识生物与环境的关系 5.理解生态文明的内涵，进而了解人类文明的发展经历	1.了解无土栽培的优点及无土栽培的应用方向 2.通过参观和学习，探究青海生态文明建设的重要战略地位和生态价值 3.通过实地观察，简单实验分析，探究丹霞山的地质构造 4.通过实地观测，了解湿地的生态价值，对湿地的建设开发提出合理的建议 5.通过认识普氏原羚当前所面临的种群现状；探究环境变化对动物种群的影响	1.了解北山国家森林公园内生物多样性及保护现状，认识生态结构，探究面对环境危机我们应该怎么做 2.让学生正确认知习近平总书记关于“绿水青山就是金山银山”的生态理念 3.通过掌握以鼠兔为主体的食物链、食物网知识，树立生态环保意识 4.让学生明白推动生态优先绿色高质量发展是保持经济持续健康发展的必然要求，是新时代经济转型升级的综合体现 5.通过认识普氏原羚生存环境，引导学生深入思考高原生态文明如何保护与建设、生态环境保护与经济社会如何可持续发展

维度或要素	小学高年级段	初中段	高中段
教学策略	针对小学高年级段的学生具有一定的基础知识，对探究大自然的兴趣和好奇心比较浓厚，且对新鲜事物接受能力强，是传道授业好时机的这一学情，基于兴趣是最好的老师及实践“绿水青山就是金山银山”理念，选取无土栽培、草莓扦插等现代农业知识和生物多样性及高原有趣的动植物网等自然生态教育内容，依托教育部等部委命名营地（基地）资源优势，采取聆听讲解、合作探究、实践体验相结合等学法，开展参观学习、实践探究等研学实践教育活动，达到掌握一定的自然科学和生态知识，理解生态文明内涵，进而了解人类文明发展历程，树立人与自然和谐发展共识，践行生态保护理念，提升对人类社会良性可持续发展认知的理解	针对初中段的学生这一群体，他们的思想活跃，拥有强烈的探究欲望，并且已经开始积累一定的生活经验，世界观和人生观也在逐步形成。他们具备独立的思考和判断能力，勇于提出质疑，但有时在自控力方面还有待提高。为了培养他们的创新精神和实践能力，采纳了人文与科学统一的理念，选择了自然科学领域的教学内容，依托教育部以及其他部委命名的营地资源，利用研学任务手册和研学导师的讲解，采取任务驱动、多学科情景式教学的方法，引导学生进行自主学习、质疑研究、探究学习、实践体验和分享交流。学生们将有机会进行参观探访、科学实验操作、实地观察、小组合作学习以及归纳总结综合实践活动，这些活动将帮助他们深入思考自然、社会和人生问题，提高他们发现和解决问题的能力。通过实践活动，学生们将学会合作与分享，增强社会责任感，并在共同成长、共同进步的过程中不断拓展他们的思维深度和广度，最终达到培养科学思维和提高实践能力的目标，培养学生思维能力和实践技能，同时，也让学生的人生观和价值观得到进一步的完善	针对高中段的学生已掌握了充足的理论知识，具有稳定的自主意识，且思维活跃，理解能力较强，学习积极性高，能够理论联系实际，表达自己的观点，对三观具有正确的认知和看法，在研学实践活动中，能够学以致用，在所学所思所感中能够提出问题，分析问题，解决问题，对建设高原生态文明高地具有一定的独立思考和建设性意见的学情，基于青海提出的“生态立省”战略，树立人与自然和谐共生的思想，努力助推生态环境保护与经济社会的长远、协调、可持续发展的理念，依托周边丰富的自然资源，采取讲授法、任务驱动法、探究合作法等教法和观察法、探究学习法、总结归纳法，交流分享法等学法，开展研学实践教育活动，达到理智而友善地对待生态环境，尊重自然界的生存权和发展权，认识对青藏高原的生态保护就是对中华民族生存发展乃至全球生态保护的最大贡献的目的

维度或要素				小学高年级段	初中段	高中段
实施方案	入营教育	安全	引导	引导学生通过安全通道、学习安全标识，指导使用《安全手册》	通过开营仪式，强调安全的重要性，各营教官进行安全教育	通过开营仪式，团队组建、晚训等活动，进行安全教育，确保活动安全顺利开展
			实训	针对研学涉及点位讲解各类安全事故应急处置办法，必要时针对性演练	结合安全手册开展教育，系统讲解安全事故应急处置办法，必要时针对性演练	结合工作实际，进行安全教育，外出研学前对安全保卫员进行救援技能培训
		应急	引导	引导学生开展常见的应急事件处理方法和技巧交流	常见的应急事件处理方法和技巧交流	通过入营教育的形式，引导学生学习《研学实践活动安全须知》
			实训	观看短片、教官讲解和自主分享相结合，培养冷静思考和应急处置能力	开展安全应急演练活动（防爆恐演练、消防疏散演练等），确保活动有效	结合餐前教育活动，组织学生开展疏散、逃生应急演练
		救助	引导	创设情境，求助引导，熟悉求助教育方法技巧	创设情境，求助引导，熟悉求助教育方法技巧	结合《生命救护馆》课程，进行简单的救护技能实训
			实训	角色扮演模拟施救，以案促教。培养团队合作和资源整合能力	角色扮演模拟施救，以案促教。培养团队合作和资源整合能力	开展心肺复苏救护演练
		自我管理	引导	创设情境，团队活动从情绪管理和社交管理开始引导交流	创设情境，团队活动从情绪管理和社交管理开始引导交流	由研学教官、导师分营队通过安全通道、安全标识学习开展安全教育
			实训	开展团队共建、拓展训练等活动，掌握情绪管理和社交管理方法技巧	开展团队共建、拓展训练等活动，掌握情绪管理和社交管理方法技巧	结合安全手册开展教育，系统讲解安全事故应急处置办法，必要时针对性演练
		团队协作	引导	分小组，从醒目有激励性的队名命名开始，引导各小组规划活动，分步开展	分小组，从醒目有激励性的队名命名开始，引导各小组规划活动，分步开展	常见的应急事件处理方法和技巧交流
			实训	分组规划小组活动，明确分工、协调推进，总结交流	分组规划小组活动，明确分工、协调推进，培养解决问题的能力技巧	观看短片、教官讲解和自主分享相结合，培养冷静思考和应急处置能力

维度或要素		小学高年级段	初中段	高中段
实施方案	导入教学环节	1.案例导入：初识现代无土栽培技术；2.视频导入：观看中华农耕文明和农业国情教育宣传片；3.谈话导入：引出北山地貌、自然资源及感受神龙潭瀑布壮丽景色和有趣的鸟类及多样的动植物；4.视频导入：中科馆云讲堂《青藏高原的动物——有趣的食物链》，激发学生学习兴趣和求知欲；5.目标性导入：整体了解三江源，激发学习情趣，明确学习任务	1.问题导入：对比无土栽培和传统种植，谈谈无土栽培技术给生活带来的便利；2.视频导入：观看中华农耕文明和农业国情教育宣传片，了解农业相关的知识和中国从一个落后的农耕社会发展成为世界农业大国的历程；3.博物馆图片导入；4.视频导入：中科馆云讲堂《青藏高原的动物——有趣的食物链》，激发学生学习兴趣和求知欲；5.故事导入：文成公主和日月山、倒淌河的故事，引出青海湖的地质构造和成因；6.视频导入：播放纪录片《普氏原羚》，激发学生学习兴趣，更好进入学习状态	1.案例导入：环境危机，收集动植物种类资料，引入课程讲解；2.视频导入：通过观看孟达天池自然保护区的宣传片，直观了解孟达天池，调动学生研学的积极性和探究兴趣；3.视频导入：观看视频，激发学生学习兴趣和求知欲，引导学生关注生态系统中不同生物之间的相互作用；4.视频导入：播放视频《大坝锁黄河高峡出平湖》，感受龙羊峡宏伟建筑和周边环境；5.视频导入：播放纪录片《普氏原羚》，激发学生学习兴趣，增强责任意识和环保意识
	授课教学环节	第一天：入营教育、必修课程一“无土栽培”、必修课程二“草莓育苗扦插技术”；第二天：必修课程三“田园四时”、选修课程1自然生态线上课程（弘扬生态文明　爱我大美青海）、选修课程2植物的新家，选修课程3低碳生活（3选1）；第三天：必修课程四“探寻天然动植物王国”、必修课程五“神奇的鸟类世界”；第四天：必修课程六“草原上的生死对决”、必修课程七“青藏高原上有趣的食物链”；第五天：必修课程八“探秘江河源头”	第一天：入营教育、必修课程一“无土栽培”、必修课程二“草原上的生死对决”、必修课程三“青藏高原上有趣的食物链”；第二天：必修课程四“探寻天然动植物王国”、必修课程五“神奇的鸟类世界”、必修课程六“地理之旅”、选修课程1自然生态线上课程“弘扬生态文明　爱我大美青海”；第三天：必修课程七“田园四时”、必修课程八“探秘江河源头”、选修课程2“妙不可‘盐’”；第四天：必修课程九“植物的新家、选修课程3“逆流而上的生命奇迹”；第五天：必修课程十“天下黄河青海清”、选修课程4“纪录片：青海湖生命之歌”	第一天：必修课程一“探寻天然动植物王国”、必修课程二“神奇的鸟类世界”；第二天：必修课程三“冰川遗迹山水秘境”、必修课程四“地理之旅”；第三天：必修课程五“草原上的生死对决”、必修课程六“青藏高原上有趣的食物链”；第四天：必修课程七“天下黄河青海清”、必修课程八“植物的新家”；第五天：必修课程九“万里黄河第一坝——龙羊峡”

维度或要素		小学高年级段	初中段	高中段
实施方案	进级教学环节	1.组织学生进行无土栽培实践操作，掌握简单技巧，培养学生合作意识，使学生感受到与大自然同在，感受生命的韵律美，从而更加热爱大自然；2.通过讲解和参观科技创新与创意农业技术示范中心、草莓品种展示中心，让学生感受现代化农业技术；3.通过参观考察油嘴湾农耕体验基地、访问交流、体验探究，了解农耕文化，感悟生态农业之美；4.开展“野生动植物手绘”活动、对植物的知识进行讲解，增强学生对自然的观察能力与亲近感；5.通过了解青海省明星动植物，学习以鼠兔为主体的食物链、食物网知识，引导学生初步了解生物圈，人与自然和谐共生的意义	1.组织学生以体验为主，开展知识竞答，学生通过完成自然笔记，了解保护环境的重要性，树立保护自然环境的意识；2.通过探究学习食物链和食物网知识，引导学生认知生物圈是最大的生态体系，思考生态体系对人类的影响，传递“人与自然是生命共同体”的理念；3.小组讨论，探究三江源在青海生态建设中的战略地位，坚定生态优先的绿色发展理念；4.通过作品成果展示实践活动的结果，使学生成为具有实践能力和环保意识的有志青年；5.通过展示黄河流经各省份段的水质特征，引导学生讨论：为什么叫黄河？从而揭秘为什么天下黄河青海清。引导学生深刻认识到人与自然是生命共同体，从而引导学生深入思考，践行人与自然和谐共生我们可以做些什么	1.组织学习以体验为主，开展知识竞答，学生通过完成自然笔记，了解体会北山森林公园为什么会被称为“青海高原上的动植物王国”和“天然动物园”；2.根据天池水位变化记录，学生结合积累或学到的知识，分小组探究生态环境变化产生的生态效应，激发学生的生态责任意识和环保意识；3.通过“生态之窗”生态环境监测点实时在线转播系统，使学生思考“青海最大的价值在生态、最大的责任在生态、最大的潜力也在生态”，确保“一江清水向东流”的深刻内涵；4.学生分小组探究水光互补光伏节能发电的原理，并进行分享交流，激发学生对科学的兴趣，树立科学意识和生态环保意识；5.观看纪录片，让学生进一步了解普氏原羚，进一步明白保护普氏原羚的重要性和意义，积极营造关心和保护野生动物的自觉行动，形成全社会关注关心珍稀物种的良好氛围
	巩固教学环节	在研学导师的引导下，学生梳理知识，探究有价值的问题，形成知识体系，完成研学手册，分享感悟或收获，增强环保意识，培养家国情怀	在研学导师的指导下，通过问答、启发、小组合作、填写研学任务卡或研学手册进行知识巩固等形式，并通过分享交流，增强科学意识和生态环保意识，培养创新意识和创造能力	在研学导师的指导下，学生填写研学任务卡或研学手册，总结研学实践成果，理性认知人与自然和谐共生的内涵

维度或要素			小学高年级段	初中段	高中段
实施方案	总结教学环节	教学创新	在达成已授知识架构基础之上，探索新的教法学法和策略，培养学生创新精神	培养学生们积极主动探索的学习习惯，以及开放的学习方式和学习环境。在教师的引导下，需要创造研究的情景和路径，让学生们通过亲身实践来获得第一手的经验，培养他们的科学精神和科学态度，掌握根本的科学方法。除此之外还需要提高学生们综合运用所学知识解决实际问题的能力，同时培养他们的创新精神和实践能力	教师围绕科学探究、社会责任等设计课程，将地方资源特色与生物学知识联系，培养学生创新精神
		教学总结	成果展示和知识梳理相结合，总结教学环节、知识达成效果等方面的得失之处，整理活动资料，建立研学活动档案	结合实践成果展示与知识梳理，深入反思教学过程中的亮点与不足，全面评估知识传授和技能培养的实际效果。细致整理各项活动资料，精心构建研学活动的完整档案，为后续教学提供宝贵的参考和借鉴	通过成果展示与知识的衔接，情感态度与价值观的形成，行为习惯与价值体系的养成等环节全面总结教学情况，总结经验教训，整理活动资料，建立数字资源教学平台与研学活动档案
		教学反思	根据研学反馈和满意度调查结果，梳理教学设计，提炼经验，进行优化调整	依据学生的反馈和满意度调查结果，我们对教学设计进行了详尽的梳理。通过这一过程，我们总结出了有效的教学策略，并据此提炼出宝贵的经验。在此基础上，我们进行了系统的优化和调整，以确保教学活动更加符合学生的需求，提升他们的学习体验	根据研学反馈和满意度调查结果，重置课程设计，优化教学环节，总结教学经验与教训，取长补短，提高教学水平

维度或要素				小学高年级段	初中段	高中段
实施方案	评价教学环节	教学水平评价	自我评价	通过撰写教后记等方式对自己的教学效果进行评价和反思	自我评价是教师专业成长的重要环节，通过撰写教后记等形式的反思，帮助教师对自身教学效果进行深入的评价与思考，确保教学质量的提升，教师能够更加明确自己的教学优势和需要改进的地方，从而有针对性地调整教学策略和方法	通过课前准备与安排、活动组织与实施、课后评价与反馈等环节对教育教学效果进行评价
			学生评价	结合满意度调查问卷、过程互动等方式对课程的设置、教学的组织、教学行为的达成等进行评价	利用综合满意度调查问卷、过程互动等多种方式，对课程设计、教学组织、教学成果等方面进行深入探讨与评估	通过满意度问卷调查的形式对教学环节、知识的衔接、目标达成、价值体现、价值观的形成等教学成果进行评价
			同行评价	由营地教师、校方教师和教学管理人员对教学进行评价	教学评价由经验丰富的营地教师、学校在职教师以及负责教学管理的高级人员进行共同评估，确保从不同角度和层面上，对教学质量进行全方位的审视和反馈	通过数字资源平台、满意度问卷调查的形式由教育主管部门、营地教师、校方教师、第三方运营单位对教学活动进行评价
			培训和考核	采用实地参观、聆听报告、视频在线等方式定期开展培训和考核，反促教学行为的达成与优化	通过实地考察，让教师们能够直接从实践中学习和改进；聆听专业报告，以此拓宽视野，增强专业知识；以及利用视频在线平台，提供灵活的学习方式，方便教师们在任意地点进行自我提升，并激励教师不断优化教学行为，从而提升教学效果	通过实地参观、聆听报告、磨课评课、优质课展示、教学总结等方式定期开展培训和考核，交流教学经验，促进教学行为达成与优化
			教学成果展示	通过学生的《研学手册》、研学心得、作品展示，教师的教学反思等达成情况，评价教学水平	通过综合考量学生提交的《研学手册》、研学感悟、创意作品展示等多方面内容，进行多维度、全方位的教学评价	通过填写《研学手册》、撰写研学心得、展示作品，分享交流、教师评价等活动反馈教学情况，评价教学水平

维度或要素				小学高年级段	初中段	高中段
实施方案	评价教学环节	学业评价	形成性评价	通过对学生的行为、表现、反应等以及对学生之间的互动进行观察和记录，并及时给予评价	通过深入观察学生的行为模式、学业表现和情感反应，以及他们之间的交流互动，我们将持续记录这些关键指标。这不仅有助于及时了解每个学生的成长轨迹，还能够为他们的个性化发展提供精准的评价和反馈	通过情感态度、研学活动、行为习惯、成果展示等环节对学生进行评价，促进学生价值体系的形成
			总结性评价	研学活动结束后，通过召开总结研讨会等方式，结合《研学手册》反馈，进行评价，发放营员结业证书	通过召开总结研讨会等多种方式，依据《研学手册》中的反馈，对活动效果进行细致评估。同时，为每位完成全部课程的营员颁发结业证书，以表彰他们在活动中的努力与成就	通过结营仪式、营员表彰、展示成果、活动总结等方式对整个研学活动进行全面讲评，形成思想认同，促进研学活动的可持续发展
			教师评价	结合形成性评价，根据学生知识、技能，情感、态度、价值观的达成情况进行评价	通过融入形成性评价方法，我们可以全面评估学生在知识掌握、技能运用、情感态度以及价值观形成等方面的进展。这种评价方式不仅关注学生的学习成果，还注重学习过程，从而为每位学生提供个性化的反馈，促进其全面发展	通过前置性课程、现场教学、活动效果、学生、家长、社会反馈等内容进行评价，促进教师成长
		项目评价		通过研学参与者、研学需求者、研学营地（基地）及社会各界就过程和结果进行评价，针对评价进行分析、反思、总结和提升	为了确保研学旅行的质量与效果，我们采取了全方位的评价机制。这一机制涉及研学旅行的参与者、需求者、营地（基地）以及社会各界，他们对研学过程及其成果进行细致的评价。通过对评价进行深入分析、反思、总结，我们不断优化研学实践的各个环节，力求为学生提供更为丰富、深入、有价值的研学体验	通过研学线路设计、课程实施、各方评价与反馈，进行过程性评价，推动研学工作的进步与发展

4.21　教学计划与策略列表：遇见新疆　寻自然之韵

<table>
<tr><td colspan="3">营地名称</td><td>乌鲁木齐市青少年综合实践教育中心</td><td>命名机构</td><td>教育部</td><td>识别码</td><td>Y145650001</td></tr>
<tr><td colspan="3">从业资质（摘要）</td><td>贯彻执行党和国家的教育方针。依据相关教育政策法规和标准，指导和组织开展中小学综合实践教育活动</td><td>单位属性</td><td>公益一类</td><td>法定代表人</td><td>帕尔哈提・努尔买买提</td></tr>
<tr><td colspan="3">研学主题</td><td>遇见新疆　寻自然之韵</td><td colspan="2">主要目的指向</td><td colspan="2">自然教育</td></tr>
<tr><td rowspan="7">营地（枢纽）及周边主要优质研学资源</td><td colspan="2">基地层级</td><td colspan="5">研学站点（基地）名称</td></tr>
<tr><td rowspan="2">教育部命名基地</td><td>已列入教学计划</td><td colspan="5">一、与本主题相关列入教学计划的基地3个
1.乌鲁木齐市青少年综合实践教育中心（简称“乌鲁木齐营地”）；2.中科院新疆生态与地理研究所（简称“新疆自然博物馆”）；3.阿勒泰地区福海县青少年活动中心（简称“福海营地”）
二、与本主题关联不大但列入本营地教学计划的基地3个
1.新疆维吾尔自治区博物馆（简称“自治区博物馆”）；2.新疆维吾尔自治区科学技术馆（简称“新疆科技馆”）；3.新疆古生态园（新疆野马文化发展有限公司）</td></tr>
<tr><td>待列入教学计划</td><td colspan="5">1.新疆儿童发展中心；2.吐鲁番博物馆；3.新疆生产建设兵团第十师一八五团；4.新疆维吾尔自治区经济和信息化委员会；5.温泉县气象局；6.哈密市伊州区红军西路军进疆纪念园；7.北庭故城遗址（吉木萨尔县北庭学研究院）；8.阿克苏地区博物馆；9.新疆文化出版社；10.博州温泉县“五馆一中心”（温泉县灵泉旅游开发经营有限公司）；11.八路军驻新疆办事处纪念馆；12.乌鲁木齐市博物馆（乌鲁木齐市革命历史纪念地管理中心）</td></tr>
<tr><td colspan="2">其他部委命名基地</td><td colspan="5">1.新疆富蕴可可托海国家地质公园（简称“可可托海地质公园”）</td></tr>
<tr><td colspan="2">地方命名基地</td><td colspan="5">1.新疆农业博览园（简称“农博园”）；2.吐鲁番市高昌区交河驿・坎儿井源景区（简称“吐鲁番交河驿”）；3.乌鲁木齐南山庙尔沟森林环保科普教育基地（简称“庙尔沟科普基地”）</td></tr>
<tr><td colspan="2">本营地资源</td><td colspan="5">1.乌鲁木齐营地营地农场；2.头屯河森林公园徒步道；3.乌鲁木齐营地植物园；4.野外生存活动场地；5.防灾减灾体验馆；6.乌鲁木齐营地中草药园；7.乌鲁木齐营地棉花种植园；8.乌鲁木齐营地花卉种植园；9.乌鲁木齐营地观鸟区；10.乌鲁木齐营地手工坊</td></tr>
<tr><td colspan="2">其他资源</td><td colspan="5">1.中国彩棉（集团）股份有限公司（简称“中国彩棉基地”）；2.塞外水乡生态农场（简称“塞外水乡”）；3.吐鲁番火焰山；4.老龙河胡杨林；5.白鸟湖湿地；6.头屯河森林公园；7.自治区蜂业实训基地；8.新疆活体昆虫博物馆；9.吐鲁番沙漠植物园；10.葡萄沟</td></tr>
</table>

维度或要素	小学高年级段	初中段	高中段
校内教育基础（与校内教育的衔接）	根据课标，科学是在研究自然、发现规律的基础上形成知识系统，对小学高年级段学生来说，自然界中的一切都有着极强的吸引力，本项目旨在让学生在实践中认识身边的大自然，在研学活动中给学生展现个人想法的机会，在实地观摩和实践中融入已有知识，提升学生一定的观察和经验总结能力。结合身边环境的自然探索研学活动，极大拓宽学生探索的领域，建立对自然科学的学习兴趣。本阶段研学课程设计主要链接人教版科学、美术学科：1.四年级科学上册“认识更多的生物”“方向和位置”“制作植物标本”；2.五年级科学下册一“物质的变化”“植物的生长和变化”“动物的生长和变化”“地表的变化”“自然因素对地表的作用”“人类活动对地表的影响”；3.六年级科学上册“植物的生命系统”“植物的生命系统”“植物的器官和营养”“植物的光合作用”“自然界里的水循环”“水在自然界里的循环”；4.六年级下册“生物与环境”“动物与环境”“植物与环境”“资源保护与环境危机”“濒危的动植物”；5.四年级美术下册第9课“对称的美”、第11课“走进春天”；6.六年级美术下册第3课“记录色彩”	根据课标，初中阶段应着眼于学生适应未来发展和个人生活需要，立足坚实的生物科学基础，发展学生核心素养为导向，注重学生的实践体验。在此阶段，需要教师引导学生建立积极向上的价值观，将理论学习与实践体验相结合，引导学生对事物的好奇心和积极探索精神。大自然是引导学生最好的环境，从自然中去发现、去探索，能在一定程度上减少学生青春期的焦躁，建立对科学观察的认识，自主探索的形式也更能激发学生在自我认知方面的自信。本阶段研学课程主要链接人教版生物教材：1.七年级上册第三单元“生物圈中的绿色植物”第三章“绿色植物与生物圈的水循环”、第二章“被子植物的一生”第一节“种子的萌发”、第三节“开花和结果”、第五章“绿色植物与生物圈中的碳—氧平衡”第一节“光合作用吸收二氧化碳释放氧气”、第二节“绿色植物的呼吸作用”；2.七年级（下册）第四单元“生物圈中的人”第七章第一节“分析人类活动对生态环境的影响”；3.八年级上册第五单元“生物圈中的其他生物”，第一章第三节“软体动物和节肢动物”；4.八年级上册第五单元“生物圈中的其他生物”第一章第六节“鸟”；第六单元“生物的多样性及其保护”第三章“保护生物的多样性”	根据课标，高中阶段的学生需要全面而有个性地发展，为适应社会生活、高等教育和职业发展做准备。在学习能力相对较强，但课业压力大的情况下，学生能走进自然进行探索和结合知识去实践的机会相对较少，本项目主题在自主学习、合作探究等方式下开展研学活动，极大地激发学生参与活动的积极性，同时也链接了学生的学科知识，让学生在轻松自在的氛围中感受大自然，激发学生潜在的对自然科学的好奇心，增强其与自然和谐共生的思想。本阶段研学课程设计主要链接高中生物、地理课程内容：1.生物必修3“稳态与环境”、第5章第5节“生态系统的稳定性”、第6章第2节“保护我们共同的家园”；2.生物选修2第2章第6节“设施农业”；3.生物选修1专题6“植物有效成分的提取”课题1“植物芳香油的提取”；4.地理必修一第四章第一节“常见地貌类型”、第二节“地貌的观察”；第五章第一节“植被”、第二节“土壤”

维度或要素			小学高年级段	初中段	高中段
研学课程	必修课程一	名称	“蜂”狂探“蜜”——自制蜂蜡唇膏	“蜂”狂探“蜜”——蜂产品初体验	“蜂”狂探“蜜”——新疆优质蜂蜜推介人
		活动目的	通过沉浸式观察不同蜜蜂，进行初步了解蜜蜂的形态、生活体系、蜂巢构造	通过了解蜂蜡的提取全过程，体验自制蜂蜡唇膏，学习蜂蜡的作用与功效	通过实地考察，了解蜂蜜的生产过程，体验取出巢蜜过程体验养蜂人的辛苦和乐趣
		活动形式	教师讲授、实地探访	教师讲授、实践体验	教师讲授、实践体验、分享与交流
	必修课程二	名称	大自然的馈赠——农耕工具里的科学	大自然的馈赠——探秘植物“芯片”	模拟自然——生态瓶设计
		活动目的	通过杆秤的制作，体会人类在工具发明中的智慧，感悟杆秤代表的公平公正精神	通过认识种子植物，了解种子的发展史，懂得保护粮食作物必须先了解植物的种子	实地观察自然生态系统，设计制作生态瓶。为生态系统的合理利用提出有价值的建议
		活动形式	教师讲授、实践体验	教师讲授、实践体验、分享与交流	教师讲授、实践体验
	必修课程三	名称	历史见证者——胡杨	丝路火焰——火焰山地质调查	和谐共生的历史——可可托海之旅
		活动目的	实地探访胡杨林，观察胡杨的植物结构、生活环境。以“历史见证者——胡杨”为主题设计一份环保手抄报	结合地理知识实地观察、认识火焰山的地质情况。感受自然气候，从岩石、泥沙等地质元素中找到大自然的历史痕迹	了解“中国寒极”之称的可可托海自然环境，懂得人与自然和谐共生是自古以来祖辈们都在践行的生存之道
		活动形式	教师讲授、实地探索、分享与交流	教师讲授、实地探访、分享与交流	教师讲授、实地探访、分享与交流
	必修课程四	名称	大自然的温柔——棉花标本制作	大自然的温柔——棉花变形记	大自然的温柔——我为新疆“棉花”代言
		活动目的	通过棉花标本的制作，深入了解棉花植株的结构特征，及其与新疆特殊气候条件的关系	通过“手工纺纱”实践的体验，体会将棉花变成布料的工匠精神，从活动细节中感受人与自然的和谐共生	通过拍摄视频助力家乡棉花产业发展，知道新疆棉花产业在党和政府的大力支持下蓬勃发展，增强爱家乡的家国归属感
		活动形式	教师讲授、实地观察、实践体验	教师讲授、实地观察、实践体验	实地观察、实践体验

维度或要素			小学高年级段	初中段	高中段
研学课程	必修课程五	名称	昆虫记之昆虫身份证	昆虫记之微观世界的昆虫	昆虫记之昆虫与人类
		活动目的	了解昆虫的分类与特征，以及简单的生活习性	了解昆虫的结构特征及各器官功能，掌握昆虫结构的简单研究方法	了解昆虫在自然中的作用及其如何与人类和平共处，了解常见的植保技术
		活动形式	教师讲授、探究活动	教师讲授、实物展示、实践操作	教师讲授、探究活动
	必修课程六	名称	厨房里的中草药——姜	厨房里的中草药	寻香问道——探秘芳香植物
		活动目的	实地观察中草药植物，能够辨识出部分厨房中常见的中草药—生姜，掌握生姜红糖水的制作技巧	实地观察中草药植物，能够辨识出大部分厨房中常见的中草药。掌握红糖姜枣茶的制作技巧	实地观察几种芳香植物，探寻芳香植物香味来源部位。实践体验制香过程，设计推广文案
		活动形式	教师讲授、实践体验	教师讲授、实践体验、分享与交流	教师讲授、实地探访、实践体验、分享与交流
	必修课程七	名称	设计湿地鸟类栖息地	白鸟湖湿地植物种类探究	白鸟湖湿地生态环境调查
		活动目的	了解白鸟湖湿地的鸟类，懂得湿地是鸟类重要的栖息地。设计湿地鸟类栖息地，初步懂得人与自然和谐共生的道理	撰写“保护乌鲁木齐白鸟湖湿地植物”倡议书。激发学生保护环境的热情，以及对科学探索的兴趣	培养学生学科学、爱科学和钻研科学的热情和兴趣。同时能将各科知识充分理解、渗透和综合应用撰写调查报告
		活动形式	教师讲授、实践体验	教师讲授、实践体验	实地探访、实践调查、撰写报告
	必修课程八	名称	自然有答案——寻找自然色彩	自然有答案——植物叶形知多少	自然有答案——“沙漠守护神——胡杨”
		活动目的	通过自然观察，寻找大自然中的色彩。利用拓印的方式制作自然色彩画，感受大自然的丰富多彩。学会观察自然环境，激发学生亲近自然、热爱自然的情感	实地观察各种植物叶片，以自然笔记的形式记录对应植物叶片形态。从叶片形态认识植物蕴含的线条美，初步了解植物分类知识。引导学生走进自然、认识自然、热爱自然	实地探访胡杨林，观察胡杨的植物结构、生活环境。以“沙漠守护神——胡杨”为主题，设计一段保护生态环境的宣传片，增强服务社会，守护自然的意识
		活动形式	教师讲授、实践体验	教师讲授、实践体验	实地探访、实践体验

维度或要素			小学高年级段	初中段	高中段
研学课程	必修课程九	名称	寻觅飞羽精灵——软陶鸟窝设计	寻觅飞羽精灵——鸟窝搭建	寻觅飞羽精灵——鸟类生存障碍调查
		活动目的	认识2—3种本地常见鸟类。根据鸟类体型及生活习性，用软陶模拟设计鸟窝	认识5—6种本地常见鸟类及其生活习性。选择某种鸟类，根据其体型及生活习性，为其设计搭建鸟窝	认识鸟类的生存与人类活动的密切关系。调查鸟类存在的生存障碍情况，根据调查结果及查阅资料情况，撰写本地鸟类生存障碍初探报告，并提出鸟类保护措施建议
		活动形式	教师讲授、实践体验	实地探访、实践体验	实地探访、实践体验
	必修课程十	名称	探秘地下空间——土壤里藏着什么	探秘地下空间——土壤分层	探秘地下空间——土壤中的生物
		活动目的	通过观察土壤，认识土壤里都藏着哪些秘密。进行土壤沉积实验，进一步挖掘土壤成分	结合土壤剖面结构知识，通过实地观察土壤自然分层情况，感受科学的研究和观察带来的欣喜	通过采集、观察土壤及其中的生物，认识土壤生物多样性，以及与其他环境因素的关系。从实践中让学生体会了解土壤生物多样性及其保护土壤的相关功能
		活动形式	教师讲授、实践体验	实地探访、实践体验	实地探访、实践体验
	选修课程		1. 头屯河森林公园徒步 2. 丰收的喜悦 3. 野外生存——辨识方向 4. 地震逃生演习	1. 头屯河森林公园徒步 2. 丰收的喜悦 3. 野外生存——扎帐篷 4. 地震逃生演习	1. 丰收的喜悦 2. 头屯河森林公园徒步 3. 野外生存——野炊 4. 地震逃生演习

维度或要素		小学高年级段	初中段	高中段
研学线路	代表性线路（时长五日）	第一天：乌鲁木齐营地花卉种植园—新疆活体昆虫博物馆—乌鲁木齐营地；第二天：乌鲁木齐营地棉花种植园—乌鲁木齐营地手工坊—乌鲁木齐营地；第三天：乌鲁木齐营地—老龙河胡杨林—乌鲁木齐营地观鸟区—乌鲁木齐营地；第四天：中草药实践园—乌鲁木齐营地营地农场—乌鲁木齐营地；第五天：乌鲁木齐营地—白鸟湖湿地—乌鲁木齐营地营地农场—乌鲁木齐营地	第一天：乌鲁木齐营地营地农场—塞外水乡—乌鲁木齐营地；第二天：乌鲁木齐营地中草药园—自治区蜂业实训基地—乌鲁木齐营地；第三天：乌鲁木齐营地园区—中国彩棉基地—乌鲁木齐营地；第四天：乌鲁木齐营地—吐鲁番火焰山—乌鲁木齐营地观鸟区—乌鲁木齐营地；第五天：乌鲁木齐营地—白鸟湖湿地—新疆自然博物馆—乌鲁木齐营地	第一天：乌鲁木齐营地—中国彩棉基地—可可托海地质公园—福海营地；第二天：福海营地—新疆自然博物馆—乌鲁木齐营地中草药园；第三天：乌鲁木齐营地园区—自治区蜂业实训基地—乌鲁木齐营地；第四天：乌鲁木齐营地—农博园—老龙河胡杨林—乌鲁木齐营地；第五天：乌鲁木齐营地—白鸟湖湿地—新疆自然博物馆—乌鲁木齐营地
	可选择线路（按天设计，菜单式选择）	1. 乌鲁木齐营地—自治区博物馆—乌鲁木齐营地；2. 乌鲁木齐营地—新疆科技馆—乌鲁木齐营地；3. 乌鲁木齐营地—新疆自然博物馆—乌鲁木齐营地；4. 乌鲁木齐营地—新疆活体昆虫博物馆—乌鲁木齐营地；5. 乌鲁木齐营地—新疆古生态园—乌鲁木齐营地；6. 乌鲁木齐营地—农博园—乌鲁木齐营地；7. 乌鲁木齐营地—白鸟湖湿地—乌鲁木齐营地；8. 乌鲁木齐营地—庙尔沟科普基地—乌鲁木齐营地；9. 乌鲁木齐营地—吐鲁番沙漠植物园—吐鲁番火焰山—葡萄沟—吐鲁番交河驿—乌鲁木齐营地	1. 乌鲁木齐营地—自治区博物馆—乌鲁木齐营地；2. 乌鲁木齐营地—新疆科技馆—乌鲁木齐营地；3. 乌鲁木齐营地—新疆自然博物馆—乌鲁木齐营地；4. 乌鲁木齐营地—新疆活体昆虫博物馆—乌鲁木齐营地；5. 乌鲁木齐营地—新疆古生态园—乌鲁木齐营地；6. 乌鲁木齐营地—农博园—乌鲁木齐营地；7. 乌鲁木齐营地—白鸟湖湿地—乌鲁木齐营地8. 乌鲁木齐营地—庙尔沟科普基地—乌鲁木齐营地；9. 乌鲁木齐营地—吐鲁番沙漠植物园—吐鲁番火焰山—葡萄沟—吐鲁番交河驿—乌鲁木齐营地	1. 乌鲁木齐营地—自治区博物馆—乌鲁木齐营地；2. 乌鲁木齐营地—新疆科技馆—乌鲁木齐营地；3. 乌鲁木齐营地—新疆自然博物馆—乌鲁木齐营地；4. 乌鲁木齐营地—新疆活体昆虫博物馆—乌鲁木齐营地；5. 乌鲁木齐营地—新疆古生态园—乌鲁木齐营地；6. 乌鲁木齐营地—农博园—乌鲁木齐营地；7. 乌鲁木齐营地—白鸟湖湿地—乌鲁木齐营地；8. 乌鲁木齐营地—庙尔沟科普基地—乌鲁木齐营地；9. 乌鲁木齐营地—吐鲁番沙漠植物园—吐鲁番火焰山—葡萄沟—吐鲁番交河驿—乌鲁木齐营地
	规划线路（按天设计）	1. 乌鲁木齐营地—吐鲁番博物馆—乌鲁木齐营地；2. 乌鲁木齐营地—北庭故城遗址—乌鲁木齐营地；3. 乌鲁木齐营地—温泉县气象局—乌鲁木齐营地	1. 乌鲁木齐营地—吐鲁番博物馆—乌鲁木齐营地；2. 乌鲁木齐营地—北庭故城遗址—乌鲁木齐营地；3. 乌鲁木齐营地—温泉县气象局—乌鲁木齐营地	1. 乌鲁木齐营地—吐鲁番博物馆—乌鲁木齐营地；2. 乌鲁木齐营地—北庭故城遗址—乌鲁木齐营地；3. 乌鲁木齐营地—温泉县气象局—乌鲁木齐营地

维度或要素		小学高年级段	初中段	高中段
教学重点难点（以代表性线路教学设计为例，以下同）	教学重点	1. 了解昆虫、植物的基本特征与分类，实地探访胡杨林，观察胡杨的植物结构、生活环境 2. 学会观察，认识到湿地是鸟类赖以生存的重要场所。能够辨识出部分厨房中常见的中草药，掌握生姜红糖水的制作技巧。了解蜂蜡的提取全过程，学习蜂蜡的作用与功效。体会农耕劳动蕴含的智慧	1. 体会“手工纺纱”工艺中的工匠精神。了解昆虫的结构学特征。了解蜂蜜的生产过程 2. 以科学的调查方法调查湿地的植物情况，辨识身边的中草药植物，认识常见鸟类。观察植物叶片的形态，总结观察到的植物叶形种类。认识种子结构及种子的重要地位 3. 分组实地观察土壤，探访火焰山，感受特殊的自然环境	1. 实地观察自然生态系统，设计制作简易生态瓶。实地观察胡杨生活的环境，认识胡杨植物结构特点 2. 了解“中国寒极”之地可可托海的气候及地质情况。了解昆虫的特征与习性，培养人与自然和谐共处意识。掌握新疆棉花的发展及其天然优势。以科学的调查方法调查白鸟湖湿地的实际生态情况 3. 观察植物、昆虫、鸟类结构，探寻芳香植物的香气来源。深入了解蜂蜜、王浆、花粉、蜂胶等蜂产品
	教学难点	1. 收集记录昆虫、鸟类相关信息，完成“昆虫身份证”的制作及鸟窝设计 2. 设计兼顾环保、科学性、生物适应性的鸟类栖息地。以“沙漠守护神——胡杨”为主题设计一份环保手抄报。学会自制蜂蜡唇膏 3. 了解家乡得天独厚的气候条件与地质情况，新疆棉花发展的关系，提升民族自豪感。感悟公平公正的劳动初心	1. 从人类对自然物的利用中感受人与自然的和谐共生。进一步了解大自然与中医文化的渊源。从叶片形态认识植物蕴含的线条美，初步了解植物分类知识 2. 根据调查结果总结，写一份加强保护白鸟湖湿地植物的倡议书。小组合作完成一份火焰山地质调查报告。体验取出巢蜜、动手割蜜、手工摇蜜等过程 3. 通过粮食作物来源于大自然的探讨，体会大自然与人类生活的密切关系	1. 为常见生态系统的合理利用和维持可持续发展提出有价值的建议。根据调查结果总结、反馈一份合理的自然保护方案 2. 理解可可托海艰苦奋斗的国脉精神和功勋印记，结合对可可苏里湿地的保护措施，懂得人与自然和谐共生是自古以来祖辈们都在践行的生存理念 3. 结合昆虫的特征与习性，尝试在自然友好的前提下匹配植保技术 4. 利用图片、海报、视频等方式展示新疆特产的优势，从宣传家乡农产品中体会爱家乡爱祖国的家国情怀

维度或要素	小学高年级段	初中段	高中段
教学策略	小学高年级段学生学习能力逐步提升，在学习、实践能力和与人交流方面都有了一定的提升，对大自然里的一切都充满兴趣，但缺乏与自然近距离接触的实践经验，缺乏在真实情境中结合知识的学习经验。基于生活即教育理论，选取走进自然、亲近自然、研究自然的实地观察实践内容，依托本地特有的自然资源，让学生从家门口的自然环境中获得新知，使学生从观察动物、植物的过程中理解人与自然和谐共生的事实，采用教师启发引导，学生自主探究观察、合作学习、自主实践的教法学法，展开从动植物及其生活的环境中观察自然、感受自然、认识自然的活动，达到从逐步认识自然之物的过程中感受人与自然和谐共生的必要性的目的，懂得保护自然必先了解自然的道理	初中段是学生建立对世界的基础认知，形成具有个人主观意识的关键期。他们有很多奇思妙想，需要给予他们施展自我的平台，在肯定学生的基础上才能看到学生最大的潜能。基于生活即教育理论，大自然是引导学生最好的环境，从自然中去发现、去探索，能一定程度上减少学生青春期的焦躁，建立对科学观察的认识，自主探索的形式也更能激发学生在自我认知方面的自信。依托祖国大好河山，以及人类对自然物的巧妙利用，采用体验式探究、实例导入法、分解法、设问启发、推导法，开展参与传统劳动、走进祖国大好河山等活动。最终达到使学生认识到人与自然和谐共生是自古以来就被传承的法则，大自然的产物与我们的生活密切相关，保护自然、热爱自然就是热爱祖国的体现	高中段的学生已经具备一定的自然科学基础，学习能力相对较强。但在课业压力下，学生能走进自然进行探索和结合知识去实践的机会相对较少。基于生活即教育理论，本项目选取源自学生生活情境的动植物作为观察研究对象，依托学生家乡的特有自然景观及产物，从历史、人文、科学等角度展开了解，采取教师引导，学生自主学习、合作探究等方式开展研学活动，极大地激发学生参与活动的积极性，同时也链接了学生的学科知识，让学生在轻松自在的氛围中感受大自然，激发学生潜在的对自然科学的好奇心。达到提升学生合作意识，关注环境问题，建立积极的环保价值观。增强人类与自然和谐共生的思想等目的

维度或要素				小学高年级段	初中段	高中段
实施方案	入营教育	安全	引导	通过安全教育讲座和学习，提醒学生行程中可能出现的安全隐患	通过安全教育讲座和学习，提醒学生行程中出现的安全隐患，并引导学生进行汇报	通过安全教育讲座和学习，并引导学生探究营地可能发生的安全事故
			实训	开设安全教育讲座，进行交通安全标识学习，发放安全手册	进行交通安全标识学习，组织学生分组讨论、制定疏散方案并组织疏散演练	进行交通安全标识学习，组织学生分组绘制疏散图、制定疏散方案，开展疏散演练
		应急	引导	通过视频案例和演示，认识营内危险点和危险行为带来的危害	通过视频了解地震、火灾等案例，认识掌握应急事件处理方法和技巧重要性	探究地震和人为不当行为引起的火灾灾难程度，产生掌握应急技巧的意愿
			实训	学习灭火体验、地震体验及初步学习安全绳的使用	学习灭火知识讲解及训练、地震知识讲解及学习安全绳的使用	学习灭火训练及烟雾逃生训练，开展地震演练并能够熟练使用安全绳
		救助	引导	了解急救与包扎的基础知识，了解一定的自救与救助他人的知识	了解急救与包扎基础知识，进行简单的自救与救助他人的体验	掌握急救与包扎基础知识，具备一定的自救与救助他人的能力
			实训	开展校医培训大讲堂，举办急救知识竞赛	开展校医培训，进行简单的自救与救助他人的体验，举办急救知识竞赛	开展校医培训，进行情景模拟实操实训，举办急救知识竞赛
		自我管理	引导	学习食堂就餐、内务整理、课程学习等相关要求，规范行为举止	学习食堂就餐、内务整理、课程学习等相关要求，树立自我管理意识	学习食堂就餐、内务整理，学生参与内务评分，进行自评、互评
			实训	发放研学行为规范手册，进行内务整理活动	发放研学行为规范手册，进行内务整理大比拼	发放研学行为规范手册，进行内务整理大比拼，学生参与内务评分，进行自评、互评
		团队协作	引导	通过破冰分小组选组长，确定组内成员，培养团队意识，建立团队情谊	通过破冰后分小组选组长，确定组内成员分工，画队旗、制定口号	通过破冰后分小组选组长，确定组内成员分工，画队旗、制定口号
			实训	组织学生分组建立团队，开设素质拓展团建课	组织学生分组建立团队，开设素质拓展团建课，让学生画队旗、制定口号，并说明其意义	组织学生分组建立团队，开设素质拓展团建课，让学生画队旗、制定口号，说明其意义并进行自我宣传

维度或要素		小学高年级段	初中段	高中段
实施方案	导入教学环节	1.任务导入：任务驱动，发放小组任务卡，按任务要求有序展开活动 2.体验式导入：进入棉田观察棉花植物的结构，引导学生观察长在地里的植物原型，激发学习兴趣 3.情景导入：从真实的自然环境中引入研学主题，让学生身临其境地展开活动 4.体验式导入：体验用杆秤称量物体重量，引导学生发现劳动工具中的智慧 5.问题导入：什么是湿地？湿地的存在对环境有什么益处	1.问题式导入：什么是植物“芯片”？引发学生思考，激发学习兴趣 2.任务导入：发放小组任务卡，展示摇蜜机，学生讨论其使用方法并尝试手动摇蜜的过程 3.情境导入：带领学生走进棉田、棉纺织情境，感受新疆棉的温柔 4.视频导入：以西游记经典章节“三借芭蕉扇”视频导入，从经典影视中激发学生对研学地的神往 5.问题导入：为什么要保护湿地	1.情境导入：带领学生参观地质公园，充分感受三号矿脉的发展历史 2.问题导入：设置问题，实地观察探究后得出问题答案 3.任务导入：任务驱动，发放任务卡，让学生有目的地展开研学活动 4.情境导入：带领学生进入自然环境，实地观察了解，哪些设施设备为植物生存提供了必要的支持 5.视频导入：视频展示中国生态环境现状，开门见山导入，明确研学主题
	授课教学环节	第一天：选修课程1“头屯河森林公园徒步”、必修课程五“昆虫记之昆虫身份证”、必修课程八“自然有答案——寻找自然色彩”；第二天：必修课程四“大自然的温柔——棉花标本制作”、必修课程一“‘蜂’狂探‘蜜’——自制蜂蜡唇膏”、选修课程2“丰收的喜悦”；第三天：必修课程三“历史见证者——胡杨”、必修课程九“寻觅飞羽精灵——软陶鸟窝设计”、选修课程3“野外生存——辨识方向”；第四天：必修课程二“大自然的馈赠——农耕工具里的科学”、必修课程六“厨房里的中草药——姜”、选修课程4“地震逃生演习”；第五天：必修课程七“设计湿地鸟类栖息地”、必修课程十“探秘地下空间——土壤里藏着什么”	第一天：选修课程1“头屯河森林公园徒步”、必修课程二“大自然的馈赠——探秘植物‘芯片’”、必修课程八“自然有答案——植物叶形知多少”；第二天：必修课程一“‘蜂’狂探‘蜜’——蜂产品初体验”、必修课程六“厨房里的中草药”、选修课程2“丰收的喜悦”；第三天：必修课程四“大自然的温柔——棉花变形记”、必修课程五“昆虫记之微观世界的昆虫”、选修课程3“野外生存——扎帐篷”；第四天：必修课程三“丝路火焰——火焰山地质调查”、必修课程九“寻觅飞羽精灵——鸟窝搭建”、选修课程4“地震逃生演习”；第五天：必修课程七“白鸟湖湿地植物种类探究”、必修课程十“探秘地下空间——土壤分层”	第一天：选修课程1“丰收的喜悦”、必修课程三“和谐共生的历史——可可托海之旅”、必修课程四“大自然的温柔——我为新疆‘棉花’代言”；第二天：必修课程六“寻香问道——探秘芳香植物”、必修课程九“寻觅飞羽精灵——鸟类生存障碍调查”、选修课程2“头屯河森林公园徒步”；第三天：必修课程一“‘蜂’狂探‘蜜’——新疆优质蜂蜜推介人”、必修课程五“昆虫记之昆虫与人类”、选修课程3“野外生存——野炊”；第四天：必修课程二“模拟自然——生态瓶设计”、必修课程八“自然有答案——沙漠守护神胡杨”、选修课程4“地震逃生演习”；第五天：必修课程七“白鸟湖湿地生态环境调查”、必修课程十“探秘地下空间——土壤中的生物”

维度或要素		小学高年级段	初中段	高中段
实施方案	进级教学环节	1. 查阅资料：了解胡杨的历史价值需要通过哪些方法获取信息 2. 实地观察：走进自然环境，寻找、记录自然之物，观察动植物生存现状和生长特点 3. 实践体验：杠杆原理制作一支杆秤，用各种材料设计鸟类栖息地 4. 设计一份题为“历史见证者——胡杨”的环保手抄报。拓印的方式做一幅以“自然有答案——色彩来说话”为题的拓印画。用软陶设计制作一个符合某种鸟类生存的鸟窝 5. 分享汇报：小组展示设计的作品，分享设计理念。针对有价值的问题进行讨论	1. 查阅资料：事先了解研学目的地的情况 2. 实地观察：走进自然环境观察要了解的对象，记录观察结果。运用望远镜、放大镜、显微镜等工具仔细观察要研究的对象 3. 实践体验：根据观察和课程安排，进行动手实践体验 4. 小组讨论：手工织布的体验让你有何感悟和思考？根据调查情况小组交流汇报 5. 成果应用：利用研学调查成果，撰写“保护乌鲁木齐白鸟湖湿地植物”等倡议书	1. 查阅资料：查找关于观察对象的特点和历史 2. 实地观察：走进研学基地，认真观察，如了解人们为植物生存提供必要支持做了哪些工作，人类活动对鸟类生存有何影响。实地观察胡杨的植物形态和生存环境 3. 讨论交流：针对研学主题进行小组讨论交流 4. 设计制作：根据课程设计相应主题的实物作品或宣传作品、倡议书等
	巩固教学环节	1. 小组成员表演小情景剧、手抄报、形式展开活动 2. 结合实地考察和实践设计体验，理论与实践相结合，引导学生引发深入思考 3. 结合实践操作、模仿传统农具的制作工艺，小组讨论提升对农耕文明的认识	1. 实地观察与所学知识相结合，小组讨论形式讨论、反思体悟，思考创新渠道 2. 引导学生进行小组合作并汇报成果，利用研学成果参与社会生活，增强学生的学习成就感	1. 实地观察探索与体验相结合，结合所学知识和实地考察，理解大自然的馈赠与人类对大自然的态度成正比 2. 通过小组讨论激发学生思维碰撞，任务驱动下参与活动，理论与实践相结合设计制作，巩固学习所得 3. 组织学生多途径展示、分享交流

维度或要素			小学高年级段	初中段	高中段
实施方案	总结教学环节	教学创新	立足学生的生活实际，充分利用地域优势，根据学生的学情展开研学。开发适合小学生观察和体验的优质研学资源，让学生在真实的研学情境中运用所学进行观察、研究、思考，充分提升学生对自然科学的学习兴趣	结合营地及周边资源，充分利用地域优势，分学段分层次展开研学。开发家门口的优质研学资源，为学生后续的持续观察和学习埋下伏笔。立足学生的真实生活，选择贴合学生年龄和生活经验的研学课程，让学生在亲近自然的过程中有所收获	结合高中生的学情特点，在提升研学内容的基础上，采用更有难度的活动展示形式，让学生在研学中学有所获，体会到在研学中运用科学知识并提升自我表达能力的成就感，形式多样的研学活动也让学生充分认同人与自然和谐共生的理念
		教学总结	根据学生在研学过程中的实际表现，了解研学环节的优点和不足，建立研学档案。成立专门的营地研学团队，不断反思和调整研学线路、课程，完善各线路研学手册内容及研学课程	在研学过程中及时收集学生、家长、研学讲解员和其他相关人员的反馈，了解研学环节的优点和不足，建立研学档案。成立专门的营地研学团队，不断反思和调整研学过程，完善各线路研学手册及研学课程	通过学生的实际评价，以及学生研学成果的反馈，了解研学环节的优点和不足，建立研学档案。成立专门的营地研学团队，不断反思和调整研学过程，完善各线路研学手册及研学课程
		教学反思	在活动结束时及时运用适合小学生的问卷形式收集教学反馈，对于共性的问题及时作出修改和应对方案，个性问题由具体授课教师做出课程调整。每次反思整改要保证时间效率，确保在下一次研学中有所改善，以此提升研学质量的稳步提升	活动结束后，以问卷调查和面对面交流等形式，及时进行教学反馈和评估，及时分析总结教学反馈和评估结果。例如：教学效果分析、教学环节改进、总结教学经验和教训等，加强课程设计的针对性和实用性，提高教学方法的灵活性，加强活动组织的严谨性和科学性。通过提炼经验教训，我们将为下一次研学活动提供更好地参考，以确保教学质量和效果的持续提升	针对学生对课程的评价以及学生研学成果的质量，查找问题的根源。根据不同学情设计有针对性的课程内容，根据不同研学内容设计不同的问题反馈机制，及时掌握研学活动与学生的学习体验是否相适应，重点投入课程质量提升，确保学生在研中有学，学中有思

维度或要素				小学高年级段	初中段	高中段
实施方案	评价教学环节	教学水平评价	自我评价	利用录课方式进行记录教学过程，反思教学过程中教师对教学目标达成、重难点突破、教学内容设计、环节实施流畅度等方面的完成程度，并按照10分满分制进行自我评分	结合个体反思总结法，教师阶段性地反思并汇报个人教学成效，形成个人工作总结评估报告，并能与其他教师进行分享交流	能根据不同的授课对象形成不同的自我评价体系，采用个案分析的方法，针对教学的内容、方式和效果进行评价，并形成新的教学策略运用在新阶段的教学过程中
			学生评价	结合教学效果和意见反馈两方面，针对每个研学的学生发放满意度问卷，评选最喜欢的课程和不太喜欢的课程进行评价	制定教学满意度测评方案，抽样调查学生来填写，根据教师的教学态度、课程内容、教学取得的成效以及对活动的满意程度这几方面综合性地设计评价方案，并设立高效的评价反馈渠道	结合满意度调查方案和个案研究两种方式，学生根据教师的教学态度、课程内容、教学取得的成效以及对活动的满意程度等方面提出相应的意见，形成评价反馈体系，定期进行学生评价反馈
			同行评价	学校教师、营地教师、研学基地教师结合问卷调查等方式分别就研学课程教学设计、教学策略、学生物化成果展示等进行评价	学校教师、营地教师、研学基地教师结合问卷调查等方式分别就研学课程教学设计、教学策略、学生物化成果展示等进行评价	学校教师、营地教师、研学基地教师结合问卷调查等方式分别就研学课程教学设计、教学策略、学生物化成果展示等进行评价
			培训和考核	以每学期为一周期，定期对营地教师进行研学实践课程开发与实施培训，并组织整理学生的研学实践资料档案	以每学期为一周期，积累教学的过程性资料和记录，组织教学课堂大赛和优秀教学案例成果展示大赛，推广优秀教师成果	以每学期为一周期，制定培训考核制度，常态化开展教研活动，定期开展系列主题教研活动，组织相关专家对教师课堂教学，科研成果进行分析和考核
			教学成果展示	学生提供物化作品分享、研学总结汇报等展示实践成果；教师撰写研学实践课程案例	积累过程性资料，建立教学案例和教学设计资料库，参与各级优秀教学成果展示比赛和各类教学案例、教学论文评比比赛，推广教学成果	定期举行教师教学成果展示，营地在每期研学结束后在营地公众号上推送研学实践图文及视频信息

维度或要素				小学高年级段	初中段	高中段
实施方案	评价教学环节	学业评价	形成性评价	教师观察记录学生课堂参与度、兴趣表现，反馈评价结果	在研学执行过程中，及时关注学生活动表现和完成任务效果，注重对学生过程性表现进行评价，鼓励在研学手册中完成相应部分填写	在研学执行过程中使用形成性评价量表，以学生发展能力导向，制定包含参与度和注意力表现、创新精神和实践能力、学习方法和研究方法以及沟通和团队合作4个维度分5个等级的量表。鼓励学生进行自我评价和同伴互评，在研学手册中完成相应部分的填写
			总结性评价	遵循综合性评价原则，结合配套研学课程中的学生作品展示、研学心得感悟、研学手册填写进行综合评定，评选优秀学员	根据学生现实活动表现、动手情况以及研学手册等情况给出综合评价，运用自评、互评、他评方式，以正向评价为主，遵循导向性评价原则，提出合理化建议，使学生进一步提升认知能力、思维力、想象力	主要依据活动目标，结合配套研学课程中的学生作品展示、研学心得感悟、研学手册填写进行综合评定，评选优秀学员
			教师评价	教师对学生参与度、注意力表现、创新精神、实践能力、方法运用等进行观察和记录，进行综合性评价，在研学手册上盖章	教师对学生现实活动表现、动手情况以及研学手册填写等情况，结合学生活动收获给予激励性评价	教师根据学生课堂表现，以成果展示形式进行评价
		项目评价		成立学校领导、教师代表、学生代表、学生家长代表组成的学校、家长、学生评价小组，以调查问卷及访谈法的方式，对项目进行总结性评价	成立学校领导、教师代表、学生代表、学生家长代表组成的学校、家长、学生评价小组，以调查问卷及访谈法的方式，对项目进行总结性评价	成立学校领导、教师代表、学生代表、学生家长代表组成的学校、家长、学生评价小组，以调查问卷及访谈法的方式，对项目进行总结性评价

4.22 教学计划与策略列表：丝路山水　壮美巴州

<table>
<tr><td colspan="3">营地名称</td><td>库尔勒市青少年示范性综合实践基地</td><td>命名机构</td><td>教育部</td><td>识别码</td><td>Y145652003</td></tr>
<tr><td colspan="3">从业资质（摘要）</td><td>组织开展综合实践活动、研学实践活动及夏、冬令营活动</td><td>单位属性</td><td>公益一类</td><td>法定代表人</td><td>郭景梅</td></tr>
<tr><td colspan="3">研学主题</td><td>丝路山水　壮美巴州</td><td colspan="2">主要目的指向</td><td colspan="2">自然教育</td></tr>
<tr><td rowspan="7">营地（枢纽）及周边主要优质研学资源</td><td colspan="2">基地层级</td><td colspan="5">研学站点（基地）名称</td></tr>
<tr><td rowspan="2">教育部命名基地</td><td>已列入教学计划</td><td colspan="5">一、与本主题相关列入教学计划的基地11个
1.库尔勒市青少年示范性综合实践基地（简称“库尔勒营地”）；2.乌鲁木齐市青少年综合实践教育中心（简称“乌鲁木齐营地”）；3.伊宁市青少年综合实践教育中心（简称“伊宁营地”）；4.阿勒泰地区福海县青少年活动中心（简称“福海营地”）；5.新疆古生态园（新疆野马文化发展有限公司）（简称“新疆古生态园”）；6.中国科学院新疆生态与地理研究所（简称“新疆生地所”）；7.吐鲁番博物馆；8.新疆生产建设兵团第十师一八五团（简称“十师一八五团”）；9.阿克苏地区博物馆（简称“阿克苏博物馆”）；10.温泉县气象局；11.博州温泉县“五馆一中心”（温泉县灵泉旅游开发经营有限公司）（简称“温泉‘五馆一中心’”）
二、与本主题关联不大但列入本营地教学计划的基地9个
1.新疆儿童发展中心；2.新疆维吾尔自治区博物馆；3.八路军驻新疆办事处纪念馆；4.新疆维吾尔自治区经济和信息化委员会；5.乌鲁木齐市博物馆（乌鲁木齐市革命历史纪念地管理中心）——毛泽民故居；6.哈密市伊州区红军西路军进疆纪念园；7.北庭故城遗址（吉木萨尔县北庭学研究院）；8.新疆维吾尔自治区科学技术馆；9.新疆文化出版社</td></tr>
<tr><td>待列入教学计划</td><td colspan="5">无</td></tr>
<tr><td colspan="2">其他部委命名基地</td><td colspan="5">1.塔里木胡杨林国家森林公园（简称“塔里木胡杨林”）；2.博斯腾湖景区（简称“博斯腾内陆淡水湖”）；3.罗布人村寨风景名胜区（简称“尉犁县沙漠与湿地”）；4.和静北山森林公园；5.新疆农业科学院轮台果树资源圃（简称“果树资源圃”）；6.吐鲁番火焰山（简称“火焰山”）；7.那拉提旅游风景区（简称“那拉提”）；8.喀纳斯景区（简称“喀纳斯”）；9.巴音布鲁克；10.巩乃斯森林公园；11.霍拉山自然景区</td></tr>
<tr><td colspan="2">地方命名基地</td><td colspan="5">1.喀什青少年校外教育综合实践基地（简称“喀什基地”）；2.库尔勒市孔雀河景观带（简称“库尔勒孔雀河”）；3.库尔勒市龙山公园（简称“库尔勒公园”）</td></tr>
<tr><td colspan="2">本营地资源</td><td colspan="5">1.“成帮柳”育苗林；2.劳动种植区；3.无土栽培实验室；4.“棉”延天山・缤纷新疆馆；5.胡杨精神・红色新疆馆；6.苇画非遗馆；7.生命安全体验馆</td></tr>
<tr><td colspan="2">其他资源</td><td colspan="5">无</td></tr>
</table>

维度或要素	小学高年级段	初中段	高中段
校内教育基础（与校内教育的衔接）	对标课标，小学高年级段自然教育倡导以科学探究为核心的学习方式，通过生命世界、物质世界、地球和宇宙等领域的学习，让学生体验到了学习科学的乐趣，增长了科学探究的能力，获取了丰富的科学知识，逐步形成了尊重事实、善于质疑的科学态度，本课程衔接人教鄂教版科学相关课程，具体如下：1. 四年级上册科学第二单元“动植物的繁殖”第5课“用种子繁殖”、第6课“不用种子怎样繁殖”2. 四年级下册科学第三单元“环境中的生物”第10课“不同环境中的植物”；3. 五年级上册科学第二单元“后代与亲代”第6课“植物的后代与亲代”，第三单元“显微镜下的生物世界”第9课“显微镜下的细胞”；4. 六年级上册科学第二单元“田野里的生物”第4课“植物的简单分类”、第5课“植物的光合作用”、第6课“食物链”，第四单元“自然资源”第12课“各种各样的自然资源”、第五单元“建造‘植物工厂’”第16课“走进植物工厂”、第17课“设计与建造‘植物工厂’”，第二单元“地表形态的变化”第4课“地表流水的力量”；5. 六年级下册科学第二单元“地表形态的变化”第4课“地表流水的力量”	对标课标，初中段自然教育注重培养学生的科学实验能力、科学观察能力和科学思维能力。要求学生能够进行实验设计、观察现象并进行推理分析。鼓励学生将所学的科学知识应用到实际生活中，并与其他学科进行综合应用，培养学生的综合素养，鼓励学生主动参与科学实践活动，培养他们的独立思考和问题解决能力。本课程衔接人教版生物相关课程，具体如下：1. 七年级上册生物第一单元第一章认识生物第一节“生物的特征”，第二节“调查周围环境中的生物”，第二章“了解生物圈”第一节“生物与环境的关系”、第二节“生物与环境组成生态系统”、第三节“生物圈是最大的生态系统”，第二单元第一章“细胞是生命活动的基本单位”第一节“练习使用显微镜”、第二节“植物细胞”；第三单元第一章“生物圈中有哪些绿色植物”、第二章“绿色植物是生物圈中的有机制造者”、第六章“爱护植被·绿化祖国”；2. 七年级下册生物第四单元第七章“人类活动对生物圈的影响”第一节“分析人类活动对生态环境的影响”、第二节“探究环境污染对生物的影响”、第三节“拟定保护生态环境的计划”；3. 八年级上册生物第六单元第二章“认识生物的多样性”、第三章“保护生物的多样性”；4. 八年级下册生物第七单元第一章“生物的生殖和发育”第一节“植物的生殖”	对标课标，高中段自然教育强调学生初步学会生物科学探究的一般方法，发展学生提出问题、作出假设、制定计划、实施计划、得出结论、表达和交流的科学探究能力。在科学探究中发展合作能力、实践能力和创新能力。热爱大自然，珍爱生命，理解人与自然和谐发展的意义，提高环境保护意识。乐于探索生命的奥秘，具有实事求是的科学态度、一定的探索精神和创新意识关注与生物学有关的社会问题，初步形成主动参与社会决策的意识。本课程衔接人教版生物相关课程，具体如下：1. 生物学选择性必修1“稳态与调节”第五章“植物生命活动的调节”第一节“植物生长素”，第二节“其他植物激素”，第三节“植物生长调节剂的应用”、第四节“环境因素参与调节植物的生命活动”；2. 高中年级生物学选择性必修2“生物与环境”第四章“人与环境”第一节“人类活动对生态环境的影响”、第二节“生物多样性及其保护”

维度或要素			小学高年级段	初中段	高中段
研学课程	必修课程一	名称	一平方米的世界	一平方米的世界	一平方米的世界
		活动目的	通过某处具体观察，感知生物的种类与特征，与环境的互动关系及生物的多样性	通过实践体验，识别不同生物的特征，认识生物与环境的关系及生物的多样性	围绕某处自然景观，深入接触自然，辩证看待生物与自然的关系
		活动形式	教师讲授、实地探访相结合	教师讲授、实地探访、实践体验相结合	教师讲授、实地探访、实践探究相结合
	必修课程二	名称	迷你家园DIY（植物景观的设计与搭配）	探秘植物生长	迷你家园DIY（植物景观的设计与搭配）
		活动目的	通过植物种类的收集，具体了解不同植物在形状、颜色等方面的特点	利用显微镜观察实验，分析动植物之间的食物链、食物网，认识生物的生长发育	通过探究性动手实践，独立完成设计实验、动手操作等过程，从中获取正确的生物观
		活动形式	教师讲授、实地探访相结合	教师讲授、实地探访、实践体验相结合	教师讲授、实地探访、实践探究相结合
	必修课程三	名称	植物的分类（认识动、植物的种类）	迷你家园DIY（植物景观的设计与搭配）	生态元素大搜索
		活动目的	观察博斯腾湖周围生长的植物，了解博斯腾湖中动、植物的种类	通过团体协作完成设计实验、动手操作等过程，初步形成个人生物观	利用显微镜进行观察实验，对自然界有微观的认知
		活动形式	教师讲授、实地探访、实践体验相结合	教师讲授、实地探访、实践体验相结合	教师讲授、实地探访、实践探究相结合
	必修课程四	名称	小瓶大世界	西海寄苇闲（芦苇手工制作）	生态系统的能量传递
		活动目的	培养科学素养，感受生态系统的奇妙与美丽，树立对生态环境的保护意识	将植物样本再加工，让学生掌握人类利用、改造自然所获得的积极意义	通过绘制动植物之间的食物链、食物网，掌握生态系统能量的传递
		活动形式	教师讲授、实地探访、实践体验相结合	教师讲授、实地探访、实践体验相结合	教师讲授、实地探访、实践探究相结合

维度或要素			小学高年级段	初中段	高中段
研学课程	必修课程五	名称	生态大发现	生态大发现	生态大发现
		活动目的	带领学生参观50年以后的罗布人村寨，结合所见进行团队观察学习	归纳出村寨的生物特征，得出不同环境生物多样性的具体表现	以植物生长环境为角度，对湖泊与沙漠等不同生态环境进行深入的研究性学习
		活动形式	教师讲授、实地探访相结合	教师讲授、实地探访、实践体验相结合	教师讲授、实地探访、实践体验相结合
	必修课程六	名称	无土栽培	无土栽培	无土栽培
		活动目的	了解无土栽培技术，获取丰富的科学知识	掌握无土栽培植物的生长过程，具有科学观察能力和科学思维能力	通过对自然的深度探究，形成实事求是的科学态度与探索精神、创新意识
		活动形式	教师讲授、实地探访相结合	教师讲授、实地探访、实践体验相结合	教师讲授、实地探访、实践体验相结合
	必修课程七	名称	北山的前世与今生	北山的前世与今生	北山的前世与今生
		活动目的	在前期课程基础上，思考人类植树造林的意义	围绕“用实际行动去践行环境保护的承诺”开展环保系列活动	以“为家乡巴州未来10年的植被覆盖建言献策”为主题，调查研究并撰写报告
		活动形式	教师讲授、实地探访相结合	教师讲授、实地探访、实践体验相结合	教师讲授、实地探访、实践体验相结合
	必修课程八	名称	龙山胜景入画来	龙山胜景入画来	龙山胜景入画来
		活动目的	通过今昔龙山自然风光的对比，懂得“龙山精神”的具体含义	围绕“亘古荒山披绿装—我是行动者”做家乡绿化的宣传者、实践者	以“改善生态环境，促进人与自然和谐发展”为题，撰写研究性报告
		活动形式	教师讲授、实地探访相结合	教师讲授、实地探访、实践体验相结合	教师讲授、实地探访、实践体验相结合

维度或要素			小学高年级段	初中段	高中段
研学课程	必修课程九	名称	“细语胡杨度万年”话胡杨	“细语胡杨度万年”话胡杨	“细语胡杨度万年”话胡杨
		活动目的	认识胡杨树，观察当季胡杨林中树木的生长情况及土质状态等	围绕学习胡杨死而千年不朽的原因，知道胡杨的生长过程与胡杨对防风固沙的作用	分析胡杨在区域生态中扮演怎样的角色，对治理沙漠化提出自己的建议
		活动形式	教师讲授、实地探访相结合	教师讲授、实地探访相结合	教师讲授、实地探访、实践体验相结合
	必修课程十	名称	多彩新疆·缤纷自然	多彩新疆·缤纷自然	多彩新疆·缤纷自然
		活动目的	对新疆自然景观有整体感知，给出家乡绿化工作的意见建议	通过参访，领略天山以南的自然奥妙，感受生物多样性	在掌握新疆自然景观全貌基础上，围绕热爱自然、热爱家乡的主题得出研究性成果
		活动形式	教师讲授、实地探访相结合	教师讲授、实地探访相结合	教师讲授、实地探访、实践体验相结合
	选修课程		1. 趣味小制作（树叶拼贴画） 2. 淡水湖的“飞鱼”寻踪 3. 西海寄苇闲（芦苇手工制作） 4. 胡杨精神·红色新疆 5. 巧遇“杏花村”	1. 一“画”自然（植物标本画） 2. 淡水湖的“飞鱼”寻踪 3. 胡杨精神·红色新疆 4. 巧遇“杏花村”	1. 植物拓染 2. 淡水湖的“飞鱼”寻踪 3. 西海寄苇闲（芦苇手工制作） 4. 胡杨精神·红色新疆 5. 巧遇“杏花村”

维度或要素		小学高年级段	初中段	高中段
研学线路	代表性线路（时长五日）	第一天：库尔勒营地—生命安全体验馆—“成帮柳”育苗林—库尔勒孔雀河—“棉”延天山·缤纷新疆馆—库尔勒营地；第二天：库尔勒营地—博斯腾内陆淡水湖—苇画非遗馆—库尔勒营地；第三天：库尔勒营地—尉犁县沙漠与湿地—胡杨精神·红色新疆馆—库尔勒营地；第四天：库尔勒营地—和静北山森林公园—库尔勒公园—库尔勒营地；第五天：库尔勒营地—塔里木胡杨林—果树资源圃—库尔勒营地	第一天：库尔勒营地—生命安全体验馆—“成帮柳”育苗林—库尔勒孔雀河—“棉”延天山·缤纷新疆馆—库尔勒营地；第二天：库尔勒营地—博斯腾内陆淡水湖—苇画非遗馆—库尔勒营地；第三天：库尔勒营地—尉犁县沙漠与湿地—胡杨精神·红色新疆馆—库尔勒营地；第四天：库尔勒营地—和静北山森林公园—库尔勒公园—库尔勒营地；第五天：库尔勒营地—塔里木胡杨林—果树资源圃—库尔勒营地	第一天：库尔勒营地—生命安全体验馆—“成帮柳”育苗林—库尔勒孔雀河—“棉”延天山·缤纷新疆馆—库尔勒营地；第二天：库尔勒营地—博斯腾内陆淡水湖—苇画非遗馆—库尔勒营地；第三天：库尔勒营地—尉犁县沙漠与湿地—胡杨精神·红色新疆馆—库尔勒营地；第四天：库尔勒营地—和静北山森林公园—库尔勒公园—库尔勒营地；第五天：库尔勒营地—塔里木胡杨林—果树资源圃—库尔勒营地
	可选择线路（按天设计，菜单式选择）	1.库尔勒营地—库尔勒孔雀河—“棉”延天山·缤纷新疆馆—库尔勒营地；2.库尔勒营地—“成帮柳”育苗林—劳动种植区—无土栽培实验室—库尔勒营地；3.库尔勒营地—新疆古生态园—新疆生地所—乌鲁木齐营地；4.库尔勒营地—吐鲁番博物馆—火焰山—乌鲁木齐营地；5.库尔勒营地—十师一八五团—喀纳斯—福海营地；6.库尔勒营地—温泉县气象局—温泉“五馆一中心”—库尔勒营地；7.库尔勒营地—那拉提—伊宁营地；8.库尔勒营地—阿克苏博物馆—喀什基地	1.库尔勒营地—库尔勒孔雀河—“棉”延天山·缤纷新疆馆—库尔勒营地；2.库尔勒营地—“成帮柳”育苗林—劳动种植区—无土栽培实验室—库尔勒营地；3.库尔勒营地—新疆古生态园—新疆生地所—乌鲁木齐营地；4.库尔勒营地—吐鲁番博物馆—火焰山—乌鲁木齐营地；5.库尔勒营地—十师一八五团—喀纳斯—福海营地；6.库尔勒营地—温泉县气象局—温泉“五馆一中心”—库尔勒营地；7.库尔勒营地—那拉提—伊宁营地；8.库尔勒营地—阿克苏博物馆—喀什基地	1.库尔勒营地—库尔勒孔雀河—“棉”延天山·缤纷新疆馆—库尔勒营地；2.库尔勒营地—“成帮柳”育苗林—劳动种植区—无土栽培实验室—库尔勒营地；3.库尔勒营地—新疆古生态园—新疆生地所—乌鲁木齐营地；4.库尔勒营地—吐鲁番博物馆—火焰山—乌鲁木齐营地；5.库尔勒营地—十师一八五团—喀纳斯—福海营地；6.库尔勒营地—温泉县气象局—温泉“五馆一中心”—库尔勒营地；7.库尔勒营地—那拉提—伊宁营地；8.库尔勒营地—阿克苏博物馆—喀什基地
	规划线路（按天设计）	1.库尔勒营地—巴音布鲁克—库尔勒营地；2.库尔勒营地—巩乃斯森林公园—库尔勒营地；3.库尔勒营地—霍拉山自然景区—库尔勒营地	1.库尔勒营地—巴音布鲁克—库尔勒营地；2.库尔勒营地—巩乃斯森林公园—库尔勒营地；3.库尔勒营地—霍拉山自然景区—库尔勒营地	1.库尔勒营地—巴音布鲁克—库尔勒营地；2.库尔勒营地—巩乃斯森林公园—库尔勒营地；3.库尔勒营地—霍拉山自然景区—库尔勒营地

维度或要素		小学高年级段	初中段	高中段
教学重点难点（以代表性线路教学设计为例，以下同）	教学重点	1. 认识河流与湖泊两个不同地域生物的种类与特征 2. 观察生物与环境的互动关系，探索地球上多种多样的生物形态 3. 了解人对自然的依赖与破坏，认识沙漠的形成原因，掌握罗布人因自然环境变化而发生的历史变迁 4. 使用显微镜观察生物微世界，了解北山从戈壁荒滩变森林公园的历史蜕变，由此把握库尔勒龙山精神的内涵 5. 观察胡杨树生长情况及特点，掌握胡杨林生长的土质状态及其他生物情况，了解植物多样性对环境的影响因素	1. 学习制作标本，并学会使用显微镜观察植物 2. 识别大量湿地生物，分析适合在淡水湖中生长的生物 3. 归纳沙漠植物群落特征，掌握植物的物质运输形式及植物生命系统的运转 4. 了解北山从戈壁荒滩变森林公园的历史蜕变，由此得出人类改变自然的正确途径 5. 制作完整生态瓶，了解胡杨“死而千年不朽”的原因，理解胡杨的生长过程与胡杨对防风固沙的作用	1. 辩证看待人类与自然的关系 2. 分析博斯腾湖的生物群落，绘制动植物之间的食物链、食物网，探究生物营养级 3. 归纳沙漠植物群落并绘制一平方米的生物群落图，掌握该生态系统中的能量传递 4. 在观察并归纳森林生物群落的基础上，制作可实现生态平衡的生态缸、森林旅行杖，得出实用有效的野外生存技能 5. 掌握胡杨“死而千年不朽”的原因，理解胡杨的生长过程及防风固沙的作用，对治理沙漠化的说出自己想法
	教学难点	1. 植物的观察指向生命体核心，运用科学的方法看待自然现象、处理问题 2. 掌握生物多样性和保护环境的重要性 3. 通过罗布人的变迁探究人与自然的关系，理解原始生活方式对自然的依赖与敬畏，正确看待人类发展对自然的影响 4. 掌握胡杨林的生长特点，以科学的态度对自然保护提出意见建议 5. 合作完成对人类对自然环境的改造和人与自然的相互影响的探究，科学的掌握人类保护自然的正确途径与方法	1. 掌握孔雀河被誉为“母亲河”的原因 2. 利用所学知识，结合现实生活，分析淡水湖的生物成分，并绘制食物链 3. 归纳湿地和沙漠生物群落的异同，树立人与自然和谐相处的生态文明观 4. 掌握胡杨的生长特点，理解胡杨对防风固沙的作用，并能够将胡杨的命运与人类命运联系在一起 5. 自主思考生态循环所需生物成分，并具备一定实践操作能力和鉴赏力，制作出生态平衡且美观的生态瓶	1. 掌握以植物为主的城市景观塑造所需条件 2. 树立人与自然和谐共生的生态观，践行“绿水青山就是金山银山”的理念 3. 探究湿地与沙漠的生物群落及原始生活方式对自然的依赖与敬畏，辩证看待现代科技与人类经济发展对自然的影响 4. 延伸理解“生态系统的物质循环”过程，试着对胡杨的生存及沙漠化治理提出可行性方略 5. 结合自身所学知识及活动的体验，独立完成就区域生态环境的改善的整体意见与建议

维度或要素	小学高年级段	初中段	高中段
教学策略	小学高年级段学生大多是外向而开放的，学习效率高，并且十分好动，他们对大自然拥有足够的好奇心和兴趣，接受能力很强，会为自己的发现和尝试体会到成就感，并有意识的去探索事物的内在联系的实际情况。基于生活教育理论思想，以学生对自然环境的认知能力培养为目标，让学生通过亲身实践与体验，培养观察力、思考力和创造力。采取讲授法、谈话法、演示法、练习法等教法和自主学习、合作学习学法，借助自然景观研学点、校内学科教科书、研学手册及线上课程资源等教学资源和数字化技术，使用游戏化、体验式、跨学科等教学策略来进行总体设计，并在实际教学过程中根据学生反馈进行动态调整	初中段学生独立性强，自我意识强，渴望得到重视但又不易集中注意力。基于生活教育理论思想，首先了解他们的需求，重视这些需求。在满足不同的兴趣前提下，安排锻炼规划能力和社会生存能力的活动。如选择一个既能和他们所学知识联系起来，又对他们具有挑战性的项目内容，让他们能既独立又有目标地参与其中，给予他们对话、讨论、思考的自由空间。以学生科学态度与责任能力培养为目标，讲授法、演示法、讨论法、练习法、实践法等教法和自主学习、合作学习、探究学习等学法，借助丰富的实践体验教学资源和数字化技术，使用体验式、情景式、合作学习、跨学科、项目式、相互教学等教学策略来进行总体设计，开展实践体验、交流分享等活动，并在实际教学过程中根据学生反馈进行动态调整	高中段学生积极性高，掌握了丰富的理论知识，能够将理论与实践结合起来，喜欢表达自己的观点，喜欢新鲜事物或寻找刺激感，希望能够证明自己的能力的实际情况。基于生活教育理论思想，以学生科学思维能力及社会责任能力培养为目标，采取讲授法、演示法、讨论法、练习法、实践法、实验法等教法和自主学习、合作学习、探究学习、验证法等学法，借助丰富的实践体验教学资源和数字化技术，使用体验式、情景式、合作学习、跨学科、项目式、相互教学、服务学习、探究学习、问题解决等教学策略来进行总体设计，建立“研究小组”，通过统计、测量、绘制等方法发现和获取知识，并且制订可持续发展计划，使自己积极主动投身于社会发展中，并在实际教学过程中根据学生反馈进行动态调整

维度或要素				小学高年级段	初中段	高中段
实施方案	入营教育	安全	引导	借助多媒体教育，让学生知晓安全的重要性，指导使用《安全指导手册》	通过案例警示教育，强调安全的重要性，发放《安全指导手册》	通过主题教育形式，引导学生对研学中的安全知识自主梳理、并得出应对方法
			实训	针对住宿、研学点、交通等研学所涉及的点位及环节开展相应的安全疏散演练项目	开展“研学安全知多少”安全知识技能展示活动，使理论有效指导实训	结合研学实际，学生以小组为单位制定安全预案，并以比赛形式开展模拟推演
		应急	引导	借助多媒体教育，让学生知晓火灾等灾害的危害，指导使用《应急教育手册》	通过案例警示教育，强调应急救护的重要性，发放《应急教育手册》	以主题教育形式，引导学生自主梳理研学中使用到的应急方法与技能
			实训	组织学生完成生命安全体验馆与本次研学配套应急教育课程	联系应急救援大队联合开展学生应急教育知识与技能培训	结合研学实际，不定时的计划组织开展学生应急教育演练，增强学生实操能力
		救助	引导	借助多媒体教育，让学生掌握救助原则及方法，指导使用《救助技能手册》	通过案例警示教育，强调火灾、地质灾害等危害性，发放《救助技能手册》	以主题教育形式，引导学生梳理典型灾害救助的方案，认识救助的意义
			实训	组织学生完成生命安全体验馆与本次研学配套的救助课程	组织学生开展救助技能实操培训	与红十字会携手，模拟实际突发事件场景，组织进行紧急救护技能和知识的培训和演练
		自我管理	引导	通过开展学生自我管理教育培训，让学生掌握自我管理方法	通过制度及要求规范学生自我管理行为	通过心理健康课程，引导学生有效管理和调节其深层次的情绪，以建立积极、健康的心态和情感表达方式
			实训	通过让学生自主制定时间安排表、任务完成进度条强化学生自我管理意识	课程开展以小组为管理单位，对学生自我管理进行过程性监督并进行评价	在集体生活中，以既强调集体合作又兼顾个性发展的原则对学生进行综合评估
		团队协作	引导	通过培训及管理要求，强调团队协作的重要性	展示优质团队协作案例，启发学生对如何进行合作与分工的思考	通过课程中所涉及到的团队建设、团队精神进行过程性引导
			实训	开展破冰行动，分小组协作，每个小组负责一个具体的任务或项目	完成室外素质拓展课程，体会团队协作的重要性	在课程实施与总结中设置对学生团结协作的展示与评价模块

维度或要素		小学高年级段	初中段	高中段
实施方案	导入教学环节	1.运用视频进行情景再现式导入，让学生直观了解华夏第一州的生态景观，引发对课程主题的学习兴趣；2.根据学习目标直接导入，整体介绍营地内部植物种植的区域分布图，为学生选取观察地点做引入和铺垫；3.运用视频进行情景再现式导入，让学生了解沙漠与湖泊共生的自然生态；4.运用视频进行情景再现式导入，让学生思考人类对改善环境做出的努力；5.运用视频进行情景再现式导入，让学生对胡杨树有初步感知	1.运用视频进行情景再现式导入，让学生全面了解“华夏第一州”的生态景观，围绕课程主题进行课前讨论与思考；2.根据学习目标直接导入，给出实践活动范围及任务；3.运用视频进行情景再现式导入，引发学生对湿地和沙漠生物群落共生的探讨；4.运用视频进行情景再现式导入，让学生思考人类是如何战胜自然的；5.运用视频进行情景再现式导入，让学生思考胡杨树、胡杨林有怎样的特点	1.运用视频进行情景再现式导入，让学生对巴州的生态景观有系统与客观的认知，围绕课程主题进行课前深入探讨与思考；2.根据学习目标直接导入，整体介绍营地内部植物种植的区域分布图，为学生深入探究做铺垫；3.运用视频进行情景再现式导入，引发学生对更多自然话题的探讨；4.运用视频进行情景再现式导入，让学生思考人类是如何战胜自然的；5.运用视频进行情景再现式导入，让学生对胡杨这种物种有深入的思考与探讨
	授课教学环节	第一天：入营教育、必修课程一“一平方米的世界”、必修课程二“迷你家园DIY（植物景观的设计与搭配）”、选修课程1“趣味小制作（树叶拼贴画）”；第二天：必修课程三“植物的分类（认识动、植物的种类）”、必修课程四“小瓶大世界”、选修课程2“淡水湖的‘飞鱼’寻踪”、选修课程3“西海寄苇闲（芦苇手工制作）”；第三天：必修课程五“生态大发现”、必修课程六“无土栽培”，选修课程4“胡杨精神·红色新疆”；第四天：必修课程七“北山的前世与今生”、必修课程八“龙山胜景入画来”；第五天：必修课程九“‘细语胡杨度万年’话胡杨”、必修课程十“多彩新疆·缤纷自然”、选修课程5“巧遇‘杏花村’”	第一天：入营教育、必修课程一“一平方米的世界”、必修课程二“探秘植物生长”、选修课程1“一‘画’自然（植物标本画）”；第二天：必修课程三“迷你家园DIY（植物景观的设计与搭配）”、必修课程四“西海寄苇闲（芦苇手工制作）”、选修课程2“淡水湖的‘飞鱼’寻踪”；第三天：必修课程五“生态大发现”、必修课程六“无土栽培”，选修课程3“胡杨精神·红色新疆”；第四天：必修课程七“北山的前世与今生”、必修课程八“龙山胜景入画来”；第五天：必修课程九“‘细语胡杨度万年’话胡杨”、必修课程十“多彩新疆·缤纷自然”、选修课程4“巧遇‘杏花村’”	第一天：入营教育、必修课程一“一平方米的世界”、必修课程二“迷你家园DIY（植物景观的设计与搭配）”、选修课程1“植物拓染”；第二天：必修课程三“生态元素大搜索”、必修课程四“生态系统的能量传递”、选修课程2“淡水湖的‘飞鱼’寻踪”、选修课程3“西海寄苇闲（芦苇手工制作）”；第三天：必修课程五“生态大发现”、必修课程六“无土栽培”，选修课程4“胡杨精神·红色新疆”；第四天：必修课程七“北山的前世与今生”、必修课程八“龙山胜景入画来”；第五天：必修课程九“‘细语胡杨度万年’话胡杨”、必修课程十“多彩新疆·缤纷自然”、选修课程5“巧遇‘杏花村’”

维度或要素		小学高年级段	初中段	高中段
实施方案	进级教学环节	1.营地内、孔雀河景区的植物有何不同，各具有什么特征 2.博斯腾湖的植物具有什么特征，与孔雀河景区植物的区别 3.结合所学知识，充分发挥想象力，多年以后的罗布人村寨会是怎样的景象 4.假如你是被誉为“第三季活化石”的胡杨林，你想对世人说什么 5.思考人类植树造林的意义	1.不同的植物需要不同的生长环境，根据所掌握的植物种类，找出最适合生长在孔雀河流域、又能够代表城市（库尔勒市、博湖县）作为植物名片的植物 2.博斯腾湖植物的生长给该地区带来了怎样的经济效益 3.湖泊与沙漠的相互交错，让村寨别有一番景象，为何这里的湖泊没有像博斯腾湖一样的茂密植物，从植物生长的环境（水、土壤等）进行分析 4.“热爱自然，保护环境”不仅仅是一句承诺，你将会用怎样的实际行动去践行该承诺 5.如果这片古老的胡杨林彻底从地球上消失，从生物与环境关系的角度分析区域生态将会发生怎样的变化，对人类有哪些影响	1.通过对基地成帮柳及香梨树生长经历的学习，通过实验操作完成植物嫁接的生物技术在不同植物上的运用 2.基于一平米采样方法观察湿地与沙漠植物类型的不同，分析原因并就现代技术如何改善沙漠化提出自己的看法 3.结合的学习，为和静北山公园、库尔勒公园未来10年的植被覆盖给出合理意见建议 4.从生态系统能量转化、食物链、食物网的角度分析胡杨林的生存前景，并以“胡杨林的未来”为主题向轮台县政府写一封信
	巩固教学环节	当日研学活动结束前，教师带领学生借助研学手册对整个课程活动进行总结和回顾，采用问答、启发、互动的教学方法，使学生通过游戏互动、组内合作、作品展示进行知识巩固，侧重于学科知识的融合与学生综合能力的提升	当日研学活动结束前，教师引导学生借助研学手册对整个课程活动进行总结和回顾，采用启发、互动的教学方法，使学生通过组内合作、作品展示进行知识巩固，侧重于知识的运用与学生创新能力的提升	当日研学活动结束前，教师组织学生以课题汇报的形式对整个课程活动进行总结和回顾，采用启发、互动及探究的教学方法，使学生通过组内合作、成果展示等方式进行知识巩固，侧重于各学科知识的综合运用与学生科学探究能力的提升

维度或要素			小学高年级段	初中段	高中段
实施方案	总结教学环节	教学创新	教师让学生作为主体亲身探索周围自然世界并获得自然知识，解决自然问题，形成科学探究能力，培养学生的创新精神和实践能力，使学生在兴趣和问题驱动的探究过程中发展学科核心素养	教师借助探究式问题充分激发学生的学习兴趣，以巧妙的教学环节持续吸引学生注意力，加强实际操作体验以提高学生的创新思维能力	教师围绕科学探究、社会责任等设计课程，将地方资源特色与生物学知识联系起来，加深学生对家乡的认知，培养对家乡的荣誉感与责任感，实现教学目标
		教学总结	根据教学思路，结合研学点实际情况及时收集、整理并筛选学生和其他相关人员的反馈，了解教学资源、教学环节的优点和不足，通过线上问卷调查的形式收集家长反馈，整理研学活动的教学资料，建立教学档案	根据时间、研学点进行阶段性教学总结，及时优化教学环节，在整体总结的基础上强调学生科学态度与责任能力的形成，整理研学活动的教学资料，建立教学档案	对学生研究型学习成果进行阶段性的指导与汇总展示，在此过程中及时收集学生出现的问题及成果案例，课程结束后利用半天时间以小组为单位围绕课程核心进行研究型成果展，为后续继续开展研究型学习做铺垫，做好研学活动的教学资料的收集、整理，建立教学档案
		教学反思	根据教学总结得出的反馈，重点围绕课程内容的设置，尤其是针对如何更好的让学生主动参与、提出问题、解决问题对教学环节进行调整和优化，梳理教学环节的设计、实施和效果，提炼经验教训，为下一次研学活动提供参考	利用多媒体、课件、实物展示等形式，展示自己的教学内容、教学方法和教学效果。既能生动地展现教师的教学理念和实践，又能让公众更好地理解和评估教学成果	根据教学总结得出的反馈，重点围绕课程给学生提供的研究型学习的资源是否到位对教学环节进行调整和优化，梳理教学环节的设计、实施和效果，提炼经验教训，为下一次研学活动提供参考

维度或要素				小学高年级段	初中段	高中段
实施方案	评价教学环节	教学水平评价	自我评价	根据学生参与课程的积极性对教学进行反思和评价	根据学生参与课程的阶段性成果及教学目标是否达成对教学进行反思和评价	教师通过参与学生研究性学习对课程有客观认识，对自己的教学进行反思和评价
			学生评价	学生针对教师和学生之间的互动是否充分，研学课程中师生对话参与度，学生能否积极参与到课堂教学中，课堂气氛活跃度方面进行评价	学生针对教师的引导与启发是否到位，学生主动参与度，学生能否充分展示表达自己方面进行评价	学生针对教师所提供的研学资源与课题是否充分匹配，教师参与课题研究的深度与广度以及学科知识的整合能力方面进行评价
			同行评价	将课程方案与综合实践活动安排同步下发至组织的学校，由学校相关专业教师针对课程方案进行合理化建议，并跟随研学课程的实施，对课程教学进行整体评价，助力研学教师专业化成长	以听评课、同课异构等集体教研方式对课程设计进行评价，以随班教师对教学环节实施进行过程性监督与评价	邀请高中学校相关专业教师全程跟进课程实施过程，对研学教师进行细致的评价与指导
			培训和考核	在过程监督、综合评价、问卷调查基础上进行考核，根据考核结果，围绕实际工作中出现的能力短板，定期进行教学培训，提高教育教学水平	在过程监督、综合评价、问卷调查基础上进行考核，根据考核结果，重点就教育教学理念、学科知识整合能力、教法学法等方面进行培训，提高教育教学水平	在过程监督、综合评价、问卷调查基础上进行考核，根据考核结果，重点就综合知识运用能力、教学方法、课题研究等方面进行培训，提高教育教学水平
			教学成果展示	通过研学过程教学展示教师的教学成果，通过学生的研学作品等，来评价教师的教学水平	利用多媒体、课件、实物展示等形式，展示自己的教学内容、教学方法和教学效果。既能生动地展现教师的教学理念和实践，又能让公众更好地理解和评估教学成果	通过与学生共同成立课题研究组，撰写论文的方式展示自己的教育教学成果。以此持续跟进学生的研究性，同时将研究成果和观点进行及时整理

维度或要素				小学高年级段	初中段	高中段
实施方案	评价教学环节	学业评价	形成性评价	通过动手操作、作品展示、口头报告等形式，对学生学习过程，以及他们在活动中的表现给予评价	通过设置培养学生学习兴趣、重视团队合作、激活已有经验的学习任务，观察、记录学生研学过程中的完成情况给予评价	通过科学设计探究性作业和实践性作业，设计跨学科综合性作业，观察、记学生研学过程中的完成情况给予评价
			总结性评价	对学生参与实践体验全过程的情况、收集信息能力、提出问题能力、合作体验能力进行评价，从而动态评价学生的研学能力	对学生参与研究性学习全过程的情况、收集整理信息能力、交流合作能力、动手实践能力及创新能力进行评价，从而动态评价学生的研学能力	对学生参与研究性学习全过程的情况、资料积累情况、结题情况、研究结果及成果展示方式进行评价，从而动态评价学生的综合能力
			教师评价	教师根据学生在研学活动中的表现和成果，结合学生的参与度、作业质量等，对学生进行激励评价	由教师根据学生在研学活动中的表现和成果，以课程成果汇报交流的形式对学生进行交流评价	由教师根据学生在研学活动中的表现和成果，以研究性学习成果交流展示会的形式，对学生进行展评评价
		项目评价		通过教育行政部门、校内教育工作者、学生家长、社会各界以问卷调查、座谈、调研等多种形式参与评价，围绕对小学高段课标实现度、教学环节衔接度、教学策略有效性等方面进行评价，通过教研活动及针对评价结果的反思，及时发现问题并加以改进	通过教育行政部门、校内教育工作者、学生家长、社会各界以问卷调查、座谈、调研等多种形式参与评价，围绕对初中段课标实现度、教学环节衔接度、教学策略有效性等方面进行评价，通过教研活动及针对评价结果的反思，及时发现问题并加以改进	通过教育行政部门、校内教育工作者、学生家长、社会各界以问卷调查、座谈、调研等多种形式参与评价，围绕对高中段段课标实现度、教学环节衔接度、教学策略有效性、综合知识运用等方面进行评价，召开专题研讨活动，及时发现问题并加以改进

4.23 教学计划与策略列表：人与自然

<table>
<tr><td colspan="3">营地名称</td><td>伊宁市青少年综合实践教育中心</td><td>命名机构</td><td>教育部</td><td>识别码</td><td>Y145653004</td></tr>
<tr><td colspan="3">从业资质（摘要）</td><td>实施素质教育，以培养学生的创新精神和实践能力为核心。开展生存体验、素质拓展、科学实践、专题教育等活动</td><td>单位属性</td><td>公益一类</td><td>法定代表人</td><td>王庆伟</td></tr>
<tr><td colspan="3">研学主题</td><td>人与自然</td><td colspan="2">主要目的指向</td><td colspan="2">自然教育</td></tr>
<tr><td rowspan="7">营地（枢纽）及周边主要优质研学资源</td><td colspan="2">基地层级</td><td colspan="5">研学站点（基地）名称</td></tr>
<tr><td rowspan="2">教育部命名基地</td><td>已列入教学计划</td><td colspan="5">一、与本主题相关列入教学计划的基地13个
1.伊宁市青少年综合实践教育中心（简称“伊宁营地”）；2.乌鲁木齐市综合实践教育中心（简称“乌鲁木齐营地”）；3.库尔勒市青少年示范性综合实践基地（简称“库尔勒营地”）；4.新疆维吾尔自治区博物馆（简称“自治区博物馆”）；5.八路军驻新疆办事处纪念馆；6.新疆维吾尔自治区经济和信息化委员会（简称“自治区经信委”）；7.乌鲁木齐市博物馆；8.吐鲁番博物馆；9.哈密市伊州区红军西路军进疆纪念园；10.新疆维吾尔自治区科学技术馆（简称“自治区科技馆”）；11.新疆古生态园；12.新疆文化出版社；13.中国科学院新疆生态与地理研究所
二、与本主题关联不大但列入本营地教学计划的基地12个
1.新疆儿童发展中心；2.阿克苏博物馆；3.新疆生产建设兵团第十师一八五团（简称“十师一八五团”）；4.温泉县气象局；5.博州温泉县“五馆一中心”（简称“温泉‘五馆一中心’”）；6.北庭故城遗址（吉木萨尔县北庭学研究院）；7.新疆维吾尔自治区经济和信息化委员会；8.乌鲁木齐市博物馆——毛泽民故居；9.哈密市伊州区红军西路军进疆纪念园；10.北庭故城遗址（吉木萨尔县北庭学研究院）；11.新疆维吾尔自治区科学技术馆；12.新疆文化出版社</td></tr>
<tr><td>待列入教学计划</td><td colspan="5">无</td></tr>
<tr><td colspan="2">其他部委命名基地</td><td colspan="5">无</td></tr>
<tr><td colspan="2">地方命名基地</td><td colspan="5">1.那拉提自然风景区（简称“那拉提”）；2.解忧公主薰衣草产业园（简称“薰衣草园”）；3.图开沙漠；4.唐布拉大草原（简称“唐布拉”）；5.伊犁河自然风景区；6.黑蜂庄园；7.喀拉峻风景区；8.八卦城；9.吐鲁番市高昌区交河驿·坎儿井源景区（简称“坎儿井”）</td></tr>
<tr><td colspan="2">本营地资源</td><td colspan="5">巩留县天山药谷（简称“天山药谷”）</td></tr>
<tr><td colspan="2">其他资源</td><td colspan="5">1.库尔勒孔雀河；2.“棉”延天山·缤纷新疆馆；3.种子研学馆；4.霍城县将军马场（简称“将军马场”）</td></tr>
</table>

维度或要素	小学高年级段	初中段	高中段
校内教育基础（与校内教育的衔接）	对标课标，小学高年级段注重自然科学、社会科学和人文科学的融合，为学生提供全面的基础知识；课程内容设置应注重基础性、探究性和时代性；注重学科交叉融合，鼓励学生跨学科学习，培养学生的综合素质，了解自然科学与社会、与技术的关系，培养初步的科学探究能力和创新精神。本课程衔接人教版科学相关课程，具体如下：1.四年级下册第二单元“动植物的繁殖”第5课“用种子繁殖”；2.五年级上册科学第二单元“后代与亲代”第6课“植物的后代与亲代”，第三单元“显微镜下的生物世界”第9课“显微镜下的细胞”；3.六年级上册科学第二单元“田野里的生物”第四课“植物的简单分类”、第五课“植物的光合作用”、第6课“食物链”第四单元“自然资源”、第12课“各种各样的自然资源”、第五单元“建造‘植物工厂’”、第16课“走进植物工厂”、第17课“设计与建造‘植物工厂’”	对标课标，初中段在提高生物科学素养方面，强调了生物科学素养的重要性，包括理解科学、技术与社会的相互关系，理解科学的本质以及形成科学的态度和价值观。倡导探究性学习，鼓励学生将所学的科学知识应用到实际生活中，并与其他学科进行综合应用。本课程衔接人教版生物相关课程，具体如下：1.七年级上册生物第一单元第一章“认识生物”第一节“生物的特征”，第二节“调查周围环境中的生物”，第四章“生物的营养”、第六章“爱护植被·绿化祖国”；2.七年级下册生物第四单元第五章“生物体内的物质运输”、第六章“生物的呼吸”、第七章“人类活动对生物圈的影响”第三节“拟定保护生态环境的计划”；3.八年级上册生物第六单元第二章“认识生物的多样性”、第三章“保护生物的多样性”；4.八年级下册生物第七单元第一章“生物的生殖和发育”第一节“植物的生殖”	对标课标，高中段强调学生学会发展科学探究能力。理解生物科学、技术和社会的相互关系。增强对自然和社会的责任感，形成正确的世界观和价值观。在科学探究中发展合作能力、实践能力和创新能力，初步形成主动参与社会决策的意识。本课程衔接人教版生物相关课程，具体如下：1.生物学选择性必修1“稳态与调节”第5章“植物生命活动的调节”第1节“植物生长素”，第2节“其他植物激素”，第3节“植物生长调节剂的应用”、第4节“环境因素参与调节植物的生命活动”；2.高中年级生物学选择性必修2“生物与环境”第4章“人与环境”第1节“人类活动对生态环境的影响”、第2节“生物多样性及其保护”

维度或要素			小学高年级段	初中段	高中段
研学课程	必修课程一	名称	种子粘贴画	欢乐农场	欢乐农场
		活动目的	通过种植专家讲解，了解种子与一般的粮食有何区别，知道育种的流程	认识各类农具，学会使用农具。掌握基本的种植方法和采摘技巧	了解各类无土栽培的种植特点，学习水培的培育技术。感受现代农业科技的发展，激发学生对自然资源的有利开发和研究
		活动形式	教师讲授、实地探访	教师讲授、实地探访、实践体验相结合	教师讲授、实地探访、实践体验相结合
	必修课程二	名称	变废为宝	植物拓印	显微镜下的大世界
		活动目的	收集废旧物品，学会变废为宝，制作环保小摆件	认识草原中的植物种类，学会制作树叶拓印书签，感受自然之美	用显微镜观察实验，分析动植物之间的食物链或食物网，认识生物的生长发育过程
		活动形式	实地探访、实践体验相结合	教师讲授、实践体验相结合	教师讲授、实践体验相结合
	必修课程三	名称	芳香之旅——薰衣草干花制作	芳香之旅——薰衣草香皂制作	芳香之旅——薰衣草精油提炼
		活动目的	在专业老师的指导下，制作薰衣草干花。掌握薰衣草干花的制作技巧	了解薰衣草的价值和作用，掌握薰衣草香皂的制作技巧和配方知识	了解薰衣草的价值和作用，掌握薰衣草精油的提炼技巧和配方知识
		活动形式	教师讲授、实地探访、实践体验相结合	教师讲授、实地探访、实践体验相结合	教师讲授、实地探访、实践体验相结合
	必修课程四	名称	薰衣草玻璃瓶	薰衣草栽培	蒸馏技术的运用
		活动目的	在专业的老师的指导下，制作薰衣草玻璃瓶，体验动手的乐趣	学习薰衣草的种植与日常养护，了解掌握种植流程及技巧	了解薰衣草蒸馏加工流程，开展研究性课题，研究薰衣草精油的可持续发展的途径
		活动形式	教师讲授、实地探访、实践体验相结合	教师讲授、实地探访、实践体验相结合	教师讲授、实地探访、实践体验相结合

维度或要素			小学高年级段	初中段	高中段
研学课程	必修课程五	名称	我和天马做朋友	少年骑士	天马的前世今生
		活动目的	认识不同种类马匹以及各类马具，了解马的生活饮食习惯，体验喂马养马的乐趣	学习正确使用和佩戴马具，以及骑马的基本技巧，掌握简单的骑马方法	学习正确使用和佩戴马具，以及骑马的技巧和方法，研究伊犁马的发展史，梳理出历史脉络
		活动形式	教师讲授、实地探访、实践体验相结合	教师讲授、实地探访、实践体验相结合	教师讲授、实地探访、实践体验相结合
	必修课程六	名称	植物王国探秘	野外生存	野外生存
		活动目的	认识野生植物，了解植物的研究其特性及自然生态循环，学会写生态日记	学会分辨方向、水源寻找、野外绳结、野外扎营，掌握野外生存技巧	学会分辨方向、水源寻找、野外绳结、野外扎营、野外急救，掌握野外生存技巧
		活动形式	教师讲授、实地探访、实践体验相结合	教师讲授、实地探访、实践体验相结合	实地探访、实践体验相结合
	必修课程七	名称	“蜂狂探蜜”——小小养蜂人	“蜂狂探蜜”——蜂蜜唇膏制作	“蜂狂探蜜”——蜜蜂的生态圈
		活动目的	学习掌握从采花到蜂蜜的过程，学会动手实践摇蜜，体验大自然的神奇	掌握蜜蜂的生活形态，学会制作蜂蜜的文创产品，体会人与自然的和谐共生	能够结合生物课程开展“生物与环境关系”的生态研究，制作环境生态图
		活动形式	教师讲授、实地探访、实践体验相结合	教师讲授、实地探访、实践体验相结合	教师讲授、实地探访、实践体验相结合
	必修课程八	名称	驼铃漫步	初识沙漠	沙漠的再生利用
		活动目的	了解沙漠的气候特征、沙漠里生物的多样性、人类与沙漠的关系	学习沙漠成型的气候、维度等各项因素，了解沙丘的形成，记录沙漠地貌形态	学习沙漠成型的气候、维度等因素，学习使用专业工具，对可测量的沙丘进行测量并制作沙丘模型
		活动形式	教师讲授、实地探访、实践体验相结合	教师讲授、实地探访、实践体验相结合	教师讲授、实地探访、实践体验相结合

维度或要素			小学高年级段	初中段	高中段
研学课程	必修课程九	名称	小药童诞生记	中草药凉茶制作	中华药膳师
		活动目的	了解药谷中种植的十余种中草药的种类，学会辨认中草药并了解其功效，激发对中国传统文化的热爱	学习中草药的加工和处理方法，通过制作中草药凉茶，进一步了解中草药的食用和药用价值	学习中草药的加工方法，掌握十种以上中药材和两个药膳食方，掌握简单的药膳制作，探究中草药的社会应用
		活动形式	教师讲授、实地探访、实践体验相结合	教师讲授、实地探访、实践体验相结合	教师讲授、实地探访、实践体验相结合
	必修课程十	名称	树叶导视图	芦苇画	芦苇画
		活动目的	分类收集树叶，了解不同植物的生长特点，用树叶制作景区导视图	了解芦苇的植物特点及其在植物界的作用，完成芦苇画的制作，变废为宝	研究芦苇在植物生物链中的地位，绘制生物链图，学会如何变废为宝，掌握人类利用自然的积极意义，掌握生态系统能量的传递
		活动形式	教师讲授、实地探访、实践体验相结合	教师讲授、实地探访、实践体验相结合	教师讲授、实地探访、实践体验相结合
	选修课程		1. 自然宝物大拍卖 2. 多彩伊犁繁花盛开 3. 植物标本的制作 4. 我是小导游——手绘地图 5. 中药凉茶	1. 自然宝物大拍卖 2. 薰衣草精油提炼 3. 新疆美景知多少 4. 探寻母亲河——伊犁河 5. 中华药膳师	1. 白杨树精神 2. 新疆美景知多少 3. 带你走遍伊犁（设计旅游路线） 4. 探寻母亲河——伊犁河 5. 多彩伊犁繁花盛开

维度或要素		小学高年级段	初中段	高中段
研学线路	代表性线路（时长五日）	第一天：伊宁营地—种子研学馆—伊犁河自然风景区—伊宁营地；第二天：伊宁营地—薰衣草园—将军马场—伊宁营地；第三天：伊宁营地—唐布拉—黑蜂庄园—伊宁营地；第四天：伊宁营地—图开沙漠—伊宁营地；第五天：伊宁营地—天山药谷—伊宁营地	第一天：伊宁营地—种子研学馆—伊犁河自然风景区—伊宁营地；第二天：伊宁营地—薰衣草园—将军马场—伊宁营地；第三天：伊宁营地—唐布拉—黑蜂庄园—伊宁营地；第四天：伊宁营地—图开沙漠—伊宁营地；第五天：伊宁营地—天山药谷—伊宁营地	第一天：伊宁营地—种子研学馆—伊犁河自然风景区—伊宁营地；第二天：伊宁营地—薰衣草园—将军马场—伊宁营地；第三天：伊宁营地—唐布拉—黑蜂庄园—伊宁营地；第四天：伊宁营地—图开沙漠—伊宁营地；第五天：伊宁营地—天山药谷—伊宁营地
	可选择线路（按天设计，菜单式选择）	1. 伊宁营地—种子研学馆—伊犁河自然风景区—伊宁营地；2. 伊宁营地—薰衣草园—将军马场—伊宁营地；3. 伊宁营地—唐布拉—黑蜂庄园—伊宁营地；4. 伊宁营地—图开沙漠—伊宁营地；5. 伊宁营地—天山药谷—伊宁营地；6. 伊宁营地—库尔勒孔雀河—“棉”延天山・缤纷新疆馆—库尔勒营地；7. 伊宁营地—新疆古生态园—自治区博物馆—自治区科技馆—乌鲁木齐营地；8. 乌鲁木齐营地—八路军驻新疆办事处纪念馆—自治区经信委—新疆文化出版社—中国科学院新疆生态与地理研究所—乌鲁木齐营地；9. 伊宁营地—吐鲁番博物馆—坎儿井—乌鲁木齐营地；10. 乌鲁木齐营地—哈密市伊州区红军西路军进疆纪念园—乌鲁木齐营地	1. 伊宁营地—种子研学馆—伊犁河自然风景区—伊宁营地；2. 伊宁营地—薰衣草园—将军马场—伊宁营地；3. 伊宁营地—唐布拉—黑蜂庄园—伊宁营地；4. 伊宁营地—图开沙漠—伊宁营地；5. 伊宁营地—天山药谷—伊宁营地；6. 伊宁营地—库尔勒孔雀河—“棉”延天山・缤纷新疆馆—库尔勒营地；7. 伊宁营地—新疆古生态园—自治区博物馆—自治区科技馆—乌鲁木齐营地；8. 乌鲁木齐营地—八路军驻新疆办事处纪念馆—自治区经信委—新疆文化出版社—中国科学院新疆生态与地理研究所—乌鲁木齐营地；9. 伊宁营地—吐鲁番博物馆—坎儿井—乌鲁木齐营地；10. 乌鲁木齐营地—哈密市伊州区红军西路军进疆纪念园—乌鲁木齐营地	1. 伊宁营地—种子研学馆—伊犁河自然风景区—伊宁营地；2. 伊宁营地—薰衣草园—将军马场—伊宁营地；3. 伊宁营地—唐布拉—黑蜂庄园—伊宁营地；4. 伊宁营地—图开沙漠—伊宁营地；5. 伊宁营地—天山药谷—伊宁营地；6. 伊宁营地—库尔勒孔雀河—“棉”延天山・缤纷新疆馆—库尔勒营地；7. 伊宁营地—新疆古生态园—自治区博物馆—自治区科技馆—乌鲁木齐营地；8. 乌鲁木齐营地—八路军驻新疆办事处纪念馆—自治区经信委—新疆文化出版社—中国科学院新疆生态与地理研究所—乌鲁木齐营地；9. 伊宁营地—吐鲁番博物馆—坎儿井—乌鲁木齐营地；10. 乌鲁木齐营地—哈密市伊州区红军西路军进疆纪念园—乌鲁木齐营地
	规划线路（按天设计）	1. 伊宁营地—那拉提—伊宁营地；2. 伊宁营地—唐布拉—伊宁营地；3. 伊宁营地—喀拉峻风景区—八卦城—伊宁营地；4. 伊宁营地—温泉县气象局—温泉“五馆一中心”—伊宁营地	1. 伊宁营地—那拉提—伊宁营地；2. 伊宁营地—唐布拉—伊宁营地；3. 伊宁营地—喀拉峻风景区—八卦城—伊宁营地；4. 伊宁营地—温泉县气象局—温泉“五馆一中心”—伊宁营地	1. 伊宁营地—那拉提—伊宁营地；2. 伊宁营地—唐布拉—伊宁营地；3. 伊宁营地—喀拉峻风景区—八卦城—伊宁营地；4. 伊宁营地—温泉县气象局—温泉“五馆一中心”—伊宁营地

维度或要素		小学高年级段	初中段	高中段
教学重点难点（以代表性线路教学设计为例，以下同）	教学重点	1.认识种子的分类以及特征，学习掌握用种子繁殖农作物；2.了解生物与环境的关系，掌握食物链形态；3.了解人与自然在共生中存在的问题，探索人与自然和谐相处的有效途径；4.了解图开沙漠沙化过程，学习防风固沙的知识；5.掌握雪岭云杉生长情况及特点，了解其生长的土质状态及其他生物情况	1.认识种子的分类以及特征，学习制作标本，会用简单的数据做研究记录；2.了解中草药种植过程，辨识中草药的种类及其功效；3.了解人与自然在共生中存在的问题，探索如何爱护植被，改善生态环境；4.了解唐布拉次森林中植被的生活习性和形态，研究植物的循环系统和如何改善人与植物的生存环境；5.掌握雪岭云杉生长的土质状态及其他生物情况，研究植物在生物体内的物质运输形式以及循环生物保护的多样性	1.了解环境因素如何参与调节植物生命活动，提出实现生态平衡防风固沙建设性意见；2.掌握野外定向、露营、急救等野外生存技能，学会搭建帐篷、制作指南针和水的过滤器等简易户外生存工具；3.学会研究沙漠植物的光合作用、呼吸作用、水分代谢、养分代谢等，了解它的适应机制；4.分析唐布拉草原的生物群落，绘制草原动植物之间的食物网图表；5.掌握唐布拉次森林中生物的多样性及其保护，提出生态保护方案
	教学难点	1.学习种子繁殖的实验操作以及数据分析，掌握不同种子繁殖的优缺点；2.学习掌握生态保护在实际生活中的应用，培养科学思维能力；3.了解探寻伊犁河的发展变迁，探究人与自然和谐共生的有效途径；4.掌握雪岭云杉的生长特点，提出植物保护的科学建议；5.研究防止自然环境恶化的措施和应对办法	1.了解伊犁河的水资源在促进本地农业发展、生态平衡、经济发展等方面的作用；2.了解生物与环境的关系，掌握食物链的形态，并绘制食物链；3.掌握图开沙漠沙化的过程，学习防风固沙的知识，分析当前存在的问题，树立人与自然和谐共生的生态观；4.掌握中草药的加工和处理方法，让学生了解凉茶配方和制作过程，引导学生探究中草药的食用和药用价值；5.学习人类活动对生物圈的影响，拟定保护生态环境的计划	1.了解伊犁河水资源在促进本地农业发展、生态平衡、经济发展等方面的作用。辩证看待现代科技与人类经济发展对自然的影响；2.了解生物与环境的关系，结合所学知识，完成区域生态环境整体改善的可行性建议；3.了解图开沙漠沙化的过程，学习防风固沙的知识，研究制定针对当前环境治理存在的问题的解决方案；4.研究沙漠植物的生态特征，如分布、生长、繁殖、竞争、共生等，了解它的生态适应性；5.掌握中草药的加工和处理方法，掌握凉茶配方和制作过程，引导学生进一步了解中草药的食用和药用价值

维度或要素	小学高年级段	初中段	高中段
教学策略	小学高年级段的学生已经具备一定的学习能力，掌握了一定的文化知识，形成了较好的学习行为习惯，这个阶段的孩子性格特点是活泼好动，喜欢探寻世界，尤其是对大自然的奥秘充满了好奇，对探索新鲜事物有着浓厚的兴趣。基于“以人为本”的学生观，凸显学生为学习的主体，发挥学生的主动性和积极性，以学生的兴趣需要为动力，依托伊犁得天独厚的自然景观和丰富的动植物种类等自然资源，采取教师引导、学生自主探究、实验法等教法，让学生在大自然中通过观察、实践、亲身体验，通过合作学习法和自主学习法等学法，开展以自然为主题的研学实践主题教育活动，达到培养学生的生活能力、生存能力和实践能力，初步形成热爱家乡、保护大自然的理念	初中段的学生学习压力比较大，已经具备独立的学习能力，学习难度和学习科目都有所增加，学习方法在不断转变，学习行为习惯已基本形成，这个阶段的孩子性格特点是独立性增强，对父母和老师的依赖程度降低，好奇心非常强，喜欢探索未知的领域，自我意识增强，对自我的价值有了清晰地认识，社交需求增加，责任感也有所增强。基于“以人为本”的学生观，凸显学生为学习的主体，发挥学生的主动性和积极性，以学生的兴趣需要为动力，依托伊犁得天独厚的自然景观和丰富的动植物种类等自然资源，通过教师引导采取实验法、讲授法、讨论法、实践法等教法，通过学生自主探究，在大自然中观察、实践、亲身体验，采取自主学习、合作学习、探究学习等学法，使用体验式、情景式、跨学科、项目式等教学策略，开展以自然为主题的研学实践主题教育活动，达到培养学生的生活能力、生存能力、实践能力和合作能力的目的	高中段学习难度和学习科目都有所增加，已具备独立的学习能力，思维能力发展迅速，能够深入地思考问题，分析和解决问题能力也有所提高，这个阶段的孩子性格特点是自我意识增强，更加关注自己的形象和地位，对自己的能力和价值有了更为清晰的认识，开始追求自我实现和自我认同，对自我的价值有了清晰地认识，独立性增强，希望能够自己作出决策和选择，责任感也有所增强，对家庭学校和社会有着更强的责任感。基于“以人为本”的学生观，凸显学生为学习的主体，发挥学生的主动性和积极性，以学生的兴趣需要为动力，依托伊犁得天独厚的自然景观和丰富的动植物种类等自然资源，采取教师引导、学生自主探究、实验法、讲授法、讨论法、实践法等教法，让学生在大自然中通过观察、实践、亲身体验，通过自主学习、合作学习、探究学习等学法，使用跨学科、项目式等研究型小组式的教学策略，开展以自然为主题的研学实践主题教育活动，达到培养学生的生存能力、实践能力和探究能力的目的

维度或要素				小学高年级段	初中段	高中段
实施方案	入营教育	安全	引导	借助视频和研学手册，对学生进行《安全主题教育》和营规学习	观看多媒体，接受安全教育；熟知研学手册和营规中有关安全部分的要求	观看多媒体，接受安全教育；牢记研学手册和营规中有关安全部分的要求
			实训	打造团队，分组进行住宿、研学点、交通等研学各环节开展安全疏散演练	打造团队，分组进行住宿、研学点、交通等研学各环节开展安全疏散演练	打造团队，分组进行住宿、研学点、交通等研学各环节开展安全疏散演练
		应急	引导	通过观看视频学习应急急救常识，学习应急事件处理的基本方法和技巧	通过视频学习应急急救常识，掌握应急事件处理的基本方法和技巧	通过视频学习应急急救常识，掌握应急事件处理的基本方法和技巧
			实训	生命教育馆实地操作学习相应救助课程	生命教育馆实地操作学习相应救助课程	生命教育馆实地操作学习相应救助课程
		救助	引导	观看情景模拟，学习救助的包扎、触电、擦伤等内容，熟悉掌握救助方法和技巧	观看情景模拟，学习救助的包扎、触电、擦伤等内容，熟练掌握救助方法和技巧	观看情景模拟，学习救助的包扎、触电、擦伤等内容，熟练掌握救助方法和技巧
			实训	生命教育馆实地操作学习相应救助课程组队互相练习，确保人人掌握	生命教育馆实地操作学习相应救助课程组队互相练习，确保人人掌握	生命教育馆实地操作学习相应救助课程组队互相练习，确保人人掌握
		自我管理	引导	进行团队建设，学习自我管理手册，掌握一定自我管理的方法和技巧	进行团队建设，学习自我管理手册，熟知自我管理的方法和要求	进行团队建设，学习自我管理手册，熟知自我管理的方法和内容
			实训	制定详细时间安排表，任务完成进度表，规范学生自我管理	制定时间安排表，任务完成进度表，规范学生自我管理，进行过程性监督评价	制定小组任务清单，小组间交叉对任务完成情况进行互评
		团队协作	引导	分小组协作，合理分工、制定计划，确保每个人都有具体的工作项目	展示优质团队案例，启发学生合理分工、制定计划，制定合理的合作分工方案	分组讨论任务点，制定任务表，引导学生制定团队建设可行性方案
			实训	开展小组破冰活动，推选组长，分小组协作，明确小组每个人具体任务	开展室外拓展破冰活动，分小组协作，明确小组每个人负责的具体任务	户外拓展破冰活动，分小组协作，对学生团结协作进行展示和评价

维度或要素		小学高年级段	初中段	高中段
实施方案	导入教学环节	1.根据教学目标直接导入，整体介绍种子研学馆内种子的分类，为后期种子课程做好铺垫；2.运用多媒体展示导入，让学生感受马匹在丝绸之路中所扮演的重要作用，了解薰衣草制作精油的蒸馏技术，激发对自然科学的兴趣；3.直接以教学目标导入，让学生明确研学活动的目的及任务要求，为小组合作研究做好准备；4.运用多媒体视频情景再现导入，让学生进入情境了解防风固沙的重要性，激发学习兴趣；5.运用多媒体视频导入，播放中医药纪录片《千年药香》，学生充分了解中药的神奇疗效和中医药文化的传承和发展。激发学生对中医药文化的浓厚兴趣	1.运用多媒体展示导入，了解袁隆平先生的故事，为种子研学馆内种子的研究学习任务做好铺垫；2.运用多媒体展示导入，让学生感受马匹在丝绸之路所扮演重要作用，掌握薰衣草精油制作流程；3.直接以教学目标导入，让学生明确研学活动的目的及任务要求，为小组合作研究做好准备；4.运用沙漠植物实物讲解导入，让学生初步了解沙漠生态环境；5.运用多媒体视频导入，播放中医药纪录片《走进中医》，学习中药的神奇疗效和中医药文化的传承和发展，引导学生讲述自己知道的中草药及功效	1.运用多媒体展示导入，了解杂交水稻的原理，学习袁隆平先生对全球粮食安全问题作出的重要贡献；2.运用多媒体展示导入，让学生感受马匹在丝绸之路所扮演重要作用，3.运用实验导入，让学生熟练操作薰衣草制作精油的蒸馏技术，激发对自然科学研究的兴趣；4.直接以教学目标导入，让学生明确研学活动的目的及任务要求，为小组合作研究做好准备；5.运用沙漠植物实物讲解导入，分析目前沙漠生态环境，提出小组合作的土壤沙化的分析研究研学任务；6.运用多媒体视频导入，观看纪录片，合作研究中药资源的分布、生长、保护和开发利用，提出科学中药资源保护和可持续利用的方案
	授课教学环节	第一天：入营教育、必修课程一“种子粘贴画”、必修课程二“变废为宝”、选修课程1“自然宝物大拍卖”；第二天：必修课程三“芳香之旅——薰衣草干花制作”、必修课程四“薰衣草玻璃瓶”、选修课程2“多彩伊犁繁花盛开”；第三天：必修课程五“我和天马做朋友”、必修课程六“植物王国探秘”，选修课程3“植物标本的制作”；第四天：必修课程七“‘蜂狂探蜜’——小小养蜂人”、必修课程八“驼铃漫步”选修课程4“我是小导游——手绘地图”；第五天：必修课程九“小药童诞生记”、必修课程十“树叶导视图”、选修课程5“中药凉茶”	第一天：入营教育、必修课程一“欢乐农场”、必修课程二“植物拓印”、选修课程1“自然宝物大拍卖”；第二天：必修课程三“芳香之旅——薰衣草香皂制作”、必修课程四“薰衣草栽培”、选修课程2“薰衣草精油提炼”；第三天：必修课程五“少年骑士”、必修课程六“野外生存”，选修课程3“新疆美景知多少”；第四天：必修课程七“‘蜂狂探蜜’——蜂蜜唇膏制作”、必修课程八“初识沙漠”、选修课程4“探寻母亲河——伊犁河”；第五天：必修课程九“中药凉茶制作”、必修课程十“芦苇画草”、选修课程5“中华药膳师”	第一天：入营教育、必修课程一“欢乐农场”、必修课程二“显微镜下的大世界”、选修课程1“白杨树精神”；第二天：必修课程三“芳香之旅——薰衣草精油提炼”、必修课程四“蒸馏技术的应用”、选修课程2“新疆美景知多少”；第三天：必修课程五“天马的前世今生”、必修课程六“野外生存”，选修课程3“带你走遍伊犁（设计旅游路线）”；第四天：必修课程七“‘蜂狂探蜜’——蜜蜂的生态圈”、必修课程八“沙漠的再生利用”选修课程4“探寻母亲河——伊犁河”；第五天：必修课程九“中华药膳师”、必修课程十“芦苇画”、选修课程5“多彩伊犁繁花盛开”

维度或要素		小学高年级段	初中段	高中段
实施方案	进级教学环节	1.探究合作：根据小组任务完成打卡内容，根据研学馆提供的材料包，完成种子粘贴画 2.实地探究：了解薰衣草的生长习性和功效，采集薰衣草，制作薰衣草干花 3.实地探究：听养马人讲述伊犁马的历史和习性，亲身体验喂马、刷毛，与马互动 4.交流体验：交流学习到的黑蜂的知识，体验采蜜割蜜的工作流程 5.小组讨论：如何弘扬中华民族优秀传统文化，分享我国中医还有哪些重要的成就	1.实地体验：参观现代农业种植模式，收集植物的叶子，通过叶子辨认植物的果实，用收集的叶片制作拓印画 2.学以致用：了解薰衣草的功效和蒸馏技术的流程，学习制作薰衣草香皂 3.小组竞赛：小组成员依次介绍新疆美景、美食，优胜组授予新疆旅游推介官称号 4.自主设计：根据自己收集到的废旧物品，变废为宝，独立完成设计和制作 5.小组合作：我为家乡代言——拍摄短视频、设计宣传海报	1.小组合作：采访本地农科所种植专家，写出植物种植的分析报告 2.合作探究：实践薰衣草蒸馏全过程，探讨研究蒸馏技术的革新与应用 3.角色体验：养马人的一天 4.实地探究：沙漠沙化进程以及再生利用 5.自主实践：了解常用药材的功效，学习制作中药药膳。了解中药资源的分布、生长、保护和开发利用，提出中药资源科学保护和可持续利用的方案
	巩固教学环节	1.学生利用自主探究、讲授法、合作学习法，开展植物小项目研究实践，培养逻辑能力和科学素养；2.运用情境教学法、启发法，引导学生亲自实践制作植物的衍生文创设计产品，在动手实践中感受劳动人民的智慧；3.通过知识抢答的方式进行当天知识点的巩固，把当天所学、所看、所思的内容简单记录	1.学生利用自主探究、实验法、讲授法、讨论法、实践法、合作学习法，开展植物小项目研究实践，培养逻辑能力和科学素养；2.运用情境教学法、启发法，引导学生亲自实践制作植物的衍生文创设计产品，在动手实践中感受劳动人民的智慧；3.通过知识抢答的方式进行当天知识点的巩固，用思维导图的方式把当天学习内容整理记录	1.学生利用自主学习、合作学习、探究学习等学法，使用跨学科、项目式等研究型小组式的教学策略，培养学生的生存能力、实践能力和探究能力；2.运用情境教学法、实践法、实验法、调查研究法，引导学生研究实践任务解决策略，在亲自参与改造世界和让社会变得更美好的事物中来培养学生的研究能力、逻辑思维能力和用科学的视角解决问题的能力；3.通过总结汇报、知识抢答的方式进行当天知识点的巩固，用思维导图的方式把当天所学、所看、所思的内容简单整理记录并进行分析

维度或要素			小学高年级段	初中段	高中段
实施方案	总结教学环节	教学创新	突出学生是学习的主体，通过主题引领、学科融合的方式，采取沉浸式、体验式设计课程，与校内课程进行有机衔接，实现校内外教育的协同，对学生进行行为习惯、团队协作、自然科学等方面的学习引导	利用自主探究、实验法、合作学习法、自主学习法，通过研学实践多样的课程方式，创新课堂活动形式，采取质疑激趣法、变换重组法等方式开展探究式学习方式，提升学生发现问题、分析问题、解决问题的能力	围绕课标设计研学课程，根据高中段学生，突出自然科学研究、设计社会保护自然方案、动手实践研究的设计课程，形成校内外协同育人路径，突出课程、管理、评价与校内衔接，让学生对家乡有准确的认知，培养社会责任感
		教学总结	根据研学目标、课程设计、学生反馈、成果展示等内容，教师对课程设计、线路设计、教学策略等进行总结，全面了解学生在研学活动中的收获，收集教学环节中不足之处，并进行及时调整，整理研学资料，做好研学档案	根据研学目标、学生学情，通过学生作品展示、研学报告、分享感悟、团队协作等方式，强调学生实践能力和对自然科学的探究能力。收集对研学实践活动各环节的设计在实际操作中出现的问题，并进行及时调整，做好研学资料的收集	根据研学课程设计、团队协作、课题研究成果等内容，采用拓展延伸、实践成果等形式，帮助学生理解自然与人类的关系，引发对未来的思考，结合校内生物学知识，构建完整的学科知识架构，引导学生形成正确的价值观，增强对自然科学的兴趣和社会责任感
		教学反思	根据教学总结内容，梳理研学教学各个环节的设计，针对小学高年级段学生学情，对教学目标、课程设计、线路设计、组织实施、教学评价等内容进行反思，对教学过程进行优化和调整，找出解决问题的策略，进一步优化课程设计，为下一次研学活动提供参考	根据教学总结内容，梳理研学教学各个环节的设计，针对初中段学生学情，结合初中生物课标，对课程设计、活动目标、评价方式等内容进行反思，优化和调整教学策略，找出解决问题的方法，进一步优化课程设计，为下一次研学活动提供参考，丰富研学活动教学思路	针对高中段学生学情，结合高中生物课标，对课程内容设计是否合理，是否符合高中生课程的深度和广度，整体活动是否达到了预期目标、路线设计是否能够满足高中学生个性化需求等内容进行反思，根据教学总结内容，进一步优化和调整教学策略，优化课程设计，为下一次研学设计提供参考依据

维度或要素				小学高年级段	初中段	高中段
实施方案	评价教学环节	教学水平评价	自我评价	教师对完成的研学课程的内容设计、目标达成、活动流程、学生参与度等方面自我进行反思	教师对研学课程的内容设计、目标达成、活动流程、学生参与度等方面进行总结，反思活动中存在问题，明确改进策略	教师对研学课程的内容设计、目标达成、课题完成等方面进行反思。找到问题改进措施与办法，调整活动实施方案
			学生评价	学生对教师在完成整个活动设计、课堂气氛活跃度、学生喜爱程度等方面进行评价	学生对教师在完成整个活动设计、学生喜爱程度、课堂气氛活跃度、跨学科知识的广度等维度进行评价	学生对研学课程设计，教师知识储备、知识掌握的深度、引导学生是否到位以及学生心理健康等维度进行评价
			同行评价	由参与学校教师、营地教师和教学管理人员对教学设计、教学实施、活动组织、人员的管理、多媒体与教学融合等方面进行评价，突出小学高年级段学生的学情特点，采取访谈、交流、问卷等形式开展	由参与学校的教师、营地教师、随队教师和教学管理人员对教学设计、活动实施、人员的管理、多媒体与教学融合等方面进行评价，突出初中段学情特点，采取访谈、交流、问卷等形式开展	邀请学科专业教师、营地教学管理人员对教学设计、教学实施、活动组织、人员管理、多媒体与教学融合等进行评价，突出高中段学情特点，采用电子问卷、交流、跨学科专业指导等形式开展
			培训和考核	定期对教师培训和考核，通过对活动设计、过程监督、综合评价、师德师风、学生管理几个维度进行线上和线下考核，围绕实际工作中出现的能力短板，定期进行专题培训	定期对教师培训和考核，通过对活动设计、过程监督、师德师风、学生管理、劳动教育几个维度进行线上和线下考核，围绕实际工作中出现的能力短板，定期进行专题培训，提高教育教学水平	定期对教师培训和考核，通过对教师课题研究能力、学生评价、师德师风、学生管理、心理健康几个维度进行线上和线下考核，围绕工作中出现的能力短板，进行专题培训，提高研学实践开展水平
			教学成果展示	根据小学高年级段课程特点，采用文创作品展示，交流研学心得等方式激发学生善于观察，积极探索大自然的兴趣	根据初中段课程特点，采取设计作品展示、研学分享、研学报告等方式，培养提升动手能力，增强学生与自然和谐共生的意识	根据高中段课程特点，采取设计作品展示、调查报告、研学报告等方式展示，提高学生社会责任感和探究自然科学的兴趣

维度或要素				小学高年级段	初中段	高中段
实施方案	评价教学环节	学业评价	形成性评价	评价过程遵循科学性、导向性的原则，通过对学生提问环节、小组讨论环节、动手实践等环节进行观察、记录和总结反馈，及时在活动进行中对学生的成长和目标完成情况进行评价，引导学生自我学习动力的提高	评价过程遵循激励性、多元化的原则，通过观察、记录学生研学过程中的学习情况，以及在活动中小组活动表现，教师适时对学生进行正向的评价，进一步激励学生对研学实践的热情参与，实现自我价值的肯定	评价过程遵循可行性、情感性的原则，基于对学生学习全过程的持续观察、记录，找寻学生的个性表现，给予认可和指导，对取得的成绩所反映的情感、态度、策略等方面的发展作出综合评价，与学生的自我认知达成共鸣
			总结性评价	遵循综合性评价原则，为学生提供有针对性地教育和指导。研学活动结束后教师在学生集中展示时将日常观察的内容予以正向的评价	遵循导向性评价原则，研学活动结束后根据学生收集信息、活动完成、团结协作、动手实践能力等整体情况对学生作出全面客观的综合评价，以正向评价为主，提出合理化建议	遵循个性评价与整体评价相结合原则，研学活动结束后根据学生创新实践能力、研究成果、小组合作、活动完成整体情况等方面作出综合评价，提出合理化改进目标
			教师评价	教师根据学生在研学中的表现和成果，从学生的参与积极度、完成情况对学生进行评价，运用集中展示、教师点评方式进行激励性评价	教师根据学生在研学活动中的表现和成果，从团队协作情况、任务完成情况进行评价，运用作品评比、内容问答、学生评价等方式得出结论，给学生以正向引导	教师根据学生在研学活动中的表现和成果，从任务完成情况、团队协作情况进行评价，运用研究报告分析、测评、学生互评、教师评价等方式得出结论
		项目评价		由教育行政主管部门、学校教育工作者、学生家长、社会各界采用问卷调查、交流研讨等方式，对项目目标实现度、教学环节衔接度、教学策略有效性等进行综合评价和建议，了解项目实施满意度	由教育行政主管部门、学校教育工作者、学生家长、社会各界采用问卷调查、交流研讨等方式，对项目目标实现度、教学环节衔接度、教学策略有效性等进行综合评价和建议，达到项目任务的有效性	由教育行政主管部门、学校教育工作者、学生家长、社会各界采用问卷调查、访谈、同行评估等方式，对项目目标实现度、教学环节衔接度、教学策略有效性等进行综合评价和建议，来评估项目是否达成目标

后 记

绿水青山就是金山银山。站在人与自然和谐共生的高度谋划发展，尊重自然、顺应自然、保护自然，建设美丽中国，是全面建设社会主义现代化国家的内在要求，自然教育已成为中小学生研学实践教育活动的重要主题。

本书由中国教育会计学会组织编撰，属于中国教育会计学会确定的重点研究课题研究成果之一。本书由课题负责人、教育部经费监管事务中心田书源，中国教育学会学生发展指导分会副理事长杨昕主审，由库尔勒营地郭景梅、鲍瑛，广元营地郭永昌，黄河水利水电职业技术学院杨中华编著。参加本书撰写的主要人员有：皇城相府研学实践教育基地原敏团，库尔勒营地吴利博、赵艳洁、苏婷、陈均印、杨瑞瑞、牛魏琴、刘娜、马文学、邱慧娟，广元营地孙溦娜、刘朝杨，潍坊营地郝月元、边均萍，盘锦营地王法一、郑一卓，晋中营地曹晓霞、翟莉莉，陕西国防工业职业技术学院张晨亮、史成君。参加本书撰写和资料整理的还有：库尔勒营地安小娥、殷迪、李蜀萍、阿不都沙拉木·托乎提、阿不都外力·加帕尔、孙鹏、刘秀英、王波，北京营地乔治、韩雅楠，石家庄营地刘京华、于敬茹，大同营地杨大强、王雨蒙，太原营地光彦强、吉晋阅，包头营地刘爱霞、普蕾，阜新营地宋阳、邱雪，东方绿舟营地卓希、何锐，晋江营地颜东明、洪丽君，龙岩营地詹珊珊、胡凌芝，三明营地陈岗、张羽，威海营地李世文、杜庆晓，长沙营地夏科、王玉，深圳育新营地江夏、范颖佳，红河营地张霁琪，西安营地郭珍珍，青海互助营地雷桂春、陈生年，乌鲁木齐营地马艳，伊宁营地李燕、董妮娜，等等。

在本书编撰过程中，国家督学、中国教育会计学会副秘书长茹家团教授和一些校外研学实践教育专家以及中国财经出版传媒集团中国财政经济出版社给予了悉心指导，一些全国中小学生研学实践教育营地、基地的领导、老师为本研究提供素材、收集数据、整理资料，在此一并表示感谢并致以崇高的敬意。

本书的编写是一次尝试，也是一次创新，我们摸着石头过河，在探索中反复修改，在实践中日益完善，因此书中难免有疏漏之处，敬请读者朋友批评指正。

编者

2024年5月